新編

新幹線をつくった男

伝説の技術者・島秀雄の物語

高橋団吉

イカロス出版

はじめに

このたび、島秀雄についてこれまで書いてきた原稿を集めて、集大成版を作ることになりました。

筆者は、東海道新幹線と国鉄技師長・島秀雄に関する書籍を四冊書いています。

最初は、❶『新幹線をつくった男　島秀雄物語』（二〇〇〇年、小学館）です。月刊誌「ラピタ」（小学館）に連載した「未来行きの超特急」（一九九八年二月〜二〇〇〇年二月）をもとにしています。本書の底本になっています。

続いて、❷『島秀雄の世界旅行　1936-1937』（二〇〇九年、技術評論社）を出しました。島秀雄が、鉄道省入省同期の下山定則、加賀山之雄らと洋行したときの詳細を、島家に残されたアルバムと資料を中心に編集しました。

❶が文庫になりました。❸『新幹線をつくった男』（二〇一二年、PHP出版社）です。文庫化に際して、東海道新幹線に直接関係しない四章（「デゴイチとは何か」「国産標準自動車」「父・安次郎」「宇宙開発事業団初代理事長」）を割愛し、必要箇所を書き直しました。

さらに、❹『新幹線を走らせた男　国鉄総裁 十河信二物語』（二〇一五年、デコ）では、国鉄総裁・十河信二の国鉄総裁時代を主軸に据えて、島秀雄技師長についてもかなりの紙幅を割いています。

このほかに、❺『島秀雄遺稿集』（二〇〇〇年、日本鉄道技術協会）を編集しました。ここには、島家に保存されていた島秀雄関係の記事・文章が全収録されています。

また、❻角川歴史まんがシリーズ・まんが人物伝『新幹線をつくった男』（二〇一八年、カドカワ）も監修しました。

今回の集大成版の構成は、大きく次の通りです。

第一部は、❶『新幹線をつくった男　島秀雄物語』＋❸『新幹線をつくった男』です。

第二部は、❹『新幹線を走らせた男　国鉄総裁 十河信二物語』から島秀雄関係の記述を適宜抜粋しました。

第三部は、❷『島秀雄の世界旅行　1936－1937』収録の本文とコラムです。第一部の第3章「外遊で学んだ〝これからの鉄道〟」とテーマは重複しますが、さらに細かく、詳しく洋行事情について記述しておりますので、ご興味のある方はご笑読ください。

さらに第一部、第二部には、重要な関係資料・文書・写真等をスペースの許す限り、加えてみました。

第三部収録の❷は、島秀雄撮影の世界旅行アルバムと保存されていた当時の旅行資料をもとに編集しています。写真、資料にご興味のある方は原本をご照覧ください。

目次

デザイン・レイアウト　DECO

第Ⅰ部

『新幹線をつくった男 島秀雄物語』

プロローグ

わたしの前に、1枚の写真がある。

古いアルバムから抜き出した、黄ばんだスナップ写真だ。

そこには、白煙に包まれた蒸気機関車と学帽を被った小学生のわたしが写っている。機関車のプレートは、「C57161」。機関区名には、「岩」とある。

そのとき、わたしは父にせがんで、ただただ蒸気機関車に乗りたいがために、千葉から両国まで「シゴナナ」の引っ張る普通列車の切符を買ってもらったのである。

わたしの通う小学校の近くには、「千葉気動車区」が広がっていた。家から学校まで歩けば30分足らずの距離を、わざわざ稲毛－西千葉間の定期券を買って、毎日、朝だけ遠回りしていたのは、電車通学への憧れもあったが、やはり電車や汽車が好きだったからである。たしか定期代は、1か月120円だったと記憶する。

当時、わたしたちが〝西千葉機関区〟と呼んでいた広大な車両留置場の主力はすでにディーゼル車両に移っていて、「キハ16」とか「キハ35」「DD13」「DD51」などの気動車やディーゼル機関車が所狭しと並んでいた。その北のはずれの一角に、まるで肩をすぼめるようにして、ひっそりと蒸気機関車の機関庫があり、「C57」「C58」「D51」が数両ずつ、まだ毅然と並んでいたのである。

　毎朝、決まった時間にターンテーブルで方向転換する「シゴナナ」、本線への入線に備え待機する「デゴイチ」……この2両の蒸気機関車を、ま新しいカナリア電車（101系）から眺めることが、いつしか朝の楽しみになっていた。

　しかし、だからといって、特別、鉄道少年であったわけではない。当時、少年なら誰しも乗り物に夢中であって、しかも、乗り物の中心といえば、自動車ではなくて断然、鉄道であった。マニアの少年ならずとも、「シゴナナ」「シゴハチ」「デゴイチ」の区別くらい、誰でも知っていたのである。

　幼いころ、旅行といえば鉄道旅行に決まっていた。父方の親戚は東北、北海道。母方は大阪、和歌山方面であったこともあり、小さいころ、それこそ休みのたびに長距離鉄道旅行に連

「C57」　昭和40年、千葉駅にて。

れ出された。遠くの景色はなぜゆっくりと過ぎゆくのか。子供心に悩んだのは、仙台から乗ったディーゼル特急「はつかり」の車中である。

伊勢湾台風にも遭遇した。河川が大氾濫して、見わたす限り水びたしになり、岐阜県のとある高架線で孤立したとき、濁流の美しさに見とれていたのは「C62」の引く「つばめ」三等車の車窓からであった。毎年、夏は必ず臨海学校にでかけたが、内房線・鋸山トンネルで煤まみれにさせられたのは、いまでも懐かしい「C58」である。

その黄ばんだ、懐かしい「シゴナナ」の写真を裏返してみると、そこには「昭和40年4月」とある。年表をひもとくと、名神高速が全通した月である。

高倉健の『網走番外地』が封切られた月。べ平連が初のデモ行進をした月。そして、東京オリンピックの半年後。つまり、東海道新幹線が開通して、半年後である（昭和39年10月1日、開通）。

もちろん、わたしも「夢の超特急ひかり号」を知っていたし、憧れてもいた。しかし、忙しい父に無理やりせがんで乗せてもらいたかったのは、「ひかり」ではなくて、「シゴナナ」の牽引する鈍行列車だったのである。

当時、千葉の少年にとって、「シンカンセン」は、とても手の届きそうにない、遠い存在であった。

両国駅よりも先の、きらびやかな別世界を走る「高嶺の花」に思えたのである。ちなみに、わたしがはじめて新幹線に乗るチャンスを手にするには、高校の修学旅行を待たねばならない。もちろん、そのころは、すでに乗り物よりもはるかに興味深いことがたくさんあった。

新幹線と蒸気機関車について、わたしは、ずっとこんなふうなイメージを持ち続けていた。

「シンカンセン」は、明るい未来、高度成長の夢に向けて疾走する超特急。いっぽう「デゴイチ」は、暗く、重たい過去、戦争の時代から轟音とともに驀進してくる黒い巨体。そこには、明らかな歴史の破断線があるように思えた。

だから、「デゴイチ」と「シンカンセン」が、まったく同一の人物によって計画され、設計され、そして製作されたと知ったとき、たいへんに驚いた。

あの驀進する黒い鋼鉄のメカニズムと、軽やかに滑る流線形のボディ。

あの漆黒の重量感と、ホワイト&ブルーのスピード感。

「過去」と「未来」。「戦前」と「戦後」。

一見して、なにもかもが正反対に見えるこの両者は、いったい、どこでどう結びつくのだろうか。

「すべては戦後に再スタートした」

「日本の現代史は、1945年8月15日にゼロ・リセットされた」

わたしたち戦後民主主義教育に純粋培養された世代は、ともするとそう思いがちである。

しかし、そうではないのである。近代産業社会という大きな流れでみれば、明治以来、わたしたちは同じレールの上を走り続けている。とりわけ鉄道に関しては、いわば明治130年史観とでもいうべき尺度で考えたほうが、むしろわかりやすい。その証拠に、ここに、戦前、戦後の激動の時代を股にかけ、しかも国有鉄道という大官僚組織のなかで、世界鉄道史上に燦然と輝く傑作を生み出し続けた人物がいるではないか。

その男の名は、島秀雄。

この物語の主人公である。

＊

島秀雄の評伝を書くのであれば、本人の出生から少年期、青春期に遡って筆を起こすべきであろう。

しかし、本稿では、詳しく触れない。

島秀雄の生涯は、ほぼ20世紀すべてにわたっている。

現役エンジニアとして活動した期間だけでも、20代前半から70代後半まで優に50年以上に及ぶ。しかも、その間、蒸気機関車の「デゴイチ」から「シロクニ」、「湘南電車」からビジネス特急「こだま」、東海道新幹線「ひかり」、そして宇宙ロケットまで、数多くの乗り物を手掛けている。

現役期間中、島秀雄は休むことなく、次から次へと乗り物作りに励んでいるのである。そのひとつひとつに触れ、さらに詳しく自伝的側面を辿ろうとすれば、さらに数百ページを要するであろう。

したがって、本書のテーマは、「東海道新幹線」に絞ってみたい。

世界に冠たる東海道新幹線は、いかにしてできあがったのか。いかにして準備され、そして作りあげられたのか。なぜ、敗戦国・日本において、世界最高の純国産製品として完成することができたのか。そして、その類まれなる安全神話のよってきたる所以とは、いったい何か。

そのことを、島秀雄というひとりのエンジニアの足跡を辿ることによって明らかにしたい。

いうまでもなく、東海道新幹線というビッグ・プロジェクトには、数多くの鉄道人たちのそれぞれの人生が密接にかかわっている。ひとり島秀雄だけを「東海道新幹線をつくった男」というのではあまりに公平を欠く……という指摘が少なくないことも承知している。

しかし、島秀雄の仕事、境遇、人生を辿っていくと、島秀雄その人が、その必然性、歴史性、先見性、指導性において、まさしく東海道新幹線をつくった男だと言い得る。本書では、そのことをテーマにおいて書き進めていきたい。さしあたって、島秀雄が鉄道車両の設計に実際に携わりはじめたころ、つまり東京帝大工学部機械工学科を卒業して、鉄道省に入省した昭和初年あたりから、第1章を始めようと思う。

＊

さて、物語を始めるにあたって、明治以来の鉄道技術者一家であった島父子について、簡単に触れておくべきであろう。島秀雄と東海道新幹線のルーツを語ろうとするとき、明治以来、親子三代続いた、この一族の物語を抜きにしては語り得ない。

島秀雄は、１９０１年（明治34）５月20日、大阪に生まれた。

父・島安次郎、母・順の長男である。

このとき、島安次郎は関西鉄道株式会社（のちに国有化され、現在はＪＲ関西本線）の汽車課長であった。そもそも島家は、紀州・和歌山の薬種問屋であって、長男は代々、島喜兵衛を名乗って当主を継いだ。次男・安次郎は家業拡張を助けるべく医学を志して上京したのだが、一高在学中変節して工学士を志し、鉄道技師の道を歩む。母・順は、滋賀県大津の旧家の出で、代々儒学者の家の娘であった。

しかし、秀雄が生まれて数か月で東京に転居する。関西鉄道社長の田健治郎が鉄道長官として官界入りする際に、島安次郎がとくに嘱望されて官鉄に引き抜かれたからである。当初、東京の家は、東京湾至近の芝金杉新浜町にあった。小学校は新橋烏森の桜川小学校、中学は東京府立四中。この府立四中時代は、学校側のスパルタ式教育方針とソリが合わず、成績も必ずしも芳しくなかったようだが、受験の際には一念発起して猛勉強し、一高、そして

1901年、島秀雄誕生。

東京帝大工学部機械工学科へと進んだ。帝大時代は、父・安次郎が機械工学の教鞭を執っていたこともあり、父の恥にならぬよう勉学に励み、成績最優秀者に与えられるウエスト賞を二度受けるほどの秀才ぶりを発揮している。

島安次郎は、明治の日本鉄道黎明期、大正の鉄道発達期を支えた指導的技術者であった。愛称「ハチロク」で親しまれる「８６２０形」（大正3年）、同じく「キュウロク」でお馴染みの「９６００形」（大正2年）、横川－軽井沢間の難所＝碓氷峠越えのアプト式電気機関車、自動連結器や空気制動装置、車両の等級別色帯……などなど、安次郎が新しく開発・導入した新技術、新システムは枚挙に暇がない。しかし、安次郎の日本鉄道史上特筆すべき業績についても、あえて詳しく触れない。ここでは、安次郎が鉄道技術者としての後半生を懸けて取り組んだ悲願、すなわち広軌改築について、若干触れるに止める。

日本の鉄道は、狭軌である。線路の幅（軌間）は、１０６７ミリ。

明治政府は、鉄道技術を外国から導入する際に、当時すでに世界的にスタンダードであった〝標準軌〟（１４３５ミリ、これを日本では広軌と呼んだ）ではなくて、イギリスの植民地鉄道で使われていた狭軌を採用してしまう。大隈重信の「狭い日本には狭軌で十分、コストも安くすむ」の一言で決まったと伝えられる。

以後、心ある鉄道人の悲願は、広軌改築になった。

鉄道は日本近代化の文字どおり牽引車の役割を果たす。さらなる高速かつ大量の輸送を実現するには、大型の車両が高速で走行可能な広軌に改築するほうがいいに決まっているからである。島安次郎は、敏腕政治家・後藤新平のもとで、この広軌改築のために鉄道エンジニアとして奮闘努力する。

しかし、この広軌改築は、ついに実現しない。狭軌据え置き論VS広軌改築論の対決の図式は、そのまま政友会VS憲政会の政争の具として弄ばれ、何度も議会通過寸前で葬りさられてしまう。そして、ついに大正8年、原敬内閣のもと、島安次郎は「我国ノ鉄道ハ狭軌ニテ可ナリ」という院議に署名捺印することを拒否して、技監の職を辞してしまう。

長男・秀雄の鉄道省入省は、大正14年である。秀雄が蒸気機関車設計者としてめきめき頭角を現すころ、すでに父の姿は官鉄にはない。そのとき、安次郎は遠く満洲の満鉄理事の職にあって、かの地で広軌高速長距離車輌の開発に情熱を傾けていた。

しかし、戦時色深まる昭和14年に急遽浮上した「弾丸列車計画」が、島安次郎－秀雄父子を広軌新幹線建設に結びつける。東京－下関間に広軌新幹線を通すという大計画の策定に、まず父・安次郎が招聘され、鉄道幹線調査会特別委員長として活躍し、ついで具体的な弾丸列車の設計担当者として島秀雄が指名される。このときのことを、秀雄はこう回想している。

「父には別に〝鉄道をやれ〟とは一言も言われたことはなかったが、そこにはやはり目に見えない大きな影響があったように思う。鉄道省に入ったときも、まさか父が鉄道省に戻ってきて、同じ職場で働くことになるとは夢にも思わなかった」

しかし、この弾丸列車計画は、戦況が悪化するにしたがって先細りとなり、ついに泡沫となって歴史の奔流に飲み込まれてしまうのである。

さて、この島安次郎の悲願＝広軌鉄道建設は、二代目・島秀雄が国鉄技師長であった時代に、東海道新幹線として実現される。島秀雄は昭和26年の桜木町事故を機に、思うところあって一度国鉄を去り、そして東海道新幹線建設のために総裁・十河信二に懇請されて国鉄に技師長として復帰する。

そして、このとき、「ひかり0系」の台車設計を担当するのが三代目の島隆である。秀雄の次男・隆は、父・秀雄が国鉄に復帰する7か月前に、国鉄に入る。このときのことを、隆は父とまったく同じようにこう語っている。

「父から鉄道をやれとはひと言もいわれなかったし、まさか父が国鉄に戻ってくるとは思わなかった」

しかし運命は二度めぐりめぐって、奇しくも島父子三代を広軌新幹線建設に結びつける。

島秀雄（1901～1998）東京帝大工学部機械工学科卒、大正14年鉄道省入省。D51などの蒸気機関車の設計者として活躍し、戦後、工作局長として湘南電車などをプロデュース。桜木町事故で国鉄を去るが、1955年技師長としてカムバック、東海道新幹線建設の指揮を執る。のちに初代宇宙開発事業団理事長。

島安次郎―島秀雄―島隆。

初代・島安次郎の時代は、まだまだ近代鉄道の黎明期である。安次郎の広軌改築の夢は、容易には実現できない宿命にあった……と言えなくもない。一方、三代目・島隆の時代は、鉄道の爛熟期である。日本固有鉄道の解体期にも重なっている。島隆は、のちに東北・上越新幹線の車両設計責任者を務めることになるのだが、鉄道エンジニアとしてもっとも時代にも恵まれ、したがってもっとも実り豊かな成果を残せたのは、やはり二代目・島秀雄の時代だったといえるだろう。

本書では、安次郎、秀雄の残した資料や草稿類とともに、隆の証言を援用しつつ、島家三代にわたる技術のドラマとして、20世紀の、世界に冠たる超特急＝東海道新幹線に結実したスーパーエンジニアたちの実像に迫ってみたい。

＊

1998年3月16日、島秀雄は、世を去った。満96歳の大往生である。

それは、島秀雄の初期代表作「デゴイチ」の取材を始めようとしていた矢先の訃報であった。わたしは取材開始早々に、わが主人公を永遠に失ってしまった。

ついに、主人公の肉声を一言も聞けなかった。

ついに、一度もお目にかかることができなかった。

氏は、この物語が書かれることすらご存知ない。

第Ⅰ章

デゴイチとは何か

「D 51」　最多生産 1115 両を誇った大型貨物機。写真の「D 51 211」は昭和 13 年、鷹取工場にて完成直後に撮影されたもの。ナメクジ型を通常型に戻した２次形。

近所の公園に「デゴイチ」がいる。

そう聞いて、さっそく出かけてみた。ユーカリ交通公園（千葉県松戸市）。園児や児童が交通ルールを学ぶための施設で、園内に小さな街が再現されている。小型の交差点やトンネル、立体交差まであって、子どもたちが足漕ぎカートを乗り回している。その賑やかな場所から、ちょっとはずれた一角に、デゴイチは、ひっそりと、黒い巨体を横たえていた。

「D51４０５」

雨露をしのぐ屋根はついているものの、その老朽ぶりには、やはり胸が痛む。堅牢にして精巧な鉄のメカニズムも、さすがに時の浸食に耐えかねて、そこからは、「われ大地に帰らん」の気配さえ漂ってくる。

昭和15年3月31日、日本車輌名古屋工場製作。同年4月から10年間、新津機関区（新潟）配属。25年3月から長野機関区、41年11月から津和野機関区（島根）。全走行距離２１９万３５７２・４キロ。地球約50周分を走破して、48年11月30日、引退。実働期間33年3か月。

近寄って見ると、あらためて、その大きさに驚く。狭いレール幅に対して、圧倒的にデカい。あきらかに限界ギリギリの大きさに設計されていることが、素人にも見てとれる。よくぞ、こんなにデカイものが、しかも時速85キロという猛スピードで、あのか細い２本のレールの上を転がり走ったものだ、とつくづく感心する。

＊

島秀雄が、はじめて蒸気機関車の設計に携わったのは、昭和3年（1928）である。「C53」。東海道・沼津－下関間を結んだ特急「富士」「櫻」、のちに「燕」を牽引した、旅客用の花形機関車である。このときの工作局長は、朝倉希一。島秀雄の帝大時代からの恩師であった。27歳の若手・島秀雄が補佐役として設計陣のナンバー3に抜擢されている。

島秀雄は、大正14年に鉄道省に入省して、まず大宮工場で実習生活を送っている。このとき、ハンマーの振り方からヤスリのかけ方まで、現場仕事を徹底的に覚えさせられた。おかげで日曜大工の腕がそうとうにあがったと後に語っている。次いで品川機関区に移り、蒸気機関車の実習を受ける。「9600形」蒸気機関車の保守・整備、投炭から運転まで、これまた徹底的に蒸気機関車のイロハを叩き込まれる。この頃、「機関車に乗るのが面白くてたまらなかった」と後に回想している。

そして、入省2年目の4月に、工作局車両課に配属される。当時、工作局は、蒸気機関車の国産化に力を入れていた。島安次郎がかねてより主張してきた国産化計画が現実のものとして軌道に乗りつつあったのである。しかし、あまりに国産技術一辺倒では、世界の最先端技術に疎くなるおそれもある。そこで、アメリカで開発・実用化された3シリンダー方式（＊1）の蒸気機関車を、本家のオリジナル図面だけを参考に工作局で自力で設計してみようということになった。これが、日本初にして最後の3シリンダー機関車「C53」である。

このとき、最も肝腎にして最も複雑な3シリンダーの設計が、新人の島秀雄に任される。

＊1　日本型では通常シリンダーは左右に2つだが、多気筒のほうが滑らかに走行できるので、3つ（おもにイギリス、ドイツ）、4つ（おもにフランス）のシリンダーを持つ蒸気機関車もある。

実弟の恒雄（原田恒雄）によれば、このとき島秀雄ははじめての蒸気機関車設計に燃えていた。自宅に戻っても、弟たちを前にして盛んに蒸気機関車設計の美学を語りかけたという。

「合理的なメカニズムは、美しくなければならない。美しい機械は、性能も素晴らしい」

「3シリンダーの奏でるドラフト音は、ワルツのように軽やかでなければならぬ」

当時の技術者たちは、なによりドイツを手本にしていた。そしてドイツには、機械美こそモダンな20世紀を牽引する主導理念であると考える風潮が強かったのである。

たとえば、オネゲル作曲の『パシフィック231』(＊2)という蒸気機関車をモチーフにした曲がヨーロッパで大ヒットしていた。もちろん島家の蓄音機からも聞こえていたであろう。島秀雄は、生まれてはじめての本格的な設計の仕事として、最もモダンな、美しいメカニズムを任されたのである。熱く燃えて、当然であろう。この「C53」以降、昭和13年に鷹取（神戸）工場に転任するまでの1年9か月の外遊期間も含めて、10年間に、島はたて続けに蒸気機関車を設計する。

島が工作局車両課に在籍した10年間は、「日本蒸気機関車の黄金時代」にピタリと重なる。この10年間に作られた主なものは、「C53」「C50」「C10」「C54」「C11」「C12」「C55」「D51」「C56」「C57」「C58」「C59」。わたしたちが少年時代に憧れ、慣れ親しんだ蒸気機関車が、ほとんど出そろっている。

「C53」の3シリンダー部の設計を終えると、島は昭和5年に29歳の若さで「C10」の設計主任になっている。以降、島が設計主任をつとめたのは、「C54」～「D51」。「C56」～「C58」の設計主任は細川泉一郎、「C59」は北畠顕正で、島は上司（課長）の立場から蒸気機関車作りに情熱を燃やした。

＊2　先輪、動輪、従輪の軸数が2—3—1である軸配置を日本では「2C1」、アメリカでは「パシフィック」と呼ぶ。

細川泉一郎を、東京都文京区の自宅にたずねた。明治41年生まれ。長身。彫りの深い美男子。背筋をぴんと伸ばして、まだ矍鑠《かくしゃく》としておられる。

細川泉一郎が工作局に入ったのは、昭和7年。当時、24歳。島秀雄の6年後輩にあたる。はじめて図面を引いたのは、島秀雄が設計主任を担当した「C11」であった。

「ずっと島さんが大将で、ぼくが生徒だった」

と謙遜するのだが、後にみずから設計主任として「C56」「C57」「C58」を世に送り出し、戦中には特大貨物機「D52」を手がけた、工作局きっての蒸気機関車屋である。

細川によれば、当時、工作局車両課で蒸気機関車を1両設計するのに要したスタッフは、あわせて二十数名ほどである。設計主任が1人、補佐が2人。その下に、ボイラー、足まわり、シリンダー、運転などの担当別に、それぞれ技師がはりついた。

新しく蒸気機関車1両を設計するのに要する期間は、ほぼ1年。「黄金時代」の前半は島が設計主任、細川が補佐、後半は「課長が島秀雄、細川が設計主任」というコンビで、毎年のように次々と新しい機関車を生み出していった。それにしても、なぜ、この時期に、これほどたくさんの蒸気機関車を作る必要があったのだろうか。細川の話をまとめてみよう。

機関車は、用途、使用区間に応じて、専用機を使い分ける。

- 走るスピード（特急／急行／鈍行）
- 引っぱる車両の種類（重い貨物／軽い客車）
- 走る線路の種類（強さ）

この3つの条件によって、蒸気機関車の設計コンセプトが大きく変わってくる。

まず、速度は、動輪の大きさで決まる。大きければ大きいほど、速い。蒸気機関車は、高圧蒸気をシリンダーに出し入れすることで、ピストンの往復運動を作り出している。しかしこのピストン運動は、構造上、毎分300往復程度が限度。速度をあげるには、動輪を大きくするしかない。だから、当時、欧米列国の間で行なわれていたスピード競争は、動輪の大型化競争であった。ドイツやアメリカなど広軌（標準軌）を採用している国では（＊3）、すでに2メートル級の動輪が登場していた。狭軌の日本でも「C53」「C55」「C57」などは1メートル75センチという大動輪だった。では、動輪が大型化すると、どうなるか。

車体長に収まりきらないから、動輪の数が減る。高速旅客機が、3軸の動輪を持つ「C形式」である理由はここにある。ところが、「C形式」の大動輪では、スピードは出るが、力が出ない。自転車のトップ・ギアだけで走るようなものだから、重い貨物を引くときや、急勾配は、つらい。

そこで、やや小さめの動輪を4軸配して、牽引力の強い、トルクの出せる「D形式」が貨物専用機として作られた。つまり、「C形式」は旅客用、「D形式」は貨物用。

次に、重さである。蒸気機関車は、軽くても重くても、いけない。軽すぎると、動輪が空転してしまう。重すぎると、効率が悪い。線路がどれだけ重量に耐えられるかという大問題もある。

蒸気機関車の車軸1本あたりにかかる重さを「軸重」という。日本の鉄道は、区間によって「許容軸重」がまちまちだ。重い機関車に耐えられるレールと、耐えられないレールがあり、許容軸重によって、特別甲線18トン、甲線16トン、乙線15トン、丙線13トン、簡易線11トンに分類される。

＊3　欧米では、1435ミリ軌間を「標準軌」、それより狭いものを「狭軌」、広いものを「広軌」と呼ぶ。日本では1067ミリ軌間が主流なので、欧米における標準軌を広軌と呼ぶ場合が多い。「広軌改築」の広軌も1435ミリ軌間を指す。

スピードやトルクをあげようとすれば、軸重もある程度大きくしなければ空転してしまう。しかし、重くすれば、乙線や丙線に入っていけない。

重く、しかも、軽く。この矛盾のなかで、使い方に応じたベスト・バランスをさがしていくこと。これが、蒸気機関車設計の核心なのである。

こうして蒸気機関車は、用途別にいくつかのタイプに分かれ、それぞれ進化していった。

・大型旅客機「C53」→「C59」→「C62」
・中型旅客機「C54」→「C55」→「C57」
・大型貨物機「D50」→「D51」→「D52」
・中型タンク機「C10」→「C11」
・小型軽量機「C12」→「C56」

さて、昭和10年、「デゴイチ」は、「軸重14・5トン」で設計されている。

昭和6年には大陸で満洲事変が勃発しており、さらなる大陸進出に向けて、国内の輸送需要の大幅な増大がみこまれていた。「デゴイチ」は、乙線まで余裕を持って入線可能で、しかも急勾配に強い、万能型の大型貨物専用機として設計された。当時としてはずいぶんと欲張りな要求が、島・細川のコンビに課せられたのである。

細川は、語る。

「蒸気機関車の設計で、いちばん難しいのは、重心なんですよ。いつも苦労させられた」

重心が安定しないと、蒸気機関車はスムーズに走ってくれない。空転の原因にもなる。とくに発

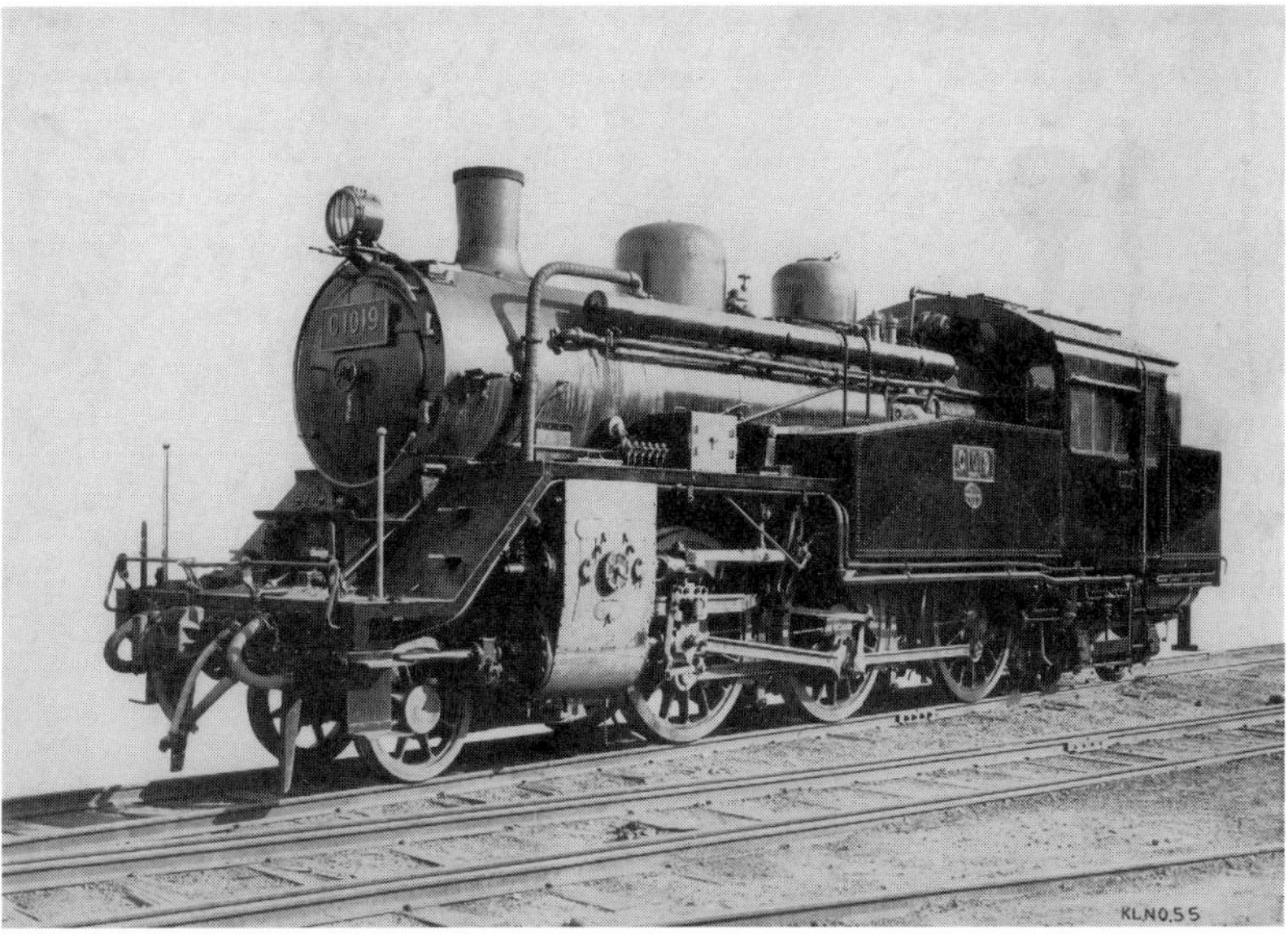

「D51」（上）　浜松工場出場時の写真。
「C10」（下）　老朽化した明治時代製のタンク式蒸気機関車に代わって登場したが、軸重が大きく、支線区への投入に適さなかったため、おもに都市部で活躍する。この点を改良するために、のちに「C11」が開発される。

進時や加速時は、ボイラーの中の水が動く。重心が微妙に移動して、挙動を乱す。島と細川は、ボルト1本まで、すべての部品の重心を割り出して、それを加算・平均していく作業に、膨大な時間を費やした。

しかし、デビューのころには、やはり「空転」が多発した。軸重を14・5トンと軽くしたことが災いして、発進時にどうしても空転してしまう。やむなく「砂箱」の砂をレールに撒いて、ようやく発進することもめずらしくなかった。

「結局、どうしても空転する場合は、コンクリートのデッド・ウエイトを載せて、軸重を若干あげたんです」

と、細川は振り返る。

ここで、「デゴイチ」の外見上の特徴を、ふたつあげておこう。

「ナメクジ」と「たいこ焼き」。

「ナメクジ」とは、初期「デゴイチ」の背中が、ナメクジが寝そべっているように見えるからだ。ふつう、ラクダのこぶのように並んでいる「蒸気ドーム」「砂箱」「給水温め器」を煙突からつなげて一体化している。当時、世界的に流線形が大流行していた。

もうひとつの「たいこ焼き」とは、ボックス動輪のことである。鋳鋼製の円盤でタイヤをささえる方式で、内部は空洞。軽量化のため、数か所、丸く抜いてある。軽いわりに強度が高い。このボックス動輪は、アメリカのノーザン・パシフィック鉄道が、昭和9年に初めて使ったものである。島と細川は、『ロコモーティブ・エンジニアリング』という専門誌の写真を参考にしながら、見よう見真似で、研究・開発した。流線形といい、ボックス動輪といい、このころ、島の目は、海外の最先端を行く蒸気機関車技術に、熱く注がれている。

＊

では、なぜ「デゴイチ」は日本一の蒸気機関車なのだろうか？

「デゴイチは、中庸をゆく名機関車なんです。ちっとも背伸びしていないところが、名機たるゆえんではないでしょうか」

こう答えてくれたのは、久保田博である。大正13年生まれ。久保田は、蒸気機関車の設計には直接、携わっていない。しかし、筋金入りの「蒸気機関車屋」である。父親が上諏訪機関区の機関士だったこともあって、小さいころから無類の「蒸気機関車通」だった。

そして、「蒸気機関車の設計」を夢見て、大阪帝大工学部を卒業後、昭和21年、国鉄に入る。しかし、蒸気の時代は終わりつつあった。上司から電気機関車の設計を勧められるのだが、やはり蒸気機関車への思いは捨てがたく、「蒸気機関車のメッカ」である鷹取工場へ赴任する。この〝遅れてきた蒸気機関車屋〟は、以後、10年間にわたって、当時、西日本を走っていた７００両を数える蒸気機関車の「保守、修繕、新生」に、青春をぶつけるのである。

「デゴイチは、もっとも扱いやすかった。現場の人間に、いちばん愛された蒸気機関車でしたよ」

蒸気機関車は、約10万キロ走行すると、点検、部品交換のために工場に入ってくる。30万キロ走ると、ほとんどの部品をはずして、オーバーホールする。すべての部品を点検し、不良部品を交換して、再び組みあげる。だから蒸気機関車は、長い距離を走る間に、ボイラーなどのごく一部を除いて、ほとんどの部品が入れ替わってしまうのである。

その保守と修繕作業が、デゴイチは断然やりやすかった。「作業がやりやすいように、微に入り細に入り、無駄をはぶいて設計されていた」と久保田は言うのである。

「ところが、島さんが二度目に設計主任を担当されたC54。これは、お守りがたいへんだった。おそらく島さんも若かったから、ギリギリのところを狙いすぎたんでしょうね」

「C54」は、昭和6年、軸重14トンの中型旅客機として設計される。動輪径1メートル75センチ。最高時速100キロの高速機である。スピードをあげるには、動輪を大きくして、強度をケチって軽量化すればいい。ここをギリギリ攻めたのが「C54」だったのだ。

結局、この「C54」は、たった17両で生産中止となってしまう。

久保田によれば、「軽くするために無理をしすぎた」。使い込むうちに、部品の強度不足が露呈して、現場の評判は決して芳しくなかったらしい。島秀雄にとっては、苦い経験であった。

むろん、すぐに手を打つ。3年後には「C55」を導入して、みずからの「若げの至り」をしっかり対策してきている。そして、それらの失敗をもとに、満を持して作りあげたのが「デゴイチ」だったのである。

「しかし、性能だけでいえば、デゴイチは、当時の世界一流には一歩も二歩も及ばない」

と、久保田はいう。アメリカンマレー社の「ビッグボーイ」、ドイツ国鉄の「01」シリーズ……西欧列強の各機関車会社は、お金と最先端技術を惜しげもなくつぎ込んで、広軌線でスピードとパワーを競いあっていた。

当時、アジア最速を誇った満鉄特急「あじあ号」を引く「パシナ形」(＊4)は、昭和9年、川崎車輌製である。これも、大陸の石炭を日本に持ち込んで巨利を手にしていた満鉄が、当時最高レベルの部品、技術を総動員して作りあげた、いわば贅沢機関車だった。

それにくらべて、わが「デゴイチ」の、なんと質素なことか。

もちろん、狭軌という制約もあった。極力低コストという至上命令もあった。まだまだ未熟な国産工業力という足枷もあった。上手に保守しながら、なるべく長期間走らせたいという切なる願いもあった。そんな決して芳しくはない条件のなかで、島たちは、けっして背伸びをせずに「保存し易く、使い易い機関車」を作りあげたのである。

「スピード、パワー。ボイラー圧、軸重、動輪径……。ギリギリ一歩手前で止めて、全体として〝中庸〟をゆく。それまでの経験を100%生かした、島さんの最高傑作だと思う」

久保田は、そう賞賛する。事実、「デゴイチ」は、昭和11〜20年の10年間に、総両数1115両という日本記録を作るのである。

久保田は、昭和31年、鷹取工場から長野工場に移った。わたしが地元の公園で見た「D51405」も、当時、長野機関区に配属されていたから、久保田に面倒を見てもらったものと思われる。

久保田が現場にいたころはもちろん、昭和40年代、蒸気機関車たちが「動力近代化＝電化・内燃化」の波に追われて全国を転々と渡り歩いていたころも、最後まで現場からは、こういう要望が後を絶たなかったという。

「なるべくデゴイチを回してほしい」

＊4 「パシフィック形の7番目の機関車」を意味する形式の名。

島隆は、父・秀雄が「C54」を設計した昭和6年に、次男として生まれている。その島隆は、昭和30年、国鉄に入社してすぐに、大阪の吹田機関区で蒸気機関車の運転実習を受け、ついで広島工場で、蒸気機関車の保守・整備の仕事についた。

「オーバーホールされたデゴイチの部品を、赤ペンキを持って、ひとつひとつチェックしていくんです。なにしろ、こちらは大学出の新人ですから、少しでも精度の落ちたものには、赤まるをつけたくなる。ところが、古参の熟練工さんは、よっぽどでないと、修繕してくれない。ぼくも若かったから、ずいぶんカリカリさせられたもんです」

しかしそのとき隆は、蒸気機関車というものの、不思議な性格に気づいた。蒸気機関車に必要なのは、「精度」ではなくて、むしろ「遊び」ではないか。消耗部品を次々に交換しながら走る以上、蒸気機関車に多少の誤差はつきものである。むしろ、個々の部品の「遊び」が、うまく全体を調和させる「柔らかい機械」なのだ。そして、その「遊び」こそが、蒸気機関車の個性を作る。1000両を数える「デゴイチ」には、ひとつとして同じ「デゴイチ」はない。1両1両が独特のクセを持っていて、しかも、その個性が、走るほどに、整備するほどに、刻々と変化していくのである。

「まさに、蒸気機関車は生きているんですよ」

と、島隆はうなずく。

いっぽう、久保田は、蒸気機関車の魅力をこう表現する。

「メカニズムが、目に見える。生きていることが、目に見える機械なんですよ」

蒸気機関車には、現場の人間の手に負えない〝ブラックボックス〟というものがない。だからこそ、保守もしやすいし、いざという緊急時に、機関士たちでなんとか修繕できる。たとえば……と、久保田は、長野機関区時代の「事故率」を例にあげる。当時、国鉄では15分以上の停止は「故障」ではなくて「事故」扱いだった。この事故率が、蒸気機関車の場合、100万件あたり0・3件。電気機関車は一桁多かったという。

メカニズムは、ウソをつけない。機関士たちが必死になって取り組めば、なんとか解決できる。その機械の正直なところが、蒸気機関車の最大の魅力だというのである。

島秀雄、細川泉一郎、北畠顕正というSL設計者たちを知る久保田は、しみじみとこう語る。

「だから、設計者というのは、みんな謙虚な人たちでした。言葉遣いも丁寧だし、けっして偉ぶることもなかった。自分で必死に考えて、作りあげて、しかし何年かたつと、ああすればよかった、こうすりゃよかった……といつも謙虚に振り返ってるんですよ」

マシンは、設計者に似る。小太りの設計者は、細部を丸くデザインする。ヤセっぽちの設計者は、無意識のうちに細長い部品を使いたがるものだ。人は、モノを作るとき、どこかに自分の姿を移し込まないと、安心できないものらしい。

だから、「デゴイチ」は島秀雄そのものに似ているはずだ、とわたしは確信する。細川がもっとも愛する「C58」が、見れば見るほど細川泉一郎そのものであるように。

タフで、謙虚で、実直。限界ギリギリを攻めずに一歩手前でまとめる、中庸の美学。天才的閃きよりも、日常の使い勝手のよさを重んずる……。中庸なればこそ、結局は日本一。

そのデゴイチの特徴は、おそらく島秀雄その人そのものでもあるのだろう。

第2章 弾丸列車

島秀雄の設計した弾丸列車「HD53」の完成イメージ図。
島秀雄と親交のあった鐵道画家・黒岩保美（国鉄OB）によるもの。

東海道・山陽新幹線は、戦前から計画され、部分的に着工されていた……。

この話を、わたしは今回の取材を始めるまでまったく知らなかった。

「ひかり号」は、昭和39年、東京オリンピックとともに颯爽とデビューしたはずだった。その高度経済成長のシンボル「夢の超特急」が、軍靴の響き高まる昭和16年に、着工されていたとは、夢にも思わなかった。

東京－大阪間を4時間半。東京－下関間を9時間。

レールの幅は、広軌の１４３５ミリ（標準軌）。全線踏切のない立体交差方式の線路を東京－下関間に新設して、時速１５０キロの高速列車を走らせる。さらに将来は、時速２００キロを超える超特急を運行して、東京－大阪間を3時間半で結ぼう。

ほとんど東海道新幹線そのものといっていい計画が、昭和14年、鉄道大臣招集による鉄道幹線調査会で審議され、翌15年には第75回帝国議会で予算案通過、同年末には用地の測量をほぼ完了して、16年には難工事が予想された新丹那トンネル、日本坂トンネルの隧道工事に着工している。うち日本坂トンネル（２１７４メートル）は、19年9月に完成。新丹那トンネル（７９５９メートル）は、熱海側の東口から６５０メートル、三島側の西口から１４００メートル掘り進んだというのである。

驚くべきことに、現在、わたしたちが乗っている東海道新幹線ルートのうち、静岡－掛川間の日本坂トンネルは、まるまるそっくり戦中に掘られたものであって、戦後19年たって、新幹線開業とともに蘇ったものだった。

この、特筆すべきプロジェクト進行の迅速さ。そして実行力。

明治・大正時代に、狭軌から広軌への改築計画がいかに難渋をきわめ、そして失敗したか。後藤新平、仙石貢、そして島の父・安次郎らの努力によって、実現の兆しがみえたことも一度や二度ではなかった。しかし、いよいよ実現するやにみえると、たちまち政争の具に供されて葬り去られる。その悲運の歴史を思うと、この迅速な実行力には驚くほかない。

むろん、これほどの急ピッチで日本鉄道史上類例のない大計画が進められたことには、戦時下という特殊な時代背景が大きくものをいっている。満洲事変、日華事変、ノモンハン事件を経て、日本国全体がドロ沼化する戦争にずんずんと深入りしていく過程で、大陸と直結する輸送線確保のための東海道・山陽本線増強計画は、軍部の強力な後押しのもとに国策化していく。昭和14年に開催された鉄道幹線調査会の議事録を読むと、このとき論じられた東海道・山陽本線増強計画に、はじめて正式に「新幹線」という名称が使われている。しかし、世間は、この超特急計画を「弾丸列車」と呼んだ。弾丸が幅をきかせた時代に、計画も工事もそして列車も、文字どおり弾丸のように突っ走る「超特急」であった。

簡単に経緯を追ってみよう。

昭和14年7月29日、鉄道大臣官舎にて第1回鉄道幹線調査会が開催された。その議事録の冒頭に、鉄道大臣・前田米蔵による諮問理由としてこう記されている。

「東海道本線及山陽本線ニ於ケル旅客貨物ノ輸送量ハ国有鉄道総輸送量ノ限度ニ達スベキヲ予想セラルルヲ以テ其ノ輸送力拡充ニ関シ速ニ之ガ対策ヲ樹立スルハ軍事上経済上現下最モ緊要ノコトト認メラル是レ本件ヲ諮問スル所以ナリ」

鉄道省の試算によれば、東海道・山陽本線の輸送量は、昭和13年を100とした場合、10年後の昭和23年には旅客で143～185、貨物で138～162。控えめに見積もっても、東海道は昭和20年、山陽は昭和25年頃に逼迫する。ここにさらに軍事輸送の増加分が加われば、車両や施設の改良を施しても、遠からず限界に達せざるをえない。

第1回鉄道幹線調査会の名簿をみると、会長に鉄道大臣・前田米蔵。委員として、内閣、鉄道、逓信、大蔵、内務、商工、陸軍、海軍（山本五十六）の各次官。加えて、鉄道関係有識者の委員として、島秀雄の義父・中村謙一男爵、阪急電鉄を率いる小林一三、島安次郎ら11名の名前が見える。さらに幹事扱いで、鉄道省の局長たちが加わる。運輸（長崎惣之助、のち第3代国鉄総裁）、建設、工務、工作、電気、経理の各局長で、総勢34名（うち欠席4名）の大会議であった。

この鉄道幹線調査会は、7月29日以降、8月2日、9月6日、11月6日の計4回開催され、初回から数えて101日目の最終回には、弾丸列車計画の概要を決する答申案を採択する。しかし、これだけではいかにも拙速に過ぎる。実は、第2回調査会で、路線、軌間、建設、運行などの弾丸列車計画全般にわたる、より詳細な検討のために特別委員会が設置されて、12人の特別委員が選任された。この第1回特別委員会は、8月4日開催。ここで全委員の互選によって、特別委員長に島安次郎が選ばれる。

昭和14年11月6日に開催された第四回鉄道幹線調査会の議事録。

昭和十四年十一月六日

第四回鐵道幹線調査會議事錄

鐵道幹線調査會

四、増設線路ノ軌幅ハ一四三五粍トスルコト。

五、前二號ニ關スル工事中ノ過渡的措置ニ就テハ臨時具體的ノ調査研究ヲ要スルヲ以テ之ヲ當局ノ善處ニ俟タシトス。

六、増設線路及建造物ノ規格ハ之ヲ鮮滿ノ幹線鐵道ト同等若ハソレ以上ノモノトスルコト。

尙特別委員會ハ左ノ如ク希望決議ヲナシタリ。

一、増設線路ニ於テハ東京・大阪間四時間半、東京・下關間九時間運轉ヲ目標トセラレムコトヲ望ム。

二、本計畫ハ物資及勞務動員計畫ニ重大ナル關係アリト思料スルヲ以テ此ノ點ニ就キ充分ナル考慮ヲ拂ヒ且速カニ之ガ實現ヲ期セラレムコトヲ望ム。

以上

〇會長（鐵道大臣永井柳太郎君）　只今朗讀致サセマシタ報告ニ付キマシテ、特別委員長ヨリ御說明ヲ願ヒタイト存ジマス。

〇島安次郎君　特別委員會ニ於テハ、第三回ノ本委員會ニ於キマシテ東京・下關間ニ線路增設ノ要アリト認ムトノ中間報告ヲ致シマシタル後、更ニ五回ニ亙リ審議ヲ致シタノデアリマス。以下其ノ審議ノ概要ニ付テ御說明申上ゲマス。

先ヅ具體的事項ノ審議ニ入ルニ先立チ、當局提出ノ試案（第十九號表）ニ付キ當局ノ說明ヲ聽取シマシタル後、各項目ニ付キ審議ヲ致シタノデアリマス。其ノ結果書記ノ朗讀致シマシタル御手許ニアリマス報告書中ノ六項目ハ增設線路ノ具體的事項トシテ最モ重要ナルモノト認メ、特別委員會トシテ決議ヲ致シタ譯デアリマス。尙ソレニ伴ヒマシテ二ツノ希望決議ヲ致シマシタ。

當局ヨリ試案ニ對シテ說明サレタル大要ヲ申述ベマスルト、先ヅ第一ニ增設スベキ線路ヲドウ云フ風ニ敷設スルカト云フコトニ付キマシテハ、必ズシモ現在線ニハ沿ハナイデ、比較的自由ナ立場デ線路ヲ選定シテ行ツタ方ガ良イ線路ヲ作ルコトヲ得ルシ、工事費モ廉ク、又工事モ比較的容易デアリ、且ツ距離モ短縮スルコトヲ得マスノデ、現在線ニ拘泥セズ、比較的自由ナ立場デ「ルート」ヲ決メテ行クコトガ宜シイト云フコトデアリマシタ。

第二ニハ增設線路ハ單線トスベキカ複線トスベキカノ問題デアリマシテ、增設線路ヲ單線トスルコトハ、行違ヒノ爲ニ極メテ多數ノ待避驛ヲ必要トシ、急行列車ト雖モ待避ノ爲ノ停車ヲ餘儀ナクサレ、速度ノ昂上ハ望メナイバカリデナク、線路容量モ左程增サナイノデアリマスカラ、何レハ全線ヲ複線トシナケレバナラナイコトニナルノデ、結局增設線路ハ複線トスル必要ガアルト云フノデアリマシタ。

第三ニ線路使用方法ニ付キマシテハ、新增設線路ハ十分其ノ價値ヲ發揮セシメ、而モ他方ニ於テハ現在線ノ線路容量ニ相當ノ餘裕ヲ生ゼシメル如キ方法ヲ採ラネバナラヌト考ヘテ居ルノデアルカラ、新幹線ニハ長距離行ノ急直行列車及大操車場ニ向ケテ運轉スル直行ノ貨物列車ヲ運行セシメルコトガ最モ良策デハナイカト考ヘラレル。又其ノ場合ニハ富士又ハ燕程度ノ停車驛ガ出來ルトシテ數字的ニ計算シテ見ルニ、旅客ハ平均五割ヲ、貨物ハ二割程度ヲ新幹線ニ移スコトヲ得ルト考ヘテ居ルトノコトデアリマシタ。

次ニ新幹線ノ軌幅及規格ニ付キマシテノ當局ノ說明ハ、曩ニ委員會ニ提出シタ幹事試案ハ、今回ノ計畫ガ現在この特別委員会は、週に1回のハイペースで開催された。8月4、8、12、16、19、23、30日。9月15、22、29日。10月6、27日。計12回。前半の8回は、主に東海道・山陽新線の必要性についての再検討、吟味。後半の4回は、その路線、軌間（狭軌／広軌）、車両、建設などについての具体的方策が検討された。

このとき島安次郎、69歳。

大正8年に悲願であった広軌改築論がついに破れ去り、院議署名を拒否して鉄道院技監の椅子を蹴るようにして去って以来、20年目。この間も、東京帝国大学工科大学（現東京大学）教授、南満洲鉄道理事（のち社長）、汽車製造会社取締役として現役生活を続けてはいたが、さすがに自らの手で広軌改築を実現することは半ば諦めていたはずである。その老兵・島安次郎のもとに、広軌新幹線建設の願ってもないチャンスが訪れたのである。おそらく、内心、強く期するものがあったにちがいない。むろん当時の委員たちもそのことをよく承知していたはずである。むしろ、島安次郎を特別委員長に選出した時点で、広軌新幹線は実現にむけて大きく一歩を踏み出したと考えるべきだろう。

計12回開かれた特別委員会で、最も白熱した議論になったのは、いうまでもなく軌間問題である。狭軌か、広軌か。この因縁の大問題に関しては、10月27日の最終回まで議論が持ち越されている。議事録によると、鉄道省側の原案は、狭軌新線案であった。より正しく言うと、広軌構造狭軌新線案である。

つまり、こういうことである。

弾丸列車計画は、当初、10年後、つまり昭和25年の開業を想定していた。言うまでもなく、敗戦を経験しないまま迎えるはずの昭和25年である。そのとき、東海道・山陽本線は、大陸とより緊密に結ばれる大動脈になっているであろう。大陸の鉄道は広軌である。したがって、将来は広軌に改築しやすいように、トンネルや橋梁などに関しては広軌の寸法で作っておこう。しかし、建設コスト、車両製造コストの問題があるので、当面は広軌サイズの線路構造に狭軌新線を敷設する……。

このとき、鉄道省側が狭軌にこだわった最大の理由は、建設コストもさることながら、在来線との車両の共通化である。とりわけ軍事物資の輸送を含む貨物の場合、貨車の共通化は効率的な輸送実現のために必須の要件とされた。

しかし、回を重ねるにしたがって、各委員から原案批判があい次ぐようになり、特別委員会の趨勢は、次第に広軌新線案に傾いていく。ここでは、その詳しい内容には踏み込めないが、岡野昇、久保田敬一（男爵）らとともに、島秀雄の義父・中村謙一が、ときに舌鋒鋭く広軌構造狭軌新線案を批判し、広軌新線案に議論を誘導していることを記しておこう。以下、概略を示す。

輸送量増強のためには、まず増線する必要がある。在来の東海道・山陽本線を複々線にする場合は、列車の運行効率からいって、長距離急行列車レーンと鈍行・貨物レーンに分けたほうがよかろう。もし新旧の複線で役割分担するなら、在来線に並行させるより、新線を建設したほうがよい。長い直線と緩い曲線を使うルートであれば、速度も上がる。都市部から離れていれば土地の収用費用も安くあがる。どうせ新線を作るなら、広軌にしたほうが、さらに速度と輸送効率があがるであろう……。

島安次郎（1870〜1946）
東京帝大工学部機械工学科卒。関西鉄道を経て、鉄道省入省。のちに鉄道省技監。広軌改築派の理論的・技術的中心人物。原敬内閣で「狭軌ニテ可ナリ」という院議が可決されると、辞職。東京帝大講師、満鉄理事、汽車製造会社取締役を経て、戦時中の弾丸列車計画では幹線調査会特別委員長として精力的に活躍した。

中村謙一（1882〜1943）
男爵。鉄道省建設局長。土木技師（橋梁工学）。父・中村覚は陸軍大将。島秀雄の義父（豊子の父）。幹線調査会にて、広軌新幹線建設の熱い論陣を張った。

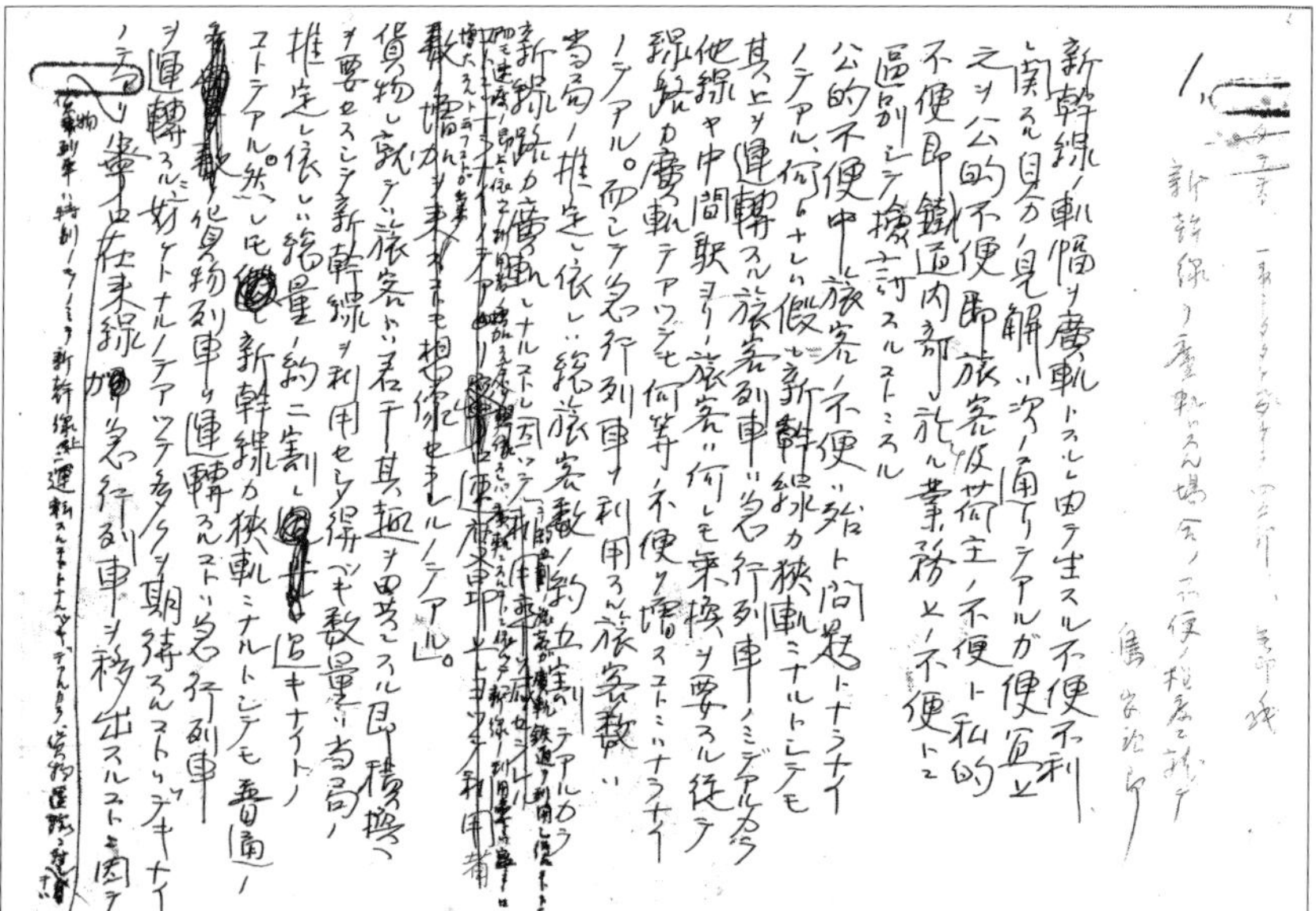

新幹線ノ軌幅ヲ廣軌トスルニ由テ生スル不便不利
ニ関スル自分ノ見解ハ次ノ通リデアルガ便宜上
之ヲ公的不便即旅客及荷主ノ不便ト私的
不便即鐵道内部ニ於ル業務上ノ不便トニ
區別シテ檢討スルコトニスル
公的不便中旅客ノ不便ハ殆ト問題トナラナイ
ノデアル、何トナレハ假リニ新幹線カ狹軌ニナルトシテモ
其上ヲ運轉スル旅客列車ハ急行列車ノミデアルカラ
他線ヤ中間駅ヨリノ旅客ハ何レモ乗換ヲ要スル従テ
線路カ廣軌デアツテモ何等不便ヲ増スコトハナイ
ノデアル。

「新幹線ヲ広軌トスル場合ノ不便ノ程度ニ就テ」　島安次郎による自筆原稿。幹線調査特別委員会の会議資料として配布されたと思われる。

この特別委員会での議論の流れ、つまり増線するなら結局は広軌新線を敷くしかない……というロジックは、実は、20年後の東海道新幹線建設の際に、瓜二つのかたちで繰り返される。そのとき、技師長・島秀雄は、国鉄内部の反対派を説得するために、弾丸列車計画の議事録そのままに議論を誘導していくのである。その話には、いずれあらためて触れてみたい。

この議事録を読む限り、特別委員長・島安次郎は、おおむね淡々と議長の役割を忠実にこなしているふうに見える。広軌新線にとくに議論を誘導しているふしはない。しかし、いよいよ押し詰まった第10回特別委員会にいたって、特別委員長としての私見を明らかにする。広軌改築に執念を燃やした明治男の最後の晴れ舞台ゆえ、少し詳しく触れておきたい。

「増設致します新線路及び運用車両の構造に関する主要規格につきまして、この頃来当局案の説明を聴取致しましたが、本来ならばそれ等は鉄道建設規程に準拠すべきものであるから、若し現行規程と異なる規格に依る必要があるならば、現行規程を改正するか、或いは特別の規程を定めることとすべきであると考えられるのであります」（原文はカナ交じり文。以下同）

ここで島安次郎の言及している「現行規程」とは、昭和4年8月1日実施のもので、当然、軌間は狭軌である。つまり、島安次郎は、弾丸列車計画を特別扱いして議論する前に、本来であれば、広軌を可能にするためには、鉄道建設のための基準を定めた建設規程を改正することからはじめるべきである……という筋論をまず述べる。しかし、建設規程の煩雑な改正作業を待っていては、とても今回の新線増設計画に間に合わない。したがって、建設規程改正に代わるものを、すなわち「東海道線及山陽線の線路増設に関する軌幅其他規格に就ての決議要綱案」というものを、委員長私案として提案する。

この島安次郎私案を見ると、たとえば「一、軌幅」の項にこうある。

「(イ)増設線路の軌幅は1435粍《ミリ》(以下甲号軌幅と称す)とす、但し特別の要ある部分に於ては1067粍(以下乙号軌幅と称す)とするか、又は甲乙両軌幅併設軌道(三軌条又は四軌条式)の構造とすること
(ロ)在来線路特に東海道線、山陽線及甲種線路(現行建設規程の差別による)中特別の要ある区間に於ては甲号軌幅とするか又は両軌幅併設軌道の構造とすること」
(イ)は、それまでの議論の経過、委員の多数意見を踏まえて、弾丸列車は「広軌で建設すること」と明言している。建設工事や在来線連絡のためやむを得ない場合は、従来の狭軌、もしくは3本ないし4本のレールを敷いて、広軌/狭軌双方の車両が運行できるようにする(この三軌条、四軌条式は、現在でも箱根登山鉄道、秋田新幹線などで見られる)。
問題は、(ロ)である。在来線のうち、現行の建設規程による甲線にも、必要のある場合は原則広軌もしくは多軌条式を採用すべきだというのである。甲線とは、軸重15トン以上の、重い車両の走行に耐えうる線路のことで、東北本線、中央本線、北陸本線などの主要幹線は甲線である。つまり、島安次郎私案は、弾丸列車計画に限定せずに、この機会に広く他の従来の幹線にも、広軌改築の筋道をつけておこうという提案を含んでいる。たびたび広軌改築に挫折してきた島安次郎にとっては、当然の提案であろう。

しかし、この安次郎私案は、やはり、この特別委員会の場では勇み足の感を否めず、けっきょく

「此の会議で取り扱う問題以外のこと」（岡野昇委員）として、本題から外されてしまう。安次郎の広軌改築という悲願は、やや縮小を強いられたわけである。

こうして、第12回特別委員会にて、広軌新線建設の骨子が決議され、昭和14年11月6日、第4回幹線調査会にて正式に承認される。次に、その全文を紹介しておく。

「東海道本線及山陽本線に於ける国有鉄道の輸送力拡充方策に関する答申

一、増設線路は現在線に並行することを要せざること。

二、増設線路は之を複線とすること。

三、増設線路に於ては長距離高速度の列車を集中運転することとし貨物列車の運転のため高速度運転を阻碍せざること。

四、増設線路の軌幅は１４３５粍とすること。

五、前二号に関する工事中の過渡的措置に就ては随時具体的の調査研究を要するを以て之を当局の善処に俟つこと。

六、増設線路及び建造物の規格は之を鮮満の幹線鉄道と同等若はそれ以上のものとすること。

希望決議

一、増設線路に於ては東京大阪四時間半、東京下関九時間運転を目標とせられむことを望む。

二、本計画は物資及労務動員計画に重大なる関係ありと思料するを以て此の点充分なる考慮を払い且速かに之が実現を期すること。　以上」

鉄道省側で試算したところによると、この弾丸列車計画の総予算5億５０００万円。鉄鋼

45万4000トン、銅1万1500トン、木材152万8000㎥、セメント2610万袋。労力（延べ人数）7514万6000人、1日平均2万3800人。

＊

父の島安次郎、義父の中村謙一らによって弾丸列車計画の概略についてスピード審議が行なわれていたとき、島秀雄は神戸の鷹取工場にいた。

役職は、機関車掛長。鷹取工場は、関西地区随一の蒸気機関車工場で、各種機関車の本格的な点検、修繕を一手に引き受けていた。この鷹取工場時代に、島秀雄はふたつの大きな仕事を手掛けている。そのひとつは、「9600形」蒸気機関車の狭軌から広軌への改軌である。

当時、昭和12年に勃発した日中戦争が次第に激化しつつあり、満鉄、朝鮮鉄道をはじめとする大陸の輸送力増強は、焦眉の課題となっていた。なにより車両が足りない。しかし、日本国内の蒸気機関車は狭軌で、大陸は広軌。国内の機関車を広軌に改造して、大陸に供出しなければならなかった。

このとき、改軌用機関車に指定されたのが、「9600形」。この「キューロク」の愛称で親しまれた貨物用主力機（動輪4軸のD形式）は、デゴイチに次ぐ生産両数を誇る名機であった。大正2年（1913）からの14年間に、計770両。その最大の特徴は、大容量のボイラーによる強力な牽引力。一時、箱根越え、逢坂山越えなど国内幹線の急勾配区間はすべてキューロクに任された。この名機「9600形」のコンセプトをまとめたのは島安次郎。主任設計技師は、東大、鉄道省時代を通じて島秀雄の師匠をつとめた朝倉希一である。

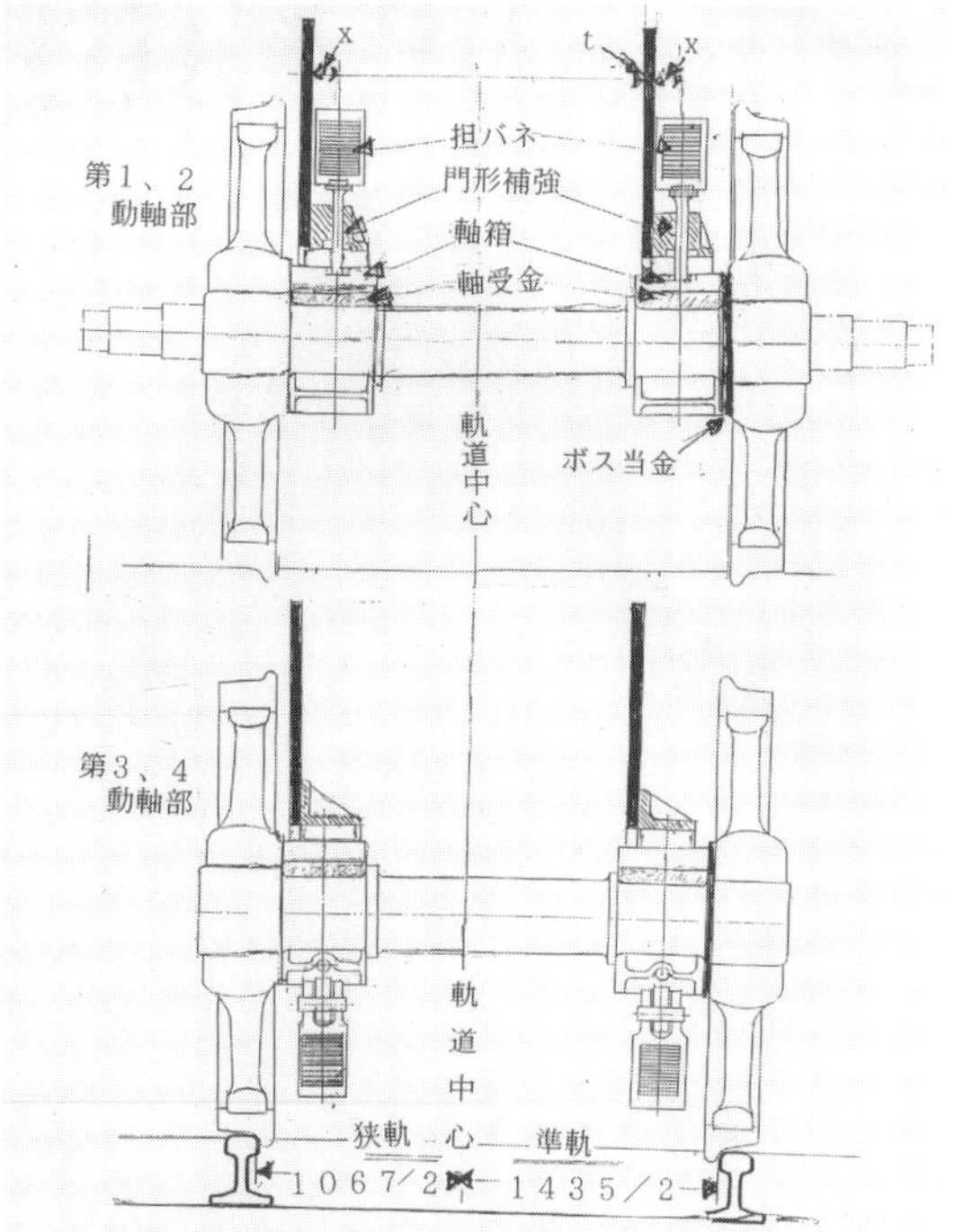

（上）「６９６７２」　９６００形の付番法では、１０１番目からは百の位を万位に表示し「１９６００」となる（９７００形との重複を避けるため）。そのため、本機は６７３番目の製造車両となる。
（左）改造における車軸、軸箱、台枠の位置関係を示す図。中心線より左側が狭軌の場合、右側が広軌改造機。

いつの日か広軌改築のチャンスがくることを信じ、そのために十全の努力を惜しまなかった島安次郎は、ある時期から、貨車、機関車を広軌に改造しやすいように設計させていた。この「9600形」も、広軌改造の際の手順をあらかじめ考えて設計されていたのだが、島秀雄は、より斬新かつ単純な方法を考えつく。

ごく簡単に説明しておく。蒸気機関車の車輪は、台枠という長方形の箱に支えられている。通常、外側から、車輪（動輪）、板台枠、補強ブロックの順。これを車輪、補強ブロック、板台枠の順につけかえると、補強ブロックの厚さ分だけ、車輪の幅が広がる。島秀雄の計算によると、広軌の線路幅1435ミリにほぼ合致した。わずか片側6・2ミリずつ足りなかったが、蒸気機関車の場合、その程度の誤差は、なんとでもなった。

島安次郎はこの話を聞いて、一寸微笑みながら、こう言った。

「面白いことを考えついたな、しっかりやれよ」

こうして、「9600形」蒸気機関車は、計251両が改軌されて大陸に渡った。

鷹取工場時代を代表する、島秀雄のもうひとつの仕事は、「デゴイチ」の製造である。デゴイチは、工作局時代に島秀雄が設計した「会心の作」であったが、製作は、日立製作所、汽車製造会社、日本車輌製造などの各鉄道車両メーカーに任されていた。

しかし、島秀雄の赴任中に、国鉄の鉄道工場も蒸気機関車を作りはじめることになる。増大する戦時輸送をまかなうためには、強力な貨物機が大量に必要だったからである。こうしてデゴイチは、浜松（69両）、鷹取（58）、大宮（31）、小倉（30）、苗穂（12）、郡山（10）、長野（9）、土崎（9）

の各鉄道工場で計２２８両が製造された。

　鷹取工場製のデゴイチ1号機「Ｄ５１２１１」は、昭和14年5月8日に誕生している。この日の記念写真を見ると、工場には紅白の垂れ幕が張られ、一同が制服を着て整列する前で、数名の神主が御祓いをする。島秀雄自身も、愛用のライカでこの記念すべき日の一連の写真を撮影している。デゴイチは、みずから主任設計者として、その隅々まで心配りをした愛すべき蒸気機関車であった。その愛機の改良形を、今度は実際に生産現場の責任者として熟成させる。まさに鉄道エンジニア冥利に尽きるというところであろう。

　昭和15年1月10日。島秀雄に、突然、本社工作局車両課転任の辞令がくだる。そして、2月8日には大臣官房幹線調査課兼務となった。島の担当は、工作局を代表して弾丸列車計画の具体案を作ること。すなわち弾丸列車牽引機関車の設計であった。このとき鷹取から島を呼び戻したのは、工作局長・朝倉希一である。朝倉は大学、鉄道省を通じて島安次郎の弟子であり、島秀雄の師匠でもあった。島安次郎－朝倉希一－島秀雄。朝倉は、この縦の師弟ラインをつなぐことによって平均時速１５０キロで突っ走る世界最速のスーパーＳＬを作ろうとした。

「たしか数年前、父が寄贈した弾丸列車の資料が交通博物館にあるはずですよ」

　そのように島隆に教えられて、東京・神田の交通博物館をたずねた。入り口には、博物館を代表する展示物として、「デゴイチ」と初代「０系」の「ひかり号」が、なかよく頭部を並べている。ともに、島秀雄が手塩にかけた名機である。

　寄贈された文書は、資料室の奥にマイクロフィルムとして保存されていた。

昭和 14 年 5 月 8 日、鷹取工場におけるデゴイチ 1 号機の完成式典。

中央が島安次郎。右端が朝倉希一。1911 年、12 月 9 日、ベルリンにて。

表紙には、『建設規定調査小幹事会　其一　島技師』とある。簡易製本されたA4判の冊子で、「其一」から「其三」まで3冊。全部で800ページを超える膨大な会議録で、随所にマル秘印が押されている。この「建設規程調査小幹事会」は、島安次郎が特別委員長をつとめる鉄道幹線調査会の下部組織で、弾丸列車建設に関する実務レベルのすべてを決定する場であった。昭和15年2月16日に開かれた第1回会議には、運輸局、建設局、工務局、電気局、大臣官房、幹線調査課などから現場クラスのトップたち12名が集められ、島秀雄は工作局を代表して参加している。

会議録を見ていくと、ここでは、新幹線の軌道構造、曲線半径、勾配、運行計画、運行管理、車両計画、車両設計、橋梁、隧道、停車場、試験線……などが詳しく議論されていて、当時の新幹線計画の全体像がよくわかる。会議は原則として毎週開催され、10月10日までの8か月間に、計24回を数えている。

「シ15、2、23。第二回小幹事会にて本幹事会と幹調分科会、暫定基準との関係につき質問したるに幹調課稲葉技師の説明は次の通りである……」（「シ15、2、23」は、「昭和15年2月23日」を意味する）

「シ15、9、13、14、15。畑毛温泉にて相談せる原稿。之により基準案を決定せり」

などなど、この冊子には会議中に島秀雄が書き込んだと思われるメモ書きが随所にある。難解な計算式や図面スケッチなどもいたるところに出てくる。その文字の実に几帳面なこと。さすが「直角水平主義」といわれただけのことはある。島は、机上の書類や図面、文房具などをきちんと整理

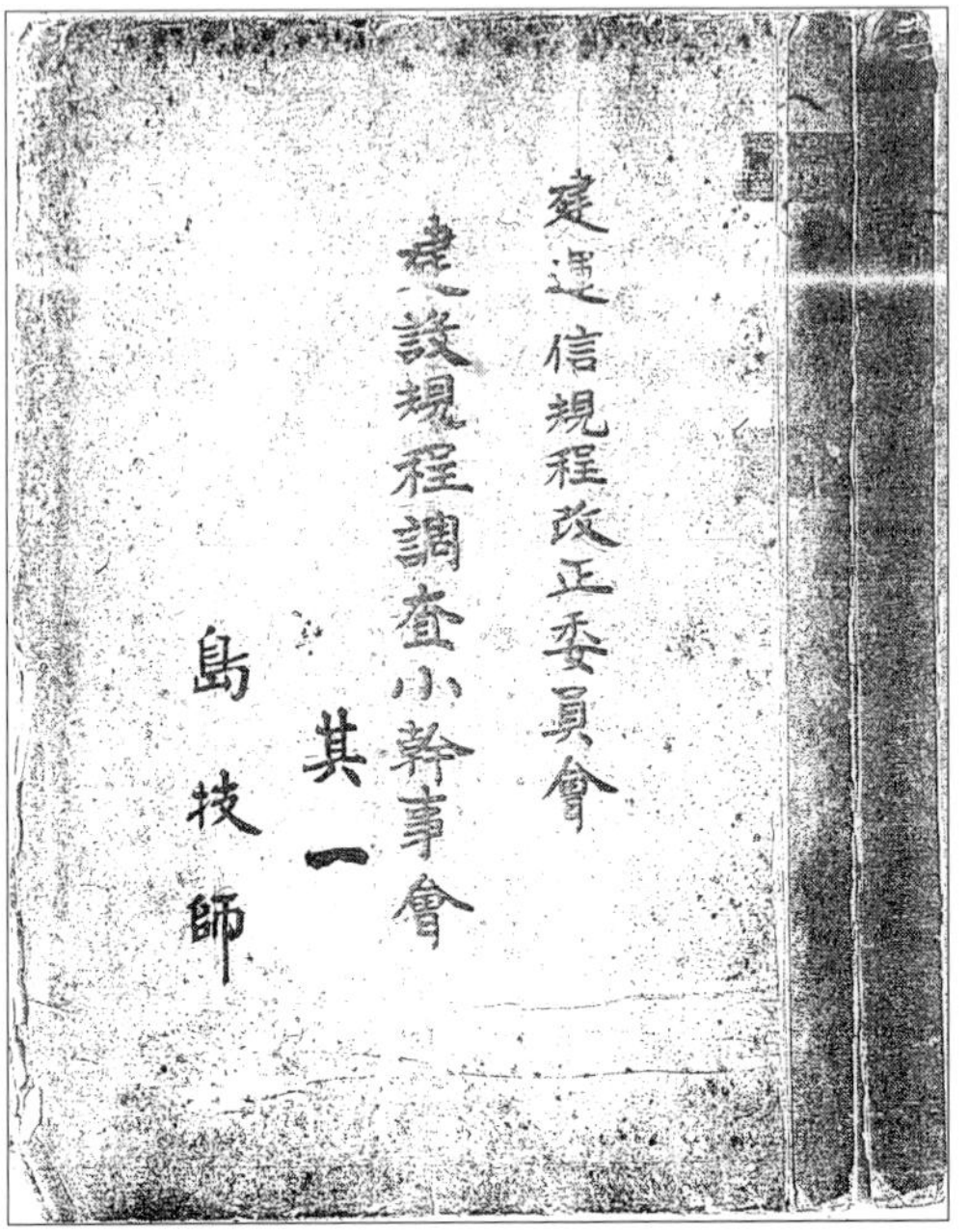

「建設規程調査小幹事会」議事録。
ところどころに、島秀雄の筆跡によるメモが遺されている。

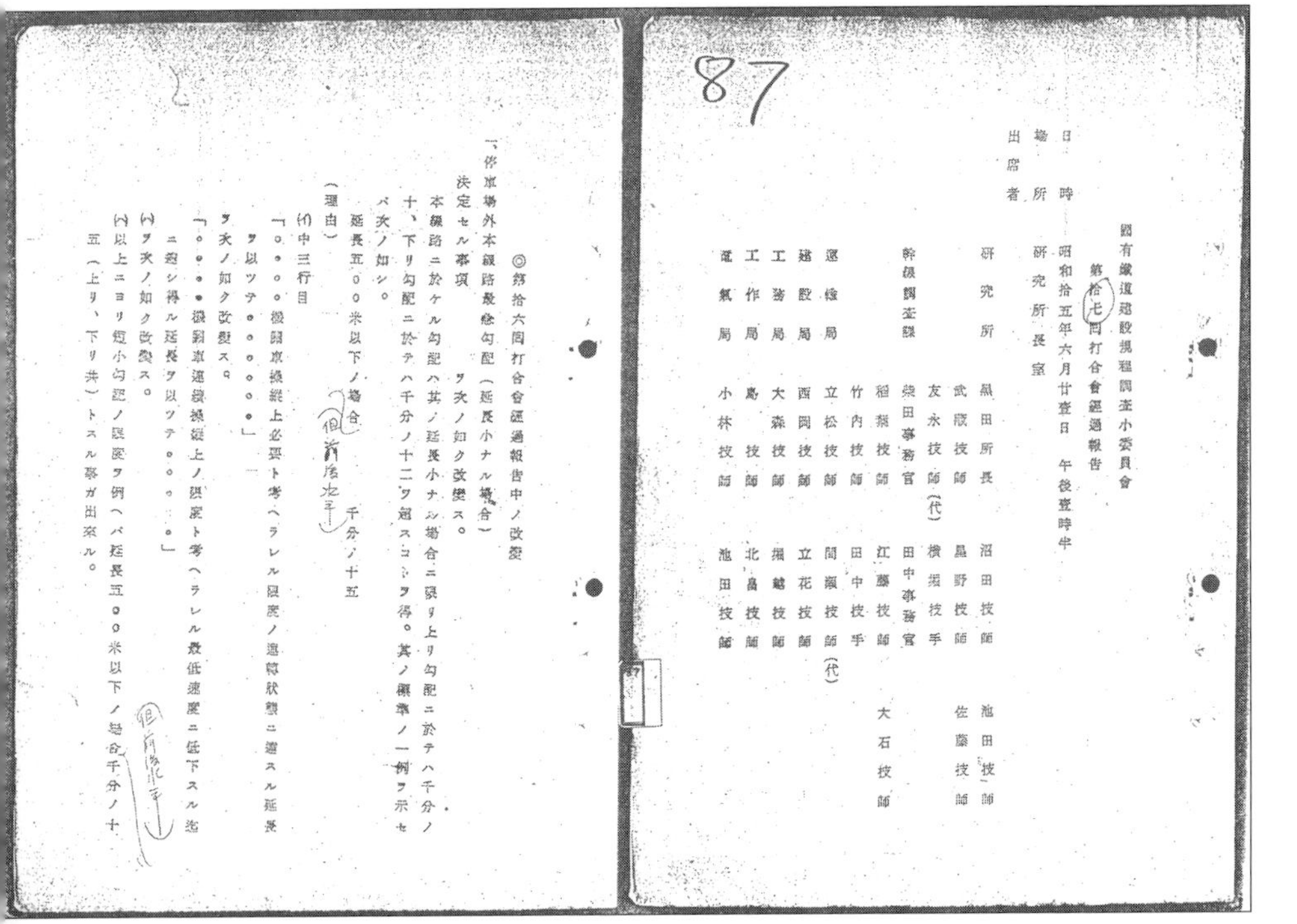

87

國有鐵道建設規程調査小委員會
第拾七回打合會經過報告

日時　昭和拾五年六月廿壹日　午後壹時半
場所　研究所所長室
出席者　研究所　桑田所長　沼田技師　池田技師
武藏技師　星野技師　佐藤技師
友永技師(代)　横堀技手
幹線調査課　柴田事務官　田中事務官
稻葉技師　江藤技師　大石技師
竹内技師　田中技手
運輸局　立松技師　間瀬技師(代)
建設局　西岡技師　立花技師
工務局　大森技師　堀越技師
工作局　島技師　北畠技師
電氣局　小林技師　池田技師

◎第拾六回打合會經過報告中ノ改變
一、停車場外本線路最急勾配（延長小ナル場合）
決定セル事項　　ヲ次ノ如ク改變ス。
本線路ニ於ケル勾配ハ其ノ延長小ナル場合ニ限リ上リ勾配ニ於テハ千分ノ十、下リ勾配ニ於テハ千分ノ十二ヲ超スコトヲ得。其ノ標準ノ一例ヲ示セバ次ノ如シ。
延長五〇〇米以下ノ場合（但前後水平）　千分ノ十五
（理由）
(イ)中三行目
「〇〇〇〇機關車操縱上必要ト考ヘラレル限度ノ運轉狀態ニ適スル延長ヲ以ツテ〇〇〇〇〇」

ヲ次ノ如ク改變ス。

「〇〇〇〇機關車運轉操縱上ノ限度ト考ヘラレル最低速度ニ低下スル迄ニ到シ得ル延長ヲ以ツテ〇〇〇〇」
(ロ)ヲ次ノ如ク改變ス。
(ハ)以上ニヨリ短小勾配ノ限度ヲ例ヘバ延長五〇〇米以下ノ場合（但前後水平）千分ノ十五（上リ、下リ共）トスル事ガ出來ル。

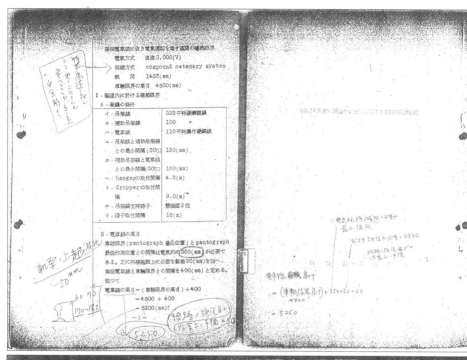

架空電車線に依り電気運転を為す区間の建築限界

電気方式　直流3,000(V)

架線方式　compound catenary system

軌　間　1435(mm)

車輌限界の高さ　4800(mm)

I・隧道内に於ける建築限界

A・架線の條件

イ・吊架線	325平粍硬銅撚線
ロ・補助吊架線	100 〃
ハ・電車線	110平粍溝付硬銅線
ニ・吊架線と補助吊架線との最小間隔(30℃)	150(mm)
ホ・補助吊架線と電車線との最小間隔(30℃)	150(mm)
ヘ・hangerの取付間隔	4.5(m)
ト・dropperの取付間隔	9.0(m)
チ・吊架線支持碍子	懸垂碍2個
リ・碍子取付間隔	18(m)

B・電車線の高さ

車輌限界(pantograph 畳込位置)とpantograph最低作用位置との間隔は電気的に350(mm)が必要である。之に架線施設上に必要な餘裕50(mm)を加へ、架空電車線と車輌限界との間隔を400(mm)と定める。

従つて

電車線の高さ＝(車輌限界の高さ)+400

＝4800＋400

＝5200(mm)

−1−

5250

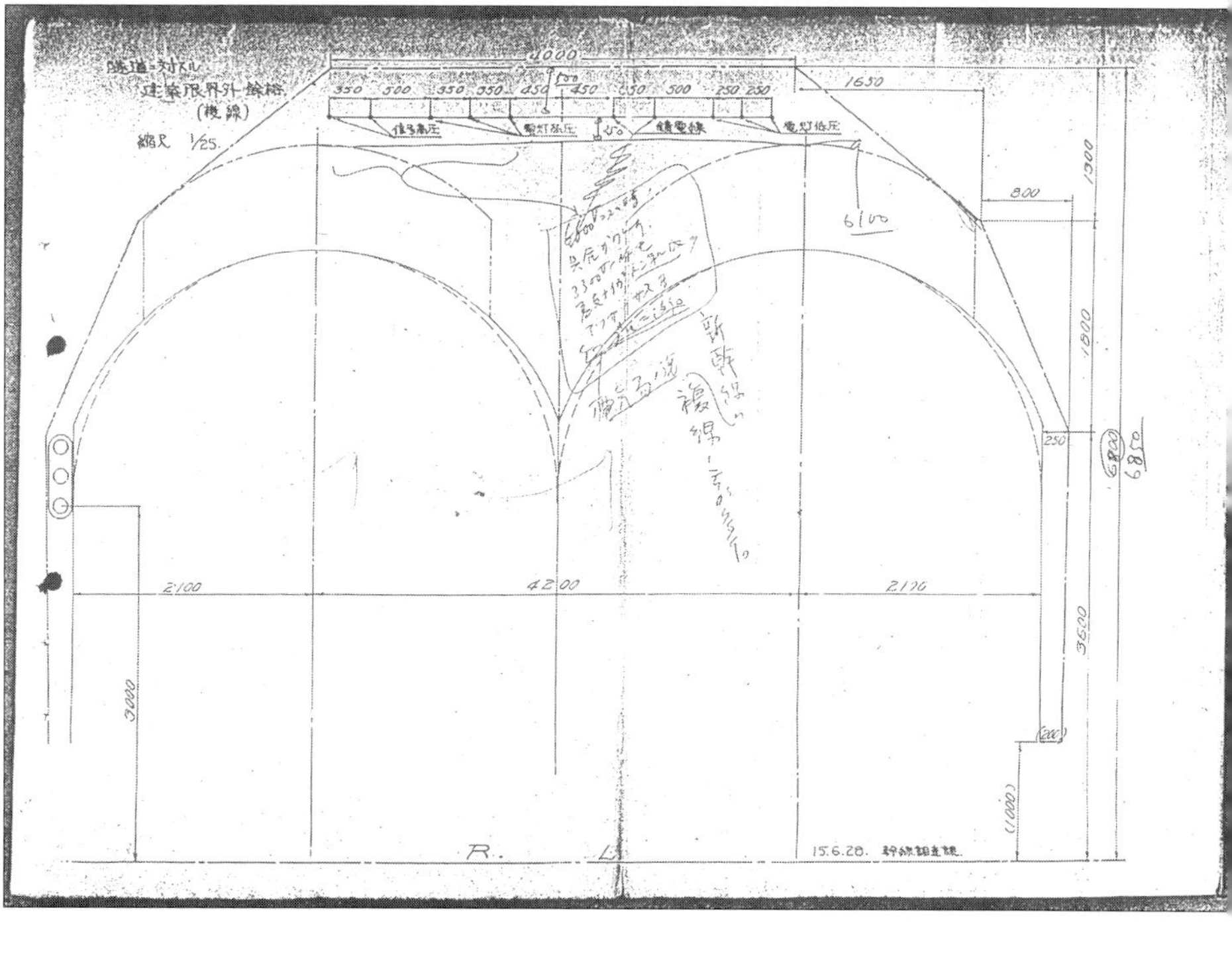

しないと気のすまない質で、部下から「直角水平主義」と恐れられていた。

さて、この建設規程調査小幹事会の第13回会議で「新幹線運行図表想定について」討議されている。そこには、興味深い2枚のダイヤグラムがはさみこまれていた。

まず、「日鮮満支連絡想定運行図表」。ここには、東京発北京着2泊3日という壮大な東亜新幹線の想定ダイヤが組まれている。ためしに、机上旅行を楽しんでみよう。

たとえば、東京から北京への最速コースを探してみよう。東京を昼2時半発の弾丸列車に乗ると、下関に夜の11時半に着く。関釜連絡船に乗り換えて7時間半、早朝の釜山港に入る。釜山から朝鮮鉄道に入って京城まで約5時間半。さらに朝鮮満洲国境の安東を経て奉天まで12時間。奉天で列車は、ふたつに分かれる。ひとつの列車は、奉天からさらに北上して満洲国の首都新京まで4時間弱。もうひとつの列車は、奉天から北京までほぼ11時間。終着駅北京には、ちょうどまるまる3日目の朝10時過ぎに到着する。

この想定ダイヤを眺めていると、広軌新幹線を大陸まで延ばそうと目論んでいた政府と軍中枢部の、並々ならぬ情熱、欲望がうかがわれる。現に、鉄道省では、「朝鮮海峡海底トンネル」を大まじめに検討していた。下関－釜山間を壱岐、対馬経由の世界最長（全長二百数十キロ）の海底トンネルで結んで、大陸との往復時間を一気に短縮しようというのである。事実、昭和16年には、下関、壱岐、対馬を中心に、数回の海底地質調査まで行なっている。

もうひとつ、この会議に提出された興味深い想定ダイヤが、「昭和39年新幹線想定運行図表」（折り込み図表参照）である。弾丸列車は、当初、昭和15年から10年の工期で計画された。ところが、帝国議会での審議中に、工期が15年に延長されて開業予定は昭和29年になった。つまり、この「昭和39年新幹線想定運行図表」は、開業後10年を経て、弾丸列車がそこそこ熟成されたときの想定ダイヤということになる。昭和39年といえば、東京五輪の年。奇しくも、現行の新幹線が実際にデビューする年である。

この想定ダイヤグラムをみると、まず、経由する停車駅が、現行の新幹線とほぼ同じであることがわかる。現行の新幹線と異なるのは、わずかに「沼津」（現行は三島）のみ。

名古屋－京都間は、米原回りと鈴鹿越えルートの２案があって、けっきょく未決定のまま終戦をむかえるのだが、東京－名古屋、京都－大阪間はおおむね弾丸列車ルートがそのまま東海道新幹線に使われている。島は、後にこう書いている。

「当時線路を敷くために国鉄が買収を完了してもっていた土地をつなぎ合わせた格好で、現在の東海道新幹線に利用したことも影響しているが、やはり当時の計画が全面的によくできていた証拠である」（『私の履歴書』）

列車ダイヤは、特急（「ひかり」に相当）が１日19本、急行（「こだま」に相当）が23本。ラッシュ時は10分間隔運転……。これも、おおむね、東海道新幹線の開業時に近い。ちなみに、昭和39年10月開業時のダイヤをみると、「ひかり」「こだま」が１日15往復ずつ。それぞれ４時間、５時間で東京－大阪を結んでいる。「ひかり」が３時間10分で東京－大阪間を走るには、翌40年11月のダイヤ改正を待たなければならない。

この列車ダイヤが、現行新幹線と大きく異なるのは、夜行列車が存在したこと。そして、１日十数本の貨物列車を走らせていることだ。とりわけ、この夜行新幹線は魅力的である。大阪や京都に出張した際に、なにか美味しいものでも……と思っても、「ひかり」の最終出発時間が気になって、後ろ髪引かれる思いでホームに急がされるではないか。しかし、大阪23時半発、京都24時発の「深夜こだま」があれば、そんな無粋な心配は無用。つい深酒してしまったとしても、午前3時頃発の「深夜ひかり」に乗れば、朝の7時には東京駅に着いてくれる。

*

さて、昭和15年5月10日に開かれた第11回の小幹事会になって、いよいよ弾丸列車を牽引する最高時速200キロ級の高速機関車の検討がはじまる。

速い蒸気機関車には、大動輪が必須である。このことは、すでに触れた。構造上、ピストン運動には上限がある。毎分400回程度の往復運動で高速走行するには、動輪の円周を長くするしかない。ところが、動輪を大きくすると、重心が高くなって、それだけ脱線のリスクを負う。つまり、幅の広い線路ほど、動輪を大きくできて、その結果速度も速くなる。

広軌で、しかも大動輪。これが高速蒸気機関車の条件なのである。

当時、欧米の蒸気機関車は、標準軌の上を時速120キロ近いスピードで走っていたし、イギリス、ドイツの間で繰り広げられていた最高速競争は、時速200キロの壁をめぐって争われていた。しかし、残念ながら日本は狭軌である。最高速を誇る「C53」は、動輪径1750ミリで時速95キロ。牽引力を重視して設計された「デゴイチ」は、動輪径1400ミリ、時速85キロにすぎない。

しかし実は、当時すでに、日本国内で広軌用の高速蒸気機関車が製作されている。

満鉄（南満洲鉄道）の「パシナ形」である。

大連－新京間７００キロを８時間半で結ぶ特急「あじあ号」を、平均時速82・５キロで引っぱり、最高時速１３０キロを誇った東洋一の高速蒸気機関車である。動輪径は、２０００ミリ。

この「パシナ形」は、昭和９年に、満鉄・沙河口《さかこう》工場が３両、神戸の川崎車輛が９両製造したのだが、当時の世界最先端の技術と材料を駆使した、ハイテク豪華マシンだった。ボイラーのニッケル鋼はアメリカ製。シリンダーにニッケル鋳鉄、ピストンにはニッケルクロム鋼。そして、デュポン社製の自動給炭機。軸受けにはドイツ製のローラーベアリング。国産製品を使って、なるべく安価に……という「デゴイチ」の設計コンセプトからすれば、別世界の贅沢マシンであった。

このパシナの視察を目的に、昭和15年４月と翌16年の２月、島は二度にわたって満洲国へ出張して、満鉄鉄道部（技師・市原善積、パシナの主任設計者・吉野信太郎）にくわしく取材している。実際に試乗を繰り返して、「パシナで時速１３０キロ出るのなら、弾丸列車で時速２００キロも不可能ではない」という感触を得て帰朝する。

豪華特急「あじあ号」は、１９４３年２月が最後の運行となった。12両の「パシナ形」も、内戦の荒波に飲み込まれ、杳として姿を消すのだが、戦後35年目の１９８０年、たまたま１両だけ発見された。日中鉄道友好視察団によって、蘇家屯《そかとん》機関区で発見されたとき、すでに廃車にされて野晒し状態だった「パシナ７５１」は、暖房用ボイラーとして使われていたと伝えられる。

島秀雄は、弾丸列車用に蒸気機関車５種類、電気機関車３種類、計８種類を提案している。

旅客用電気機関車　ＨＥＦ50（低速用）／ＨＥＨ50（高速用）

貨物用電気機関車　ＨＥＦ10
旅客用蒸気機関車　ＨＤ53（長編成用）／ＨＣ51（短編成用）
貨物用蒸気機関車　ＨＤ60／入換え用　ＨＥ10、ＨＥ11

なぜ蒸気と電気の2タイプが必要だったかというと、当初、東京−大阪間は電気運転、大阪−下関間は蒸気運転の計画だったからである。将来、時速２００キロで新幹線を走らせるには、蒸気よりも電気のほうがふさわしい。そのことは、諸外国の趨勢を見ても、島たち技術者には明らかだった。しかし、軍部は蒸気機関車による弾丸列車を主張して譲らない。敵に発電所や変電施設を爆撃されれば、いっぺんに運行不能に陥ってしまう。断固、「自動力」のある蒸気機関車でなければダメだというのである。

結局、さしあたって、東京−静岡間のみ電気運行でスタートすることになった。長いトンネルには、蒸気機関車を通すわけにいかない。もし緊急事態で停車すると、乗員、乗客が酸欠状態に陥るおそれがある。東京−静岡間には、新丹那、蒲原という長いトンネルがあった。

さて、島の設計した「ＨＤ53」「ＨＣ51」という蒸気機関車をみると、一見して、満鉄のパシナによく似ている。すっぽりと滑らかな流線形ボディ。動輪、従輪は整備性を優先させて、露出させている。しかし、そのスケールは、巨大蒸気機関車「パシナ」をさらにひと回り上回る。動輪は、大型の「ＨＤ53」が4軸。「ＨＣ51」が3軸。ともに２３００ミリの大動輪である。全長は、「ＨＤ53」で30メートル15センチ。「パシナ」よりさらに5メートル長い。あの「デゴイチ」にいたっては19・5メートルだから、実に1・5倍という巨体である。

「パシナ 979」 昭和９年、川崎車輌の蒸気機関車製造 1500 両記念。
満鉄特急「あじあ号」を牽引した。左から３人目が島秀雄。

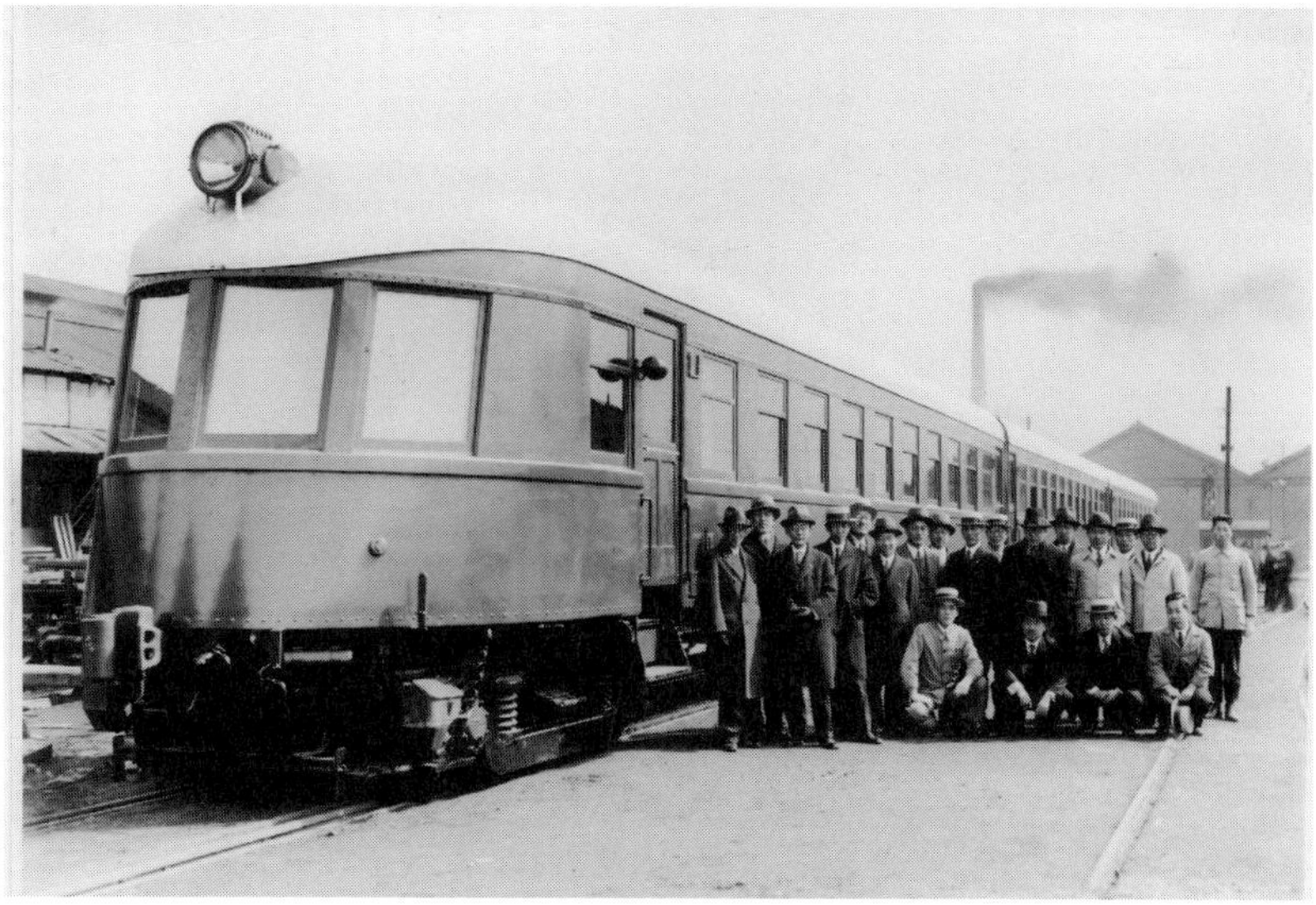

満鉄のディーゼル車を見学。昭和 10 年３月 15 日撮影。

かつて、東京の交通博物館には、2000ミリ動輪の実物が展示されていた。ドイツ国鉄の「01」のものだが、こんな巨大なものが時速100キロ以上で転がっていくところを想像すると、思わず身を引きたくなる。弾丸列車「HD53」の動輪は、さらに300ミリも大きいのだ。こうなると、動輪径1400ミリのデゴイチなど、子ども同然である。

つまり、いいかえると、広軌（1435ミリ）を走る蒸気機関車と狭軌（1067ミリ）を走る蒸気機関車の間には、それだけ性能のポテンシャルの差があったということである。

当時、海外の先進国では蒸気機関車によるスピード競争が過熱していた。なかでも2300ミリの大動輪にチャレンジしていたのは、ナチス・ドイツである。ヒトラーは、「通常時速150キロ、最高時速175キロの蒸気機関車」という条件を掲げて、ひろく設計プランを募った。このコンペに応じて、「05」と呼ばれるドイツ版の弾丸機関車を作ったのが、ドイツ国鉄のR・ワグナーである。そして、3両だけ製作された「05」のうちの2号機が、1936年（昭和11）5月11日、ベルリン五輪開幕の3か月前に、蒸気機関車の最速レコードを更新する。ベルリン－ハンブルク間で、瞬間的に時速200・4キロを記録する。

島秀雄が2回目の世界旅行の際にフランス経由でベルリン入りしたのは、1936年5月13日。「05」の世界記録達成のわずか2日後であった。島の設計した弾丸蒸気機関車「HC51」は、この「05」がモデルだといわれている。おそらく「05」の記録を見て、時速200キロ走行という実現可能な目標を持つことができたのであろう。

第3章

外遊で学んだ「将来の鉄道」

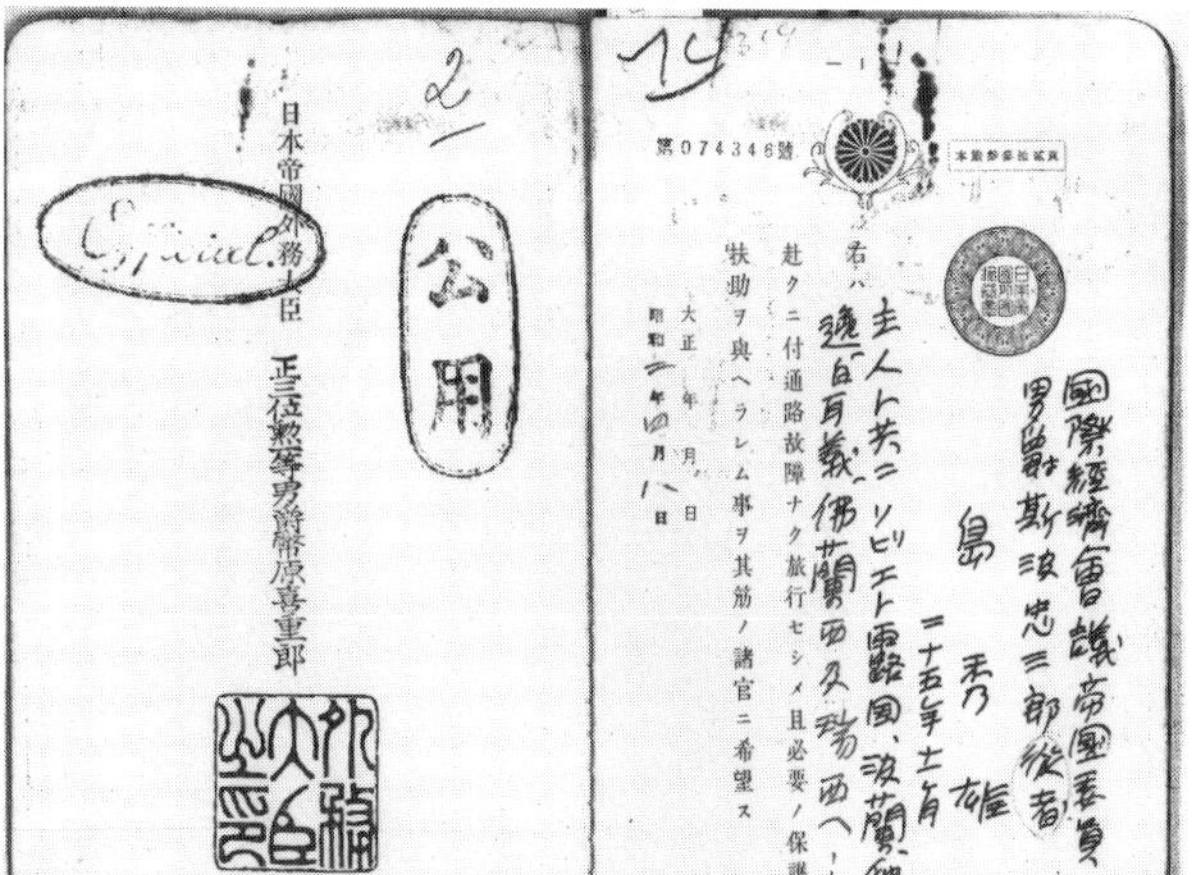

島秀雄の公用旅券（1927年）。

「見つかりましたよ、父の若い頃の世界旅行のアルバムが全部で11冊。それに古いパスポートが2冊。私も今回はじめて見ました」

と島隆さんに聞いて、港区・高輪の島家を訪ねた。戦前に、島秀雄は二度の外遊にでかけている。この二度にわたる世界旅行が、その後の島秀雄を形成するうえで大きな意味を持ったといわれる。そのときのパスポートと秀雄自身が撮影した写真帳を見れば、若き島がどこで何を見たのか。西欧の最新鉄道技術の何を学んだのか。ほぼ想像がつくであろう（二度の世界旅行のルートは折込み地図参照）。

1冊目のパスポートは、昭和2年4月8日発行。紺色の表紙の公用旅券で、そこには、まだ初々しさの残る、25歳の精悍な島の写真があり、「身長一七二センチ右中指に傷痕あり」と但し書きされている。昭和2年（1927）といえば、日本で金融恐慌がはじまった年。島秀雄は鉄道省に入ってまだ2年目、新米の工作局車両課員として蒸気機関車設計のイロハを勉強しはじめたころである。

このとき島秀雄は、男爵・斯波忠三郎に私設秘書として随行している。斯波忠三郎は、日本機械学会の要職にあり、国際経済会議（スイス・ジュネーブ）と国際議員連盟会議（アルゼンチン・ブエノスアイレス）に出席するため、長期外遊の途についた。

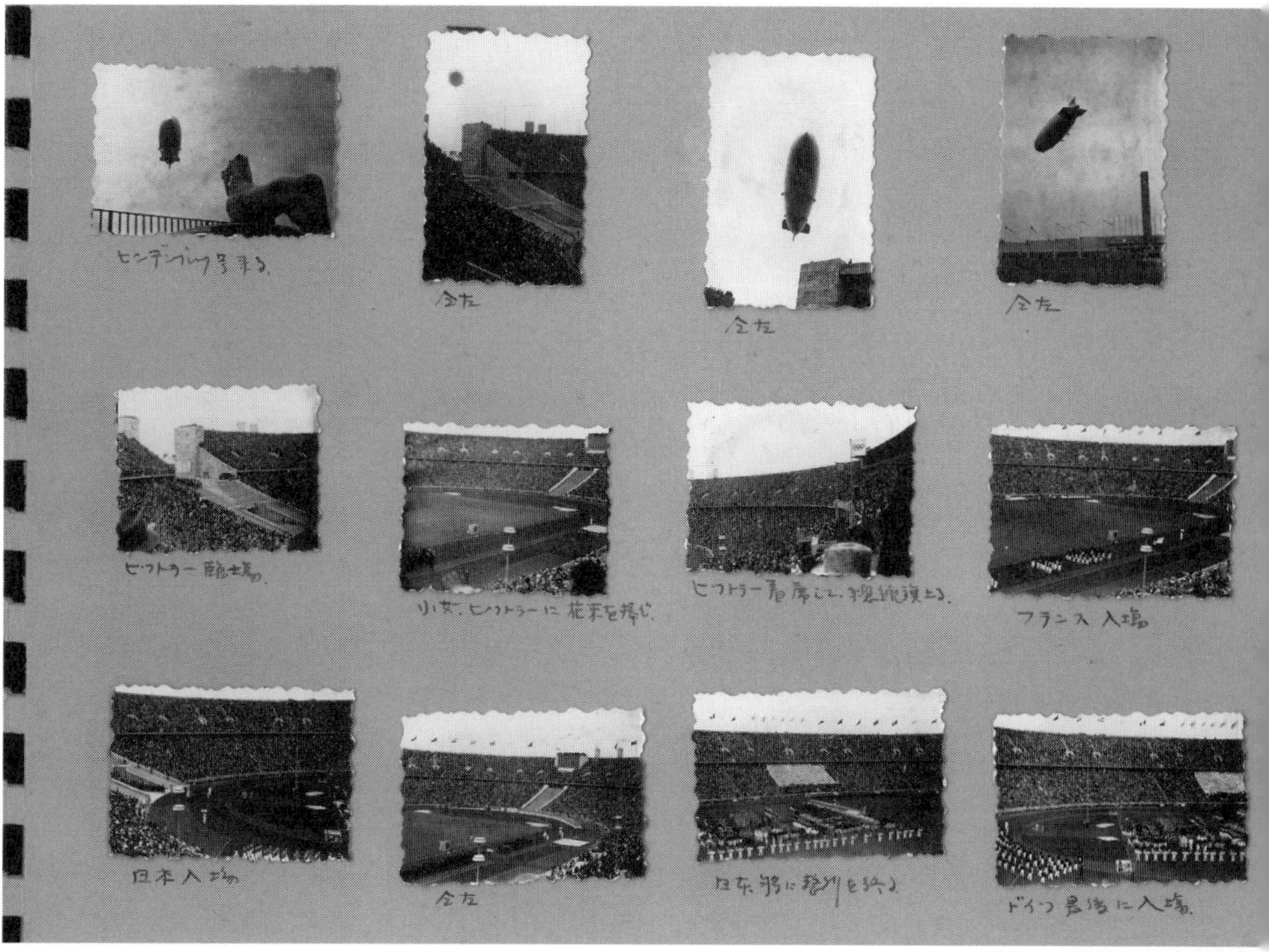

（上）島秀雄の世界旅行アルバム。
（下）アルバムの１ページ。ベルリン五輪の開会式の様子を写している。

「外国帰りの人が〈外国ではああだ、こうだ〉と煙にまくのに対して、対等に議論するために、早く外国の事情を知りたいと思った」(『私の履歴書』)

と、島は書いている。

パスポートを見ると、日本を4月に出発、シベリア鉄道でモスクワに入り、ポーランドを経て、5月にはベルリンに到着している。

斯波使節団の一行は、シベリア鉄道の客車1両を借り切って、各地で鉄道、造船、航空などの工場や研究所を見学しながら、ゆうゆうとドイツまで旅をした。

以後、ドイツを起点に、フランス、スイス、イタリア、チェコ、オーストリアなどの各国を歴訪するのだが、このとき、私設秘書として島に託されたいちばんの役目は、翌年、日本で開催予定の万国工業会議への参加を各国の工業専門家に勧誘することだった。

そこで島は、日本の技術力をアピールするために、1本のフィルムを持参する。東大航空研究所が開発した当時世界一のハイスピードカメラで電球を弾丸が撃ち砕く瞬間を撮影したフィルムを、各国の工業界のVIPを訪ねては上映したのである。そのなかには、ジャイロ技術を開発したE・スペリー博士もいた。のちに島秀雄は東海道新幹線の開発によって「スペリー賞」(輸送技術の発展に貢献した者に与えられる)を受賞するのだが、若き日の島が、そのスペリー博士本人に、電球がガシャンと砕けるハイスピード映像を披露していたわけである。

一行は、8月にロンドンに渡る。そして、そのまま南米訪問に向かった斯波使節団と別れ、島は単身でアメリカに渡って、斯波使節団受け入れの下準備に奔走する。そしてアメリカで再び斯波使節団と合流して、10月には、欧米をまたにかけた7か月におよぶ大旅行を終えて、「春洋丸」という船で神戸に帰ってくるのである。

この1回目の世界旅行の写真は、B5判のアルバム4冊に約880枚収められている。ただし、ベルリン到着までの写真はない。鉄道をはじめ、自動車、飛行機、船などの交通関係の写真も多いのだが、むしろ島のレンズは都市の風景やアルプス、グランドキャニオンなどの風景に向けられている。

2冊目のパスポートを開いてみよう。

発行は、昭和11年3月13日。同じく公用旅券である。そこには、いちだんと風格のついた、34歳の島が写っている。島秀雄は、最初の世界旅行から帰国して、ただちに工作局に復帰した。そして、翌昭和3年には、「C53」の設計補佐に大抜擢されて、本格的に蒸気機関車作りに取り組む。第1章で触れたように、以後、昭和11年の「デゴイチ」に至るまで、「C11」「C12」「C55」などの名機を続けざまに世に送り出すのである。

昭和3年12月には、中村豊子と結婚している。見合いであった。豊子の祖父は、陸軍大将・中村覚である。日露戦争の際、旅順・松樹山北砲台に突撃した白襷隊の隊長で、のち、侍従武官長となった人物である。父・中村謙一は、橋梁工学を専攻する土木技術者で、豊子が結婚したとき、謙一は鉄道省建設局長。男爵として後に貴族院議員にも名を連ねている。

島の妻となる人は、「清楚な軍人の名家」の子女であった。しかし実際には、豊子はいたってハイカラで、リベラルなお嬢さんであったらしい。豊子の母つまり謙一の妻は、オーストリア公使を務めた外交官・宮岡恒次郎の娘で、欧米式のモダンなライフスタイルを好んだ。娘の結婚に際しても、「先方とある程度お付き合いをしてから結婚を決めたほうがよい」とアドバイスして、見合いをしてから半年間、結婚を前提にお付き合いさせている。しかし、島は音楽会に行くにも映画に行くにも、必ず妹か弟を同伴した。島と豊子を比べてみれば、むしろ島のほうがよほど〝堅苦しい人間〟であって、堅物の夫とお茶目な妻という関係は、そのまま終生変わらなかったようにも思える。

昭和3年12月、帝国ホテルで行なわれた結婚式は、実に盛大かつ立派であった。写真をみると、数百人とおぼしき一同すべてがフォーマルな装いに身を包み、当時の両家の隆盛ぶりがしのばれる。さらに、この12月、島秀雄は結婚とほぼ同時に、鉄道技師に任官している。当時、任官することはたいへんに名誉あることとされていたので、まさに両手に花であった。そして、翌4年に長男・宏、6年には次男・隆を得る。昭和一桁という時代に、島秀雄は、公私にわたって順風満帆の実人生をスタートさせるのである。

そして、昭和11年4月、島は2回目の大旅行に出る。

身分は、鉄道省在外研究員。今回は公費の出張である。目的は、欧米先進国の鉄道事情の調査・研究。南米やアフリカ諸国などの日本の鉄道技術を輸出可能な国の調査および売り込みを打診するという狙いもあった。

まずは、パスポートをめくりながら、この2回目の世界旅行の主なルートをたどってみよう。

日本郵船「筥崎丸」で神戸を出港したのは、昭和11年の4月2日。上海、香港、シンガポール、ペナンを経て4月21日にセイロン島のコロンボ到着。アデン、スエズ運河を抜けてエジプトのカイロに4月30日着。ピラミッド見物をして、海路フランスのマルセイユに入港したのが5月8日。マルセイユからは列車でパリに入り、さらに鉄道でベルリンに到着したのが5月13日。以降、前回の外遊と同様に、ベルリンを拠点にして、ヨーロッパ各国を訪ねる。

あくる昭和12年（1937）4月14日、イギリス・サザンプトン港から、海路アフリカに向かう。この1937年は、世界が大きく揺れ動く。大戦前後……といっていい。

フランコ軍クーデター直後のカナリア諸島のラスパルマスを経て、ケープタウンに到着したのが5月2日。南アフリカ連邦の鉄道事情を視察したあと、大阪商船の「さんとす丸」で南米に向けて出港、ブラジルのリオデジャネイロに5月28日に着いている。この後、サンパウロ、バイアを経て、ウルグアイ経由でアルゼンチンの首都ブエノスアイレスに入り、メンドーサからダグラス機でアンデスを越え、チリのサンティアゴに飛び、チリ北部のイキケ港から海路北上して、ペルー、パナマ、メキシコを経由して、ロサンゼルスに入港したのが8月8日であった。

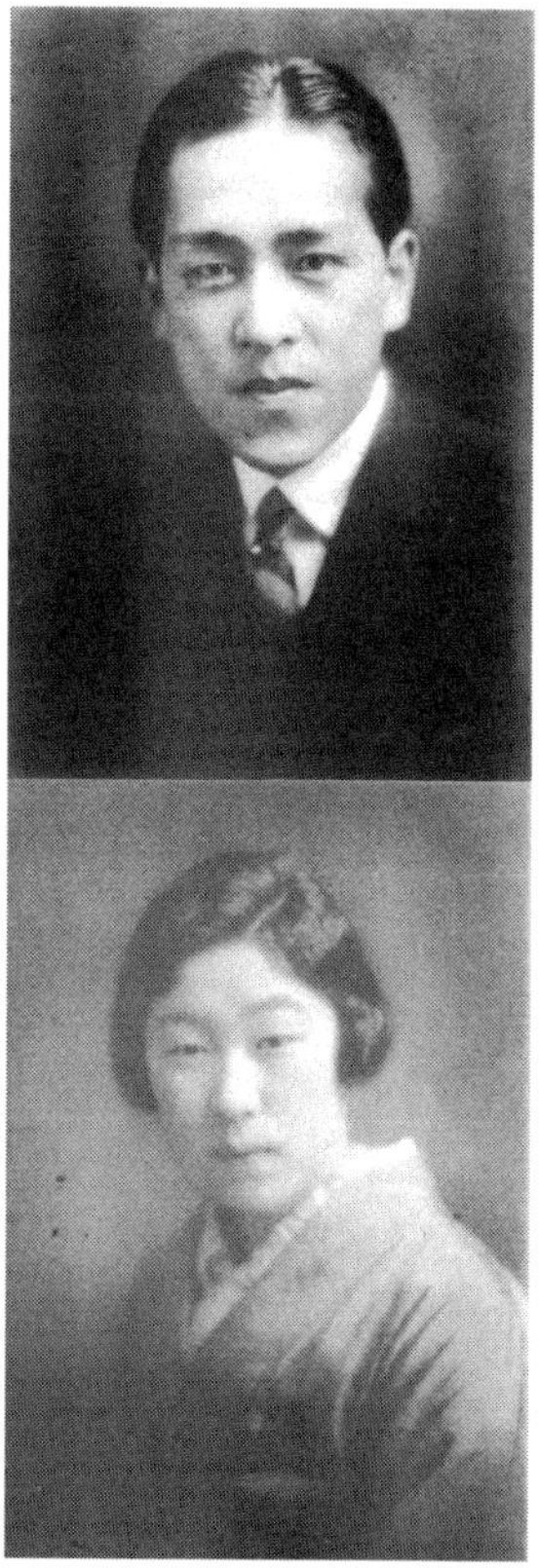

結婚当時の島秀雄・豊子夫妻（昭和3年12月）。秀雄27歳、豊子18歳。

この間、ブラジル滞在中に本省からの電報を受け取る。

「揚子江で日本船が数隻爆破された。以後、営業活動は中止、視察に専念せよ」

7月7日に盧溝橋事件が勃発して、中国大陸での緊張が一気に高まる。

その後、一行はロスからシカゴ経由の大陸横断列車に乗ってニューヨークに到着。ニューヨークを拠点に、アメリカ各地、カナダを視察する。そして、ロス港から「秩父丸」に乗り込み、ホノルルを経由して、ようやく横浜港にたどり着いたのが、昭和12年（1937）の12月18日であった。

1年9か月におよぶ大旅行。

当初、神戸を出港したときは、技術、実務の鉄道省関係者を中心とした総勢20人程の旅行団であった。しかし、南アフリカ連邦の視察に出発したのは、島秀雄のほかに、下山定則（後に総裁、謎の死を遂げる）、井上禎一（後の四国鉄道局長）。入省同期の3人組である。

「自分には欧州は二度目であり比較的便宜もあつて早く予定の調べも済み且つは日本と同じ軌間の鉄道を持ち、非常に立派な車両施設を誇つている南阿連邦を視察することの希望を許され、その予定にしていたので、早くそちらに往きたく同行の下山君と井上禎一君のいろいろと渋るのをせき立て、同船室で南大西洋をケープタウンへ往き、ヨハネスバーグ、プレトリア、ダーバンへ視察旅行した。（中略）その視察を終えた後両君は欧州へもう一度帰りたい希望であつたが無理に勧めて僕の車両事情視察につき合つて貰い、ブラジル、アルゼンチン、チリーを見て太平洋をロスアンゼルスに上がり北米を陸路ニューヨークに向かつた」（『下山総裁の追憶』より）

この大旅行の一部始終を、島はアルバムにていねいに整理して残している。隆によれば、島の書斎には、第1回の世界旅行のアルバム4冊とともに、戦前のアルバムが7冊残されていた。いずれも、B5判40ページのタスコ製のアルバムで、35ミリフィルムをベタ焼きにして、一枚一枚ていねいに切りとってアルバムに整理している。実弟の原田恒雄氏によれば、2回目の世界旅行当時、島が愛用していたカメラは、「ライカⅡ」。レンズはズンマー単焦点F2・0の50ミリ。ヒトラーあり。ゲッベルスあり。ムッソリーニ、フランコ軍、ベルリン五輪・水泳の前畑、マラソンの孫の姿あり。リヨン、ルアーブル、ポツダム、ミュンヘン、ドレスデンなど旧市街の姿なども興味深い。もちろん、乗り物の写真は、ふんだんにある。飛行船ヒンデンブルク号、できたてアウトバーン、新車のVWビートル。ブガッティのガソリンカー、ドイツの新鋭蒸気機関車「03」、同じく南アの名機「16E」、ブエノスアイレスの地下鉄、チリの電気機関車、アメリカの流線形車両……。その数、ざっと2300枚。それは、島秀雄という一人のカメラマンによる「1936〜37年の世界」の記録である。隆はこう語る。

「二度の外遊に出かけたことが、その後の島秀雄を作る肥やしになりました。そのときの見聞、経験が、その後の弾丸列車や東海道新幹線につながっていったんだと思います」

時速200キロに挑戦した蒸気機関車あり最新の通勤電車あり大衆乗用車あり航空旅客機あり……。このアルバムには、20世紀に出現した新しい乗り物の可能性が、ほぼ出そろっているように見える。

＊

「父・秀雄の最初の外遊費用は、祖父の安次郎が工面しているんですよ。そのとき、安次郎は鎌倉に新築予定だった家をあきらめて、秀雄の外遊費用にあてています」
と隆は語る。昭和2年、秀雄は鉄道省を休職して、私費で斯波外遊に同行した。パスポートは公用旅券だが、そこには「男爵斯波忠三郎従者」（servant）と明記されている。いかにキャリア組の秀才とはいえ、25歳の新人を7か月の長期にわたって外遊させる余裕は、さすがの鉄道省にもなかった。その巨額の外遊費用は、すべて父・島安次郎がまかなったというのだ。そもそも安次郎と斯波は東京帝大工学部の同期生で、斯波外遊の機会に、「世界に早く目を開く必要がある」と秀雄に熱心にすすめたのも、安次郎だった。

その安次郎自身も、明治36年、島秀雄外遊の24年前に、同じく私費で1年間のドイツ国有鉄道視察の旅に出かけている。実は、この外遊期間中に、ドイツＡＥＧ社製の試験電車による世界最高速走行が達成される。１９０３年10月27日に作られた記録は、時速２１０・２キロ。その一部始終を島安次郎が目のあたりにしている。この若き日の外遊経験が、後々にどれほど役にたったか、肥やしになったか。そのことを安次郎は実感していたであろう。そして、このときの外遊費用は、安次郎の実家である紀州・和歌山にある薬種問屋「島喜《しまき》」が負担しているのである。いまでも、その外遊費用は「けっこうな出費」であったと島家には伝えられている。

「安次郎さんが偉かったとわたしは思うんですよ。ここぞという機会のあったときは、無理をしてでも子どもに投資する。それが将来、社会のため日本のためになる。そういう考え方が代々、島家には伝えられていたんです」

そう語るのは、児童文学者の島多代さん。隆の妻、島秀雄の〝お嫁さん〟である。多代は、晩年にときどき秀雄の話相手をつとめて、若いころの外遊体験を聞き出している。もちろん、秀雄が2回目の外遊に出かけたときは、さすがに官費であった。鉄道省技官の在外研究活動として、潤沢な予算を与えられた、いわば大名旅行である。

「島秀雄の生き方は、自分に与えられた役割に徹し切ることだったと思うんです。日本の鉄道を近代化すること。それに徹するのが自分の役割だと割り切って、脇目もふらずに邁進した。その覚悟を作ったのは、やはり20代、30代で経験した二度の外遊だったと思うんです」

安次郎は、なにも長男だけに投資しようとしたわけではない。遺族たちによれば、子どもたちそれぞれにみな平等に心配りするのが安次郎の子育ての流儀だった。しかし時代は、風雲急を告げていた。次第に、暗い戦争の時代に突入しようとしていた。長男・秀雄が二度目の世界旅行から帰ったのは、昭和12年の12月。以後、島家から外遊する者は出ていない。

兄弟のなかでひとりだけ贅沢な外国旅行をさせてもらった。官費をふんだんに使って思う存分に勉強もさせてもらった。だからこそ、そのことを、生涯をかけて、生かさねばならぬ。社会に恩返ししなければならない。そのプレッシャーのなかで、生涯を貫いてきた人だ……と、多代は思うのである。

島秀雄は、突然、彗星のように現われた天才肌の鉄道技術者ではない。島秀雄は、なるべくして〝島秀雄〟になる。スーパーエンジニアになるのである。

＊

「日本の東海道線にも、いずれ高速で走る電車列車の時代がくる……」

昭和12年（１９３７）４月、ライン河を遡る船上から河岸を走るオランダの電車を見て、島秀雄の脳裏に「東海道高速電車列車」のイメージが啓示のように閃いた。

そのように本人も回想している。

残念ながら、島秀雄の外遊アルバムでは、このロッテルダムの電車が判然としない。「ライン河を溯ル」「ロッテルダム近ヨル」というキャプションのついた一連の写真はある。しかし、どれも河岸までの距離が遠すぎて、それとわかる列車は見当たらない。アルバムによると、このとき島は、1年近くにわたるヨーロッパ滞在を終えて、下山定則と井上禎一とともに、ハンブルク港からドイツ－アフリカ航路の乗客になっている。ハンブルクから北海に出て、ライン河口のロッテルダム港、英国サザンプトン港を経由して、南アフリカにむかう途中であった。

しかし、見てみたい。「特急こだま号」、そして「ひかり0系」へと続く高速電車列車の最初の閃きを島に喚起させた列車なら、ぜひその姿を確かめたい。

インターネットで世界の鉄道マニアのホームページをさがしていくと、オットー・ジクストラさんという方の主宰する「ＤＵＴＣＨ　ＲＡＩＬＷＡＹ」というホームページに辿りついた。そこには、「ｍＢＣ」「Ｅ12」「ＥｌＤ３」といった当時のオランダの電車が写真入りで紹介されている。このなかでは、どうも「ｍＢＣ」あたりが匂う。

島秀雄は、昭和19年9月、すでに本土空襲が始まっていたころ、『最近の鐵道』（岩波講座）という鉄道車両の専門書を出している。この本では、欧米の鉄道先進国に南ア、南米を加えて、おもに

1940年以前、つまり第二次大戦勃発以前の世界の鉄道が紹介されている。『最近の鐵道』は、島が2度目の世界旅行（1936〜37）で見聞した海外鉄道事情の、いわばテクニカル・レポートである。そのなかに、こんな記述がみえる。

「オランダの流線形電車も直流1500V式であって、2両又は3両編成、速度は最高時速125キロ、安全時速150キロである。車体及び台車は独特の設計になる含銅鋼板の溶接組立である」

ジクストラ氏のデータによれば、「mBC」は、1935年製造。「DC1500V、最高速度時速125キロ、重量78トン……」。ほぼ一致する。当時もいまも、欧米では「電車列車方式」は主流ではない。先頭の重い動力車、つまり蒸気機関車やディーゼル機関車、電気機関車が後続の車輌を牽引する「機関車列車方式」が圧倒的に多い。非電化区間を含む長距離列車などの場合も、必要に応じて先頭の機関車をつけかえてやればすむ。ドイツ国鉄ICEやフランスTGVなどヨーロッパの〝シンカンセン〟も、客車の前後を動力車で挟んで牽引しているので機関車列車方式といっていい。電車列車方式は、地下鉄や都市近郊線の近距離区間に限られる。列車は、断然、機関車が引っぱるものである。しかし、このヨーロッパの「常識」は、島にいわせれば「馬車時代への郷愁に似た固定観念」に過ぎなかった。

ところが同じヨーロッパでもオランダでは、電車が早くから発達していた。これには、オランダは国土が狭く、おおむね低地で地盤が軟弱だという事情が関係している。

蒸気にせよ電気にせよディーゼルにせよ、機関車は、それ自体が重くなければ牽引力が出ない。

しかし重い機関車は、それに耐える頑丈な軌道構造を必要とする。ところがオランダのような軟弱な路盤では、作りにくい。軸重の大きな機関車は通しにくい。むしろ、小型モーターを分散させて走る軽快な「電車方式」のほうが理にかなっていたのである。しかも、電車は加減速性能にすぐれている。アムステルダム、ロッテルダム、ハーグ、ユトレヒトといった主要都市が近距離に位置し、近郊に中規模の町が点在しているオランダでは、電車で一気に加速し、一気に急減速して時間を稼ぐほうが都合がよかった。これらオランダの鉄道事情は、そのまま日本の鉄道にもあてはまるのである。

島が外遊した1930年代という時代は、自動車という新しい乗り物に対抗するために、あらゆる高速鉄道の可能性が試された時期であった。

蒸気機関車のスピード競争は、ドイツ「05」とイギリス「A4」との間で熾烈に展開され、ともに時速200キロの壁を突破していた。各国で平均110キロ台の蒸気列車が走り出していて、スイスの水管式高圧機関車、スウェーデンのタービン式機関車などというハイテクSLも登場している。ドイツの電気機関車「E19」は、すでに最高速180キロを誇り、スイスの「1185」、イタリアの「E468」など、高速で強力な電気機関車が続々と登場している。ディーゼルでは、急行「フリーゲン・ハンブルガー」が、ベルリン−ハンブルク間で平均時速123キロ、最高時速160キロの営業運転を開始している。ミシュラン、ブガッティ、フィアットのガソリン動車、ルノー、アウストロ・ダイムラーのディーゼル動車などなど……自動車関連メーカーも積極的に鉄道に新機軸を投入してくる。幹線電車の分野では、まだ2~3両の短編成ではあったが、すでに時速

120キロ運転が始まっている。イタリアのミラノ－ボローニャ間（220キロ）では、平均時速171キロ、最高時速203キロを記録していた。

いずれも標準軌（1435ミリ）、いずれも機関車列車方式ではあるが、もはや時速150キロ運転は決して珍しくなかった。それどころか、もうすぐ時速200キロ運転まで手が届きそうな勢いだったのである。

島は、これらの最新の鉄道事情をじっくり吟味して、1年近く滞在したヨーロッパ大陸を離れるにあたって、滑るように走るライン河岸の電車をながめながら、確信を新たにするのである。

「将来、かならず高速電車列車が日本の幹線に走る時代が来る」

＊

島たち一行が、南アフリカ連邦のケープタウン港についたのは、昭和12年の5月2日であった。

「日本の蒸気機関車をどうすれば売り込めるか。実情を調べてほしい」

鉄道省から下された南ア訪問の目的は、将来の鉄道の姿を考えるというより、デゴイチ営業のための下準備であった。

当時から、南アは日本と肩を並べる狭軌鉄道（1067ミリ）の先進国であった。その南アの鉄道視察に関して、島はのちにこう書いている。

「大体日本の三呎《フィート》六吋《インチ》軌間は、ケープ軌間と俗称されるように南阿が元祖で、英人が植民地経営用の軽便設備なので外にもあちこち敷設したが、南阿と日本とジャワはそのままで予期以上に発達してしまったのである。南阿もわれわれと同様、この見込みちがいの十字架を負いながら一生懸命の努力をしている。輸送量や輸送密度こそ日本の比ではないが、施設の斬新さ車両の立派さは敬服に値するもので、機関車にしても国鉄の数倍の牽引力のものや、国鉄のより大分速く走るものもあり、又直流三千ボルトの長い本線電化も行っており、それの製造工業こそないが欧米の新製品新考案の実用展覧場の如く、世界一の産金国ダイヤモンドの国として金にあかした立派なものであった」(『下山総裁の追憶』)

なぜ南アは狭軌を採用するにいたったのか。簡単に触れておく。実は南アでも、海岸沿いの都市間に線路を敷いていた時代は、ヨーロッパ並みの標準軌だった。背後に迫る標高1500メートルの台地に鉄道を走らせることなど、夢にも考えなかったのである。ところが、1868年にキンバリーでダイヤモンドが発見されると、鉄路は山岳地帯へと向かう。しかし、いくら標準軌の最大勾配と最小のカーブを駆使しても、急峻な斜面を登るルートが見つからない。いよいよ困り果てて、より小回りのきく狭軌にわざわざ作り直したのである。

さて、島ら一行は、ケープタウンから特急「ユニオン・リミテッド」の乗客となって、ヨハネスバーグに向かった。このとき、「ユニオン・リミテッド」を牽引していた蒸気機関車が、デビュー間もない、当時狭軌世界最大級といわれた「16E」である。「私も機関車の極限をねらおうという気持ちがあったため、この機関車は非常に参考になった」と島は書き記している。同じく狭軌鉄道の国の蒸気機関車設計者としては、ライバル心をかきたてられて当然である。「16E」の軸配置は、2C1。動輪径1830ミリ。軸重20・5トン。最高時速113キロ。当時の日本の東海道線急行用のエース「C53」は、2C1、動輪径1750ミリ、軸重15・4トン、最高時速100キロ。「16

E」のほうがふた回りも三回りも大きい。

では、なぜ、日本と同じ狭軌の線路にこれほど巨大な機関車が可能だったのか。南アの場合、軌道の路盤がたいへんに固い。南アの台地は、花崗岩が隆起してできている。そこを平らにして、バラスト（砂利）を敷き、鉄のように堅い枕木を並べる。この、きわめて堅牢な軌道構造にしてはじめて、軸重20・5トンの機関車に耐えられるのである。

標準軌であっても、軟弱な路盤であるがゆえに、「電車」を選んだオランダ。対照的に、狭軌でも、堅固な路盤だったからこそ可能だった、「16E」。翻って、日本の軌道はといえば、ほとんどが土を突き固めたものだった。狭軌にして軟弱。悲しいかな、当時、日本の車両には、最高時速95キロという制限がつけられていた。島にしてみれば、南アと同程度の路盤さえあれば日本でもこれ以上の蒸気機関車が可能なのだ……という忸怩たる思いも強かったのではないか。ちなみに、戦後、島が工作局長だった時代に、おそらく「16E」を強烈に意識しながら作ったはずの「C62」も、全体の大きさでは「16E」にまずまず迫りながら、軸重は16・5トンにとどまっている。

しかし、この時速110キロ運転を誇った狭軌最強の蒸気機関車「16E」も、その絶頂期はきわめて短い。デビュー3年後には、「ユニオン・リミテッド」の客車がエアコン付きの鋼製車両に入れ替わったために、力不足のためお役御免になってしまう。けっきょく、製造台数もわずか6両にとどまる。

この名機「16E」のあとを継いで「ユニオン・リミテッド」をひっぱったのが、「15E」である。「16E」に比べてスピードは劣るが牽引力の強い、動輪径1524ミリのD形式機関車。もし、日本からの輸出が実現していたとしたら、もちろん、「デゴイチ」の重連（＊1）でも十分に「15E」の代役をつとめられたのかもしれない。「16E」にはド肝を抜かれたものの、使い勝手のよい日本の蒸気機関車は十分輸出可能である……というあたりが島ら視察団一行の印象だったのではないだろうか。南アは、戦後も蒸気機関車の開発に力を入れ、「25NC」（D形式）という狭軌史上最大の大きさを誇る名機を量産し、末ながく1992年まで現役で活躍させて、最後の蒸気機関車王国となる。しかし、アルバムをめくっていくと、当時すでに南アでは、各所で電化工事が進められていたこともわかる。「メトロビック社製電気機関車　同形ノミ140台」「ジャーミストン駅ニテ電車化試運転　DC3000V」「ヨハネスバーグ貨物駅　発電所ガ見エル」「電化用変電所」などなど、島は南アの電化には多大の関心を寄せている。とくに、ヨハネスバーグと石炭積み出し港ダーバンを結ぶナタル鉄道の電化工事を目にしたとき、目が醒める思いがした。

「なるほど。蒸気機関車と電車では、線路の作り方がまったく違っていい……」

ヨハネスバーグ－ダーバン間の標高差は、1500メートルもある。従来の方法だと、蒸気機関車の釜焚きが疲れないように、ある程度坂が続くと、平坦な区間を作る。つまり、長い勾配を登るときには、線路は階段状になる。ところが、ナタル鉄道では、電化と同時に、その階段状の線路を一直線で下れるように、わざわざ作り直していた。南アでは、当時、早くも下り坂で電力を回生させることを考えていたのである。

この電力回生とは、車輪の回転する力でモーターを回して電気を作り、その電力をもういちど使い回すことである。ちょうど自転車のダイナモ・ライトのような仕組みと考えていい。この回生ブ

＊1　機関車を２両以上連結すること。

レーキを使うと、制動時に大量の電気を取り出すことができる。回生ブレーキを使って発電するには、平坦区間のない、一直線に下る軌道のほうが効率的である。「このときから、電車は回生にしなければならないと思うようになった」と、島は、後に振り返っている。

「高きに昇れば下り勾配で回生発電し、高速を出せば制動に当たってまた回生制動して動力回収するといったぐあいに、他の交通機関では全く企て及ばない経済的省エネ輸送ができる」

回生ブレーキを使って電気を架線にリサイクルすること。鉄道車両を、「走る発電所」にすること。これは、島秀雄が終始一貫して主張し続けた電車の理想形であった。そして、この回生機能を十二分に発揮するためには、やはり集中動力の機関車列車ではなくて、できれば、すべての車両にモーターをつけることが望ましい。

分散動力の電車列車にすること。

オール・モーターカー（オールM）で電力を回生させること。

若き島秀雄が、ロッテルダムの電車と南アのナタル鉄道電化を見て得たふたつの確信は、その後、「新幹線」においてようやく実現する。この世界旅行から27年後の１９６４年、初代「０系」において、まずオールMが実現する。そして、製作コストなどの問題でその後の新幹線車両からは一時オールM方式が消えるのだが、61年後の１９９８年、島秀雄の最晩年に、山陽新幹線「５００系」においてオールMによる回生がようやく実現する。

島秀雄らの一行は、南米各国の鉄道視察を終えて、１９３７年の8月、メキシコからアメリカ入りする。ロスからシカゴ、ニューヨーク、ワシントンなど主要都市をめぐり、そして最後は大陸横断ドライブ旅行をして、いよいよロスから帰国の途につくわけだが、このふた月あまりに及ぶアメリカ滞在で島秀雄が見たものは、はたして何だったのか。

当時、アメリカは、世界大恐慌に続く不況時代をようやく脱して、街に新製品があふれはじめた時代である。そして、新しいインダストリアル・デザインの主流は、だんぜん流線形だった。アイロンから時計、ラジオ、掃除機、電話など、何から何まで流線形が大流行。棺桶や墓石まで流線形が売れる時代で、顎の張ったハリウッド女優キャサリン・ヘプバーンが〝時代遅れ〟の宣告を受けて葬り去られてしまう。角張ったフォード・モデルAやダッジ・プリマスにかわって、流線形のクライスラーやハップモービルが颯爽と街を走り抜け、これらの流線形車両とともに、モータリゼイションの大爆発が起こっていた。

秀雄のアルバムには、シカゴやマンハッタンの摩天楼とともに、不夜城と化した繁華街に並ぶ新型フォード、ドライブスルーで買い物をするクライスラーなどが写されている。もちろん、鉄道も流線形である。その代表は、ペンシルベニア鉄道の電気機関車「GG1」で、運転席を中央に寄せて全体を流線形にまとめている。デザインは、タバコの「ピース」を手がけたR・ローウィ。この1935年デビューの「GG1」は、ニューヨーク－ワシントン間（362キロ）を平均時速100キロで結んだ。蒸気機関車も、のきなみ流線形化されている。秀雄の乗ったサザンパシフィック鉄道の「GS4」は、全長33メートルの鮮やかな流線形ボディに、2032ミリの大動輪を4軸配して、最高時速130キロを叩き出している。

当時のアメリカの機関車たちは、単に流線形であったばかりでなく、そのバケモノのような巨体で、驚くべきハイパワーを稼ぎ出していた。ちなみに、アメリカＳＬ史上最大の蒸気機関車は、ユニオン・パシフィック鉄道の通称「ビッグボーイ」である。島たちが帰国して3年後の１９４０年にデビューするのだが、このバケモノぶりは半端ではない。島の書いた『最近の鐵道』によると、１７２７ミリの動輪は、なんと8軸（２ＤＤ2形式）。全長40メートル（テンダーだけで新幹線1両分の長さ）。全重量５５０トンの巨体にもかかわらず、最高時速１２５キロを誇った。

しかし、これらの「怪物たち」が、そのまま将来の日本鉄道のモデルになるとは考えにくい。日本とアメリカとでは、交通事情があまりに違う。アメリカでは、主要都市が遠方に散らばっている。これらを結ぶには、飛行機が最適であろう。一方、都市周辺では、主役は自動車である。鉄道に求められたのは、安価で大量の長距離輸送であった。そして、広大な大陸ゆえに、戦後アメリカの鉄道は、電化にコストがかかる。東海岸の一部を除き、もっぱらディーゼル化の道を歩むのである。

さて、では、島秀雄がアメリカ滞在で得た最大の印象は何であったか……。それは、巨大機関車に代表される圧倒的な工業生産力だったのではないか、とわたしは想像する。エピソードをひとつ紹介しよう。

昭和16年12月8日。浜松工場長として、蒸気機関車の新造と修理の陣頭指揮に追われていた島秀雄は、真珠湾攻撃の知らせを聞いて、愕然とする。

「私はその晩にも報復攻撃を受けるのではないかと本気に思い、家庭の始末をつけるよう従業員を家に帰し、私たち幹部数人が残った」（『私の履歴書』）

マンハッタンの摩天楼、シカゴの巨大ビル群を目のあたりにし、「デゴイチ」をはるかに凌駕する超大型蒸気機関車に乗り、新型フォードで大陸を横断し、最新のダグラス旅客機でアンデス山脈を越えてきた島秀雄は、材料、開発力、製造能力……すべてにおいて、彼我の工業力の差を十二分に熟知していたであろう。

昭和19年9月に出された『最近の鐵道』は、いかにも戦時下の出版らしく、粗悪な作りの小冊子である。しかし、その内容には〝非常時〟という気配は感じられない。英、米、独、仏、伊、日……連合国／枢軸国の区別なく、蒸気機関車、電気機関車、電車、内燃動車というジャンルごとに先進技術を紹介し、各国の実力を淡々と比較対照している。

ここには、日本の車両は一両たりとも登場しない。それだけがこの本が戦時出版であることを如実に物語っている。しかし、素直に読めば、工業力における欧米列国と日本との格差は、一目瞭然である。それは、最後は竹ヤリで戦おうと半ば本気で考えていた人々に対する、ささやかな警鐘であったようにも思える。

第4章

国産標準自動車

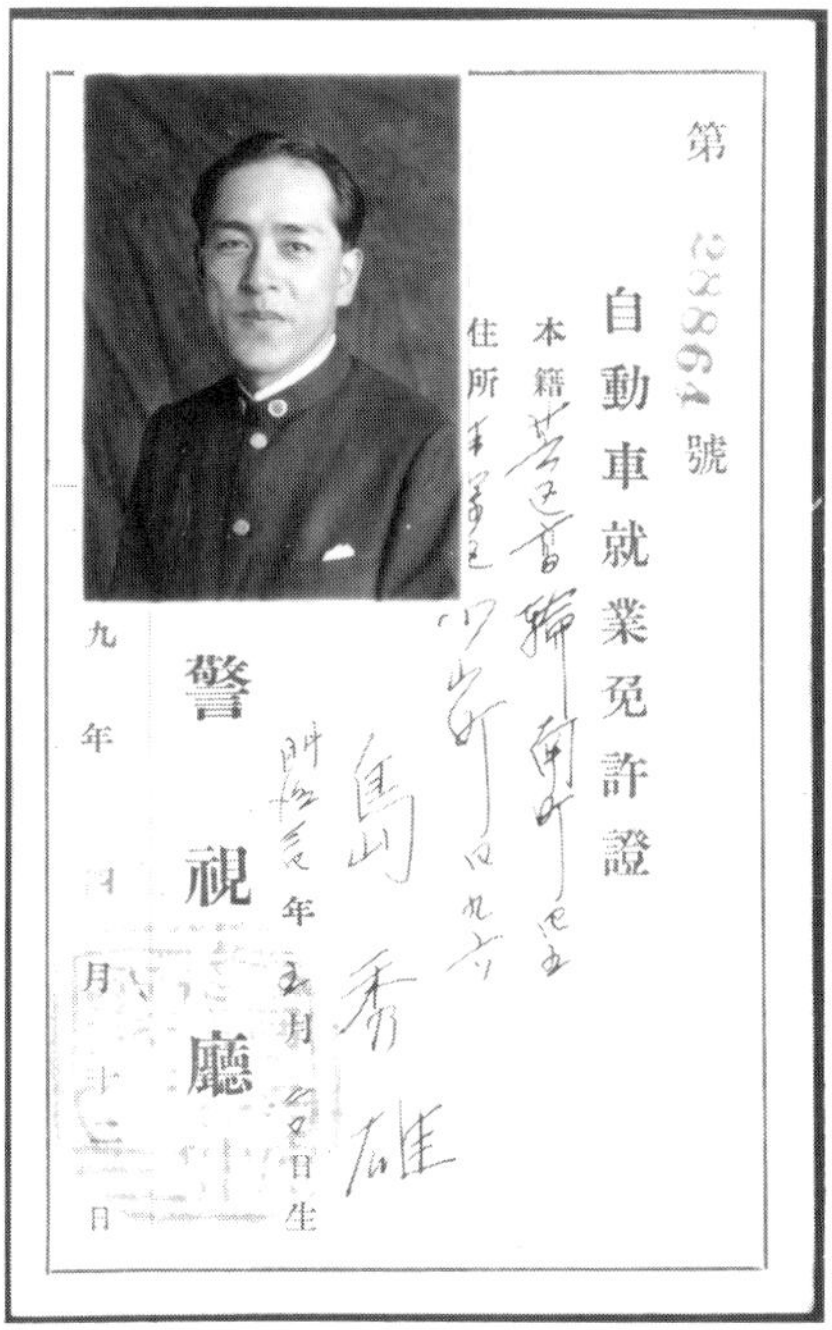

島秀雄の運転免許証。

新幹線をつくった男・島秀雄は、実は、大の自動車好きである。

1936年4月から1年9か月におよぶ二度目の世界大旅行にでかけたときも、長期滞在したドイツとアメリカでは、精力的に自動車を乗りまわしている。

当時ドイツでは、ヒトラー自慢のアウトバーン（軍事用に転用可能な高速道路）の建設ラッシュであった。島は、アウトバーンの新線が開通するたびに、鉄道省ベルリン事務所の公用車オペルに乗り込んで、まっ先に走りに出かけている。

また、同じくヒトラーの肝煎りで開発された国民車「フォルクスワーゲン」の新車発表会にも立ち会う機会を得て、最前列の特等席で総統の大演説を聞いている。島のアルバムには、このときのヒトラーやゲッベルスを写した何枚かの写真がみえる。おそらく、その壇上には、設計者のフェルディナント・ポルシェ博士もいたはずである。ちなみに、F・ポルシェも島秀雄も、のちに、ともに機械工学のノーベル賞といわれるジェームズ・ワット賞（イギリス機械学会主催）を受賞することになる。このドイツ国民車、のちに愛称「ビートル」で世界中に愛された小型乗用車は、島にも買えそうな低価格だった。だが、注文が殺到して納車まで2年待ちと聞かされ、購入を諦めている。

翌1937年夏に訪れたアメリカは、すでに爆発的なモータリゼイションの時代を迎えていた。島は、ニューヨークに到着早々、さっそく最新型のフォードを購入した。

「デラックス・フォードア・ツーリング・セダン」（１９３７年製）。色は、朱。

以後、島の４か月に及ぶアメリカ滞在中の足は、もっぱらこの朱いフォードであった。いよいよ帰国の日が迫り、船が出港するサンフランシスコに向かうときも、下山らと別行動をとって、自らハンドルを握って大陸横断ドライブに出発している。

この大ドライブ旅行に、相棒としてつきあった男を、石田敬次郎という。石田は、大阪府出身。一高、東京帝大工学部の同期生で、同期で鉄道省に入省し、のちに仙台鉄道局長を務めた土木エンジニアであった。

アルバムの写真から横断ルートを割り出してみると、ざっとこうなる。

まずニューヨークからワシントン経由でニューオーリンズに入る。さらにバトンルージュでミシシッピイ川を渡船して、ダラスからメキシコ国境の町エルパソに入る。このダラス－エルパソ間は雪道のドライブであった。ここまでニューヨークから、ざっと４０００キロ。そして、エルパソからフェニックスへ向かう途中、クーリッジダムで記念撮影をした直後、山岳路のカーブで豪快に転んでしまう。

「石田君が、はやくロスまで走ってゴルフをやりたいと急かすものだから、ついスピードを出し過ぎた」

島はのちに次男・隆にこう語っている。島はこのドライブ中、そうとう飛ばしていたものとみえる。だから、写真のキャプションに「ツヒニ！」と書いたのであろう。

写真から推測するに、おそらくこういうことではなかったか。島は石田に急かされて、オーバースピードでカーブに進入する。危うくコースアウトして谷底へ……というギリギリのところで急ハンドル。たまらずフォードはスピン、次いで横転した。ガードレールはない。そのまま谷底へ落ちなかったことが不幸中の幸いだったのだが、このとき石田は口を切り、島も額を切る大怪我をしている。この傷痕は、生涯、島の額に若き日の勲章として残った。

こうして、ふたりはさんざんの思いをしてロスまで辿り着くのだが、「このときの事故処理で、大いに保険の勉強をさせてもらった」と島は後に語っている。当時、島秀雄、36歳。妻子持ちのエリート技師としては、なかなか豪快な冒険旅行であった。

当初の予定では、この新車のフォードは、サンフランシスコ出港間際に売り払うつもりだったらしい。しかし、さすがに事故車ゆえにそう高くは売れない。けっきょく、ロスで修理を依頼して、別便で日本に持ち帰ることになった。

隆には、父の運転する、この朱いフォードで何度か出かけた思い出がある。しかし、そのあまりに鮮やかな朱色のボディは、帝都・東京でも目立ち過ぎたらしい。当時、そんな派手な朱色の車は、皇室関係者ぐらいしか乗っていなかった。隆の記憶によれば、皇族の車と間違えられて、大きな交差点を通るたびに巡査が敬礼した。

あまりに目立ち過ぎたうえに、ガソリン配給制のため燃料にも不自由しがちだったため、昭和13年1月、島の神戸・鷹取工場への転勤を機に、この朱いフォードは売却される。しかし、隆によれば、このフォードの短波ラジオだけは車から外されて高輪の家に残された。実弟・恒雄（原田恒雄）も、島家では戦争中もこの短波ラジオによってアメリカ側の放送を聴取していたと語っている。

島秀雄が、自動車の運転免許を取得したのは、もっと前のことである。昭和5年。島、28歳。商工省が「自動車国産化促進」の大方針をうちたて、「国産標準自動車製作」という官民共同のプロジェクトに島が鉄道省工作局から出向したときである。この90年近くも前の官民共同の自動車作りについて、簡単にまとめておこう。

＊

まず、このプロジェクトの主旨および経過は、商工省工務局による『自動車工業確立調委員会経過概要』（昭和7年5月）であきらかにされている。

「自動車は……全世界を通じて類例なき発達を為し、我国に於て其の使用台数は年と共に増加し、既二十万台に達せんとするの状態に存るにも拘はらず、本邦自動車工業は年産四百台内外の製造を維持する程度にして現状のままにては到底該工業の確立を期待すること能はざる状勢に存り……」

当時、自動車の国産三大メーカーは、石川島自動車製作所、ダット自動車製造、東京瓦斯電気工業の3社であったが、昭和5年の製造台数は、それぞれ177、137、57台の計371台であった。商工省の目論見は、この民間3社を糾合し、官側から調整役として鉄道省の技術陣を加えて、低価格で、そこそこ実用性のある、大量生産可能な「標準自動車」を製作して、1日でも早く輸入車に対抗しようというものであった。

このとき、商工省側の仕掛人は、岸信介（商工省臨時産業合理局局長）。調査委員会には、自動車関係各界のVIPの名前が並び、その筆頭には、4年前に島を私設秘書として外遊に連れ出した斯波忠三郎男爵、委員には鉄道省工作局車両課長・朝倉希一の名前が見える。臨時委員に隈部一雄

（東大助教授、のちにトヨタ自動車副社長）、29歳の島は幹事という肩書きで最末席に座った。

この調査委員会で、「標準自動車」の大枠が以下のように決定される。

・車種は、貨物と乗合自動車とする。

・エンジンは6気筒4390cc1種とする。

・5年後に年産5000台を目標とする。

トラックとバスに車種を限定し、あえて乗用車を作らなかった理由は、「流行の変遷烈しきのみならず廉価なる外国品との競争困難なるに……」とある。

では、なぜ〝鉄道省〟が、自動車作りに首を突っ込むことになったのか。主な理由はふたつある。ひとつは、当時、官側のエンジニアは軍と鉄道省に集中していたこと。つまり、運輸関係の技術者を官側に求めれば、鉄道省工作局のほかに見当たらなかった。もうひとつには、鉄道省側にも自動車への動機があったこと。すなわち、当時、各地で台頭する民間バスに対抗して、省営バスの運行拡大をはかりたいという目論見があった（昭和5年に営業開始）。さらに、すでに鉄道省では、ガソリンカーやディーゼルカーなどの内燃動車を運行していた。民間3社を糾合した標準自動車の開発は、必ずや内燃エンジンの品質向上に資するはずである。

さて、調査委員会の指針に基づいて、実際の設計、試作を担当する実働部隊として、工作局は島の部下として2名のスタッフを送り込む。入省2年目の田中太郎と新人の北畠顕正である。

北畠によれば、昭和6年1月、まず設計・製作の拠点が汐留駅近くにあった鉄道省大井工場分工場に置かれる。そこに、まずアメリカから輸入したサンプル車を4台持ち込んだ。ダッジ、フェデ

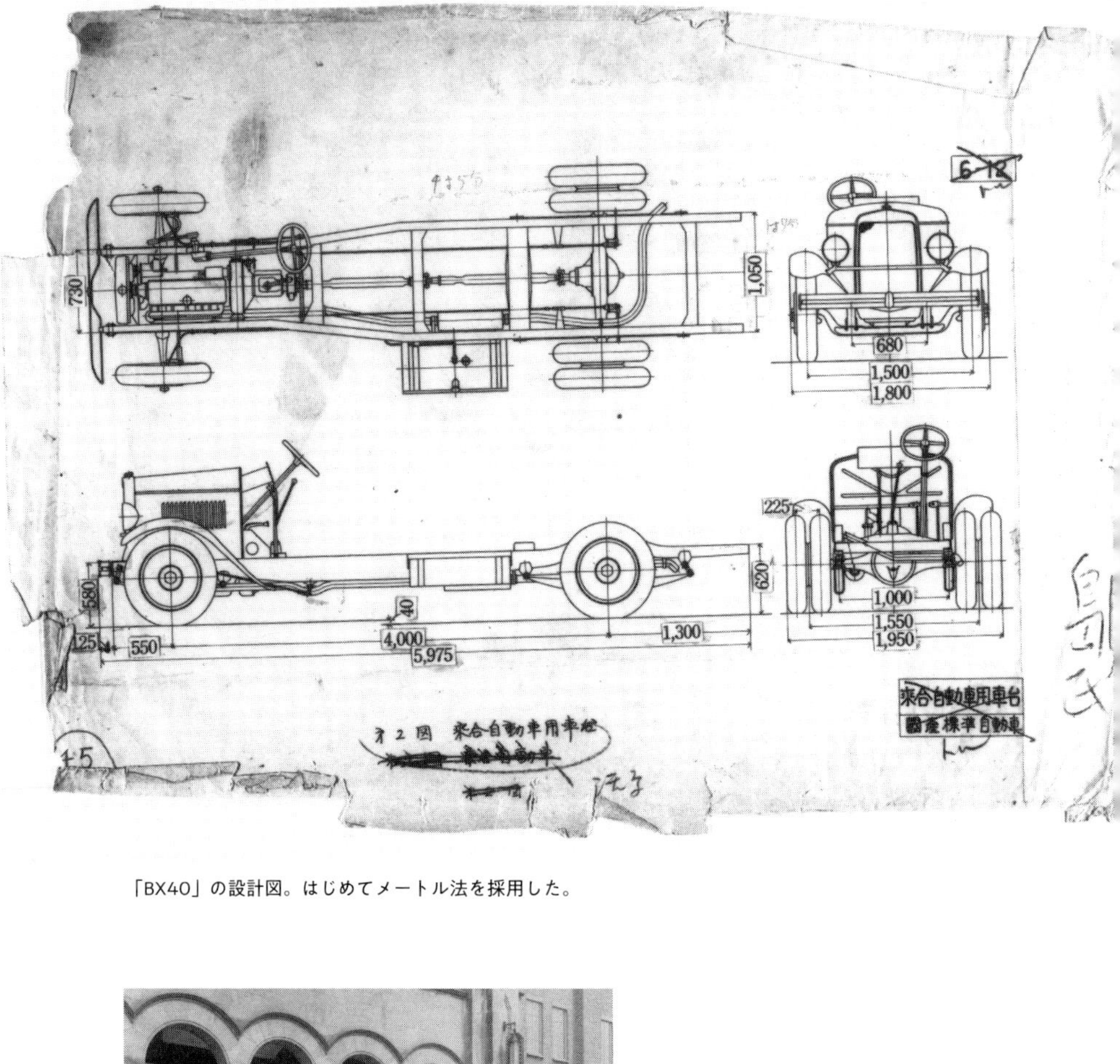

「BX40」の設計図。はじめてメートル法を採用した。

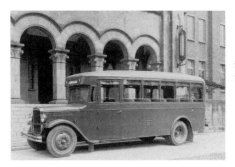

商工省に納入された「標準型式 BX45」。乗員定数 25 人。全長 6.55m、全幅 1.95m。軸距（ホイールベース）4.5m。最小回転半径 7.80m。タイヤサイズ 7.50/20inch、後輪ダブルタイヤ。

ラル、スチュワート、そしてGMCの貨物自動車である。これにすでに日本に大量に輸入されていたフォード、シボレーの乗用車を加え、これら6台を徹底的に分解・試験して、材料、強度、設計方法を研究する。そして、その結果をもとに、標準自動車の設計を煮詰めていくのだが、この設計会議は、ほとんど毎週のように開かれた。参加メンバーの主役は、石川島から楠木直道、ダットから後藤敬義、瓦斯電から小西晴二。いずれ劣らぬ自動車設計界の重鎮である。楠木は、東大工学部機械科出身で島の1年先輩であった。

しかし、当初、会議ははかばかしく進まない。3社の利害が入り組んでいたし、ともすると足のひっぱりあいになる。それを、いちばん若造の島がまとめていく。その微妙な舵取りの様子を横から北畠がつぶさに見ている。

「最良のものを考えるより、とにかく安く作るという至上命令でしたから、最初は調整に苦労されているようにも見えました。しかし、そのうち、みなさん、島さんに一目置くようになる。なにしろ専門家に負けないほどよく知ってましたよ、自動車のことを」

島自身はこう書いている。

「自動車も陸上輸送でレールこそ使わないが鉄道の仲間みたいなものだし、また鉄道はガソリンカーもやっていたから、バネや台わくなども自動車とどこか似ているところがあるわけだ」(『私の履歴書』)

しかし、北畠によれば、島の知識はとてもそんなものではなかった。

「いつ勉強しているのか不思議に思うほど、欧米の自動車に関する最新の技術情報に通じていて、その博識を背景に、議論を上手に合理的な結論に落とし込んでいく。けっきょくのところ、最後は、イギリスの技術に明るい楠木と島で、およそすべてのことを決めるようになったらしい。

こうして標準自動車は、「ＴＸ35」「ＴＸ40」「ＢＸ35」「ＢＸ40」「ＢＸ45」という型式の５種類が設計された。「Ｔ」はトラックで、「Ｂ」はバス。「Ｘ」は、６気筒４３９１ccのエンジン形式（単一型式）、「35、40、45」は、それぞれホイールベースの長さである。この標準自動車には、ボディがついていない。駆動部とフレームを中心とした本体のみであった。

そして、それぞれ部品ごとに製造の分担が決められる。主な分担は、以下のとおり。

・石川島がエンジン。
・瓦斯電がアクセルとブレーキ。
・ダットが変速機とプロペラシャフト。
・鉄道省がフレームとバネ装置。

それらの試作品を汐留の大井分工場に集め、いそぎ組みあげて、とりあえず試作車両を勢揃いさせたのが、昭和7年の年頭であった。

さて、いよいよできたてほやほやの車両で試験走行がはじまる。このとき島は、テストドライバーをかって出る。テストコースは、当時からすでに軍関係車両の定番試走ルートになっていた東京－箱根である。

「裸のシャーシの上に石油箱のようなものを結び付け、その中に座布団を敷いて腰かけて運転して、まだ当時はほとんど舗装されていなかった東海道を下った」（『私の履歴書』）

この最初の試験走行は、箱根の泥んこの急坂でオーバーヒートに悩まされたが、何度も水を注入しながら、ごまかしごまかし登りきっている。

ついで、昭和7年の3月18日、改良車両を使って大規模な試験走行が行なわれた。北畠によれば、このときはトラックやバスの形に仮ボディを作り、バラストを積み、荷重をかけてロードテストを行なっている。フォードを先導車に、「TX35」「TX40」「BX35」「BX40」「BX45」、そのあとに関係各車が続く、総勢十数台の大名行列である。

このときも、当初は箱根往復の予定だった。しかし、芦ノ湖までわけなく登ってしまったので、つい欲が出た。じゃ名古屋まで走ろう。名古屋に着いてしまうと、せっかくだから中山道経由で帰ろうという話になり、中津川、飯田、諏訪、和田峠、上田を通過……。3月24日の朝、雪の軽井沢を出発してまもなく、碓氷峠付近で1台の操舵系のピンがついに音をあげて折損、ようやく試験走行中止となった。当時の東海道や中山道は、まだまだ曲がりくねった凸凹道が多く、車体へのダメージもそうとうである。ここまで約800キロを無事走りきれたことで、一同「まずまず」と胸をなでおろした。道幅も狭い。大型車の通れぬ所も少なくなかった。天竜川付近の二川では、車が曲がり角の家につっかえてどうにも曲がれず、軒を鋸で切らせてもらって通過した。

「軍人さんが同行していたから、そんなこともできたんです」

と、島は書き残している。北畠は、このときまだ無免許で、この試験走行には同行していない。しかし、軽井沢で中断した試験車両を東京へ回送する仕事を手伝っている。

こうして国産標準自動車製作というプロジェクトは昭和7年に完了した。その後、国産自動車会社3社によって昭和9年までの2年間に750台の標準自動車が生産され、「いすゞ」と命名される。用途は、主に省営バスや市バス、そして軍用トラックであった。

北畠が免許を取るのは、昭和9年である。このとき標準自動車は、東京市に市バスとして納車されることになり、北畠に納入車両の製作監督官の辞令が下る。北畠は自らハンドルを握って、東京市バス仕様の「BX45」数十台を、納入前に1台1台、箱根まで登らせて最終チェックを行なった。

朝9時に品川を出発して、昼過ぎに塔ノ沢に到着する。旅館環翠楼で土まみれの体を洗って昼飯

「昭和七年三月二十四日、国産標準自動車、雪の碓氷峠を下り、坂本にて休憩」。先導車はフォード。

を食べ、夕方までに再び土まみれになって東京に帰る。いまでは想像もできないほどの悪路だったが、故障も渋滞も皆無。信号待ちもほとんどなく、十分余裕を持って箱根通いを楽しめたという。

その後、石川島、ダット、瓦斯電の国産自動車会社3社は、商工省のシナリオどおり合併し、東京自動車工業、のちの「いすゞ自動車」となって、国産自動車生産の中核を占めるようになる。

しかし、商工省の年産5000台という目標は、残念ながら実現しない。標準車「いすゞ」は、おりからの軍国主義ムードの中で次第に車両大型化の波に飲まれ、大量生産という当初の目標は果たせずに終わる。だが、その標準設計の基本は、戦中も主として軍関係の車両に脈々と受け継がれ、「九四式六輪自動貨物車」「一式六輪自動貨車」などの特殊車両を生み出した。そして戦後になると、瓦礫の街を走るタフな中型トラックの文字どおり「標準車」として、復興期の日本を駆け回る。

＊

鉄道屋が、列車以外のモノ作りに挑む。

島秀雄が、鉄道以外の乗り物に取り組む。

この構図は、標準自動車作りの40年後に、ふたたび島秀雄に訪れる。昭和44年、新幹線開通後に請われて宇宙開発事業団初代理事長になったときである。昭和初年、日本の自動車技術が欧米先進国と雲泥の差があったように、当時の日本のロケット打ち上げ技術も、世界レベルにはるかに及ばなかった。

「自分たちより明らかに進歩している技術は、授業料を払ってでも学び取れ」

島秀雄は、そういって根強い国産技術推進派を説得し、NASAに頭を下げて技術供与を請うて

「標準形式ＴＸ40」の鉄道省トラック。積載量２トン。全長5·6メートル、全幅1·95メートル。軸距（ホイールベース）４・０メートル。最低地上高215ミリ。最小回転半径７・15メートル。32×6インチの高圧タイヤ。後輪はダブルタイヤ。

「標準設計」は、陸軍の「九四式六輪自動貨物車」「一式六輪自動貨車」などの特殊車両も生み出した。

いる。1から考えるより10から学んだほうが稔り豊かではないか。島によれば、技術とは、本来的にそういうものなのだ。そのことを、島はこの標準自動車作りにおいて学んだのであろう。

「商工省標準型式自動車の設計は（中略）自動車技術に限れば官製国産化政策の狙いがはっきりとアメリカ技術志向への転換を示したことに固有の意義がある」（『産業の昭和社会史11』「自動車」大嶋卓、山岡茂樹著、日本経済評論社）

島は、標準自動車プロジェクトが終了すると、昭和7年4月に工作局車両課に課長補佐として戻り、そして、いよいよ名機「D51」の設計にむけて本格的に始動する。同じく工作局に戻った田中太郎と北畠顕正は、島秀雄を直属の上司とする内燃動車担当の班を作ることになった。このグループは、もっぱら「自動車組」と称して、自動車流の新しい設計スタイルを工作局に持ち込んだ。すなわち工作局伝統の「烏口、一画投影法、インチ表記」方式から「鉛筆、三画投影法、メートル表記」方式にかわっていくのである。

北畠は、その後、例外的に蒸気機関車や電気機関車、電車の設計を担当することはあっても（「C59」「63形」）、基本的には内燃動車作りの道を一貫して歩むことになった（「キハ42000」「キハ43000」など）。その北畠はこう語る。

「戦争中で、なかなか燃料もままならない状況でしたが、その後の国鉄のガソリンカーやディーゼルカー作りに、標準自動車のときの経験が大いに役立っています」

＊

島秀雄は、早くからドライブする楽しさを熟知していた。クルマが「人類の本来の願望に近い乗り物」であることを、ドイツのアウトバーンやアメリカ大陸横断ドライブ旅行を通して体で知っていた。また同時に、島は、自動車の持っている輸送手段としての潜在的な力、その利便性もよく理解していた。それは、たとえば日本では、大正12年9月1日、関東大震災のときに明らかになる。

大震災当日、島は、兄弟たちとともに相模湾に面した藤沢の別荘で過ごしていた。夏休み最後の日を終えて、高輪の家に戻ろうという矢先の出来事であった。震源至近の激震で木造家屋はあっけなく倒壊し、続いてあっという間に津波に襲われる。島は弟の邦雄、恒雄を引き連れ、妹の和歌子を背負って高台に走った。一家はかろうじて逃げおおせたが、２人いた使用人のうち、財布を取りに帰った１人を津波で亡くしている。

この大震災で首都圏の交通網は壊滅した。島は、弟・恒雄を連れて徒歩で東京まで帰ったのだが、省電も市電も動かぬ廃墟の中で、獅子奮迅の働きをみせたのが自動車であった。ちなみに、このとき鉄道院から帝都復興院に幹部として出向し、ヘンリー・フォードに直訴し、アメリカのフォード社から数百台のトラックを調達して救援活動を飛躍的に円滑化させたのが、のちに国鉄総裁となる十河《そごう》信二である。島秀雄を技師長として迎え、東海道新幹線建設の陣頭指揮をとらせた人物である。実は、十河はこの復興院時代に汚職の嫌疑を受けて野に下るのだが、その詳しい話には後にあらためて触れよう。

つまり、十河も島も、いずれ自動車生産力が向上して道路網が整備されるようになれば、ドア・トゥー・ドアで走る自動車が交通の主役になること、鉄道は自動車や飛行機と棲み分けしなければならないことを見通している。だからこそ、期待される将来の鉄道、生き残り得る鉄道の形態について、早くから明確なイメージを描くことができたのだ。

それは、スピード、乗り心地、サービス、信頼性、コストパフォーマンスという点で自動車や飛行機にまさる鉄道、つまり中距離の高速列車、すなわち、のちの東海道新幹線なのである。

国産標準自動車以降、島は終生、自動車に親しむことになった。隆の記憶によれば、鷹取工場時代は、鉄道省ＯＢで当時、住友金属社長の席にあった鈴木治光の社用車ベンツでドライブを楽しんでいる。戦後、ながらくいすゞ自動車の新車モニターも務めている。もちろん都内の移動はみずからハンドルを握り、老いては孫の助手席に座って厳しい教習官役を務めた。

晩年の島秀雄は、体力の許す限り、運転免許の更新を続けている。隆によれば、秀雄が最後に自動車を運転したのは、すでに90歳近くであった。

「たまには自動車が運転してみたい」

そう自ら願い出て、隆と東京湾岸の交通量の少ない道路にでかけて、つかのまの運転を楽しんだ。しかし、ひさびさの運転ではさすがにフラフラとハンドルさばきもおぼつかなく、心配してかけつけた警察官にずいぶんと気をもませたらしい。

「父は鉄道に生涯を懸けた人間でしたけれど、その鉄道と同じくらい自動車が大好きだったんです。まだ体がしっかりしているうちに、ハンドルの感触を確かめておきたかったんだと思います」

座布団に腰かけて登った箱根、雪の碓氷峠、オペルで飛ばしたアウトバーン、朱色のフォードで横転……ゆっくりとクルマを転がしながら、懐かしいドライブの残像が、老エンジニアの脳裏を駆けめぐったのであろう。

第5章 復興期

戦時設計の「D52」。

幼いころ、母に連れられ、茶色い電車に乗って都心まで出かけた。父の勤める役所まで、ときどき、用足しに行き来した。

松戸から常磐線で上野に出て、京浜東北線の有楽町で降りる。

加速時に、ウィーン、ウィーンと高鳴るモーター音。惰力運転に移って、ようやく隣の人の声が聞こえるようになる車内。油の匂いのしみついた木の床。ガタゴトするたびに、一斉に左右にダンスする吊り革。ブレーキがかかると、茶色の鉄粉がキラキラと舞って、金属の苦い味がする。「吸っちゃダメよ」と母にいわれ、鼻をつまんで乗り降りしたものである。道中、なにより楽しみにしていたのが、「お化け煙突」であった。4本が3本、2本、1本となる工場の煙突を、3段窓のいちばん下から眺めていた。

あの「63形」の電車は、戦時下の昭和19年のデビューである。そして、この懐かしい電車も、島秀雄の息のかかった車両であった。

昭和18年ごろから、首都圏の乗客数はうなぎ上りに増えていた。その主たる客層は、京浜地帯の軍需工場に動員された人々である。当時、山手線のダイヤは、混雑時6両編成、6分間隔運転。それでも運び切れずに、通勤通学者以外の乗車制限まで行なうほどだった。

このとき、島秀雄は資材局動力車課長。昭和17年1月に、浜松工場長から本社工作局に戻っていた。そして、「63形」設計担当の課長補佐が、北畠顕正。昭和4年の入省以来、昭和32年副技師長で退任するまで、「島の番頭役」をつとめた腹心の部下である。

「とにかく安く、人手をかけずに、しかも早く作れ。車体の寿命は多少犠牲にしてもいい。これが当局からの命令でした。しかし、そもそもはじめからギリギリのコストで作っている省線電車をさらに切り詰めるわけですから、島さんと相談しながら、ずいぶんと苦労しました」

北畠は、鋼材を徹底的に節約することを考える。まず電車の全高を30ミリ下げ、材料取りの無駄を省く。もちろん屋根は木製。室内には天井板もつけない。しかし、それではあまりに不細工と考えて、ベニヤ板を一列だけ通して、そこに裸電灯をつけた。椅子席は1両にたったの4か所。そのかわり吊り革は4列。はじめから、寿司詰め専用電車である。配線用の鋼管もケチる。床下に板の棚を作って、そこに配線類をテープに巻いて留めた。

そして、木製の3段窓。中段を固定し、上段と下段を開けて、立ち客と座り客双方への風通しをよくする。小さな窓のほうが壊れにくいし、したがって修繕のコストも低くなる。すでに入手しづらくなっていたガラスの使い回しにも便利だろう。

こうして、徹底した戦時型電車「63形」ができあがったのが、昭和19年の春であった。視察にきた東条大将の「で、この電車の寿命は?」という問いに、鉄道省幹部が「大東亜戦争完遂までは……」と苦し紛れに答えていたのを北畠は記憶している。

この「63形」は、戦後、少しずつ手直しされ、復興期の花形電車となった。そして、昭和30年代に「モハ90形」(のち「101系」と改称)に主役をゆずるまで、首都圏の電車区間で大車輪の活躍をみせる。さらに、「63形」は、戦後、私鉄にも導入されている。空襲で壊滅的打撃を被った東武、小田急（当時は東急）、名鉄、南海、山陽などの私鉄各社には、緊急措置として「63形」が導入される。そして、この「63形」を母系とする車両がその後の私鉄大量輸送時代の幕開けを飾ることになる。

長さ20メートル。4扉の切妻型電車。戦時下という悪条件の中で、島と北畠は、戦後通勤電車の基本形を作り上げたのである。

戦争中、大都市の鉄道に課せられた使命が人員の輸送であったのに対して、東海道・山陽、東北など長距離幹線の使命は、もっぱら石炭輸送であった。つまり、「C形式」の高速旅客用牽引機はだぶつきがちだったが、牽引力のある、しかし比較的鈍速の「D形式」の貨物機は慢性的に不足していた。戦時中の動力車課長の任務は、まず首都圏の電車と貨物機関車のやりくりであった。こうして、「63形」電車と並行して、「D51」の戦時型が作られる。デフレクタやコールバンカなどを可能な限り木製にして、軽くなった分をコンクリート・ブロックで補うという荒療治だ。「D52」にいたっては、最初から戦時設計である。設計主任は細川泉一郎。ボイラーのパワーだけが強化されたが、あとは徹底して機構の簡略化と代用木材化が進められ、その結果、材質不良によるボイラー破裂事故という不名誉な事故も起こしている。

しかし、いよいよ戦局が悪化して、本土空襲がはじまるようになると、ほとんど仕事らしい仕事もできなくなる。昭和20年3月10日未明の東京大空襲で都心が焦土と化すと、島秀雄は、50人以上の設計課員を引き連れて、製図道具や図面・資料を持って中野区の宝仙寺女学校校舎に疎開をよぎなくされるのである。

このとき島らが疎開した校舎は、宝仙学園高等部の校舎として、いまでも青梅街道に近い閑静な住宅街の中に残っている。事務長の田中理雄によれば、鉄道省の設計課員たちが校舎に疎開していたという話は、初代校長であった父から何度も聞かされていた。

「昭和20年5月の大空襲の際に、この付近一帯が丸焼けになったんです。しかし本校の校舎延焼を鉄道省の方々が身を挺してくい止めてくれた。なによりも、そのことを感謝しなければいけないのだということ。そして、どうやらこの疎開中に新幹線につながる研究が行なわれていたようだ……という話を、繰り返し父から聞いております」

この初代校長・田中賢は、学園創立50周年の記念座談会（１９７５年）に、当時の中野区長とともに島秀雄を招いている。

この記念座談会の録音テープによると、このとき、すなわち5月24日夜から翌未明にかけて東京西部を襲った大空襲は熾烈をきわめたらしい。すでに大空襲に備えて、青梅街道沿いの建物は取り壊され、強制疎開させられていた。道路から数十メートルの幅で、延焼防止のための空間が作られていたのである。しかし、その夜の火の手は、この空間をやすやすと飛び越えて、青梅街道方面から宝仙寺女学校に迫った。宿直をしていた工作局の設計課員たちは、窓や柱など燃えやすい場所に濡れた絨毯を巻き付け、燃え移ろうとする火の粉を叩き落とし、獅子奮迅の働きでかろうじて延焼を免れることができた。結局、火の手が収まってみると、だだっぴろい焼け野原に、この校舎だけがポツンと残されていたという。

当日の夜、島秀雄は非番で、高輪の自宅にいた。

しかし、このときの大空襲で、三弟の邦雄（牧田家へ養子に出る）を失った。翌25日には、麻布の牧田家へ弟たちと出向き、黒こげになった邦雄を荼毘に付している。

邦雄は、長兄・秀雄に続いて鉄道エンジニアの道を歩み出していた。「兄弟の中でいちばんの秀才」と島が絶賛を惜しまなかったほどの逸材で、父・安次郎は三男・邦雄を失って、目に見えて力を落としたと伝えられる。

実は、島秀雄も三男の敏を戦争中に失っている。当時三歳の敏は、昭和18年3月、配給の行列に並んで悪性の猩紅熱に感染し、薬も満足に投与できぬまま3月15日に亡くなった。同じ慶應病院には臨月の妻・豊子が入院しており、18日には四男・直を産んだ。さらに、その母を見舞いにきた二男・隆が病院で腸チフスに感染する。このとき島秀雄は「自分も死ぬかと思うくらい苦しい経験」を強いられている。

隆の記憶によれば、弟の敏は利発な子で、武井武雄の童話が大好きであった。隆は、ヒゲぼうぼうになった父が、敏の霊前で武井武雄の童話を読み聞かせている姿をよく覚えている。

宝仙寺疎開時代に島たち設計陣に与えられた仕事は、蒸気機関車を中心とする車両の修繕設計や代用材設計など、おもに戦時ゆえの急場しのぎの仕事が多かった。しかし、それらの仕事も、戦局の悪化とともに次第に減ってくる。食べるものにも不自由する。毎日、交替で大八車を引いて丸の内の本省に弁当を取りにいき、周囲の焼け跡でイモやトウナスを作って食いつなぎながら、仕事を続けた。

このとき島が若い課員とともにはじめたのが、電車列車の研究である。この戦争が終われば、かならず鉄道電化の時代がやってくる。そのとき主役になるのは、島の持論によれば高速の電車列車である。この暗い時代に若い技師たちに目標を持たせるためにも、いまから台車、ブレーキ、パンタグラフの研究をはじめておこう。島は、のちにこう回想している。

「やがてくるはずの電化の時代にそなえて、思う存分、設計図を書かせていた。上に知れるとしかられるので、こっそりとやっていたが、今考えて、あんなに夢にあふれた時期を、私は知らない」

(『機関車の設計に夢託す』)

島秀雄には、かなり以前から日本の敗戦を見通していたふしがある。

田中事務長によれば、当時、設計課員たちの使った部屋はいまもそのまま残っているらしい。

さっそくご案内を請うと、さすがに関東大震災直後の耐震建築だけあって、ぶ厚い鉄筋コンクリート製の、いかにも頑丈そうな建物である。戦争中も中野区随一の堅牢建築物で、1階を中野区役所、2、3階を鉄道省で借りることになった。当時、宿直用に使われた部屋は、いま「作法室」となっている。和風の大部屋で、柱、天井、床の間……など当時のままに残されていた。窓を開けると、境内のむこうに豊かな家並みがどこまでも続いている。昭和20年の初夏、島秀雄がここから外を眺めたときは、一面焼け野原だったはずである。

その見渡す限りの焦土を眺めながら、しかし島秀雄は、未来を見据えている。やがて戦争は終わるだろう。そして、必ず復興の時代がやってくる。そのとき、日本の主要幹線に走らせるべき鉄道の青写真を、島秀雄は描きはじめている。

それは、やがて東海道新幹線「ひかり号」として結実する高速電車列車への第一歩であった。

「もちろんその時は新幹線のことを具体的に考えていたわけではなかったが、最近でも人から〝新幹線はいつごろから研究し始めたのか〟と聞かれると、この戦時中の疎開先での研究を思い出すのである」(『私の履歴書』)

＊

戦争は、終わった。

鉄道は、壊滅状態にある。爆撃で損壊した軌道1750キロ、機関車891両、客車・電車1316両、貨車7923両……工場も発電施設もズタズタであった。

アメリカ合衆国を筆頭とする連合国側は、当初、日本の鉄道は度重なる空襲によって破壊され、再起不能だろうと考えていたらしい。だから、アメリカは日本占領のための鉄道施設と人員を用意し、フィリピンで待機させていたのである。しかし、どっこい日本の鉄道は生きていた。

日本の鉄道は、一日たりとも止まっていない。8月15日でさえ、鉄道は平常通り動いている。劣悪な石炭を機関車にくべ、壊れた窓に板きれを打ち付けて、扉の閉まらない電車を焼け跡に走らせ続けた。明日知れぬ焦土で運行死守を貫けたのは、当時の鉄道人のプライドであろう。島によれば、「職員全員が歯を食いしばって頑張った」からであった。

動力車課長としての急務は、あらゆる局面での戦後処理と復興である。車両のやりくり、修繕の手配に追われながら、島はＧＨＱ（連合国軍最高司令官総司令部）との交渉に、動力車課長としての職分を超えて、奔走する。戦時下の鉄道は事実上、軍需基幹産業であり、終戦直後から占領軍の厳重な管理下に置かれた。ＧＨＱにお伺いを立てなければ何もできない時代であった。

たとえば、ほどなく来日した連合国側の賠償使節団は、主だった車両、工場設備、工作機械などを戦後賠償として接収しようとした。

「ところが幸いなことに、進駐軍の民間鉄道部門であったＣＴＳは、日本全土の掌握には鉄道輸送網の早期拡充が必要だとして、使節団とは方針が反対だった。私も両者との交渉事にかり出されて、関連工場の機械・設備についてまで賠償でもっていかれるのは困ると、大いに訴えた」（『私の履歴書』）。

島はＧＨＱ経済科学局に日参して、鉄道関連会社の救済を嘆願している。ベアリングの日本精工などは、このとき島の努力によって早期操業再開を実現したメーカーである。

＊

では、敗戦後、鉄道の旅客事情はどう変わったか。

長距離幹線を往来する物資の主役は、石炭からヤミ米に変わった。ヤミ米を運ぶのは人である。しかも、昭和21、22年には戦地から続々と復員してくる。各旅客列車は復員&買い出し列車と化して、寿司詰め以上に膨れあがり、ときにこぼれ落ちた。

ところが、スピードの出る旅客用の機関車が足りない。あまっているのは、戦争中に代用材を使って量産した「Ｄ51」「Ｄ52」などパワー優先の貨物機ばかり。しかし、蒸気機関車をあらたに設計して新造するには、資材も資金も時間もなかった。

そこで、島は一計を案じる。余っている「D51」「D52」のボイラーに「C57」「C59」の足回りをつけて旅客用に改造しよう。

こうして、昭和22年に「D51」から「C61」が、翌23年に「D52」から「C62」が生まれる。

意外なことに、「はと」や「つばめ」などの花形特急を牽引した日本最強の蒸気機関車「華のシロクニ」は、終戦後の混乱期に、まさに苦肉の策として誕生した改造機関車だったのである。「C62」の設計陣は、課長・島秀雄、設計主任・衣笠敦雄をリーダーに総勢10人ほどであった。

このとき、新人として加わった近藤恭三は、中島飛行機から海軍に入隊し、復員して昭和21年12月に入省している。大学の大先輩でもあるので、入省の挨拶をかねて、近藤は一升瓶を携えて元旦に高輪の島家を訪ねた。快活な妻・豊子に「どうぞどうぞ」と座敷にあげてもらったのはいいが、島は熱心に洋書の技術書を研究中で、気まずい思いで早々に逃げ帰ったという。

しかし、まもなく「C62」の設計がはじまるや、近藤は抜擢されて自動給炭機（メカニカル・ストーカ）の設計を命じられた。

「C62」のボイラー圧を維持するには、機関助手ひとりの窯焚きでは、とても追いつかない。おまけに当時は低質炭である。いきおい投炭量も増える。また、戦後の労働運動のたかまりもあって、機関助手の過酷な労働を少しでも軽減したいという意味もあった。

また、GHQ側もより高性能の蒸気機関車を望んでいた。当時、対GHQ渉外担当であった兼松學によれば、とくにGHQ経済科学局のジョージ・D・グロートは、熱心であった。

「機関車というものは最低400キロはロングランできなくてはならない。そのためには、アメリカ式のメカニカル・ストーカを採用すべきである」

近藤は、島から渡されたアメリカ製メカニカル・ストーカのカタログだけを頼りに、毎晩手探りで図面を引く。それを毎朝、島と検討するのだが、島の5Bの鉛筆が容赦なく近藤の図面を切り裂く。通常、課長クラスは現場の設計陣にあまり口を挟まないのだが、このときの島は並々ならぬ情熱を「C62」に注ぎ込んでいた。

「C62」は、山口県の日立製作所笠戸工場で、試作される。笠戸工場は、戦前から蒸気機関車の製造工場として名を馳せていた。だからこそ島も学生時代の実習先に笠戸工場を選んでいる。昭和22年当時、大学同窓の松野武一が工場長の任にあり、狭軌最強の記録機を作る工場として、全幅の信頼が置かれていたのである。


実は、島と笠戸工場の関係は意外に深い。一例をあげる。

三代目工場長・三井田誠二は、昭和21年の公職追放の対象になった。もっぱら鉄道車両工場だった笠戸工場も、戦時中、陸軍の要請で潜行輸送艇「ゆ型」を製作していたからである。

このとき、島秀雄は何度もGHQに働きかけて、三井田の処分撤回を勝ち取ったという経緯もあった。その嘆願書には、こうある。

「三井田誠二氏に関する証言
三井田誠二氏は本邦に於ける鉄道車両製作技術界の権威者であり、その研究と指導の下に日本最初の電気機関車を完成したのみならず、その後鉄道車両産業に多大な貢献をせられた人である。今後我が国鉄車両産業の発展及び鉄道輸送の（中略）人物が不可欠であることを確信する。
昭和二十四年五月　運輸省鉄道総局工作局長　島秀雄」

さて、「C62」のストーカは、どうなったか。

当初、近藤のストーカはうまく動いてくれない。低質炭ゆえに、どうしても途中で詰まる。近藤には、何度も笠戸通いを重ねて、産みの苦しみを味わった記憶がある。

そして、いよいよ「C62」落成の日を迎える。

「落成試運転の日に山陽本線の海岸沿いの線路を松野君と運転台に同乗して全速力でつっ走ったことを昨日のことのように思い出すのである」（日立製作所笠戸工場に残る社内向けパンフレットより）

将来、鉄道の主役は電車列車になる。そのことを、島秀雄は明確に見抜いている。だから、単に戦後の混乱期を乗り切るためだけなら、もう少し手軽な改造機関車で間に合わせてもよかったのかもしれない。

資材も工作機械も、十分ではない。それどころか、職員の食事すらとうてい十分とはいいがたい状況の中で、しかし、島は一歩も引かない。チャンスは、逃さないのだ。

「デゴイチ」を作ったというプライドもある。世界最強を目指した弾丸列車計画が頓挫したこともある。世界旅行の途上に南アフリカで見た、狭軌最強のSL「16E」へのライバル意識もあっただろう。いずれにせよ、日本SL史の最後を飾るにふさわしい最強の機関車を、きっちりと作りあ

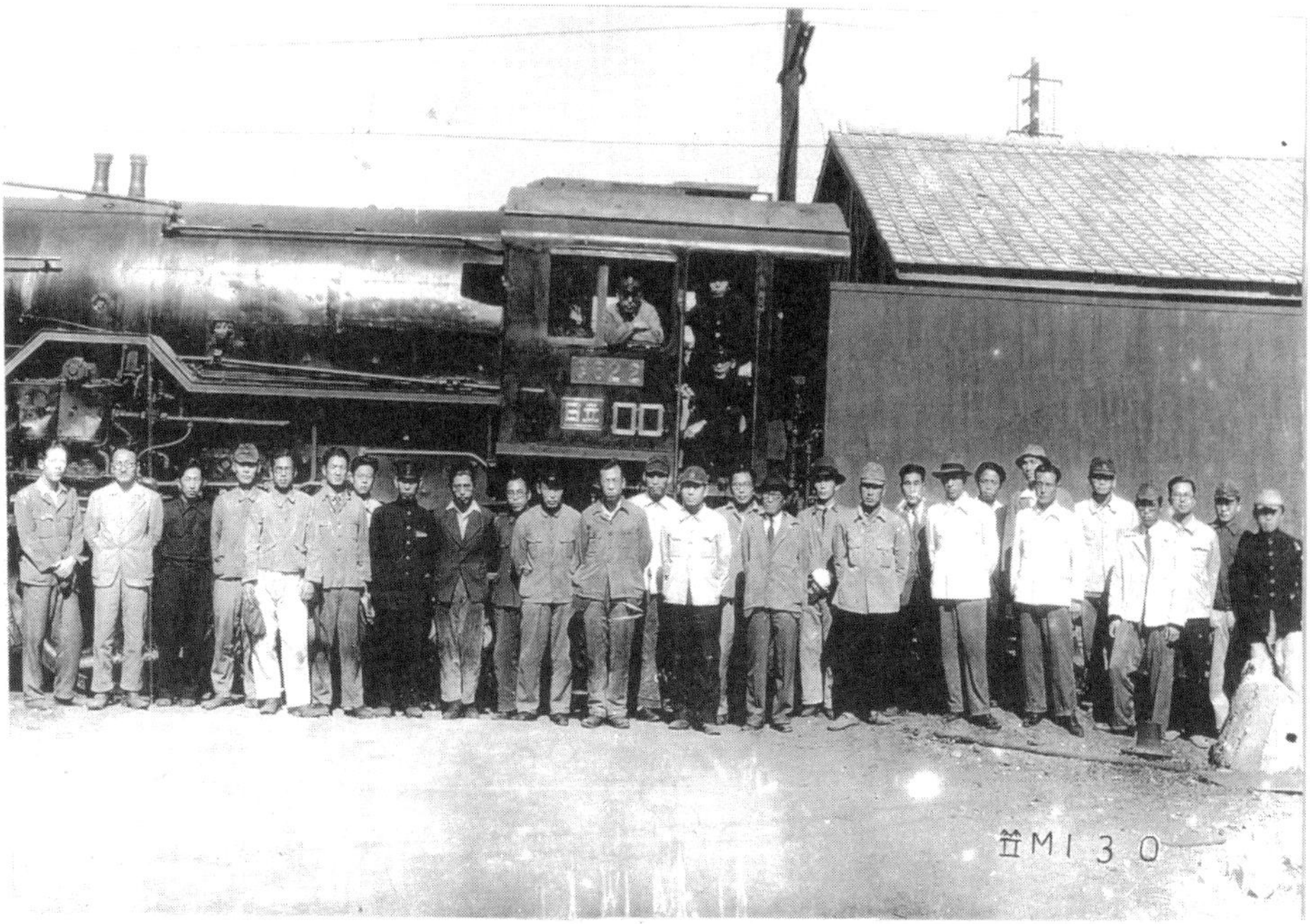

「C62」の落成を記念して撮影。右から9人目が島秀雄。左から12人目が設計主任・衣笠敦雄。近藤恭三は左から9人目。昭和23年5月。

げたのである。

「C62」は、昭和23年暮れに、東海道・山陽本線の急行牽引機としてデビューした。翌24年には東海道に10年ぶりに復活された特急「へいわ」を牽引し、続いて昭和25年には、特急「はと」「つばめ」の牽引機となり、たちまち「シロクニ」という愛称で親しまれ、圧倒的な国民的支持を獲得するのである。

全面降伏から、たった3年足らずで登場した世界クラスのマシン。しかも、100%国産。「C62」の登場は、文字どおり戦災からの復興を告げる汽笛となった。名機「C62」は、敗戦後の日本人にいち早く「誇り」を取り戻させたものではなかったか。

＊

「C62」は、現場の乗務員たちにも評判がよかった。なにしろ、東海道線の特急を牽引するシロクニは、ピッカピカに磨かれていた。しかも、パワーに余裕があるから、無理なく高速運転ができる。これに乗務できる「甲組」の機関士にとっては、何よりの誇りだったのである。

新しいメカニズムはとかく現場に嫌われるものらしいが、近藤のストーカも次第に改良されて、おおむね評判がよかった。ストーカとともに、新しく取り入れられた2軸従輪も、高速安定性を高めていた。

いったいシロクニは、どこまで速いか……。

血の気の多い機関士の中には、東海道で特急列車を牽引しながら、最高速競争をするものまで現われていた。

それまで、蒸気機関車の狭軌最高速記録は、若き島秀雄が南アでつぶさに見てきた「16E」の持つ時速１２０キロである（運行最高時速は１１３キロ）。

そして、昭和29年の12月15日。

東海道本線木曽川鉄橋上で、「C62」によって時速１２９キロの狭軌最高速記録が達成される。

この日、最高速記録を作ったのは、名古屋機関区所属の「C62１７」。日立製作所笠戸工場製である。機関士は、藤田一郎。機関助手、佐高尚。ほかに、指導機関士として伊藤健一が乗務したと記録にある。

藤田、伊藤の両氏はすでに故人となられたが、佐高尚は愛知県・春日井市に健在でいらっしゃる。さっそく訪問して、当時の様子をうかがってみた。

実はこのとき、表向きの目的は最高速試験ではなかった。鉄道技術研究所が名古屋鉄道管理局の協力を得て行なった、蒸気機関車が高速で通過する際の橋梁のたわみ試験である。

試験は、こんなふうに行なわれた。東海道線の木曽川駅を、「C62１７」が客車を牽引せずに、単機で出発する。運転席には精密な速度計が付けられ、木曽川鉄橋には、各所に銀製のひずみゲージが張りこまれて、河原のテントに各種測定機が置かれていた。

「C62１７」は、時速90キロ、１００キロ、１１０キロという具合に、指定されたスピードで橋梁上を走り、非常制動をかけて停止しては、バックで木曽川駅に戻って待機する。これを、通常ダイヤの合間を縫って1日15、16回繰り返し、5日ほどの試験期間中、これを毎日行なった。そして、最終日、最後の走行で最高速チャレンジが行なわれる。

「藤田さんが〝オレはやるぞ〟といって乗り込んだので、私もあとに続きました。木曽川駅の最後部まで助走をとって、ストーカとスコップの両方を使って、安全弁が噴くギリギリまでボイラー圧をあげる。必死でした」

そして、スタート。

発車1分で、時速92キロ。驚異的な加速である。

「鉄橋にかかると、ドラフト音が雷鳴のように聞こえましたが、走行はきわめて安定していて、それほど振動も感じなかった。しかし、さすがに強制制動をかけてもなかなか止まらない。あとで調べてみると、動輪のタイヤ面が夏ミカンの皮のように凸凹になっていたんです」

と、佐高は振り返る。このとき、「C62１７」は時速１２９キロ、鉄橋は19ミリたわんだ。木曽川鉄橋そのものは平坦だが、駅から橋梁までは１０００分の10の上り勾配である。長い下り勾配を走っていれば、もっと速度があがったものと考えていい。

試験終了後、佐高らは特別に機関区賞をもらうのだが、ひとつ間違えば命の保証はないテストゆえ、機関助手の人選をめぐって、実はおおいに難航したらしい。けっきょく、投炭技術の優れた独身者という理由で、佐高尚に白羽の矢がたった。

蒸気機関車の機関助手は、単なる運転補佐ではない。最大の責務は、十分な蒸気を供給し続けることである。石炭を節約しながら、効率よく投炭する技術は、カンと経験がものをいう職人技だった。佐高は、機関区の投炭競技会で局長賞をもらうほどの若き名人だったのである。

この「C62」の最高速記録達成のとき、島秀雄は、すでに国鉄を去っている。しかし、「C62狭軌最高速記録達成」の知らせを聞いて、内心大いに溜飲を下げたのではないだろうか。

「C62」の1号機は、京都・梅小路蒸気機関車館に静態保存されている。1998年の春、「島秀雄、逝く」の一報を聞いて梅小路に出むいたとき、「C62 1」の走り装置を見て驚いたものだ。動輪と従台車枠とのギャップがほとんどない。というより、すでに当たっている。従輪の台車枠が、当たりを「逃げる」ために、削られているのである。

スピードをあげるには、なるべく動輪を大きくして、しかし機関車全体は小さくまとめたい。これが蒸気機関車の常識である。高速旅客機「C62」は、限界ギリギリのところを攻めて設計されていたことがよくわかる。

しかし、実際のところは、どうやら多少、勇み足だったものとみえる。設計当初は、ギリギリ逃げるつもりだったらしいのだが、しかし実際に作ってみると、わずかに当たってしまう。近藤恭三は、平謝りする設計主任の衣笠を島がたしなめていたことをよく覚えている。

「衣笠さん。技術というものは、ソロリソロリとやらなくちゃいけませんね」

あの「逃げ」を見ていると、狭軌最強の蒸気機関車を目ざして、ミリ単位で攻めた、当時の設計陣の執念が伝わってくる。

＊

終戦のとき、島秀雄、44歳。動力車課長。のちに工作局長（昭和23年）。まさに脂の乗りきった働き盛りであった。

もちろん、問題は山積していた。公私ともに困難な時期でもあった。

島秀雄は、三男・敏、三弟・邦雄に続いて、昭和21年2月11日には敬愛する父・安次郎を失った。しかし鉄道は、断固、動かさねばならない。島は、敗戦のその日から、いや正確にはもっと前の宝仙寺女学校疎開時代から、戦後の復興にむけて走りだしていた。「シロクニ」とともに、もちまえのタフさと粘り強さ、パワーとスピードにものをいわせて、島秀雄は力強いドラフト音とともに、復興のために全開の力行運転を開始している。

1972年（昭和47）、全交運・公労協がゼネストを行なった年に撮影された「C62」。北海道・函館本線の蘭越駅にて。撮影・梅田英喜。

第6章 高速台車振動研究会

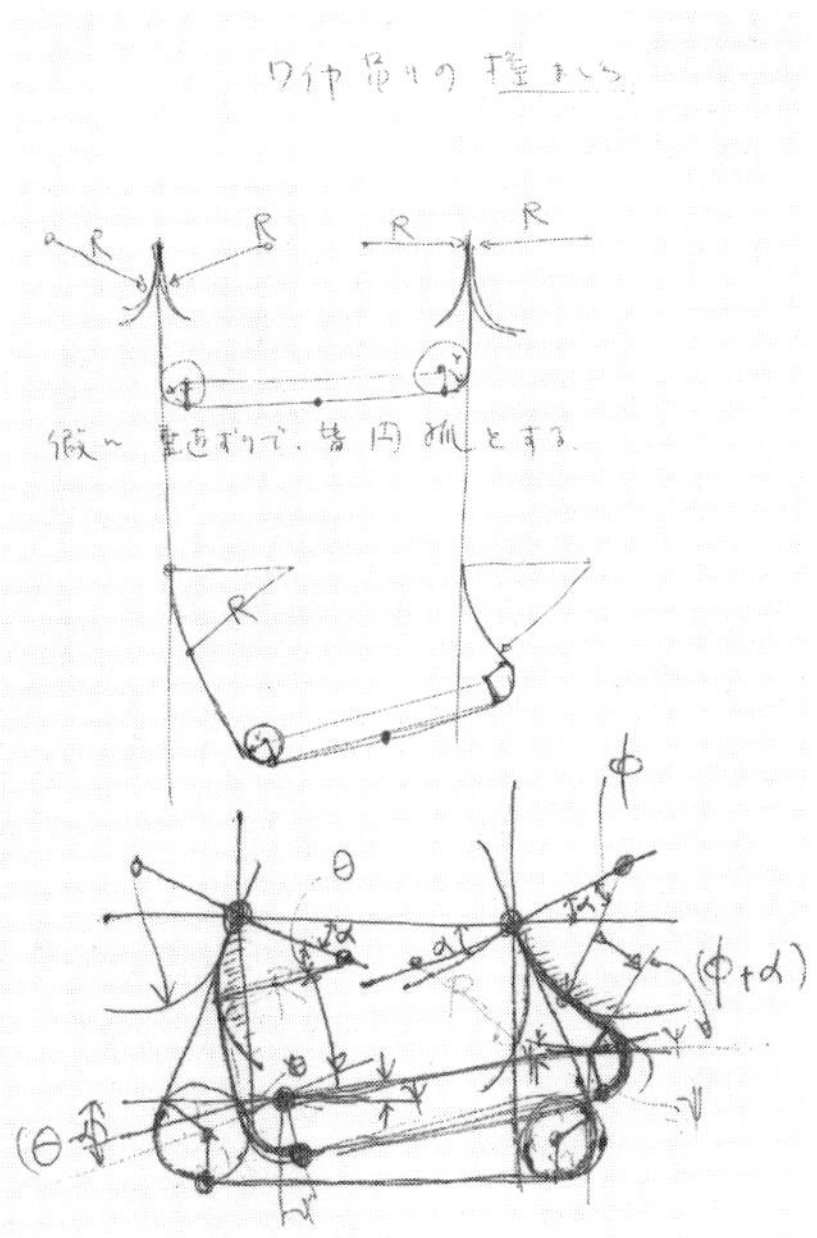

「ワイヤ吊りの揺枕」（スケッチ、島秀雄の考案帖より）

昭和20年12月。敗戦からわずか4か月後のある日、戦後日本鉄道技術史上、特筆すべきふたりの人物が出会っている。

島秀雄。運輸省鉄道総局資材局動力車課長、44歳。

松平精。鉄道技術研究所（通称、鉄研）に通い始めたばかりの嘱託研究員、35歳。

のちの東海道新幹線誕生を技術的にリードしたふたりの運命的な出会いである。松平によると、そのとき島はこんなふうに語った。

「松平さん。私は、将来、日本に電車形式の高速長距離列車を走らせたいと思っています。しかし、いまの電車は振動もひどいし、音もうるさい。とても長時間、お客様に乗っていただく車両とは言い難い。ぜひ、あなたの航空技術の知識、研究を生かして、この振動問題を解決していただきたい」

松平は、島の言葉にいたく感銘を受け、必ずや自分でやり遂げよう……と心に誓ったという。なにより松平が感銘したのは、敗戦直後、廃墟同然の焦土において、鉄道総局幹部の中に将来の日本の鉄道について、斬新で、しかも具体的なビジョンを語りうる高邁な人物が存在したことであった。

松平精は、敗戦の日まで海軍航空技術廠（通称、空技廠）の技師であった。零戦をはじめ海軍航空機の振動問題を解析するスペシャリストで、若くしてすでに斯界のオーソリティであった。その海軍きっての俊英が、終戦とほとんど同時に鉄道に入る。

終戦直後に、松平のように軍から鉄道に流れた技術者は、相当数に上る。鉄道技術研究所だけでも、職員が５００名から１５００名へ一気に増えた。軍の技術者が大挙して鉄道屋になった背景には、終戦時の鉄道総局長官・堀木鎌三の深謀遠慮があったと伝えられる。堀木は終戦と同時にその職を辞したが、軍の優秀な技術者たちが四散することを憂い、鉄道再建のために彼らを招請する準備を整えてから去った。

しかし、松平精は、昭和20年の11月にはじめて鉄道技術研究所を訪ねて、愕然とする。

当時、世界でも屈指の研究設備を誇った空技廠にくらべて、木造バラックの研究所はいかにも貧弱であった。しかも、そこで行なわれていた振動の研究も、「飛行機屋からみると、はるかに遅れていた」。実物の車両に計器を載せて振動値を測定することに終始していて、なぜ、いかに振動するのかという理論的アプローチはほとんど皆無であった。すっかり肩すかしを食ったかっこうの松平だったが、ともかく鉄道技術研究所に採用が決まると、まっさきに動力車課長に挨拶に出向いた。そこで、冒頭の会話につながるのである。島は、続けてこう語る。

「優れた高速車両を作り出すためには、まず車両の振動理論を完成させることが先決だと思います。そのあとに、その理論に基づいて台車を設計すべきでしょう」

当時、電車は「ゲタ電」と呼ばれていて、きわめて評判が悪かった。乗り心地も悪く、やかましい。その代表が、戦時設計の「63形」である。電車とはせいぜい20～30分の近距離をそれこそゲタ代わりに乗るものであって、長距離を走るのは機関車列車方式に限るというのが常識であった。力のある機関車が動力を持たない客車を静かに牽引していく。それが鉄道先進国共通の固定観念だったのである。

しかし島秀雄は、昭和11年の世界旅行の途上でオランダの電車に触発されて以来、将来の高速鉄道は電車列車方式になる、と見通している。それを実現するための最大の技術的なテーマは「台車」であった。高速でも振動せず、静かで安全なモーター付き台車の開発が不可欠だったのである。いまは〝ゲタ電〟でも、台車理論さえ確立できれば、おのずと高速電車列車への道が拓ける。松平によれば、このとき島秀雄は、すでに電車列車による時速200キロ運転のイメージをはっきりと描いていたという。

島は、松平と出会ってからちょうど1年後の昭和21年12月16日に、戦後鉄道車両技術史を語るに不可欠の画期的な研究会を開催している。

「高速台車振動研究会」

長い間、関係者の間で伝説的に語り継がれる研究会である。資料によると、第1回のみ、名称が「電車用動力台車設計研究会」とある。会場は大阪鉄道局有馬温泉療養所会議室。参加者は、猛烈に混雑する列車を乗り継いで、みな手弁当で馳せ参じた。メンバーの内訳は、議長・島秀雄を筆頭に工作局の設計者が5名、松平ら技術研究所のスタッフ5名、民間の川崎車輌、汽車製造会社（ともに現川崎重工）、三菱重工、扶桑金属、日本車輌製造から14名。官・民から台車研究・製作の第一人者を糾合した一大研究会議であった。

初日の冒頭で、議長・島秀雄は、このように挨拶する。

「これまで個別的に研究して居られたのでありますから、相当御意見の相違があろうかと思いま

松平精
明治43年浅草生まれ。昭和9年、海軍航空技術廠に入り、飛行機の振動理論を専攻。20年12月、鉄道技術研究所に移り、鉄道車両の振動理論を確立。新幹線の実現を理論的に準備した。

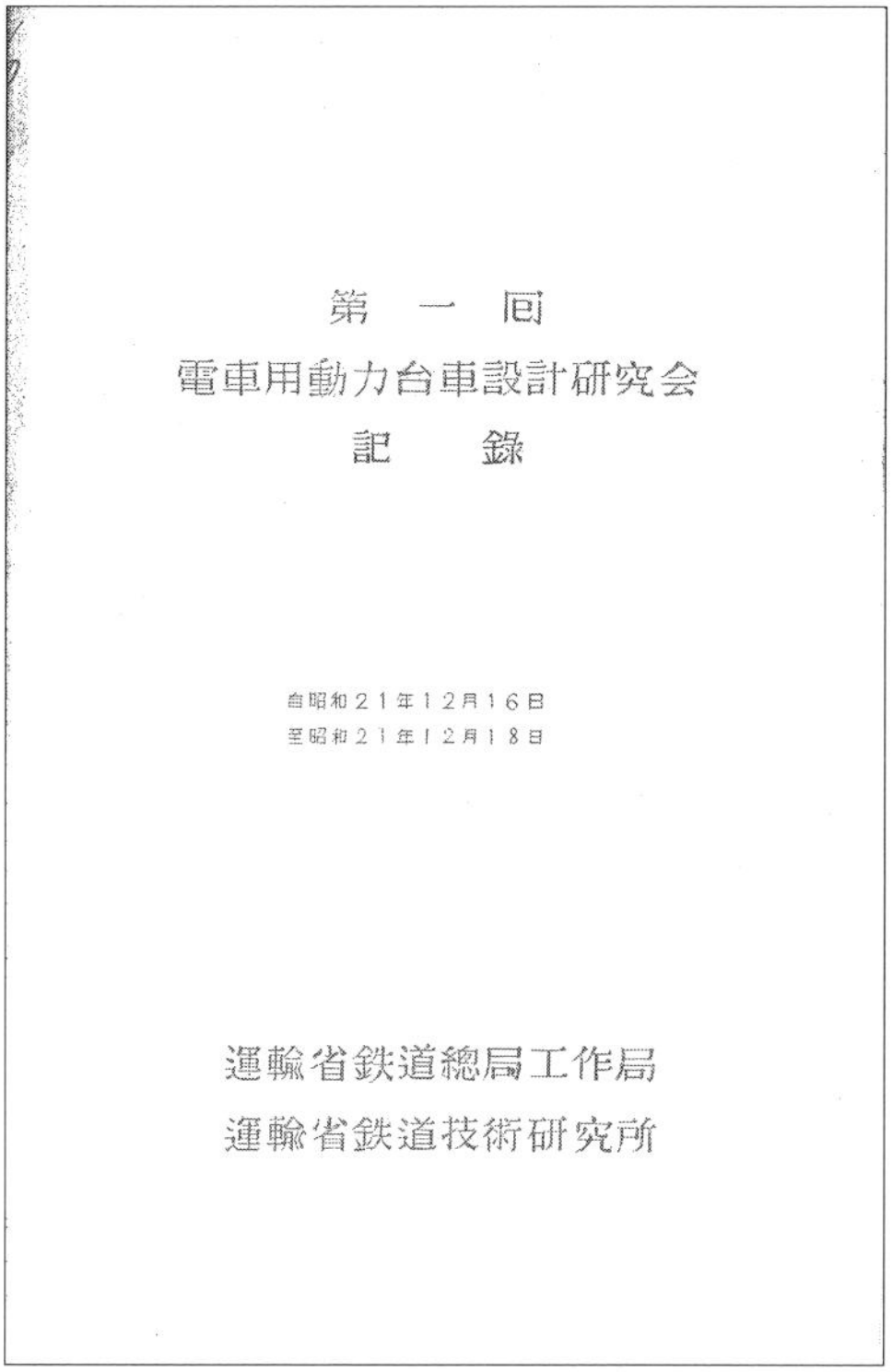

第　一　回
電車用動力台車設計研究会
記　　録

自昭和21年12月16日
至昭和21年12月18日

運輸省鉄道総局工作局
運輸省鉄道技術研究所

昭和21年12月16日に開催された
第一回高速台車振動研究会の記録。

す。しかし、この際忌憚なくお互いの意見を披瀝し合い、学問のためには漱石の言われた所謂非人情になって突っ込んでやっていただきたいと思います。そして会後には矢山さん達の御努力によって大いに人情振りを発掘できる様にしてありますから、この会ではあくまで突っ込んでいただいて車両動揺の研究の発達のため寄与される様にお願い致します。（中略）ここに集まられた方々は振動論の専門家と車両構造の大家でありますが、実際家から見た質問も出していただき、立派な専門的な質問だけでなく、八百長質問も大いに出していただき、われわれ浅学の者を楽しませていただきたいと思います」

研究会は、各テーマごとに論文発表と討議で進められた。議長・島秀雄の挨拶に続いて、最初の発表者となったのは、島文雄。秀雄の末弟である。テーマは「台車の揺枕リンクの運動に関する計算」。次いで、松平精の「二軸ボギー車の横方向の固有振動数の計算」という具合に続いて、3日間で合計11の研究発表が行なわれている。

松平は、会議の様子をこう振り返る。

「われわれ技術研究所のメンバーは全員、海軍出身の飛行機屋で、きわめて理論好きだったんです。というより鉄道に関してはまったくの無知で、振動理論しか知らない。一方、動力車課の人たちは、豊富な実績と経験から反論してくる。おのずと議論も白熱しましたが、雰囲気はとても気持ちのいいものだった。夜はお酒を飲み、温泉に入って、再び語り合う。たいへんに楽しく、また有意義な研究会だったと思います」

この研究会は、昭和22年7月の第2回から「高速台車振動研究会」と名前を変え、座長に島秀雄、司会に北畠顕正を配して、第3回（22年12月）、第4回（23年6月）、第5回（23年11月）と続いていく。回を追うごとに、参加メンバーも論文数も増え、学会の講演会さながらの活況を呈する。松平は、全6回の研究会で14の論文を発表し、文字どおり理論派の牽引車となって研究会をリードした。

そして、島秀雄の一存により、24年4月の第6回を最後に閉会となる。松平によれば、「台車の振動を理論化するという所期の目的をほぼ達成したから」である。

島は第6回研究会を締めくくるにあたって、このように挨拶している。

「九原則（＊1）はここで一締めして、先の見える素地を作るのが目的です。私ども苦しい所ですが、ここで延びるためにも根本的な事から研究して、車両が輸出のホープであることを考え、また客車が外国に行ったときひけをとらない様に、耐え忍ぶ苦しさを打開して第一歩からしっかり勉強したいと思います。私の不平を申しますと、一般に研究会は長く続くとマンネリズムに陥ります。段々低調になり、間口ばかり広がって焦点を結ばなくなります。一般の会議では、有名になりますと出席者の数ばかり多くなって、研究的に互いに努力することがなくなって、席に連なるだけの者が出来て参ります。この研究会はそういうものとは違って、この様な苦しい所を集まるのですから、あらゆる努力を尽くして利用する様にしていただきたいと思います」

島が閉会に踏み切った理由は、どうやら経済九原則＝緊縮財政による予算不足と、研究会の規模が大きくなり過ぎたことによる不効率だったらしい。

＊

＊1　昭和23年、アメリカ政府がGHQを通じて日本政府に指令した経済政策（経済安定九原則）。均衡予算、物価・賃金の統制、為替統制など9項目からなり、単一為替レート設定とインフレ収束を実現して、日本の経済自立をねらったもの。

高速台車振動研究会の名誉ある第一論文発表者となった島文雄は、長兄・秀雄と17歳年の離れた末弟である。

文雄は、「YS－11の島文雄」として、技術者の間では名が通っている。戦後初の国産旅客機「YS－11」の中心的設計者であり、「YS－11」完成後も一貫して技術サービス、営業の現場を預かり、のちに日本航空機製造株式会社の取締役として、最後まで「YS－11」を見守り続けた。

父・安次郎、兄・秀雄の面影に触れられるかもしれない……という期待を胸に、島文雄を品川区・旗の台の自宅に訪ねた。長身の偉丈夫。どちらかというと骨張った風貌の秀雄にくらべて、ふっくらと柔和な顔立ちに、にこやかな笑み。込み入った質問にも、ひとつひとつ丁寧に受け答えしてくれる、温厚な紳士であった。

「父・安次郎を筆頭に、わが家は技術屋一家でしたから、自分も将来は技術者になりたいと早くから思っていたんです。しかし、技術屋になる以上、兄貴たちのやっていない分野に進みたい。それで航空工学の道に進んだわけです」

文雄は、父・安次郎が48歳のとき生まれた五男である。聞けば、島五兄弟のうち、4人の兄はそれぞれ技術畑に進み、さいわい戦争をくぐり抜けた人たちは、みなそれぞれ功成り名遂げている。長兄・秀雄は、鉄道技師。次兄・茂雄は、電気技師。のちにNHK技術研究所所長、ソニー研究所所長を歴任して、平成5年に死去。三兄・邦雄は、鉄道技師。大井工場で活躍していたが、昭和20年5月24日の東京山手大空襲で死去。四兄・恒雄は、醸造技師。兄弟中で唯一の化学技師で、ビールの近代的な大量生産技術を確立した。のちに朝日麦酒株式会社副社長。

文雄は、昭和16年3月に東京帝大航空学科を卒業すると同時に、技術中尉として空技廠に入り、松平の後輩となった。空技廠飛行機部では、排気タービン過給器付きの陸上偵察機「Ｙ30」（未完成）、同じく「景雲」の設計に従事、主に主翼部分を担当している。

この「景雲」は、３６００馬力のツイン・エンジン（愛知航空機製）で1個のプロペラを回転させる高速偵察機で、設計最高時速７４０キロはプロペラ機史上最速である。しかし完成したのは、わずかに2機。昭和20年5月27日、木更津基地でたった一度の試験飛行を飛んだだけで、敗戦となった。

そして敗戦直後の昭和20年11月、文雄は運輸省に移る。兄・秀雄に特別に口を利いてもらったわけではない。多くの空技廠技術者とともに鉄道技術研究所に入り、松平のリーダーシップの下に、高速台車の理論的考察に没頭した。

高速台車振動研究会の皮切りを飾る文雄の論文は、「台車の揺枕リンクの運動に関する計算」である。「揺枕吊り」の概略については、後述する。ここでは、この「揺枕吊り」が昭和20〜30年代にかけての台車進化を語る上で欠かせない主要テーマになったことを書き添えておこう。文雄は、第1回電車用動力台車設計研究会の冒頭の論文発表で、

海軍十八試陸上偵察機「景雲」。設計最高速 740km/h を誇ったが、試作機２機のみ。島文雄は主翼部分を設計。終戦にともない機体は米軍により爆破、写真類も希少。イラストは 1995 年にプラモデル化された際のもの。

あやまたずに急所を突いている。

　さて、生来、研究より設計実務の好きな文雄は、自ら志願して鉄研から動力車課に籍を移し、さっそく試作台車の設計にとりかかる。当時、兄・秀雄は動力車課長。しかし、兄弟が机を並べたのはごく短い期間で終わる。鉄道という新天地で設計に没頭できたのは、文雄の場合、わずか2年足らずに過ぎなかった。昭和21年、GHQによる公職追放令（＊2）が発表されて、かつての職業軍人たちが次々に公職を去る。文雄も、この追放令によって、翌22年に国鉄を後にする。

　文雄によれば、このとき追放の対象になるか否かの分かれ目は、職業軍人に任官した時期によった。昭和16年12月8日以前に任官した者は追放、同じ職業軍人でも日米開戦以後に任官した者は追放を免れた。文雄は16年4月の任官である。松平精の場合は、一時、陸軍に在籍した関係もあって、戦中の肩書きは海軍技師であり、職業軍人とはみなされずに追放を免れた。

　文雄は追放されて、東洋電機製造に移る。東洋電機製造は、モーターや駆動装置など鉄道用機械部品作りの老舗であった。ここで文雄は電車用モーター駆動装置の設計に携わりながら、東洋電機製造のスタッフとして、高速台車振動研究会に引き続き参加する。

　高速台車振動研究会では、回を重ねていくにしたがって、単に台車の振動研究ばかりではなくて、モーターや駆動系に関する討議も活発に行なわれるようになった。そして文雄は、この東洋電機時代に、戦後車両史に残る名機を設計するのである。

　中空軸平行カルダン駆動方式電車用モーター。

ごく簡単に説明してみよう。いわゆる「ゲタ電」時代の電車は、モーターの重量が直接、車軸に

＊2　重要な公職から特定の人物を排除する処置。昭和 21 年 1 月に出された GHQ の覚書に基づき、軍国主義者・国家主義者を国会議員・報道機関・団体役員職などの公職から追放し、政治的活動も禁じた。同 27 年の対日講和条約の発効にともない、自然消滅。

掛かっていた（これを釣り掛け式という）。つまり、モーターが車軸に直接載っかっていたのである。この釣り掛け式だと、線路からの振動が、もろにモーターに伝わってしまう。「ガタガタ、ゴトゴト」と揺れるし、たいへんにやかましい。ゲタ電のゲタ電たるゆえんである。

　この「ガタガタ、ゴトゴト」を解消するには、モーターと車軸を離し、車軸との間に自在継手を組み込んでやる必要がある。しかし、日本の鉄道は、大部分、狭軌である。レールとレールの間が狭い。自在継手を組み込むには、あまりに余裕がなかった。ここにも狭軌ゆえの苦労があったのである。

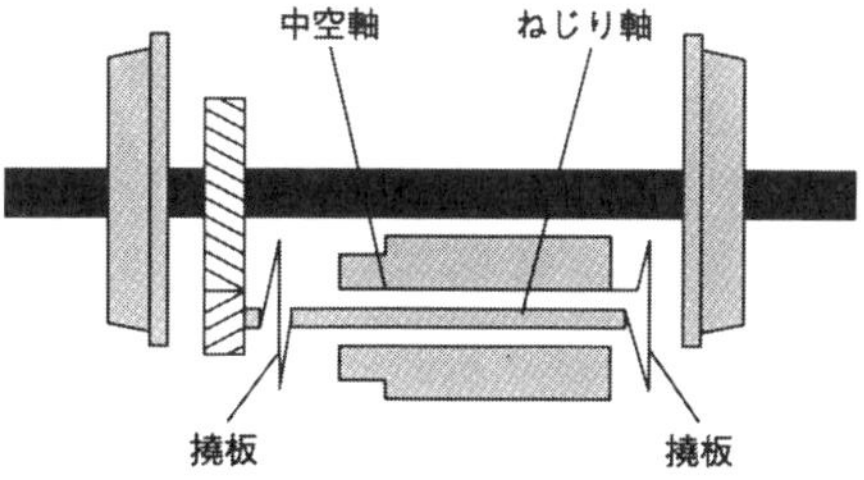

「中空軸平行カルダン駆動方式電車用モーター」のしくみ。昭和28年東洋電機製造社製。モーターの中心部を空洞にしてシャフトを通す中空軸式。駆動部の設計は島文雄。京阪、南海、京成、名鉄など私鉄がいち早く搭載し、国鉄では昭和32年の「モハ90」から採用された。

そこで文雄は、大胆な着想に挑戦する。モーター中心をくりぬいて、そこに反対側から回転軸を通すのだ。こうすると、長い回転軸と自在継手を差し挟むことによって、振動と騒音を解消できる。実は、中空軸モーターのアイデアは、戦時中のスイスで実用化に成功していた。文雄はブラウン・ボベリー社のカタログにあったポンチ絵（簡単な設計図）をたよりに、手探りで試行錯誤を重ねて実用化まで漕ぎつけている。

この中空軸モーターは、昭和20年代後半から関東、関西の私鉄に続々と導入され、好評を博した。国鉄では32年の高速通勤電車「モハ90」にはじめて導入され、その後、「ビジネス特急こだま」に搭載される。国鉄、私鉄を問わず、現在に至るまで電車用モーターの主力として大活躍するのである。

この画期的な駆動装置を設計して、文雄は再び飛行機屋に戻っていく。昭和27年に占領体制が終了し、同年に航空機製造が再開されたからである。その後の島文雄の活躍については、もうひとつ別の物語を用意しなければなるまい。文雄は半生を捧げて、初の国産旅客機「ＹＳ－11」作りに心血を注ぐ。そして、昭和39年10月の長兄・秀雄がリーダーシップをとった新幹線開通とほとんど時を同じくして、末弟・文雄の国産旅客機「ＹＳ－11」も就航する（翌40年4月、東京－徳島－高知間に初就航）。

「兄貴の新幹線は成功して、いまだに進歩し続けているけれど、〈ＹＳ－11〉は技術的には成功し世の中のお役に立っていますが、事業としては赤字で、次につながらなかった。やっぱり兄貴には頭があがりませんな」

と、文雄は謙遜する。新幹線とともに動き出した初の国産旅客機の離陸は、兄・秀雄にとっても誇らしいことであったにちがいない。

「ほとんど兄貴と技術の話をしたことはありませんな。年が離れていたせいもあるけれど、鉄道にいた時代でも、台車やモーターの話などした覚えがないんですよ」

島秀雄と島文雄。情熱と才能あるふたりの兄弟技術者が、時代の要請のただ中で、格闘する。終戦直後に、つかのまのニアミスを経験したものの、再びそれぞれの道に分かれ、突き進んでいく。かたや鉄道、かたや飛行機……。むしろ、ふたりはたまたま兄弟であったに過ぎないのかもしれない。彼らの口ぶりを聞いていると、そんな気さえしてくる。

＊

さて、公職追放を免れた松平精は、鉄研の理論的支柱として、島秀雄とともに高速台車振動研究会をリードしていく。研究会は次々に斬新な研究を生み出していったのだが、その一々の詳細を紹介する紙幅も技量もない。ここでは、「自励振動」「揺枕吊り」「バネ装置」という3点に絞って、その実り豊かな成果の一端に触れておこう。

まず、「自励振動」（フラッター）について。

昭和22年7月12日、山陽本線の光－下松間で旅客列車が脱線転覆事故を起こし、多数の死傷者を出した。突然、「D51」の重連が脱線、崖下に転落し客車を引きずり落としたのである。

事故調査委員として現地入りした松平は、脱線地点手前でレールが左右にカーブしているのを見て、こう直感する。

……「D51」にも、ある速度域に達すると大きく左右に揺れ、蛇のようにクネクネと行動する性質があるのではないか？

飛行機には、それぞれ固有の速度域で翼が大きく振動する性質がある。

松平は、この自励振動の専門家だったのだが、空技廠時代、零戦で痛い目にあっている。計算によれば、零戦は時速1000キロまでフラッターを起こさないはずだった。ところが昭和16年、時速500キロで空中分解し、操縦士が死亡するという事故が発生した。ショックを受けた松平は、手探りで風洞実験を繰り返し、苦心の末に高速度域でのフラッター現象を解明する。

しかし、「D51」の自励振動による脱線という松平の説に、工作局の技師たちが総反発する。経験知に頼って考える鉄道屋にとって、直線区間で車両が自然に蛇行動《だこうどう》をとるということ自体、認めがたい話だったのである。ひとり、「D51」の設計者であり、この事故の調査委員長であった島秀雄は、静かに松平の検証と結論を見守った。

このとき松平は、実験用に車両転走装置を作りあげている。大きな支持車輪の上に模型の車輪を置いて、徐々に回転をあげていくと、はたして、ある速度域で左右の大きな自励振動が起こったのだ。この装置は、のちに実物車両を載せる車両試験台となり、いまでは車両設計に不可欠な試験装置として、世界中で使われている。新幹線の台車開発も、この装置なしには有り得なかったことはいうまでもない。

次に、「揺枕吊り」について。

従来の台車には、レールからの横振動を軽減するために「揺枕吊り」というメカニズムがついている。やや乱暴にいうと、豆腐のようなものだ。豆腐の下面（下揺枕）がガタリと横揺れしても、

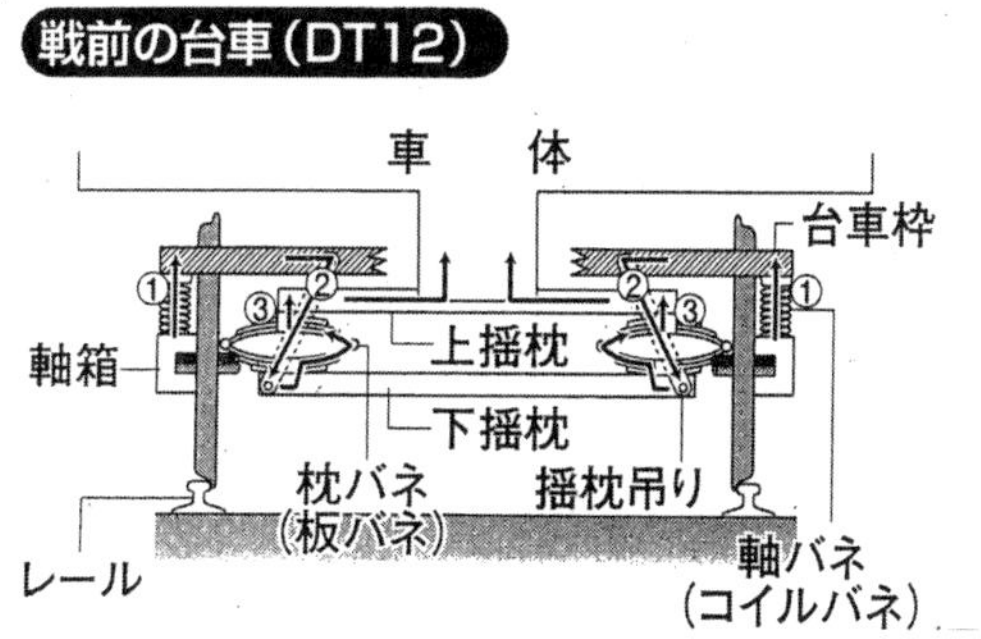

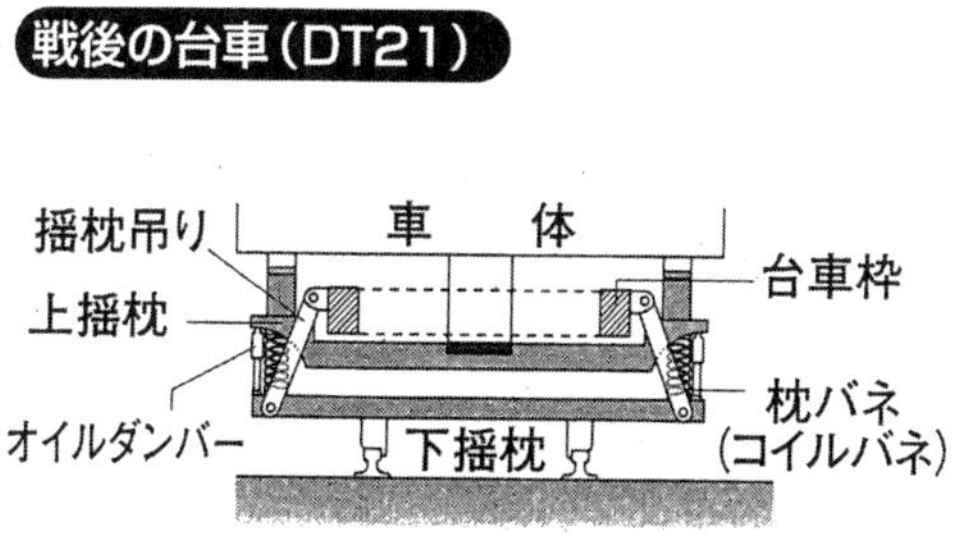

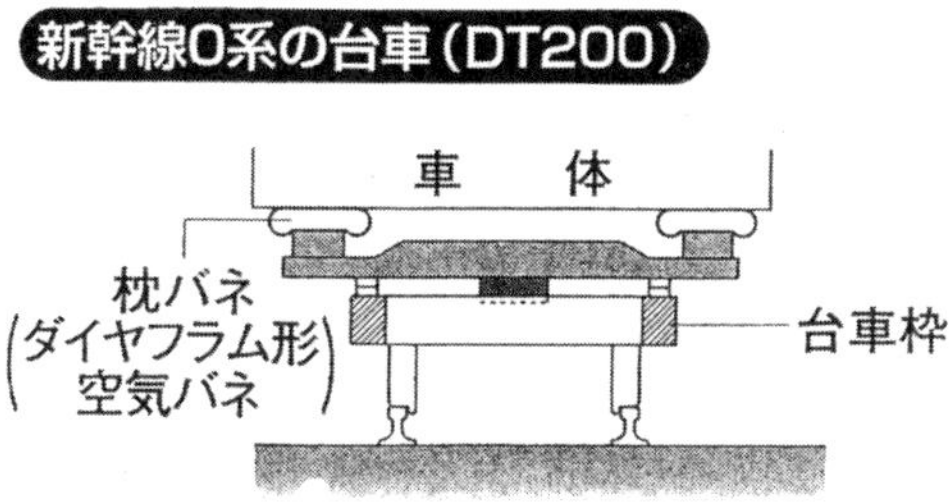

台車進化の概略。
古典的な台車であるDT12では、レールからの振動はまず軸バネで吸収され、台車枠に伝えられる。ついで揺枕吊りを経由して下揺枕に伝わり、さらに枕バネを通して上揺枕、車体に至る。戦後、枕バネが板バネ→コイルバネ→空気バネと進化し、それにともなって揺枕吊り機構も消滅した。複雑な台車構造がシンプルになったことで高速化が可能になる。

豆腐の上面（上揺枕）は一瞬のタイムラグがあって、カタリと小さく横揺れする。豆腐がレールからの振動を減衰するのである。この豆腐のごとき緩衝装置を吊り支えるのが「揺枕吊り」である。

この揺枕吊りを長くとると横揺れが軽減されることは、すでに経験的には知られていた。研究会では、文雄の冒頭論文をはじめ、いかに長くとるかという点をめぐって何度も討議が重ねられ、その成果が日本の台車作りに活用されていくのである。

さて最後に、「バネ装置」について。

従来の古典的な台車は、もっぱら板バネを上下揺枕の間に挟んで使っていた。しかし、島文雄によれば、板バネには次のような欠点があった。

「板バネを使った台車を振動試験にかけてみると、計算値とあわないんです。理論と実際がズレてしまう。これは、板と板を重ねあわせて、その摩擦とガタを利用して振動を減衰しているからなんです。その摩擦とガタの影響をキチンと数式化できない。経験的にはとても便利なものでも、板バネは本質的に理論的な計算式に乗りにくいんです」

しかし、それでは、島秀雄の目論見にあわない。まず台車の振動理論を確立して、しかる後に高速電車用の台車を開発しよう。その当初の目的を達成するためには、理論的に正確に計算できる台車が必要であった。

そこで松平たちは、板バネを廃して、理論どおりに動くコイルバネとオイルダンパーを使うことを提案し、実作する。そして、その後、台車の主流はコイルバネ方式に変わっていくのである。のちに新幹線「０系」の試作台車を製作した松宮惣一も、扶桑金属の最年少スタッフとして、第４回以降の高速台車振動研究会に出席している。松宮によれば、研究会の成果を受けて、三菱重工、川崎車輌、扶桑金属の3社で試作台車を作り、23年9月、東海道線茅ヶ崎駅付近で試験走行が繰り返された。

ちなみに、このバネ装置に関しては、新幹線0系でコイルバネからさらに空気バネに進化し、揺枕吊りも不要になってしまう。この空気バネについては、第5回研究会で、日立製作所笠戸工場の桑江和夫技師がすでに論文発表をしている。しかし松平によれば、鉄研で実際に研究開発をはじめたのは昭和30年代に入ってからで、アメリカのグレイハウンド・バスに空気バネが使われているという記事を見て、おおいに刺激されたのがキッカケであった。そして、まず最初に蛇腹式の空気バネ（3段ベローズ形）が試作され、国鉄ではビジネス特急「こだま」で実用化される。ついで37年には住友金属でダイヤフラム形の「スミライド」が開発されて、ほぼ空気バネは完成するのである。

さて、板バネ方式、コイルバネ方式、空気バネ方式という台車進化の流れを追っていくと、いったい何が見えてくるだろうか？

もう一度、概略図をながめてほしい。板バネと揺枕吊り機構を組み合わせた古典的な台車には、ヨーロッパの伝統と経験則から生まれた職人技という印象を受ける。メカニズム自体が機械的かつ複雑で、いわば天才的な閃きという印象さえ感じさせる。しかし、空気バネを使った新幹線「0系」の台車をみると、じつに合理的かつ単純なのである。

台車は、理論化されることによって、シンプルに進化した。単純な形に進化したからこそ、その挙動を正確に計算することができるようになり、したがって安全な高速化が可能になったのである。

＊

さて、この高速台車振動研究会の歴史的な意味とは、いったい何であったか。

いうまでもなく、その最大の成果は、「理論化」であろう。

松平らが海軍空技廠から持ち込んだ理論的思考法は、戦後の鉄道技術を経験から理論へ脱皮させて、鉄道の高速化を可能にした。つまり、高速台車振動研究会は、のちの新幹線実現に向けたスプリングボードの役割を果たしている。敗戦直後という暗い時代に、有為の人材と企業に明快な目標を与えたという点も忘れてはならない。

島文雄や松宮惣一をはじめ、若くして研究会に参加し、その後それぞれの分野で業績をあげ、名を残したエンジニアは枚挙に暇がない。そこには、本書に登場する三木忠直、近藤恭三、のちに新幹線「0系」設計で活躍する星晃、石澤應彦の名前もみえる。

企業も然りである。日立製作所、近畿車輛、日本車輌製造、汽車製造会社、東芝車輌、川崎車輛、帝国車輛、扶桑金属、三菱重工、新潟鉄工所、東洋電機製造、日本精工、東洋ベアリング、萱場工業、日本タイヤ……。その後各分野で技術革新を遂げていったメーカーも数多くある。

島と松平は、将来の高速電車列車実現に向けて、確かな種蒔きをしている。

当時、英、米、仏の戦勝国においても、鉄道車両の振動理論は手つかずのままであった。高速電車列車という発想すら芽生えていない。戦災から復興に向けてようやく立ち上がったばかりの日本で、鉄道の車両技術は、島兄弟と松平らによって、鉄道先進各国に大きく水をあけたのである。

第7章 湘南電車

恵比寿～目黒間を走行する湘南電車（昭和 25 年）。

湘南電車……。

と聞くと、いまでもわたしは若干ジェラシーを覚える。

総武線育ちの少年にとって、あのハイカラなツートンカラーは羨望の的であった。

しかも、長い。単に編成が長いというだけで、少年たちには絶対の価値であった。湘南電車（80系）は、なんと16両もつながっていたのである。当時、総武線の持ち駒は、茶色い「モハ73」、その後継であるカナリア電車「101系」、キハ形式のディーゼル列車であって、長くてもせいぜい6両か8両編成どまり。湘南電車は、2ランクも3ランクも上の、高嶺の花であったのである。

その憧れの湘南電車こそ、高速電車列車の理想に燃える島秀雄が世に送り出した最初の作品、はじめの一歩だったのである。ここで、終戦直後の島の足跡を簡単に振り返っておこう。

まず、復興のための足を確保すること（蒸気機関車「C62」「63形電車」）。そして、将来の高速鉄道のために理論研究をしておくこと（高速台車振動研究会）。

目前の焦眉の課題への対策と、将来への準備。終戦直後の混乱期に、動力車課長として奮闘努力する。そして戦後も3年目を数えて、世の復興機運もようやく高まってきたというときに、島秀雄は工作局長に就任する（昭和23年3月）。

工作局長とは、車両の計画、設計、製作、保守、修理いっさいに関する最高責任者である。そして、工作局長着任早々に、いちはやく取り組んだのが湘南電車であった。

そのころ、首都圏を走る東海道線の輸送力はすでに逼迫していた。都心にビルが建ちはじめ、焼け出されて郊外に移り住んだ人々が都心に通いはじめる。東海道線の混雑緩和は、復興のための焦眉の課題だったのである。

すでに何度か触れたように、理想の鉄道は電車列車であると島は喝破している。加減速性能に優れているから、緻密なダイヤを組める。牽引機関車を切り離す必要がないので、折り返し運転が平易である。重い牽引機が不要なので軌道の構造もより簡素で済む。当然、コストも安い。電力の回生も可能で、省エネルギーにも資する。いまから振り返ってみれば、いいことずくめなのだが、当時は「非常識」であった。世界的にも長距離電車列車の類例はなかったのである。

その最大の理由は、振動と騒音。つまり乗り心地の悪さである。「ゲタ電」に乗るなら、せいぜい20～30分。距離にして20キロ程度の通勤用に限る。それが関係者の常識であった。

だが、島は自らの理想を緒につける絶好のチャンスを逃さない。世界でまだ誰もやったことがない長編成・長距離の電車列車を、ぜひ湘南電車で実現してみたい。ゲタ電の振動問題は、高速台車振動研究会の成果によって、遠からず解決されるであろう。

しかし、当時、日本はまだ占領下にある。ＧＨＱのお墨付きなしには何もできない。しかも、ＧＨＱは電車化に反対である。そもそも電化自体に理解を示してくれない。

彼らの母国アメリカでは、遠距離列車はディーゼル機関車牽引が主流である。なにも大金をかけて電化するまでもあるまいというのが彼らの論理なのである。なかには、アメリカ製のディーゼル機関車を売りつけようと企む者までいる。これでは、湘南電車などとても認めてもらえない。東京－沼津間124・7キロという長距離の電車運転などもってのほかであった。

「そこでやむなく、彼らを〝だまして〟でも湘南電車の実現を図ることにした。湘南電車は横須賀線と同じ通勤用郊外電車で、横須賀線は大船で左へ曲がり、湘南電車は東海道線をまっすぐに横須賀線と同じ距離ぐらい走るものだといって認めさせたのである」（『D51から新幹線まで』日本経済新聞社、昭和52年）

こんなふうに彼らを説得して、まず藤沢まで、次は平塚まで……という具合に、少しずつ直通運転区間を延ばしていく。「最初から沼津や伊東まで電車を走らせるといっていたら、CTS（連合軍総司令部民間運輸局）はおそらく認めてくれなかっただろう」と島は回想している。

こうして、昭和25年3月開業をめざして、23年の秋に湘南電車計画ができあがる。

1編成15両。10両の基本編成に、平塚や小田原までを走る付属編成5両が付く。のちに、さらに郵便荷物車1両が加わって最大16両の大編成となった。

16両の大編成は、長さにして300メートルを超える。ホームでの見通しもきかない。最後尾の車掌ひとりでは安全を確認しきれないので、ドアの開閉は、編成の前半分は運転席から助手が行なうことにした。ラッシュ時15分間隔。昼間は東京－小田原間30分間隔、小田原－沼津間1時間間隔で運行し、全部で300両、20編成分を作る。

だが、この最初の計画は、GHQの緊縮経済政策のために頓挫する。昭和24年3月のいわゆるドッジ・ラインや前年に指令された経済安定九原則によって、新規の事業投資が大幅に打ち切られ、当初の300両は一気に10両に切り詰められてしまう。

しかし、たった10両では如何ともしがたい。混雑緩和には屁の役にも立たない。なんとか予算をやりくりして175両案に練り直し、24年度に73両（1次形）、翌25年度に残り102両（2次形）を作ることになった。こうして、急ぎ図面を引いて、正式に発注を出したのが24年の9月22日。納期は翌25年の1月末日。わずか正味4か月の突貫工事である。

この間、24年6月には「日本国有鉄道」が公共企業体として発足して、湘南電車の製造は初めて公開入札となった。しかし復興のため重工業を活性化するという使命もあり、このときは、日立製作所、川崎車輌、日本車輌製造、汽車製造会社、帝国車輌、近畿車輌、東急車輌、新潟鉄工所など……編成単位で可能な限り多くの会社に発注している。

さて、難産の末に出発した湘南電車であるが、その細かい工夫、島ならではのアイデアについては、当時、若くして車両作りに参加したふたりのエンジニアに話を聞いてみたい。

星晃。石澤應彦。開業時の年齢は、星31歳、石澤25歳。

従来、工作局では、機関車や電車など動力付きの車両は動力車課、機関車の牽引する客車は客貨車課が分担していた。しかし、湘南電車は、客車に代わる動力付きの長距離電車である。

そこで島は、車体は客貨車課、その他床下まわりは動力車課という大胆な二人三脚体制で臨んだ。こうして、客貨車課の星は車体担当、動力車課の石澤は台車を担当することになったのである。

星、石澤ともに、島秀雄の薫陶を直々に受けた最後の世代である。若くして湘南電車に携わって以来、ビジネス特急「こだま」、新幹線「0系」に至るまで終始設計の現場を預かり、最後まで島秀雄に仕えた生え抜きのエンジニアである。

湘南電車のもっとも特徴的なところは、その色と顔である。

あの独特の緑とオレンジのツートンカラーは、沿線の特産物である蜜柑の葉と実の色から取られている。これが、従来の通説である。

しかし星によれば、それは後からつけた説明であって、実際はそうではなかった。島が、『レイルウェイ・エイジ』というアメリカの鉄道雑誌の表紙を指し示して、「このツートンカラーでやってみよう」と指示を出した。

それは、深い緑色のボディに太いオレンジ色の帯をつけたグレイト・ノーザン鉄道の列車で、その写真では、線路際のオレンジの木がたわわに実っていたという。

星は、さっそく色見本を作り、耐久性や汚れの目立たないことなどを吟味した上で、指示通り濃い緑と朱色に決める。それまで、国鉄の列車といえば黒っぽい茶色と相場が決まっていた。私鉄には、東急、京王などに緑系の車両も少なくなかったが、概して暗い色調であった。ツートンカラーの列車は日本ではほとんど皆無。わずかに、国鉄ではガソリン・カー、その他には大阪の地下鉄などに走っていたばかりで、近鉄、小田急、東武にツートンカラーの特急が走り始めるのは、ほぼ湘南電車と同じ昭和20年代の中ごろである。

朱色は、遠くから見ても、ひと目でそれとわかるであろう。深緑と朱色のツートンカラーは、日本復興を告げる華やかなシンボルとして走り始めるはずであった。

しかし、塗り上がった車両を見て、一同、首をかしげた。朱色が柿色に近い赤寄りになっていて、

当初のイメージとちょっと違う。星によれば、

「小さな色見本で考えるのと、実物では全然違う。これは、いささかまずいと思いましたけれど、開業はもう目前で、いまさら変えるわけにもいかなかったんです」

さて走り出してみると、やはり評判が悪い。サビ止め塗料のままじゃないか、中華屋さんみたいだな……。などと陰口を叩かれる。

星たちは、早速2回目の発注分から、少しずつ色相を黄色にずらすように変えていった。1回目の発注分73両に関しても、工場に入って塗り替えする機会をつかまえて、黄色っぽく微修正を施していった。こうして、少しずつ朱色からミカン色にシフトされて、その結果、ミカンの葉と実の色という後付けの説明がつけられた……というのが、真相のようである。

しかし、デビューして1年たち、2年がたって、車両の初期不良が改善されて東京－沼津間を順調に走りはじめるようになると、カラーリングに対する不評も影をひそめる。あの独特の湘南カラーは、むしろ、新時代を走る高速列車の象徴として、次第にファンを増やしていくのである。

さて次に、あの顔について。

昭和25年早々に、急ぎ納入された第1次発注分73両（1次形）の中には、運転台付きの先頭車両（クハ形式）が20両あった。この「クハ」の顔は、すべて3つ窓である。先頭の運転席部分に半径3メートルの円筒形を立てたスタイルで、星によれば、戦前から「半流線形」として比較的評判がよかった形を踏襲した。ここにも、設計を安く手早く済ませよという台所事情が働いていた。しかし、出来上がってみると、いまひとつ斬新さに欠ける。さっそく、島からの指示が出る。

「2次形からは、もっと流線形に近づけよう」

しかし、当時の量産技術では、ガラスを正確な曲面に加工することは、まだまだ難しい。金属部分の加工精度もあげないと、くるいが生じてしまう。きっちりと作り込むには、コストがかかる。

さて、どうするか。

星たちが頭を悩ましていると、島から更に指示が出る。平面のガラスを2枚使って、角度をつけて組み合わせる。つなぎ目には、まっすぐ鼻筋を通せばいい。こうして、独特の湘南型マスクが誕生した。この2つ窓の2次形車両は、開業からわずか数か月後に走り始めている。

斜めの2つ窓＋鼻筋。このまん中に鼻筋を通す島式の顔は、その後、国鉄の車両全般に広く普及する。国鉄特急の有名どころでは、ビジネス特急「こだま」（151系）、東海道新幹線（0系、100系）、東北・上越新幹線（200系、400系）と踏襲されていく。そのほかにも、ディーゼル特急「はつかり」（キハ81）、寝台特急「月光」（581系）、電気機関車「EF65」「EF66」、最新型の「EF200」など枚挙に暇がない。

島は、〝国鉄車両の顔〟を作ったのである。星は、こう語る。

「ぼくら島さんに直接教えを受けた世代がOBになった後も、主な列車の顔は島式の影響が残っています。しかし、時代も新しくなり、とくに新幹線の場合は空力設計も進歩して、300系（のぞみ）からはすっかり変わりました」

この湘南型マスクは、国鉄のみならず広く私鉄各社にも浸透した。小田急（2200形）、西武（501系）、京王（2700系）、東急（5000系）、京成（1600形）、名鉄（5000系）、

湘南電車「クハ 86」　3 つ窓の第 1 次発注車両（15 両編成）で、これに「モユニ 81」（郵便荷物車）が加わると、全 16 両になり、新幹線に匹敵する大編成となる。後ろは 73 形。昭和 31 年、広田尚敬による撮影。

戦後の日本鉄道車両の「顔」を作った湘南電車 2 次形。左は「クハ 86034」、右は「クハ 86032」、中央は「EF584」。昭和 31 年 4 月、東京駅にて、広田尚敬による撮影。

南海（11001系）、阪神（3001形）、西鉄（1000系）……。昭和20年代後半から、湘南型が全国を走り回るようになった。島は、図らずも湘南電車で、戦後の日本鉄道車両を代表する「顔」を作ったのである。

＊

島が工作局長に就任した直後に、星は局長室に呼ばれて、こう告げられている。

「いままで、客車や貨車について注文を出すことは遠慮していました。しかし、これからはどしどし出しますよ」

動力車課長時代は、立場上、客貨車課に遠慮して発言を控えていたが、両者を統括する工作局長になった以上、言いたいことを言うから覚悟しておけ、というのだ。そして、まっ先にこんな指示が出た。

「まず、便所をきれいにしてください」

当時まだ、客車の便所は、踏み板式（＊1）であった。配管などに汚物が付着しても、清掃が面倒でとかく不衛生になりがちである。臭気が車内にたなびくことも珍しくない。これだけは何とかしたいと島は密かに思い続けていたらしい。

星たちは、さっそく検討をはじめ、あれやこれやの試行錯誤の末に、埋め込み・踏段式の便器を考え出す。これなら簡単に水洗いが可能で、しかも省スペースで、男女共用。多少揺れても、的がはずれにくい。この画期的なデザインは、さっそく初代湘南電車からデビューする。便所の扉を出入り口側通路に取りつけて、さらにその気配を車内から遠ざける工夫もほどこされた。もちろん乗

＊1　当時の便器は床から20センチほど高い位置にあり、便器の両脇ある踏み板に乗って、屈んで用便する形式だった。周囲の配管は剥き出しで、飛び散った汚物が付着しやすく、清掃しづらいため、不衛生な状態になりやすかった。

客にも大好評で、順次、全旅客車へと普及していく。

この名器は、当時の図面には「S式便器」、つまり島式便器と書かれている。ああ、あのトイレが島式か……、と思いあたる読者も多いはずである。このS式便器は、その後、鉄道ばかりでなく、家庭や店舗でもおおいに活用されるようになった。とりわけ喫茶店、スナック、バーの類の比較的狭い店にはとても重宝されて、「汽車形便器」という名で広く親しまれた。

「細かいところにこそ気を遣いなさい」

「単なる思いつきで設計してはいけない」

それが島流の車両作りの鉄則であったと星は語る。

たとえば、窓の形。それまで、日本の車両の窓はキッチリとした長方形だった。初期の湘南電車

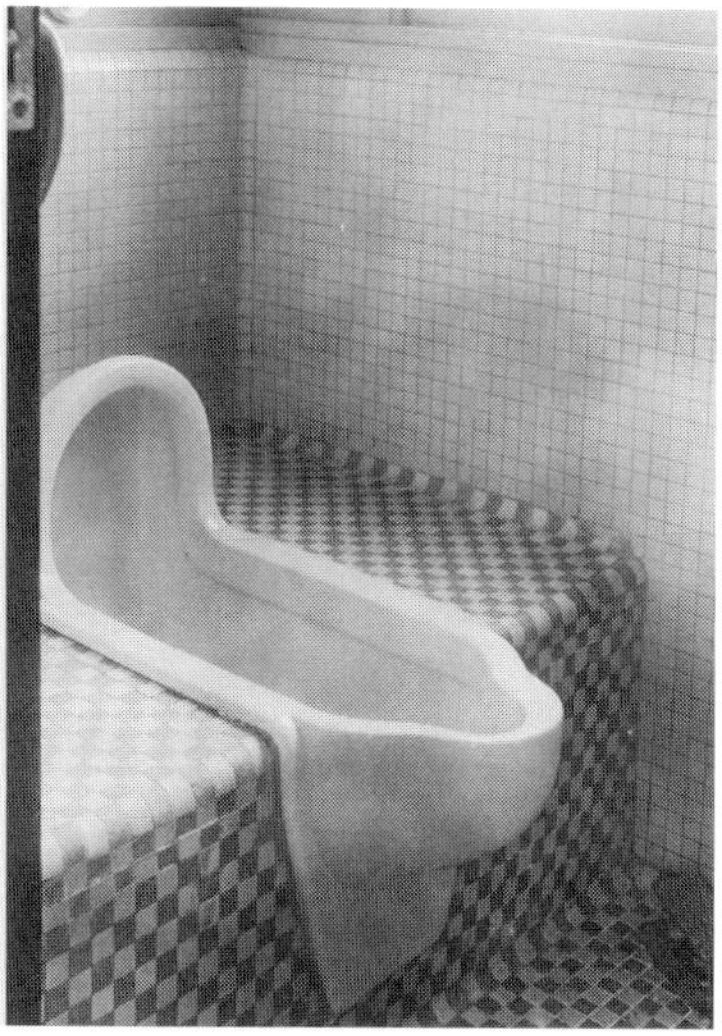

島秀雄が発案した「S式便器」。清潔で省スペースの男女共用トイレとして湘南電車にデビューした画期的なトイレ。以後、国鉄の客車全般に広く普及し、「汽車形便器」として一般家庭や店舗などでも親しまれた。

も直角に縁取られた四角形である。しかし、島によれば、機械式の洗車機にかけると拭き残しができてしまう。だから、窓の四隅はむしろ丸いほうがいい。

こうして、以後、日本の車両は徐々に四隅の丸い窓に変わっていく。湘南電車に関していえば、昭和32年デビューの全金属製の車体（車両番号300番台、いわゆる「全金車」）で、窓の四隅が丸くなる。

思いつきで設計するな、という点では、星にも苦い思い出がある。

湘南電車の2次形車両を設計したとき、これからは日本人の身長も伸びるだろうと考えて、ドア扉の高さを50ミリあげて1850ミリにしてみた。ところが、島に却下されてしまう。そんなことをしては、現場が混乱するだけではないか。国鉄のような大所帯の車両は、のちのち修繕、維持、保守をしやすいように、「標準化」をまず第一に考えなければならない。それが島流の設計哲学であった。

＊

話は戻るが、昭和25年3月1日、鳴り物入りでスタートした湘南電車も、当初は世間の評判は散々であった。

まず開業を目前に控えた2月9日、パンタグラフの故障から架線が切れて、試運転中の2両を焼失してしまう。開業してからも、初期故障が相次いだ。

「電車列車でそんなに長い距離を走った経験がなかったんです。山手線や中央線などでは、駅の間隔も比較的短い。チョコッと走っては止まり、またチョコッと走る。台車まわりなどの機械部品を、具合よく冷却しながら走ることができるわけです。ところが湘南電車は連続走行する時間が長い。開業当初は、1日走ると1編成に1か所ぐらい機械部品に亀裂や傷がみつかって、冷や冷やさせられました」

台車、駆動系を担当した石澤鷹彦の弁である。

長編成用の新しい電磁式のブレーキも、故障が頻発した。これは設計上、空気管への異物混入に弱かったことが原因で、ここには製作期間4か月という無理がたたっている。

軸バネのヘタリ、輪軸や揺枕ピンの亀裂、摩耗も多く、そのあまりの故障頻発に、ついに3月9日から3月末日まで、2往復を運休させて機関車列車に切り替えるという屈辱的な事態に至った。さっそく、口さがないマスコミから「遭難電車」という汚名を献上される。だから電車列車ではムリなのだ……という部内からの批判も自然、勢いを増してくる。

しかし、故障のほとんどは初期トラブルであり、機械部品の亀裂、損傷も、潤滑系を改善することなどによって、ひとつひとつ解決されていった。

さて、繰り返すが、高速電車列車のための最重要課題のひとつは、台車である。走行性能と乗り心地は、台車の善し悪しによるところが大きい。湘南電車の「DT16」という台車は、石澤によれば、けっして新しくはない。すでに島の主宰する高速台車振動研究会は、台車を進化させる具体策として、ふたつの提案を掲げていた。

1　揺枕吊りを長くすること。

2　板バネをコイルバネに変えること。

しかし、「DT16」では1のみを取り入れるに留まった。枕バネは、板バネのままである。石澤自身、後半の研究会に参加していたのだが、いかんせん、湘南電車の最初の台車に間に合わせるには、時間が足りなかった。

実はこの「DT16」を設計するとき、「一体鋳鋼でやろう」と島に指示を受けていた。しかし、これも時間的余裕がなくて、次の「DT17」まで持ちこされた。

従来の台車作りは、各部品をリベットやボルトで留めていた。外観は、ポツポツとリベットだらけ。一体鋳鋼は、大きな鋳型を作って、リベットやボルトなしに台車枠を作る。この方法は、その後、台車の軽量化に大きく貢献することになるのである。

石澤は語る。

「島さんは、ビジョンのある技術者でした。ひとつの技術が、その後どう結実していくか。その見通しがきく。そのビジョンから逸脱しない限りは、決して、技術に関しては石橋を叩いて渡る人ではなかった。見込みのある技術なら、〈やれ、やれ〉〈やってみろよ〉といつもハッパをかける人でした」

さて、「遭難電車」という悪評は、初期トラブルが改善されて、おおむね順調に走り出すようになると、ウソのように雲散霧消した。星たちが、限られた制約のなかで作りあげたモダンな車内もおおむね好評であった。S式便器も、大好評。

乗り心地も徐々に改善されていった。台車も27年に全コイルバネ一体鋳鋼の「DT17」、31年にはさらに軽量化の進んだ「DT20」へと進化していく。

しかし、なにより、速かったのである。

それまで電気機関車に牽引されて、東京－沼津間は3時間かかった。それを湘南電車は、2時間半で結ぶ。この30分が、すべての雑音を沈黙させた。

すでに日本人は、昭和30年代に始まる高度経済成長時代、5分を争う一億総モーレツ・サラリーマン社会に向けて、走り出そうとしていたのである。

＊

さて、湘南電車は、戦後鉄道史を語るうえで、どのような意味を持っていたのか。

1次形・湘南電車の台車「DT16」（昭和25年）。高速台車振動研究会の成果を受けて、揺枕吊りを長くとって乗り心地の改善を図っている。枕バネは板バネのまま。台車枠を鋳鋼組立方式で製作した。

ひと口にいえば、東海道新幹線につながる長距離電車列車の可能性を、世界に先駆けて実現し、証明してみせたことである。

当時、世界に、1編成16両で2時間半も走り続ける電車はどこにも存在しない。たしかに、占領下という制約の下で、しかも低予算での突貫作業を強いられ、十全の車両は作れなかったかもしれない。高速台車振動研究会の成果も、わずかに生かされたに過ぎない。

しかし、島や星、石澤ら技術陣の奮闘によって、ともかくも、湘南電車はまずまずのスタートを切った。

島秀雄は、未来行きの超特急に向かって、順風満帆に滑り出したかのように見えた。

だが……、歴史は、いつも気紛れである。

第8章

さらば、国鉄

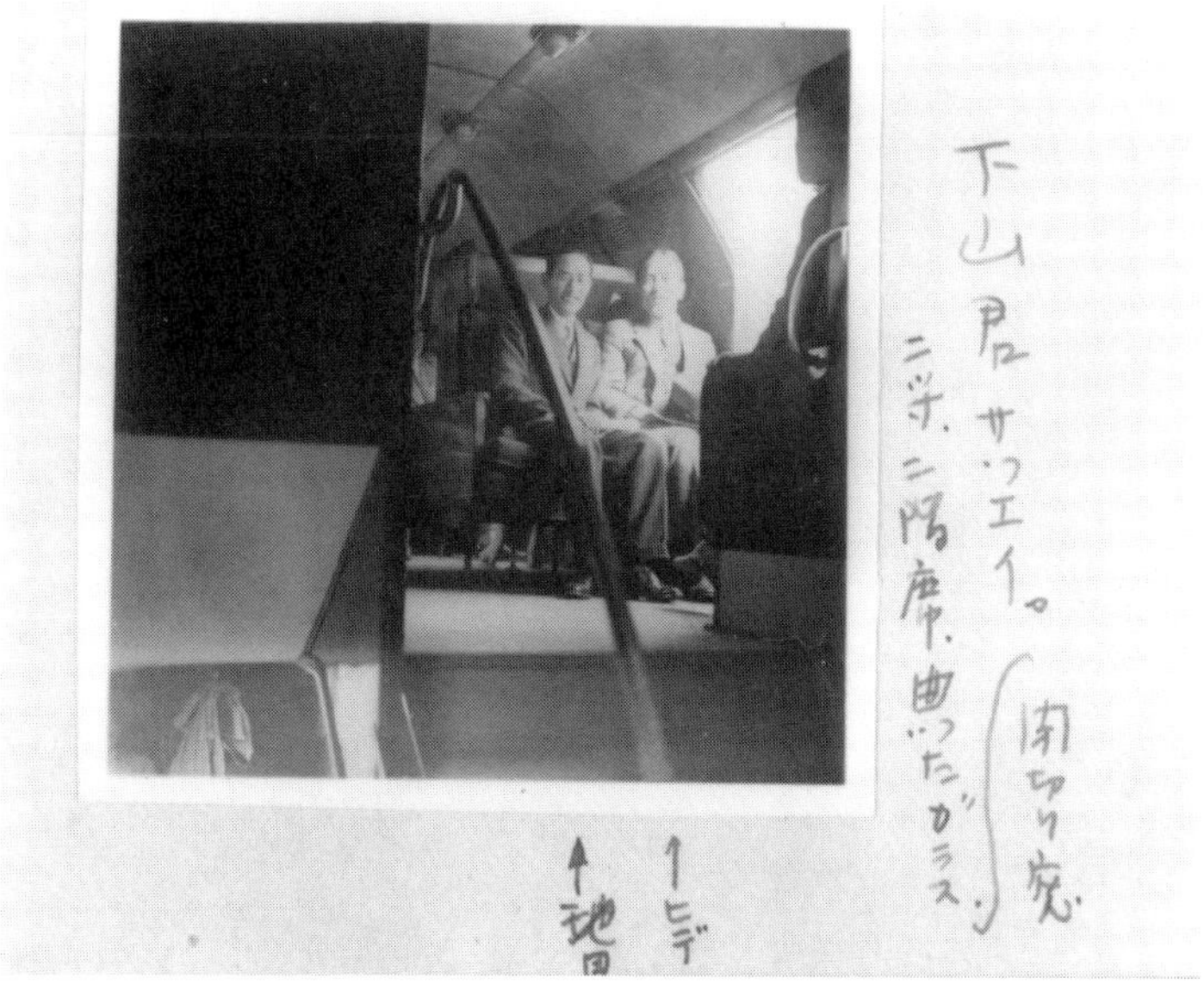

下山定則が撮影した島秀雄（右）。ドイツでリューベック−ビュクトナー間を走る２階建列車に乗ったときのもので、当時島は 34 歳。島のアルバムにも、たびたび下山が登場している。

下山国鉄総裁、轢断死体で発見さる！

このショッキングな報道が流れたのは、昭和24年7月6日未明であった。

現場は、常磐線・北千住－綾瀬間の東武線ガード下付近。上野発、松戸行きの最終電車が午前0時24分に北千住駅を発車して現場にさしかかったとき、運転士が「線路内に赤っぽく瞬間的に見えるもの」を発見し、綾瀬駅で通報。

駅員が現場にかけつけてみると、果たして、バラバラに寸断された轢断死体があり、定期券や所持品から失踪中の下山定則総裁と判明した。轢断した車両は、その直前に現場を通過した「D51651」牽引による貨物列車と推定された。

前日5日の午前9時ごろ、下山定則は、運転手を日本橋の三越本店前に待たせたまま、失踪していた。その日の午前中にGHQとの重要会議が控えていたこともあり、国鉄本社の総裁室周辺は騒然となり、午後には早くもラジオで失踪が伝えられている。

しかし、島秀雄は当初、さほどの心配をしていない。

そのころ、島は下山の社用車で出勤することが多かった。下山の家は都内大田区・洗足池の近く。島家は高輪。道も途中だったし、ふたりは大の仲良しだったのである。

島は、国鉄幹部の当然の務めとして電車通勤をしようと下山に勧めるのだが、二日に一度は誘われるので、たびたび同乗するようになっていた。しかし、失踪前日の4日、下山は「明日は他の所を回るので出社は遅れる」と島に伝えていたのである。

島と下山は、東大工学部の同期である。

初対面は、高校時代。三高の鉄道マニアとして、従弟の安倍正夫という人物に紹介されたのが最初である。そして、同期で鉄道省に入省。島は工作局、下山は運転関係に進むが、昭和11年には1年9か月にわたる海外視察旅行をともにしている。このとき島が大量に撮った写真の中には、下山がたびたび登場する。お茶目でサービス精神旺盛な下山の姿は、いかにも生真面目な島と好対照にみえる。

島は、こう書いている。

「僕は生れたのこそ大阪だけれど、ずつと東京ばかりで育つたので、恐らく得意になつて本郷界わいを案内したと思う。翌年四月東大に入学した当時、機械科の席順がＡＢＣ順だつたので、ＳＨＩＭＯＹＡＭＡは間に誰も置かずにＳＨＩＭＡの隣りということになつた。その後彼は後の御令閨の実家に寄寓して通学したが、それが高輪で僕の家と五分と隔つていなかつたので、毎日々々の出入りも殆んど一緒という訳で三年を過ごし、その上また一緒に国鉄に就職することになつた。だから相当気心はよく知つてる積りで、お互が鉄道人となつてからは彼は運転こちらは工作と併行線を歩くことになり一緒につとめる機会はなかつたが、季節や年始の手紙など出さない心安さで親密な間柄だつた」（『下山総裁の追憶』）

島は、下山を熟知していた。

だから、轢断死体発見の報を聞いて、島はいち早く他殺説を主張する。たとえば、6日付けの毎日新聞に、早速、こうコメントしている。

「四日夜の局長会議が終わった後、下山総裁は〝ここまできたら腰を落ちつけてやるまでさ〟と言っていたし、あれだけ大量整理をやり自殺するとしたら遺書の一本ぐらい書くのがあの男の性格だがそれもない」

当時、国鉄は未曾有の大激震の只中にある。大量解雇問題をめぐって、揺れに揺れている。昭和24年6月1日、日本国有鉄道は公共企業体として新たに発足していた。GHQの占領策の一環として、運輸省から分離・独立し、独立採算体制に移行して、ひと言でいえば、役所から企業に半ば衣替えをしたのである。

このとき、国鉄の職員は約60万人。

敗戦後の焦土にあって、まともな人材の受け入れ場所は、警察と国鉄ぐらいしかなかった。戦災復興という社会的な使命もあって、満洲、朝鮮、台湾の外地鉄道関係者、旧軍の技術者などを積極的に受け入れた結果、職員数は戦前の2倍に膨れあがっていた。

初代国鉄総裁・下山定則に課せられた最大の任務は、行政機関職員定員法による9万5000人という大量解雇であった。

下山が変死したのは、総裁就任後、わずか1か月。失踪は、7月4日、第一次人員整理として3万700人の合理化を決めた直後である。

島は、「捜査報告書」の中でこう語っている。

「下山君は疲れていた。しかし、疲れていたのは彼だけでなく、当時の国鉄幹部の誰もがそうであった」

総裁に就任したとき、下山はまだ48歳。異例の抜擢である。

この総裁人事には、当然、GHQ側の意向が強く反映されていた。

当初、GHQ側は、初代総裁に民間の財界人をリクエストしていた。しかし、労使対立激化の折にあえて火中の栗を拾う奇特な人物など、あろうはずがない。候補者は、ことごとく辞退した。

部内では、運輸省や職員局をバックに持つ加賀山之雄《ゆきお》が本命視されていたが、加賀山には戦前にベルリン駐在期間が長く、親ドイツ派の一員と見なされて、GHQ側が強い難色を示した。

下山定則（1901 ~ 1949）
神戸市生まれ。三高から東京帝大工学部機械工学科に進む。島秀雄と同期生。大正14年、鉄道省入省後、志願兵として電信第一連隊入隊。昭和2年召集解除。同21年東京鉄道局長。同23年運輸次官。同24年、初代国鉄総裁。就任後1か月で「怪死」。写真は島秀雄の世界旅行アルバムより、ドイツのハイデルベルク城で撮影したもの。

加賀山之雄（写真右端、1902 ~ 1970）
東大法学部を卒業して昭和2年入省。鉄道総局長官を経て、国鉄発足と同時に副総裁。下山事件後、総裁となる。同26年、桜木町事故で辞職。のち参議院議員。岳父は十河信二。写真は鉄道省関係者による視察団として、島秀雄とともにベルリンに滞在したときのもの。写真の最奥でこちらを向いているのが島。

結局、若いながらトントン拍子に出世してきて、これといった政治的背景を持たない、しかし仕事熱心で正義感の強い下山に、白羽の矢がたった。

「捜査報告書」によれば、就任前日の5月30日、下山は、このとき総裁職を固辞した前鉄道大臣・村上義一を訪ねて、こう告げている。

「四囲の状勢上から総裁就任の決意をしました。私は犠牲になります」

島の次男・隆の記憶によれば、ちょうど総裁就任のころ、父とともに下山家を訪ねたことがある。そのとき、下山はこんなふうに話していた。

「とうとう引き受けることになっちゃった。君にも相応しいポストを見つけたいんだが」

従来、総裁級のポストには、事務・運転畑の出身者が就くのが慣例であった。しかも、この時は、運転局から候補を出すように、というGHQからの指示もあった。もとより島にお鉢が回るはずもなかったのだが、下山は友に気を遣っている。けっきょくこのとき島は、理事・工作局長兼務となった。

結局のところ、この恐るべき下山事件は、現在に至るまで謎のままである。

捜査当局筋からの発表は、自殺説を濃厚に匂わせる「下山事件捜査最終報告書」（昭和25年2月号の『文藝春秋』『改造』に同時掲載）が最後である。つまり、事件発生後わずか数か月にして、事実上、捜査は打ち切られている。

いっぽう、作家の松本清張は、その著書『日本の黒い霧』のなかで、GHQ内部の路線闘争を背景にした、アメリカの謀略機関の関与による他殺説を強く示唆している。

大量馘首の早期実現。急成長する共産勢力対策。それらの目的遂行のために、自殺もしくは共産勢力側の犯行に擬する謀略が仕組まれたのである、と。

混乱の中で、副総裁から急遽、総裁の席に据えられた加賀山は、後にこう書いている。

「今でこそやっとの思いで筆をとることができるが、あの当時のことを思い出すだに身も凍る思いである。早くも下山さんの三回忌を間近にひかえて傷恨永く尽きるところがない。それにしてもどうしてあれ程の大きな出来事が今以て国民の前に明らかにされないのであろう。いや、普通社会の常識や通常人の推理で解き得られぬのがあの事件の本質であったかもしれない」

加賀山や島をはじめ、下山を知る当時の国鉄幹部は、概ね自殺説を一笑に付している。

たとえば、兼松學。

兼松は、のちに国鉄常務理事として、新幹線建設に事務方として尽力した人物である。

終戦当初は、その抜群の語学力をかわれて、米軍ならびにＧＨＱとの折衝事に忙殺された、国鉄きってのアメリカ通である。島や下山に随行して再三にわたって対米交渉を行ない、ともに昵懇の間柄であった。

総裁就任目前の5月28日、下山はアメリカ出張に出る兼松を羽田空港に見送っている。

「まだ極秘だが、総裁を引き受けねばならなくなったよ」

と、そのとき下山はひょうきんに首をすくめたという。

渡米中に事件を知った兼松は、帰国後も手を尽くして謎の究明に努めたのだが、真相はついに闇の中であった。

しかし、その兼松は、松本清張説を言下に否定する。

「少なくともアメリカ側には、下山さんを消さねばならない必然性が、露ほどもない。下山さんを初代総裁に据えたのは、GHQ中枢部の意向です。彼らにとって、ミスター・シモヤマはウェルカムだった。証拠はありませんが、いまでも私は、日本人でもアメリカ人でもない第三国の謀略機関の犯行だと推測しています」

この日本中を震撼させた下山事件のあと、国鉄では、大事故、怪事件が連続する。

下山事件からわずか10日後の7月15日、中央線三鷹駅車庫で無人電車が暴走。6名が死亡、十数人が負傷（三鷹事件）。

続いて、ひと月後の8月17日、東北本線・松川－金谷川間で、上り旅客列車が脱線転覆。乗務員3名が死亡（松川事件）。

労使紛争も先鋭化の一途を辿り、下山事件の前月の6月には、横浜人民電車事件、平事件などの大規模な衝突事件が起こっていた。

目を世界に転じれば、アジアではこの年の10月に内戦に勝利した毛沢東によって中華人民共和国が成立して、米－中ソが直接対決する朝鮮戦争はもう目前に迫っている。歴史は、謀略と陰謀の渦を巻きながら、騒然と、しかし大きく動いていたのである。

下山、三鷹、松川の3事件とも、ことの真相は、依然として、黒い霧に包まれたままである。

アメリカ・ワシントンの公文書館では、25年を経過したアメリカ政府関係の公文書を公開している。トップシークレット扱いの文書に関しては50年で公開することを原則とする。GHQによる日

松川事件で脱線した蒸気機関車「C51」（脱線した車両は「C51 133」）。昭和24年8月17日午前3時10分ごろ、東北本線の松川-金谷川間で、上り旅客列車が脱線転覆。蒸気機関車と荷物車2両が大破、郵便車と客車2両が脱線した。捜査当局は、故意の計画的運転妨害と断定。国鉄労務員、東芝松川工場労務員ら計20名を逮捕した。一審は全員有罪判決。昭和38年、全員無罪が確定。

本占領政策の実態も少しずつベールが剥がされているのである。重大な機密資料はしょせん出ないというのが、大方の見方ではあるが……。

下山は、幼少のころからの無類の鉄道好きであった。

『下山総裁の追憶』（昭和26年）と題した追悼集を読んでいると、そのことがよくわかる。

中学時代から汽車熱が高じはじめ、三高時代には「鉄道」という渾名までつけられている。青森から鹿児島までの駅名をスラスラと暗唱していて、その各駅が発行した切符をすべてアルバムに所蔵していた。

下山は、少年時代からの夢をあきらめることなく、実現した男なのだ。趣味を高じさせて一生の仕事にした無類の鉄っちゃんが、果たして大好きな鉄道で自殺するだろうか。

その一事をもってしても、自殺説はそうとうに分が悪いとわたしは思う。今回の取材でも、国鉄OBの方々十数人に感想を求めてみたが、自殺説をとる人は皆無であった。

ともかく、島秀雄にとって無二の親友は、壮絶な死を遂げた。

しかも、かの友を轢断したのは、自ら設計の筆をとった、愛すべきデゴイチである。

このとき、島の胸中、いかばかりであったか。島は、多くを語っていない。

＊

死せる下山、生ける国鉄労組を沈黙せしめ、日本の危機を救う……。

と、巷間語りつがれたように、加賀山総裁時代、国鉄はなんとか最悪の事態を回避することに成功して、労使問題を含め、ようやく健全化にむけて再び走りだしはじめる。

そして、車両局（元・工作局）長・島秀雄は、各種車両の計画、設計、製造、修繕の総責任者として、文字どおり身を粉にして奔走を続ける。

そして、昭和25年3月1日には、島にとって念願の湘南電車が開通する。

将来の日本の幹線鉄道は、高速の電車列車方式が主役になる。その島の信念を実現するための、はじめの第一歩。やがて新幹線へとつながっていく、当時まだ世界に類例を見ない、新しい試みであった。

そして、第2世代の湘南電車へ向けてさらなる改良を加え、徐々に電化区間を延ばしながら、いよいよ戦後型の新しい車両を計画しようとしていた矢先に、次なる大事件が起こる。

昭和26年4月24日の桜木町事故である。

翌日の毎日新聞は、第一報をこう伝えている。

「二十四日午後一時四十分ごろ国電京浜東北線赤羽発桜木町行電車が終点桜木町駅五十メートル手前にさしかかった際、五両連結のうち最前部のパンタグラフが架線に引っかかり、垂れ下がった架線が木製屋根に接触して発火、火は瞬時にして屋根から内部に回り前部一両は火だるまとなったが、発火と共に運転士がパンタグラフを下げたため、ドアが開かず、約百五、六十名の乗客は逃げ出す間もなく火にのまれ、死者九十七名重軽傷六十六名（午後十時現在）を出した」

その後、乗客の死亡者は、１０６名まで増える。これは、当時では鉄道事故史上、5番目の大惨事であった。

ちなみに、最大死傷者を数えた事故は、昭和22年2月の八高線転覆事故で、死者174名、負傷者497名である。

事故の概略をまとめておく。

事故の第1原因は、現場の架線が低く弛んでいたことである。

これは、碍子を交換中の作業員が誤ってスパナでショートさせて、吊架線（2本ある架線のうちの上の電線）を切断し、付近の上り線の架線を弛ませたからであった。

架線工事担当者、信号係、駅助役など関係者の間で急ぎ連絡が取られ、対策が協議されたが、伝達内容に徹底を欠き、その間に下り電車が現場に近づいてくる。折り返し運転のためポイントを通過して上り線に進入しようとしたとき、弛んでいた架線にパンタグラフが絡まり、なぎ倒された。

運転士は、急ぎパンタグラフを下げようとしたが果たせず、パンタグラフの先端が電車の屋根に接して、そのまま火花を発し続けた。

ただちに横浜変電区では電気が遮断されたが、なぜか鶴見変電区では遮断機が作動せず、事故発生後数分間、給電され続けたのである。

では、なぜ乗客のほとんどが脱出できずに、焼死、あるいは窒息死したのだろうか。このとき、先頭車両は、またたく間に火だるまと化している。

悲しいかな、「63形」は、戦時設計である。島が動力車課長、北畠顕正が補佐の時代に、材料、コスト、工期、耐用年数をギリギリまで切り詰めて設計した、非常時専用のいわば苦肉の応急車両であった。

火は、木製の屋根をなめ、ペンキ塗装の天井板（ベニヤ）をつたって、生存者の証言によれば、ものの１分足らずで車両全体を包んでいる。終点、桜木町駅改札口の位置の関係で、昼間にもかかわらず、先頭の１両目に乗客が集中していたことも惨劇を大きくした。

この大事故で、乗客の脱出をさまたげた要因は、主に３つある。

そのひとつは、車両間をつなぐ貫通路が存在しなかったこと。

島は、かねてから長距離の客車列車と同様に、電車にも貫通路をつけるように主張していた。乗客が混雑する車両から比較的空いている車両に自由に移動できないのは、旅客サービスの点からいって、はなはだ不親切だったからである。

しかし、転落する危険もある、学生などの検札逃れも増えるという理由で、当時の電車は車両間の移動ができなかった。

「63形」にも非常用の扉があるにはあったのだが、安全のため内開きの扉であり、桜木町事故の際には、パニック状態で後方に殺到する人波に押されて、ついに開けられていない。

次に、３段窓。

「63形」は、戦時中のすし詰め乗車を想定して設計されている。立ち客にも風がほしいというリクエストに応えて、北畠は中段を固定して上下２段が開口する画期的な３段窓を考案した。これは、いまでも名設計であると賞賛する設計関係者も多い。

しかし、桜木町事故では災いした。上下29センチという狭い開口部から人間が素早く脱出することは、ほとんど不可能だったからである。

そして、非常コック。

当時、扉の非常コックは椅子席下に隠されていた。むろん操作方法も明示されていない。あくまでも、乗務員による操作を前提にしていたからである。

しかし、このとき、車内に乗務員はいない。

だが、全焼した1両目の非常コックには、2か所、誰かが開けようとした形跡が残っていた。これは、たまたま1両目の乗客となって犠牲になった大船保線区の技術係長ではないかと推測されている。

このように、総じて、事故を拡大した大きな要因は「63形」車両設計そのものに帰せられたのである。

このとき、主任技師として「63形」設計現場を指揮した北畠は、さすがに責任を感じて直属の上司（笹村工場課長）に進退伺いを出した。しかし、

「下っ端が何をいうか」

と一喝されて、その場で「63形」の改良を命ぜられている。

むろん、島も、車両局長として責任を痛感していた。島と北畠は、即座に事故の徹底分析とその対策にとりかかった。

主な改良点は、何より屋根、天井、床、側板の不燃・難燃化。貫通路の設置。パンタグラフの二重絶縁化。非常通報装置の取り付け。さらに、非常コックを目につきやすい場所に設置して使用法を明記した。

こうして「63形」は、大事故をきっかけに、ようやく戦時設計から脱して、より安全な電車として生まれ変わったのである。縁起をかついで名前も「73形」と新しくして、乗客の不安の払拭につとめた。

ちなみに、この非常コックに関しては、のちに昭和37年の三河島事件で再び物議を醸すことになる。脱線した電車の乗客が非常コックを開けて線路に下りたところに、反対側から猛スピードで電車が進入し、死者１６０人、重軽傷３２５人の大惨事となったからである。

さて、事故発生後２か月で発表された運輸省鉄道監察局による「桜木町国電事故報告書」を読むと、この大事故がその直接の原因をなかなか特定しにくい性質の事故であったこと、いい換えれば、責任の所在を特定しにくい事故であったことがうかがわれる。

つまり、こういうことである。

工事中の不手際が引き金になったことは事実だが、事故現場の架線が危険な状態にあったことは、必ずしも関係者に認識されていなかった。

信号係、駅関係者は業務不徹底の謗りを免れないが、その責任は二次的である。運転士、車掌がまっ先に外に脱出したという判断ミスもあったが、人命救助訓練が不十分だったことも否めない。2か所の変電所から給電する方法に問題もあったが、これもやめるわけにはいかない。「63形」電車の戦時設計には問題があるが、これも戦時下という時代的要請の産物であり、その運用にはやむをえない事情もある。

つまり、桜木町事故は、関係者たちのそれぞれの小さな落ち度、些細な不手際が複合的に重なりあって、大惨事を引き起こしたというのである。

結局、事故の直接の責任問題は、最高裁判所まで持ち込まれ、運転士、車掌、工事関係者らが実刑判決を受けて、決着している。

しかし、国鉄部内の責任問題は、指揮系統、業務の担当が多岐にわたっていたために、おおいに紛糾した。

なんといっても、昼日中、衆人環視のもとに百数人が焼き殺されるという大惨事である。さすがに世論も手厳しい。結局、国鉄としては、加賀山総裁、小西桂太郎運輸総局長が引責辞任する形で決着をはかることになった。

そして、島秀雄も、「63形」改良のメドをつけて、辞表を提出するのである。

「この事件に関して関係者の責任のとり方に不満を感じていたからである。大きな事故を起こした後、必ずと言っていいほど、セクト主義が表に出て、自分たちの仲間の責任ではないと逃げ回るのみである。私はこうしたことに実にいや気がさしてしまった」(『私の履歴書』)

なに？　島は国鉄を去る？　まだ、新幹線の「し」の字も見えてないではないか？

とお思いの読者もおられることと推察する。

わたしも同感であるが、島はこのとき、実にあっさりと、むしろ潔く、椅子を蹴っている。そこには、何の未練も感じさせない。

昭和26年8月に、島は車両局の面々を前にして最後の挨拶をした。

島の部下として長くつかえ、死の直前まで親交を保った元動力車課員・工藤政男の記憶によると、このとき島ははっきりとこう語っている。

「わたしは桜木町事故の責任をとって職を辞するのではありません」

兼松學によれば、それは「ちょうどいい潮時だった」ということになる。

当時、島は50歳。すでに局長を3年、理事を2年以上つとめている。

技術系のエンジニアに、これ以上の昇進はほとんど前例がない。いわゆるキャリア組としては、そろそろ第二の人生に転じるべき時期だったというのである。

「桜木町事故は、車両局長が辞職するような事故ではありませんよ。部内のゴタゴタに嫌気がさしたということもあったかもしれませんが、しかし一方で、ちょうどよい頃合だと思われたんじゃないでしょうか」

島は、くどくどと自分の行動、思惑を説明する男ではない。下山事件のときと同様、この桜木町事故についても、以後、とりたてて自身の本意を明らかにしていない。

兼松は、そんな島を評してこう語る。

「島さんは、なんら政治的な背景を持たない、純粋な技術者でした。あの当時でも、私心なく、将来の鉄道に尽くし続けた男ですよ。まさにスーパーエンジニアだったんです」

国鉄は、発足当初から政治的にも経営的にも困難な船出を運命づけられていた。もちろん、下山とちがって、島は技術者の自分が政治に不向きであることを熟知していたであろう。むしろ、この辺で民間に下り、十全に鉄道に打ち込める技術者として生きる、第二の道を選ぼうとしたのではないだろうか。

さらば、国鉄。

大正14年に入省して以来、勤続26年。ともかく、島は去る。

このとき、島自身はもちろん、北畠も兼松も工藤も、そして他の誰ひとりとして、島がふたたび国鉄に返り咲く日のくることを、夢想だにしていなかった。

第9章 父・安次郎

大正8年、鉄道技監時代の島安次郎。

昭和26年8月25日、島秀雄は、桜木町事故の責任問題をきっかけに国鉄を辞する。このとき、50歳。車両局長。車両設計技術者としては最高職である。

さらば国鉄。もはや、二度と帰ることはあるまい。

誰もがそう思っていたのだが、4年後に島秀雄は、異例のカムバックを果たす。住友金属の取締役の職にあるとき、東海道新幹線建設の指揮を執るために、国鉄に呼び返されている。しかし、このまさかのカムバック劇には、よく似た前例があった。秀雄の父・安次郎である。島安次郎にも、同じようにして官鉄を去り、再び官鉄の仕事に呼び返されている。

島安次郎が鉄道人として取り組んできた悲願の大テーマは、広軌改築であった。しかし、その正論たる広軌改築案が、ときの二大政党であった政友会VS憲政会の政争の具として弄ばれて、二転三転の果てに、ついに第18回帝国議会において葬り去られてしまう。技監・安次郎は「我国の鉄道は狭軌にて可なり」という院議に署名・押印を求められたのだが、これを拒否する。

さらば、官鉄。大正8年、6月7日。鉄道院技監という技術者の最高職にあった島安次郎は、静かに辞表を書いて、官鉄を去る。このとき、安次郎48歳。長男の秀雄、18歳。

こうして官鉄を去った安次郎は、満鉄理事から、汽車製造会社に転じて取締役会長の要職にあったときに、官鉄からカムバックの声がかかる。

昭和14年、東京－下関間を結ぶ弾丸列車計画が決定され、安次郎は鉄道幹線調査会の特別委員長として、呼び戻されたのである。しかし、この弾丸列車計画は、次第に混迷する戦局の下で、頓挫してしまう。この間の詳しい事情については、すでに触れた。

さて、親子二代で国有鉄道の最高の技術職に登りつめたことだけでも、十分に珍しい。しかも、ともに自らの意を貫いてその職をなげうち、ともにまさかのカムバックを果たしている。さらにカムバックを果たした目的が、ともに広軌新幹線の建設であった。

父・安次郎の悲願は戦争によって頓挫したが、息子・秀雄は、高度経済成長の時代にのって東海道新幹線の建設をなしとげて、父の夢を果たすのである。この歴史的な事実だけを取り出してみると、それは、ほとんど奇跡のドラマのように思える。

はたして、この安次郎、秀雄という父子は、いかなる運命の糸、あるいは使命感で結びつけられていたのか。はたして父・安次郎は息子・秀雄に何をどう託したのだろうか。

島安次郎の実像を少し詳しく紹介することで、そのことに迫ってみようと思う。まずはじめに島安次郎の生涯と業績を、簡単におさらいしておこう。

島安次郎は、和歌山市御坊北町の薬種問屋「島喜」の次男として、明治3年に生まれている。「島喜」は、江戸末期・安政年間の創業で、当主は代々島喜兵衛を名のった。長男には家業を継がせ、次男は医者にという本家の意向で、安次郎は上京し、独逸協会中学（現独協学園）に入学する。秀雄の保存していた遺品の中に中学時代の安次郎の成績簿が残っていたが、のきなみ首席かそれに近い成績で、その勉強熱心な秀才ぶりがうかがい知れる。

しかし、一高在学中に工学部志望に転じ、東京帝国大学機械工学科に入学して、卒業している。一高時代の同級生には、のちに文学者となった巌谷小波、一級上には夏目漱石がいた。卒業後は、関西鉄道に就職する。当時は私鉄の黄金時代であり、大阪－名古屋間を結ぶ関西鉄道は、官鉄と激しい客の奪い合いを演じていた。汽車課長・安次郎は、ピンチ・ガス灯による車内照明、輸入蒸気機関車の動輪の改良（クロスバランシング方式の採用）によるスピードアップ、色帯による車両等級の区別……など次々に新機軸を導入して、官鉄の鼻をあかしてしまう。安次郎は、自ら輸入機関車をネジ1本までオーバーホールし、再び組みあげてみせて、周囲を驚かせる技術を持っていた。

この関西鉄道時代の実績を買われて、明治39年の鉄道国有化に際して、安次郎は官鉄にヘッドハンティングされる。そして、以後、大正7年に辞表を提出するまで、文字どおり、鉄道の近代化のために身を粉にして大奮闘する。狭軌という悪条件の中で、いかに欧米列国に伍する車両が可能か。蒸気機関車「8620形」「9600形」、アプト式電気機関車、自動連結器、空気ブレーキなど、この「明治の鉄道の神様」がなしとげた業績は枚挙に暇がない。

安次郎と秀雄のもうひとつの共通点は、ともにドイツに長期間滞在して、当時の最先端技術に通じていたことである。安次郎は明治36年のドイツ滞在中に、早くも時速200キロの電車運転の可能性を目撃している。基礎教養、知的バックボーンといい、鉄道技術者としてのキャリアといい、安次郎と秀雄の軌跡は、まさに二重写しのように重なりあう。

明治の文明開化とともに、日本は近代化という怒濤の百年を走りはじめる。その文字どおり牽引機関車となるべき鉄道は、技術をまとめていく確かなリーダーを必要とした。しかし、ひとりの人間のキャリアには限りがある。ゆえに、あえて歴史の神様は一心同体のスーパーエンジニアの親子を用意した……。そんなふうに思えるほど、島父子の生涯は酷似しているのである。

安次郎と秀雄は、師弟関係においても緊密にむすばれている。その接着剤の役割を果たしたのは朝倉希一である。朝倉は、東京帝大、鉄道省において島安次郎の一番弟子であり、のちに大学、鉄道省において、秀雄の師となる。安次郎の部下としてドイツ視察に同行し、「8620形」「9600形」蒸気機関車を設計し、広軌改策案（島案）を起草し、そして、秀雄の上司として「C53」や「D51」の設計や国産標準自動車作りを監督し、戦後は東海道新幹線建設までの道のりを後押しするのである。島父子を語るとき、この朝倉希一の存在を忘れてはならない。

＊

さて、では島安次郎は、家庭ではいったいどのような父親であったか。

あるいは、昭和のスーパーエンジニア島秀雄は、明治のスーパーエンジニアによって、どう育てあげられたのだろうか。

島安次郎は、秀雄を筆頭に、五男二女に恵まれている。秀雄、茂雄、邦雄、恒雄、和歌子、文雄、康子。末娘の康子が生まれたとき、安次郎52歳、母・順42歳。長男・秀雄と康子の歳の差は、22歳。父娘ほどに開いている。

このうち、現在も健在でいらっしゃるのは、恒雄氏、文雄氏、康子さんである。

四男・恒雄によれば、物心ついたころ、すでに父・安次郎は「とても偉い人」で、家のなかで冗談をいえる雰囲気ではなかったらしい。

毎朝、安次郎が出勤するときは家族揃って大玄関で送り出し、晩に帰るときも、「お父さまのお帰り！」という家人の声で、一同玄関に座って出迎える。

当時、島家は、芝区高輪の高台にあり、大玄関、小玄関のある、大きな洋館であった。

恒雄も文雄も康子も、自宅の書斎でひたすら書物を読んでいる背中を、父親の日常の姿として記憶している。しかし、だからといって安次郎は、厳格な家長として君臨していたわけではない。むしろ、ヨーロッパ風の教養を身につけた、自由、平等を愛する開明派であった。

3人とも、父に叱られたこともなければ、父が人に声を荒らげている姿を見た記憶もない。安次郎は、いつでも親切で丁寧、かつもの静かな人物であった。東京帝大で機械工学の講義をしていたころ、島講師の言葉遣いがあまりに丁重なために、かえって学生たちが恐縮したという逸話も残っている。

あるいは、朝晩の家族総出の見送り、出迎えは、母・順の考えだったのかもしれない。順の実家である原田家は、滋賀県大津の代々、儒学者の家であり、順も何事につけきちんとした人であった。子供たちの躾や教育は、もっぱら母・順まかせであったらしい。

そして、康子によれば、この母・順が「たいへんによくできた女性、行きとどいた人」であった。9人の大家族と親戚の寄宿者（この頃、紀州和歌山から医学生を預かっている）、何人かの使用人をもりたてながら、誰かれの隔てなく面倒をみて、炊事から針仕事まで、家事全般を自ら先頭に立って切り盛りした。しかも、安次郎と同様に、静かな人であって、島夫妻といえば「もの静かな人々」とご近所、親戚筋から思われていたのだと康子は語る。

四男の恒雄は、のちに、この母の実家である原田家に養子に出ている。

島安次郎と長女・和歌子。大正12年ごろ、高輪の家の玄関横にて。このとき安次郎53歳、満鉄理事。和歌子は病気を抱えながら、生きる。

結婚当時の島安次郎と順。

右から長男・秀雄9歳、三男・邦雄2歳、次男・茂雄5歳。

母・順と末娘の康子。康子は女子学習院高等科在学中。順60歳。順は五男二女に分け隔てなく接し、終生絶大なる信頼を勝ち得ていた。実家の原田家が儒学者の家であったため、女性に「子」をつけない主義で「順」となっている。

そのことには、こんな経緯があった。

原田家のひとり息子・原田佑という慶應の学生が、夏季休暇を終えて上京する際、神戸駅でホームから転落し、列車に大腿部を轢断されて出血死するという事故が起きた。上京する学生がホームに殺到して、何人かが線路に押し落とされたのだ。昭和15年1月のことである。

当時、神戸の鷹取工場にいた秀雄は、知らせを聞いて急ぎ病院にかけつけたのだが、佑は「汽車は危ないから気をつけなさいよ」という言葉を残して息を引きとってしまう。秀雄は、この不幸な事故にたいへんにショックを受け、最晩年まで、「プラットホームに手すり・欄干をつけよ」と主張し続けるのである。

そんな事情があって、恒雄は原田家に養子に出た。この四男・恒雄は、秀雄にそっくりの兄弟として、かねてから評判であったらしい。

私もはじめて電話で話をしたとき、驚いた。生前の秀雄の音声テープに、声もしゃべり方もそっくりだったからである。

「秀雄兄も僕も、ゆっくりとしゃべりますからね。実は、母もそうだったんです。噛んで含めるように話をした。母譲りですね」

さて、島兄弟のうち、男5人はみな理科系に進み、分野はちがうがそれぞれひとかどの技術者となった。長男・秀雄、鉄道技師。次男・茂雄、電気技師。三男・邦雄、鉄道技師。四男・恒雄、農芸技師。五男・文雄、航空技師。父・安次郎は、彼らをどう教育したのだろうか。

「父は私に対して何になれとは一度もいったことがなかった」と秀雄は書いている。

「飛行機だの、鉄道だの、自動車だのといった具合に、その当時まだまだめずらしかった動く機械を見せて、とにかくいろんな機会を作ってくれた」とも。

たとえば、子供たちを埼玉県所沢の飛行場に連れ出して、ドイツ製やフランス製の気球、飛行機をつぶさに見学させる。まだ東京に少なかった自動車にも試乗させる。そして、もちろん鉄道も見せる。なかでも秀雄の記憶に鮮明に残ったのは、碓氷峠のアプト式電気機関車であった。

アプト式は、急勾配を直登するために、線路の間に第三のラックレール（歯軌条）を敷き、機関車の歯車を噛み合わせて登る方法である。明治政府は予算節約のため、登りやすいが線路の長くなる迂回ルートを捨てて、あえて軽井沢 - 横川間にトンネルだらけの直登線路を敷設した。しかしアプト式の蒸気機関車はいかにも非力であり、そのもうもうたる煙に乗客、乗務員とも、おおいに泣かされていたのであった。

島安次郎は、ここを電化して日本初の本格的な電気機関車を導入する。ドイツのＡＥＧ社に発注した「１００００形」という機関車で、のちの「ＥＣ40」である。

このアプト式電気機関車のデビューのときに、安次郎は11歳の秀雄を横川駅に同行させているのだが、秀雄はこのときドイツ人の技師が安次郎にこう説明していたことを記憶している。

「こういう景色のいい所で使う電気機関車だから、汽笛はアルプスの羊飼いの角ぶえを思わせる音色にしました」

この碓氷峠越えは、アプト式電気機関車の導入で格段にスムーズになった。しかし、歯車の整備、頻発する噛み合い不良調整など、アプト式自体に起因する手間は、依然として残されたままだった。

ちなみに、このアプト式の不都合を根本的に解決するのが、50年後の秀雄である。昭和38年、技師長・島秀雄の肝煎りで開発・導入した「EF62」「EF63」という強力な新型機関車によって、ラックレールに頼らない、通常の粘着運転（＊1）が可能になる。この難所＝碓氷峠越えの苦労は、島父子二代かかってようやく解消されたわけだが、平成9年の長野新幹線開業によって、横川－軽井沢間は廃線となっている。

四男・恒雄にも、父に連れられて、鉄道イベントを見学した記憶がある。

12歳のころ、三兄の邦雄とともに夜の品川駅構内に連れていかれて、連結器の一斉取り替えを見学したのである。これは、島安次郎の名高い業績のひとつとして数えられる、大正14年7月17日の自動連結器一斉取り替えであろう。

日本の鉄道は、明治初年以来、イギリス式のネジ式連結器であった。しかし、ネジ式連結器は牽引可能な重量が小さくて、長編成には不向きであった。しかも、連結手が車両に挟まれて死亡する事故が頻発し、死亡率は10人に1人という高率であった。そこで、安次郎はアメリカ式の自動連結器の導入を決めるのだが、さて、どうやって交換するか。ダイヤにしたがって、適宜切り離しながら使い回す車両の性格上、一度に交換しないと各所で混乱する。しかし、列車を長期間止めるわけにはいかない。では、どうすればよいか。

安次郎と朝倉希一は、ここで用意周到な準備のもとに徹底した人海作戦を実行する。まず全車両に自動連結器取り付け用の改造を施す。次に、なんと4年間かけて全貨車に交換用の連結器をブラ下げていく。そして何回もの予行演習を行なってから、Xデーを迎える。7月17日、旅客列車は通

＊1　車輪とレールの間の静摩擦に頼って走行する運転方式。

常運行のまま、貨物は24時間ストップさせて、全国一斉に計6万4000両の連結器を交換したのである（＊2）。内外のマスコミ注目の中で成功裏に完了したこの大イベントは、安次郎の面目躍如たるものがあった。恒雄によれば、その夜、父・安次郎はめずらしくご満悦の様子だったという。

この、一夜にして全国規模の作業を終える作戦には、どうやら広軌改築がらみの伏線があったのではないかと思われる。

秀雄は父・安次郎の遺稿類をファイルに整理して残していたのだが、その中に「鉄道線路ノ軌間変更ハ簡単ナル仕事デアル」と題した知人宛てのメモ書きがあった。

昭和37年、碓氷峠での「ＥＦ63形電気機関車」の粘着試験運転にて。顔を出しているのは技師長・島秀雄。

＊2　客車の連結器に関しては、編成の中間を7月1～10日、両端を15～17日に順次交換した（日本国有鉄道編『鉄道技術発達史』による）。

「今を距ること約40年前米国のＬＯＵＩＳＶＩＬＬＥ　ＡＮＤ　ＮＡＳＨＶＩＬＬＥ鉄道は従前五呎軌間であった其鉄道線路二千九十哩を二十四時間に四呎八吋二分の一軌間即標準軌間に改むることを計画し必要なる準備をなしたる後西暦千八百八十六年五月……」

島安次郎は、実際に、狭軌の軌道を手際よく広軌に変える作業を横浜線の原町田－橋本間の線路を使ってすでに実証済みであった。いずれチャンスが到来すれば、日本の軌間変更も同様の一夜作戦で行なう腹づもりだったのである。

＊

だが父・安次郎は、子供たちに鉄道技術者になるための英才教育を施したのではない。恒雄や康子によれば、長兄・秀雄の「直角水平主義」すなわち何事もきちんと完璧にしなければ気のすまぬ性格は、むしろ安次郎より母・順の影響が強いのではないかという。

島兄弟たちは、文字どおり、自由に育てられた。恒雄の言葉を借りれば、「大正リベラリズムの雰囲気そのままに」、それぞれ思いのまま自由に羽を伸ばしたのである。

長じて鉄道に邁進する長男・秀雄も、若いころの多趣味ぶりには目をみはらされる。

一高時代には、スキー部と陸上部に籍を置き、特にスキーは大好きで、卒業式にも出ずに竹棹一本の山スキーに興じている。鉄道省入省後も自らスキー部を創って冬になると暇を見つけては山に通った。秀雄の書斎には、当時の山スキー写真が大量に残されている。また、同じく一高時代に、めずらしく父から「人前でもの怖じしないようにコーラスぐらいやっておけ」とアドバイスされて、コーラス部にも入る。また、オーケストラ部ではフルートを吹き、チェロもなかなかの腕前で、高勇吉という名演奏家についてレッスンに励み、恒雄の記憶によれば、バッハの無伴奏チェロ組曲を得意にしていた。

次男の茂雄は、アマチュア無線に熱中していた。早稲田時代の親友に後にソニーの創業者となる井深大がおり、康子によれば、大小ふたつある勉強部屋の大きいほうを占領して、茂雄と井深のふたりで配線だらけにしては興じていたらしい。これが縁で秀雄も井深と最晩年まで親交を結ぶ仲となる。

三男の邦雄は、スキーと数学が得意で、自動車に目がなかった。この三兄は秀雄がつねづね「兄弟一の秀才」と称賛する切れ者で、鉄道省に入って後も将来を嘱望される若手技術者であったが、東京大空襲のとき焼夷弾の直撃を受けて没している。

恒雄は、小さいころから動植物が大好きで、カナリヤやインコを飼い、庭中に花壇を作った。スポーツはアイスホッケー。末弟の文雄は、邦雄に劣らぬ神童ぶりで、とりわけ数学の才能にズバ抜けていて、グライダーが大好き。バスケットボールの選手でもあった。こうして、大正リベラリズムの自由な雰囲気のなかで、みな多芸多才の持ち主に育ち、好奇心の赴くままに好きな道を突き進み、のちにそれぞれの道で輝かしい業績をあげる。次男・茂雄はＮＨＫ技術研究所所長、四男・恒雄は農芸化学博士、末弟の文雄は、航空機設計者として活躍する。

「いちばん喜んでいるのは、地下の親父さんじゃないですかな」

と、文雄は静かに微笑む。

恒雄は父の教育法をこう振り返る。

「門前の小僧、習わぬ経を読む……ですよ。僕もとりたてて何になったらいいといわれた記憶はない。まったく自由にやらせてもらったんです。とくに本を買うことに関しては、無制限だった。しかし、自分自身の背中を子どもたちに見せながら、自ずと技術者へと進むようにしむけていたんじゃないかな。いまから振り返ってみると、それぞれ一生の仕事をもらって父のもとから巣立っていっているんですから」

学者になるより技術者になれ。島家には、そのような暗黙の不文律があったらしい。

「科学技術は万能ではないよ」

安次郎は、たびたびそう口にしていた。恒雄によれば、こういうことである。

たとえば、どんな農芸化学の秀才でも、実際にホウレンソウを作ったらお百姓さんにかなわない。同じ花を咲かせるにしても、どうしても理屈だけでいかないポイントがある。そこに学問の弱さがある。どんな技術にも、見えないカンどころがある。そのことを忘れずに、謙虚であれ。調子にのっちゃいけないよ……というのが安次郎の教えであった。

京都大学を卒業後、ビール会社に入社して実学一本やりで突き進んできた恒雄は、還暦を過ぎてから、縁あって母校京都大学の農芸化学博士となる。図らずも自分だけ博士となってしまった恒雄は、兄弟に会う度に肩身の狭い思いをしたと苦笑いする。

もうひとつ、島五兄弟が安次郎の下で学んだことがあったと恒雄はいう。

完成された技術は謙虚に学べ。既存の技術をゼロから自主開発するのは、ムダである。徹底的に学んで、むしろ次のステップに必要なものを研究すべきである。

この安次郎の技術哲学は、以後、島兄弟の選んだそれぞれの専門分野で徹底されていく。秀雄の新幹線も宇宙開発も、文雄のYS－11も、恒雄の開発したビール醸造法も、すべて既存の技術の組み合わせの上に開花している。その島兄弟の貴重なエンジニア哲学は、高輪の家の勉強部屋で、父・安次郎の後ろ姿を見ながら、自由気ままに試行錯誤を重ねていた少年時代に培われたものであろう。

安次郎は、娘たちにも進歩的な考えで接していた。

「これからは女性も自分の主張をしっかり持たなければいけない」

幼いころから父にこういわれて育った末っ子の康子は、溌剌とした活発な女性となり、いまでもたいへんに元気でおられる。しかし、長女・和歌子は、体に不自由（脊椎彎曲症）を抱えながら生涯独身を貫いた。少女時代は家に引きこもりがちとなり、母・順はもとより、安次郎も、長兄・秀雄もずいぶんと心を痛めたらしい。しかし、長じてからはたいへんな勉強家となり、終生、父母の側を離れずに、両親の最期を看取っている。

島安次郎は、昭和21年、76歳で没した。空襲で三男・邦雄が犠牲になってからというもの、見るからに元気を失って、東京大空襲から1年足らずの2月17日、妻と和歌子に看取られて、神奈川県・辻堂の疎開先で帰らぬ人となった。

末娘の康子は、島兄弟をこう評する。

「みんな、とても仲がよかったんです。でも、だからといって、お互いに深入りはしない。あっさりと、仲良く。歳を取ってからも仲良くおつきあいしましたけれど、ホント、あっさりしたものでしたよ」

＊

東海道新幹線で、親子二代の悲願は成就される。秀雄は、父・安次郎の遺恨を晴らした。そんな筋書きが、テレビ番組などでよく組み立てられる。しかし、どうもそれは作り過ぎの感を否めない。

三代目の島隆は、こう語る。

「秀雄は、父・安次郎を尊敬していました。しかし、東海道新幹線を作ることによって父・安次郎の敵《かたき》を取るなどという意識は、さらさらなかったと思います。かたや明治・大正、かたや昭和という時代のなかで、ともによく働き、結果として広軌新幹線という同じ目的に邁進することになった。それが妥当な解釈だと思います」

もちろん秀雄は父の影響を強く受けている。安次郎が志半ばで頓挫した広軌改築の経緯も熟知している。しかし、ふたりの関係は、康子の言葉を借りれば、やはり「あっさりと、仲良く」という流儀だったのではないだろうか。島父子が明治以来百年にわたる広軌新幹線建設物語の主人公であることは、まちがいない。しかし、彼らをドラマチックなヒーローにしたてあげたのは、父子に秘め伝えられた情念の力ではなくて、むしろ近代日本という歴史のパワーだったのであろう。

事実、島秀雄は、桜木町事故で国鉄を辞して、あっさりと表舞台から立ち去った。広軌新幹線を作り得る組織、立場から潔く決別している。その主役を再び花道に引きずり出すのは、歴史をねじまげた豪腕の持ち主である。その、もうひとりの名優・十河信二については、章をあらためて語らねばなるまい。

第10章

十河信二

十河信二（1884〜1981）愛媛県新居浜生まれ。東京帝大法学部卒。後藤新平に認められて鉄道院に入り、満鉄理事となって大陸で活躍。終戦時は地元の愛媛県西条市長。71歳で第4代国鉄総裁に就任。二期8年を努め、東海道新幹線建設に奮闘する。

「親父さんの弔い合戦をやらんか？」

昭和30年の秋、第4代国鉄総裁に就任して半年の十河信二は、こんなふうに言って島秀雄を口説いたと伝えられている。

秀雄の父・島安次郎は、広軌改築に鉄道人生を懸けた明治の大技術者であった。しかし、軍政下での弾丸列車計画という最後のチャンスも、太平洋戦争の戦局悪化によって立ち消えとなり、ついに志半ばのまま終戦後まもなく没している。その安次郎の悲願でもあった広軌新幹線建設を是が非でも自分の手で実現してみせようと、十河は国鉄総裁に就任早々、ひそかに決意していたのである。

そもそも、十河信二の総裁就任は、国鉄やマスコミ関係者はもちろんのこと、十河本人にとっても、青天の霹靂であった。

当時、国鉄は受難続きである。昭和29年9月には、タイタニック号に次ぐ記録的な海難事故となった青函連絡船「洞爺丸」の遭難事故が起こり、昭和30年5月11日には、国鉄宇高連絡船「紫雲丸」が国鉄貨車輸送船と衝突、修学旅行中の小中学生を含む168人が犠牲となった。ついに第3代総裁の長崎惣之助は、5月13日に引責辞任に追い込まれる。桜木町事故（昭和26年）で引責辞任した加賀山之雄に続いて、大事故の責任をとって総裁が辞任するという慣例が出来つつあった。しかし、後任人事が難航する。再建には有能な財界人を……というお決まりの掛け声ばかりで、民間には火中の栗を拾う者はどこにもいない。窮した鳩山内閣は、鉄道ＯＢに人材を求め、古強者の十河信二に白羽の矢をたてたのである。

このとき十河信二、71歳。もちろん、十河は固辞する。

「老齢。病後。到底その任に非ず」

当然である。事実、十河は前年に軽い脳軟化と血圧の乱高下のため半年間も入院していた。半年で退院したというのも、一向に治る気配がないから無理やり退院したにすぎない。

しかし、十河と同じく四国出身の政治家・三木武吉《ぶきち》があらわれて、こう言い放つ。

「いわば国鉄は君の祖国である。今や祖国は、城を護る城主なきに苦しんでいる。然るに君は、老齢だとか病後だとか、辞を構えて逃避せんとするのか。赤紙を突きつけられても祖国の難に赴くことを躊躇する不忠者か」

このひと言で、十河は悲壮な決意を固める。そして就任の記者会見でこうブチあげた。

「最後の御奉公だと思い、線路を枕に討死にする覚悟で引き受けました」

昭和30年といえば、すでに戦後民主主義華やかなりし時代である。この大時代的な発言にマスコミが食いついた。朝日新聞の「天声人語」には、こうある。

「鉄道博物館から古機関車を持ち出したみたい、といっては失礼かも知れぬが、鉄道院時代からの古い鉄道人、十河信二氏が国鉄総裁になった。遠縁とはいえ、やはり〝国鉄一家〟に落ちついた。（中略）いずれは現役国鉄人のおひざ繰り昇進というダイヤが編成してあるのだろう」（昭和30年5月21日付朝刊）

しかし、十河信二にしてみれば、実際、命がけの覚悟であって、事実、病院関係者はおおいにあわてた。あるいは十河信二を担ぎ出した人々も、朝日の「天声人語」のいうように、繰りあげ昇進ダイヤまで半年でも1年でもつないでくれれば幸い……と踏んでいたのかもしれない。

だが、この一見オンボロの古機関車は、筋金入りの名機であった。ひとたび総裁になるやいなや、乱高下しっぱなしの血圧もなんのその、未来行きの超特急に向けて猛然と走り出した。当初、誰もが短命視していた十河総裁時代は、マスコミ、政治家、病院や国鉄関係者たちの予想に反して、丸々2期8年におよび、ついに世界に冠たる東海道新幹線実現まで漕ぎ着けてしまうのである。

しかし、総裁就任当初、十河は表向きには新幹線の「し」の字も口にしていない。難問山積みの国鉄にあって、史上未曾有の大プロジェクトを不用意に口にすれば、一気に潰されかねない。悲願の大計画を緒につけるには、慎重を期してものごとを進める必要があった。

十河は、まず側近たちに新幹線建設にあたっての予備調査を命じる。しかし、総裁周辺の側近たるべき人たちは、「じいさんの夢物語」と一笑に付して、まともに取り合ってくれない。出来あがってくる報告書は、改軌論争の歴史、弾丸列車計画の概要をまとめただけの、ごく簡単なものに過ぎなかった。怒った十河は、技師長の藤井松太郎を呼びつけて、その場で更迭してしまう。

「技師長にはもっと視野の広い人に働いてもらいたい」

藤井も「私も同感です」と言って、あっさりと技師長の職を降りてしまった。

のちに第7代国鉄総裁となった藤井は、引退した十河を訪ね、自らの不明を詫びたという美談が伝えられている。しかし藤井に限らず、当時の人々は、東海道新幹線がかくも素晴らしいものになるとは夢にも思っていなかったのだから、無理もない話であろう。

国鉄は単年度予算である。長期におよぶ巨大プロジェクトはなじまない。政権は短期間で交代してしまうし、ましてや総裁十河の首とていつ飛ぶとも限らない。巨費を投じて、中途で撤退するリスクを考えれば、ここは在来の東海道線を少しずつ複々線化することで急場をしのぐべきだ……という藤井の反論は、実に当を得た現場の正論だったというべきであろう。

しかし、この老いたる熱血総裁は、単なる正論に屈するほどナイーブな精神の持ち主ではなかった。一度決めたら、巌のごとき信念と限りない情熱をふりしぼって、断固実現への筋道をつける男。戦前、戦中に満洲を舞台におおいに暴れ回った、百戦錬磨の兵だったのである。

さっそく十河は、後任の技師長として、島秀雄のスカウトにとりかかった。

＊

広軌新幹線の建設は、島秀雄にとってばかりでなく、十河信二自身にとってもまた弔い合戦で

藤井松太郎（1903～1988）北海道生まれ。島秀雄の前任技師長。第7代国鉄総裁。トンネルや橋梁の技術に精通した技術者で、「トンネル松」と呼ばれた。

あった。そもそも若き十河信二を鉄道院に引き入れた恩師の後藤新平が、広軌論者のドン的な存在だったからである。

日本の鉄道は、狭軌のままでよいか。それとも広軌に改築すべきか。この軌間論争が明治以来繰り返し続けられていたことは、すでに何度か触れた。そして、この両派がもっとも激しくしのぎを削った時代が、明治42年からの10年間である。簡単にその経緯を追っておく。

明治43年、第二次桂内閣（憲政会系）、鉄道院総裁・後藤新平。広軌促進。

明治44年、第二次西園寺内閣（政友会系）、総裁・原敬。広軌計画中止。

大正元年、第三次桂内閣（憲政会系）、総裁・後藤新平。広軌促進。

大正2年、第一次山本内閣（政友会系）、総裁・床次竹二郎。広軌計画中止。

大正3年、第二次大隈内閣（憲政会系）、総裁・仙石貢。広軌促進。

続いて大正5年、寺内内閣、総裁・後藤新平。広軌促進……。

1998年のゴールデン・ウィークから、磐越西線にSLが復活した。その磐越西線の日出谷《ひでや》－鹿瀬《かのせ》間に、平瀬《ひょうぜ》隧道という古いトンネルがある。このトンネルは、明治44年、原敬総裁時代に着工されたのだが、湧水が多く難工事をきわめ、丸3年もかかった。最初は狭軌で掘りはじめ、後藤新平が総裁になると広軌に広げ、さらに床次竹二郎総裁になると、再び狭軌に戻した。こうして、出入り口が細く、真ん中が太い妙なトンネルがいまも残っている。

なぜ、かくも二転三転、五転六転したか。

当時から、鉄道は政治家の選挙公約としてもっとも効き目があった。「我田引鉄」「橋三年、駅一生」などと誹られつつ、とくに地方に地盤をもつ政友会の代議士たちは、地元に線路を引き、駅を作ることに奔走した。広軌に改築する金があるなら、赤字であれ何であれ1キロでも長く線路を延ばしてもらいたい。一方、憲政会の地盤は都市部であった。主要都市を結ぶ幹線を広軌に改築して輸送力を強化することこそ急務である、と主張したのである。

しかし、大正7年、後藤新平を中心に一時優勢に見えていた広軌改築派の夢が砕かれる。米騒動後に、圧倒的議席数を有する政友会の原敬内閣が成立。鉄道院総裁・床次竹二郎によって、「日本の鉄道は狭軌にて可なり」という院議が可決され、広軌計画に止めが刺されたのである。このとき広軌派の技術的中心であった技監・島安次郎は辞表を提出して官鉄を去る。

十河信二は、終生、後藤新平を恩師と慕い続けた。それから約40年後に、青天の霹靂で自身が国鉄総裁の椅子に座ったときにも、諸先輩の「広軌改築」の遺志を決して忘れていなかった。

ただし、高度経済成長時代に向かう昭和30年代になっても、政治の世界では「我田引鉄」「橋三年、駅一生」の構図に、なんら変化はなかった。

十河が「東海道新幹線構想」をぶちあげるやいなや、地方出身の代議士とそこにつながる官僚たちが大反対の大合唱をはじめる。そして、この反新幹線派からの風あたりは、陰に陽に、十河の2期8年にわたる総裁在任中に、強まりこそすれ決して弱まることはなかったのである。

後年、十河は秘書の三坂健康にこんな話をしている。

「おれはバカだが、後藤新平は頭の切れる秀才だった。だから反広軌派の連中に何のかのと言われると、つい理に走る。頭で対応策を考えようとする。頭が良すぎて、おれのように、虚仮の一念でゴリ押しできなかったのだ」

たしかに十河信二は、これぞと信じるところを持ち前の情熱で押しに押した。本来、縦割り予算であるべきところを、地方線整備のための予算までどんどん新幹線に注ぎ込む。地元・愛媛県を通る新線計画もガンとして認めずに、孤軍奮闘、あらゆる手段を使って、新幹線に金を回した。この熱血総裁の虚仮の一念あってはじめて、世界鉄道史上未曾有の大プロジェクトが完遂されるのである。

＊

さて、十河信二の「弔合戦をやらんか」という誘いに、島秀雄はどう答えたか。

最初、島は固辞している。

〈曇、度々強い雨ふる。朝、十河さんからの電話で、公邸に行って、技師長就任の話をうける。一応辞退する〉（9月29日）（＊1）

島は、昭和26年に桜木町事件の責任を取るかっこうで国鉄を辞し、住友金属工業に移って、昭和29年には取締役に就任していた。住友金属は、とくに鉄道の車輪、車軸、台車の製造メーカーとして群を抜く存在であり、島としては、政治に翻弄される巨大官僚組織・国鉄からようやく逃れて、以後、純粋に将来の鉄道技術のために後半生を捧げる覚悟であった。

「外部からいくらでも応援しますから」

と、島は答える。

十河と島は、国鉄ＯＢの集まる交通協会ですでに顔なじみであった。事故続きで意気消沈しがちな国鉄、組合運動に揺れはじめた国鉄……そのいちいちに苦言を呈するＯＢ組織「にくまれ会」の

＊1　島秀雄は昭和28年1月1日から日記（三越製の3年日記）をつけ始めている。

いちばん若いメンバーとして島も参加していた。だから、十河の人柄も思想もよく理解していたし、代表格の十河が進言を携えて関係方面に出向いたところ、逆に総裁候補に祭り上げられ、結局ミイラ捕りがミイラになってしまった経緯もよくわかっていた。

しかし、島にしてみれば、一度去った人間が再び国鉄に戻ることには強い抵抗があったのである。だが、むろん十河は諦めない。十河は、さっそく大阪に飛んで、住友金属の広田寿一社長に島譲渡と島への説得を依頼する。さすがの広田も、他ならぬ国鉄総裁直々の依頼とあって、島に再考をうながすのだが、島の決意も固い。

「そうそう鉢を替えてしまっては木も育ちません」

と、丁重に断る。

〈雨。朝、秋山さんを訪ねて意見を聞く。反対と思えた。……朝倉さんに相談したが、反対である。若いものが付いてこないだろうとのこと也〉（10月3日）

しかし、十河はなおも押す。再度、島との直談判に乗り出して、最後はこんなふうに説得したと、後年、十河は語っている。

「君の親父は、広軌改築になみなみならぬ苦労をささげながら、ついに実現できずに、恨みを飲んで死んでいった。君にはその子として、親の遺業を完成する義務があるじゃないか。親孝行を忘れたか」

この席では、十河から「東海道新幹線」の話はなかった……と島は後年に語っている。

島秀雄がそのように言明する以上、この場で「東海道新幹線」の具体論は出なかったのであろう。

しかし、すでに十河は、広軌新幹線に否定的であるという理由で技師長・藤井を更迭している。まさしく、東海道新幹線建設を実行できる人材として、島秀雄を是が非でも口説き落とさねばならなかったのである。

ともかくも、この直談判で、さすがの島も折れた。

〈曇。出社。交通協会に青木氏を訪ね、意見を求む。大いに激励し、受ける様にとのことである〉（10月5日）

〈曇。時々小雨。朝早く起きて昨夕耕した花壇の間に苗を蒔く。10時出社。国鉄に行き、十河さんを待って面会。受諾の趣を話す。但、広田さんにあって公式に返事すると申入れる。受入体制につき充分注意ありたき旨保留す〉（10月6日）

いままで島秀雄を調べてきた取材者のカンでいうと、彼が「親孝行」のひと言で動くほどウェットな男だとは思えない。おそらく島を動かしたのは、十河信二自身の鉄道への信念と情熱であろう。老躯にムチをくれて、十河の語った国鉄再建への情熱、そして言外に匂わせる広軌新幹線への信念には、おそらく、ときにニヒリストとさえ呼ばれた合理主義者の心をも動かす、素晴らしいものがあったにちがいない。

この件で島を何回か取材したことのある有賀宗吉によれば、十河の説得を聞きながら、島は次第に「士は己を知る者のために死す」という気持ちになっていったらしい。

だが、やっと内諾した島は、ひとつの留保条件を出す。

「正式にお受けする前に、家内に相談させてください」

愛妻家の島は、家計を一手に預かる妻・豊子に、給料が半減することの了解を得なければならないと考えたのである。

「これにはまいっちゃった」と、後に十河は、秘書の三坂に語っている。十河家では、主が帰宅するときは、何時であろうと妻・キクは玄関で迎えねばならなかった。少しでも出迎えが遅れると、怒った十河は土足のまま上がり込んだと伝えられる。野人・十河にとって、天下国家のために働くべき我が身の処し方を、いちいち妻に相談するなど、想像もつかない紳士的な行為だったのである。

これには、後日談がある。

「キミの自由に使ってくれよ」

島の技師長就任後、十河はこう言って折にふれて自らのポケットマネーを島に渡していたというのである。しかし、島によれば、それもほどなく自然消滅したらしい。

＊

十河信二は、怒鳴ることの名人であった。

秘書として日夜を仕えた三坂健康によれば、十河に怒られると「実際にムチで打たれるような迫力」があったという。三坂が十河に一喝されると、その部屋にいる全員が思わず椅子から立ち上がるほどの迫力で、まさに「百獣の王、吠える」とでもいうべきパワーがあった。

十河がもっとも怒るのは、筋の通らない話である。口癖は、「縁日商人のようなことを言うな」。客の顔を見て、言うことをコロコロ変えるな。つまり「無原則に妥協するな」であった。

もっともよく怒鳴られたのは、三坂ら側近であったが、有賀宗吉によれば、秘書たちのほかでよく怒鳴られていたのは営業局長の磯崎叡（第6代総裁、のちに反十河派を形成する）のグループであった。

そして、あるとき、営業局のある課長が十河総裁にさんざん怒鳴られた翌朝に大動脈瘤破裂で急死してしまう。雷が直接の原因であったとはいい切れないものの、この出来事は十河を大いに驚かせた。

しかし十河本人は、自分の雷はいたって人畜無害だと自任していた。

「おれの雷は実害がないから、春雷だ。鳴るだけで、落ちない」

といって、みずから俳号を「春雷子」と号した。だが、三坂にはつねづねこんなふうに話している。

「雷は上から落ちるばかりとは限らない。下から上がる雷だってある。おれが若いころは、雷親爺と恐れられた仙石貢鉄道大臣に堂々と意見したものだ。男なら、おれに雷を落としあげるようでなければ駄目だ」

しかしこの熱血総裁に、陰で裏工作する人々はたくさんいたものの、面と向かって雷を炸裂させる強者は、ついに現われなかったらしい。

十河信二の、老いてなおまるで衰えることを知らなかったこのド迫力のよってきたるゆえんは、いったい何か。おそらくそれは、彼の人並み外れたキャリアに隠されている。戦前、戦中における十河信二の豪傑ぶりは、有賀の書いた評伝『十河信二』に詳しい。

ここではその一々を詳しく紹介する余裕はないので、ほんのさわりだけ触れておこう。

十河信二は、鉄道省時代は横紙破りの官僚として鳴らし、震災復興にまつわる汚職疑惑（無罪）

で辞職。満鉄理事として満洲軍閥と刎頸の交わりを結び、満鉄調査部初代委員長を務め、興中公司初代社長に転じて、日本資本導入による中国経済の興隆に尽力した。石原莞爾ら軍部開明派の信を得て日中戦線不拡大に奔走、林銑十郎内閣の組閣参謀として反・東条英機運動に与し、終戦時は憲兵による拘束を避けるため郷里・西条市長を務め……。くぐり抜けた修羅場は数知れず、まさに百戦錬磨の猛者であった。十河信二が、鉄道官僚の出身ながら歴代国鉄総裁の中で極めて異色であったのは、その満鉄時代と戦中期に培った政治力と人脈である。

事実、十河は国鉄総裁就任間もないころから、東海道新幹線実現のために、政治家の根回しを始めている。みずから書いた薄いパンフレットを手に、主だった政治家、代議士を訪ねている。ときの首相鳩山一郎自邸に朝駆けをかけたときは、こんな具合だったらしい。

「大臣、党幹部を個別に説得する自信はあるが、万一閣議で異論が出たときは、総理として建設の断を下すと約束していただきたい」

「何年間で、いくらかかるの？」

「まだ詳しいことは、わかりません。ほぼ、五年以内。初年度は調査費中心に百億円程度だと思います」

「そのくらいなら、何とかなるかな……」

十河が島を強引に説得してから2か月ほどの昭和30年12月1日、島秀雄は「理事、技師長」として正式に国鉄に返り咲いた。十河は島を「副総裁」として迎えようとしたが、国有鉄道法改正の必要ありという事務当局の抵抗に屈している。

しかし島は「副総裁格技師長」として、他の理事とは別格扱いに遇され、技術分野の全権を与えられた。

「おれが金と政治は全部やるから、きみは広軌新幹線に存分に力を発揮してくれ」

ここに、以後7年半に及ぶ、東海道新幹線実現のための、揺るぎないホットラインが国鉄トップに成立したのである。

仁杉巖（のちの第9代国鉄総裁）は、このホットラインを評して、こう語る。仁杉はこのとき技師長室室長として島や十河に仕え、のちに、建設局長として東海道新幹線建設に携わった。

「十河、島の両トップには、周囲を畏怖させる力がありました。片や政治家肌、片や純粋な技術者。片や怒号の人、片や慇懃な紳士。剛腕の野人と学者顔負けの見識を持ったインテリ。情熱派と合理主義者。まったく正反対の人間だったけれども、お互いによく立てあって、最後まで磐石の連携を崩さなかった。だからこそ僕ら現場の人間も思う存分に働けたんです。十河さんは島さんなくして新幹線を実現できなかったし、おそらく島さんとて十河さんなくして作れなかったと思います」

ひとたび新幹線の建設が始まると、仁杉たち新幹線グループは、国鉄内で「関東軍」という異名を頂戴する。何事も独断専行で突っ走るからであるが、しかし彼らが「関東軍」たりえたのは、十河－島というツートップの強力なリーダーシップゆえであった、というのである。

老練な政治家でもある十河信二が、恩師・後藤新平の遺志を果たすにあたって行なった最大の功績は、島秀雄を強引にスカウトしたことであったかもしれない。

十河の陰の番頭として、新幹線実現に尽力した兼松學は、こう語る。

「十河信二と島秀雄。もちろんこのふたりなくして、東海道新幹線はありえなかったと思います。当時は世界的にも鉄道斜陽論が盛んで、事実、アメリカではどんどん線路が取り外されて、ハイウェイ中心の自動車輸送に置き換えられていた。21世紀になれば世界中から長距離列車は消え去っているだろう……とさえいわれていたんです。しかし、見てください。いまや、日本の新幹線はもちろん、フランスのTGVもドイツのICEも立派に動いている。イタリアでも英国でも長距離列車はますます将来を期待されているわけです。世界の鉄道関係者は、十河さんと島さんに感謝しなければいけない」

明治仕込みの頑固一徹のパッションと、大正モダニズムが育んだ比類なき見識とインテリジェンス。しかし、このともに明治生まれのわれらが両雄たちは、残念ながら晴れの新幹線開業の日を待たずに、国鉄を去る運命にある。

雷ジイサンの、何事にも筋を通す徹底した仕事ぶりは、しばしば国鉄という役所体質になじまなかったのである。

十河は総裁公邸に帰ってからも、夜遅くまで書類に目を通す習慣であった。毎晩、一風呂浴びてから夕食をすませ、炬燵に入って書類の山に向かう。三坂によれば、その半分は一般利用客からの投書と担当者の返事だった。十河はそれらを丹念に読み、なにか問題を見つけると、深夜でも平気で担当局長の自宅に電話して叱責した。我田引鉄を目論む政治家ばかりでなく、日本国有鉄道の内部にも十河信二は次第に敵を増やしていくことになるのである。

だが、その詳しい経緯は、また章を改めて語ることにしよう。

十河信二。明治の士。

まずは、この春雷のごとき最後の明治人なくして、夢の超特急「ひかり号」もまたありえなかったのだということを、わたしたちは心に銘記しておきたい。

※島秀雄の技師長就任をめぐる経緯については、『新幹線を走らせた男 国鉄総裁 十河信二物語』の四話「技師長島秀雄」に詳しい。ご参考までに関係個所を抜粋しました（↓P364「I 島技師長就任の経緯」）。

四男の十河和平（元・国鉄監査委員）によれば、総裁時代の十河信二は公邸で熱心に書類に目を通す習慣であった。手前左は長女の由子。のちに加賀山之雄（第2代国鉄総裁）の妻となる。

第II章 小田急SE車

国鉄東海道線・函南駅停車中の小田急 SE 車と、その隣を走り抜ける特急「つばめ号」。
伝統的な機関車列車方式から電車列車方式への新旧交代を告げる一瞬である。

昭和32年9月27日の昼下がり、国鉄の東海道線の上を、西に向かって猛スピードで走る私鉄の列車があった。

流線形の頭部。低重心。オレンジ系とグレー系のツートンカラーのボディ。地を滑るように疾走するその姿は、近未来の高速鉄道を予感させるに十分過ぎるほどの、新しさと実力を感じさせるハイテク電車列車であった。

函南－沼津間で計測された速度は、時速145キロ。当時の狭軌世界最高速度である。

形式名は、「デハ3000系」。小田急電鉄が、新宿－箱根間に自信を持って登場させたスーパー・エキスプレスカー、略してSE車。「小田急ロマンスカー」の名を世に知らしめた名車両である。

私鉄の車両が、なぜ国鉄線路を？

と、誰もが疑問に思って、当然である。ましてや国鉄と小田急は、東京－小田原間の乗客をあらそうライバルの関係にあった。小田急の最新車両が国鉄の線路の上を走るなど、前代未聞のできごとだったのである。

実は、このとき小田急側は、国鉄の線路を借りてSE車の最高速試験を行なっていた。SE車は、スペックの上では最高時速147・5キロを誇っていた。しかし、小田急線を使ったテスト走行では、最高時速127キロに止まった。小田急の線路はカーブが多く、高速走行のための十分長い直線区間がとれなかったからである。

しかし、世界記録も夢ではないスーパー車両を作った以上、やはり試さないわけにはいかない。そこで、長い直線を持つ国鉄線でのチャレンジとあいなったのである。

島秀雄は、日記にこのように記している。

〈大船につく。石原君と直ちにSE車に行き、試運転に乗る。内藤君、大石君も来ている。山利、三木君は勿論だ。打ち合せ後、時速130キロテストを何回か試みる。運転台は静かだが、車室では仲々の揺れである……〉（9月25日）

当時は、国鉄、私鉄、車両メーカーを問わず、業界全体に高速電車列車への気運が高まっていた。島秀雄が終戦後まもなく主宰した高速台車振動研究会（全6回、昭和21～24年）は、来るべき高速鉄道に向けて、官民の技術者たちが利害を超えて結集するというよき伝統を作っていた。以降、台車理論に限らず、車体の設計、電気系システムなどさまざまなジャンルで勉強会などの交流が盛んに行なわれていた。昭和20年代に島の後任として国鉄・動力車課長を務めた北畠顕正によれば、高速電車列車開発の機は徐々に熟しつつあったのである。

「誰かが画期的な発明をした、新しいことを考えた……ということではないんです。それぞれの技術者がお互いに情報を交換し、交流を重ねていくことで、何をどうすれば高速鉄道が可能になるのかということが、業界全体の了解事項としてはっきりイメージできるようになってきていた。あとは、それを誰が実際にモノにすることができるかという問題だったんです。国鉄のような大所帯の官僚組織では、あちこちから異論が出てまとまりにくい。むしろフットワークのよい私鉄さんのほうにチャンスがあったんだと思います」

そのチャンスをいち早く摑んだ人物が、小田急電鉄取締役・山本利三郎であった。

山本利三郎は、戦後に小田急電鉄に移った官鉄OBで、鉄道省入省年次でいうと島秀雄や下山定則の1年先輩である。入省後、下山と同じく一貫して運転畑を歩んだのだが、下山と違って政治には一向に関心が向かわず、むしろ技術畑、とくに高速電気車両に多大な関心を寄せていた。むろん戦前・戦中期の官鉄に、とてもそんな贅沢な列車を作る余裕などなかった。山本は、戦後、小田急に新天地を求めて、虎視眈眈とスーパー・エキスプレスのチャンスを狙っていたのである。

昭和23年に東急電鉄から再分離独立した小田急は、東京と国立公園・箱根を結ぶ観光路線として、当初から高速列車に意欲的であった。早くも昭和24年には、「新宿－小田原間60分運転」を大目標とする5か年計画を発表している。ちなみに、当時、新宿－小田原間は特急で100分かかった。

もちろん、最大のライバルは、国鉄の東海道線である。

だから、工作局長の島秀雄が東京－沼津間に湘南電車を走らせようとしたとき、ときの加賀山総裁からこう注意されている。

「どうも小田急が快く思ってないらしい」

このとき島工作局長は、総裁と小田急側をこのように説得している。

「出発点の東京駅と新宿駅は離れているし、長期的視点にたてば小田急1本でやるより、むしろ2ルートあったほうが箱根観光は発展するはずです」

この湘南電車の成功もあって、小田急側の新型特急待望論にますます拍車がかかる。山本利三郎は、「2100形」「2200形」という軽量高性能車両を次々に送り出しながら高速電車実現に執念を燃やすのだが、やはり一私鉄による自社開発には限度があった。そこで、山本は、斬新な一手を考える。

ライバルの国鉄技術陣と連携して共同開発する……。

高速台車振動研究会以来、国鉄の鉄道技術研究所（鉄研）には、最先端の理論的情報が集積していた。その頭脳集団のノウハウを活用して、歴史に残る高速列車を作ってやろう。山本は、そう考えたのである。

当時、山本利三郎および小田急の技術者たち、そして国鉄の鉄研技術者たち……が、時速にして1キロでも高速の電車列車の開発を、いかに欲していたか。喉から手が出るほど、やりたくてしょうがなかったか……。

そのことは、SE車の開発スペックが、小田急線路の限界をはるかに超えて設定されていたということの一事をもってして、明らかというべきだろう。

しかし、SE車作りは難産を強いられる。昭和30年夏にはおおむね両者による共同設計が完了するのだが、今度は肝腎の小田急社内の異論がまとめられずに、同年秋、ついに企画自体が中断してしまうのである。

ところが、昭和31年3月、タッグを組んでいたはずの国鉄が新列車運行開始を発表する。

「週末準急天城号」。

小田急始発駅の新宿駅から、山手貨物線を経由して小田原、熱海方面に直通する準急列車で、小田急としては聞き捨てならぬ新企画であった。この国鉄の発表を聞いて、小田急社内の異論も一遍に鳴りをひそめ、山本利三郎のイニシアチブの下にSE車デビューに向けて再び一目散に走り出す。そして、昭和32年7月に待望の営業運転開始に漕ぎつけるのである。

こうして、表向きは営業上の強力なライバル関係にある小田急と国鉄が、水面下では、車両設計とテスト走行というモノ作りの場面で密接に協力しあうことになった。この一見、奇妙な蜜月関係から生まれた秘蔵っ子が、SE車すなわち小田急ロマンスカーだったのである。

＊

小田急SE車を設計した鉄研側の主任担当者は、三木忠直である。

三木は、海軍航空技術廠（空技廠）出身の設計エンジニアで、終戦直後に松平精や島文雄（秀雄の末弟）らとともに鉄研に引き抜かれたヒコーキ屋である。

三木忠直の空技廠時代の代表作は、「銀河」。長距離双発急降下爆撃機の傑作で、戦争末期には特攻機として連合軍の心胆を寒からしめた悲劇の名機であった。三木は、敗戦間近にはジェット戦闘機の研究開発に携わり、さらに特攻用の人間爆弾「桜花」の設計を命じられている。

もはや、二度と兵器は作るまい。

終戦後まもなくクリスチャンになった三木は、そう心に誓った。

「設計屋ですから、やはり何か動くものを作りたいんです。しかし飛行機や船は、いざというとき兵器に転用されやすい。鉄道なら、そのまま直接兵器にはなりえないだろう。そう考えて、高速鉄道の研究をやろうと決めました」

三木は、いまだ硝煙の臭い消えやらぬ復興期に、海軍時代に培った航空機の理論を応用して、鉄道の車体でどこまで高速化が可能なのかを根気強く研究し続けた。そして、昭和28年9月に機会あって、それまでの研究成果を発表する。いわく……

低重心、流線形、軽量設計の車体を作れば、従来の狭軌東海道線の軌道上でも最高時速160キロ、平均時速125キロ走行が可能である。これなら計算上、東京－大阪間を4時間45分で結ぶことができて、飛行機（当時は「DC－4」）に十分に対抗できるであろう。

当時、東京－大阪間を最短時間で結んでいたのは特急「つばめ」で、所要8時間、最高時速95キロである。この三木の画期的な発表は、さっそくマスコミ各紙が取り上げている。

しかし、このとき三木が想定していた車両は、かねてより島秀雄が目論んでいた電車列車方式ではない。1200馬力の電気機関車による7両編成の客車列車である。先頭と最後尾は流線形。連結器、通風器などの突起物はすべて車体内部に取り込むという徹底した設計で、空気抵抗を従来の

三木忠直（1909～2005）
香川県高松出身。東京帝大工学部卒業後、海軍航空技術廠に入り、双発爆撃機「銀河」の機体設計に携わる。敗戦後、鉄道技術研究所に移り、鉄道車両の構造理論に取り組む。小田急SE車の設計をまとめ、東海道新幹線の車体設計理論にも貢献した。

機関車列車の半分以下に抑えていた。

一方、高速列車を走らせる上で、当時最大の技術的ネックと考えられていたのは、やはり台車の振動問題である。しかし、これも同じく海軍出身の松平精や松井信夫らの研究によって、ほぼ解決の糸口が見えていた。これまた海軍出身で、公職追放令のために国鉄から東洋電機製造に移っていた島文雄らによって、狭軌でも高速運転の可能な中空軸平行カルダン駆動方式モーターも製品化されつつあった。まさに、機は熟しつつあったのである。

そして、この三木忠直の画期的な研究発表に、いちはやく反応したのが、小田急の山本利三郎だったわけである。さっそく山本は、SE車の共同開発を国鉄・鉄道技術研究所に申し入れる。

では、この一見、非常識な申し入れを、国鉄側はどう受けとめたのだろうか？

このとき島秀雄は、すでに桜木町事故を機に国鉄を去っている。しかし、動力車課長の北畠顕正ら、かつての腹心の部下を通じてもろもろの影響力を行使しうる、いわば「影の工作局長」ともいうべき立場にあった。

島の考えは以下の通り。

当時、国鉄内部でも、工作局や鉄研を中心に、湘南型電車をさらに進化させた高速電車列車を作る準備は整っていた。ところが、大組織の国鉄ではなかなか理解が得られない。しかし私鉄が導入して成功すれば、腰の重い国鉄も導入に踏み切るだろう。ここは小田急SE車を応援しようじゃないか……。こうして、戦後鉄道史上希有の私鉄・国鉄による共同開発が実現するのである。

三木忠直は、このSE車に、自らの設計理念をすべて投入する。低重心、流線形、軽量車体。床面を大胆に下げて、各種床下機器類の小型・軽量化をはかる。飛行機のボディ構造を最大限取り入れて軽量化に徹する（＊1）。さらに東大航空研究所の風洞を使って、日本鉄道設計史上初の本格的な風洞実験も繰り返された。

つまり、ＳＥ車のボディーは、まさに航空機のそれであったのである。

もうひとつＳＥ車のユニークなところは、連結車方式だったことである。台車が、車両と車両を結ぶ連結器の真下にある。たとえば、８両編成の列車には、通常合計16の台車があるが、連接車では9台で済んでしまう。電車列車方式の採用、しかも日本では珍しい連接車という考え方は、主に小田急側つまり、山本利三郎からの提案であった。カーブの多い路線を乗り心地よく、しかも高速で走るには、連接車のほうが都合がよかったからである。しかも、ＳＥ車の台車には基本的にモーターがついている。かねてより島秀雄が理想としていた「オールＭ（オールモーターカー）」に近かった。モーター、ブレーキ装置などは、その後ＳＥ車同様の設計が中央線快速電車に使われて、のちに国鉄一般車両の標準形となっている。

このＳＥ車は、昭和32年7月に営業運転を開始すると、たちまち人気沸騰となった。その流線形のボディと、斬新なカラーリングで大人気を博し、一躍、日本鉄道界の花形電車となる。

すでに技師長として国鉄にカムバックしていた島秀雄も、ＳＥ車への賛辞を惜しまない。

「素晴らしい乗り心地。軽量。高速。高性能の評判車両」

実は、ＳＥ車の東海道線での最高速テストを小田急側が申し入れたときは、さすがに部内にも異論が多かった。しかし、技師長として復活していた島は快諾する。島日記には、こうある。

＊1　応力外皮張殻構造の採用、ハニカムサンドイッチパネルの使用など。

〈出社。しばらくして山本利三郎君来たり、ＳＥ車の国鉄線上での高速試運転の話をする。国鉄の方から要求して試験することにしたいと答う〉（7月2日）

島と山本は、古くからの友人でもあった。それよりなにより、新総裁・十河と技師長・島のコンビは、すでに東海道新幹線へ向けて慎重に歩み出していたのである。高速電車列車開発につながるものであれば、なんでも活用したい。

島は後年、こう書いている。

「このテストは国鉄の電車列車導入に対する基本データ収集をねらったものだったが、それ以上に国鉄内部に対するプロパガンダだったのである」

事実、ＳＥ車の成功は、国鉄部内に根強く残っていた機関車列車信仰を大きく動揺させることになった。湘南型電車の準急「東海」が、東京－名古屋間を走りはじめたのは、ＳＥ車のテスト走行から1か月後の10月である。湘南型電車の進化形特急列車、すなわちＳＥ車をさらに大きく発展させたビジネス特急「こだま号」の設計が始まるのは、ＳＥ車の国鉄線テスト走行から2か月後の昭和32年11月である。

＊

「東京－大阪間　3時間への可能性」と題する講演会が東京・銀座の山葉ホールで催されたのは、昭和32年5月30日。ＳＥ車のテスト走行の4か月前のことである。

主催は、国鉄の鉄道技術研究所。鉄研創立50周年記念の講演会で、後援は朝日新聞である。新聞や電車の中吊りで告知したこともあって、あいにくの雨天にもかかわらず定員５００人をはるかに上回る大盛況であった。

所長・篠原武司の挨拶に続いて行なわれた、講演内容は次のとおり。

・車両について　三木忠直
・線路について　星野陽一
・乗り心地と安全について　松平精
・信号保安について　河邊一

大雑把に内容を要約してみる。

東京－大阪間に、最小曲線1500Rの広軌新線を敷く。総延長450〜500キロ。そこに低重心、軽量構造、3500〜4000馬力の電車列車を走らせれば、平均時速150〜160キロ、最高時速210キロ（研究目標時速250キロ）の高速運転が可能である。ブレーキは風圧式および電磁直通式。空気バネを使用して振動を抑え、乗り心地も向上させる。信号は車内式を利用して集中制御を行なう……。

車体に関しては、三木らが小田急SE車に導入した考え方とほぼ同様である。つまり、SE車をそのまま広軌に応用すれば、おのずと時速250キロの超特急が可能になるはずだった。

この山葉ホールのイベントは、たちまち大反響を呼んだ。その是非をめぐって、新聞・雑誌等のマスコミがこぞって取り上げる。

「いまさら無用の長大建造物を作って、戦艦大和の二の舞を演じるつもりか」

などという批判や陰口も多かったが、おおむね広軌新幹線待望論が大勢をしめたのだ。

島秀雄も、この鉄研講演会に顔を出している。
〈朝、久美子と直の弁当や朝食を作る。出社。……ヤマハホールで鉄研講演会を一寸聞く。東京会館にエレクトロニクス懇談会発表会式に列す。十河さんの代理也。帰途、上野駅に豊を迎えに行ったが行違う〉(5月30日)(＊2)

この大成功を聞いて、「そんなに素晴らしいものなら、ぜひ自分も聞きたい」と言い出したのは、総裁・十河信二である。同じ講演を今度は総裁室で行なえというのである。十河総裁は、山葉ホールには顔を出していなかった。

こうして十河総裁のための「御前会議」が開催されることになった。十河や島を筆頭に全理事、主だった幹部を前に、より詳細な発表が繰り返されたのである。三木によれば、このとき十河総裁はたいへんにご満悦の様子であった。

この御前会議には、たぶんにプロパガンダ的なニュアンスが匂う。小田急SE車の最高速度試験のときと同様に、電車列車や広軌新幹線に難色を示す人々に向けて、ダメを押そうとしたフシが強くうかがえる。

この昭和32年という年は、十河と島にとって非常にデリケートな時期であった。

ひとつ間違えば、水泡に帰しかねない広軌新幹線建設計画を、いかに上手に離陸させるか。国鉄部内の根強い反対派、我田引鉄を目論む政治家たち、運輸省や大蔵省の思惑などを睨みながら、島の表現を借りれば「慎重に、慎重に」コトを進めていたのである。

当時、東海道線の輸送力逼迫を解決する方法として、大きく3つの案があった。

＊2　島秀雄・豊子は、四男一女に恵まれた。長男・宏、次男・隆、三男・敏(3歳で逝去)、四男・直、長女・久美子である。

従来の東海道線を複々線化する狭軌張り付け案。狭軌で新ルートを通す狭軌別線案。そして広軌新線案。

技師長・島の腹は、むろん広軌新線案に決まっていた。戦後の土木技術力をもってすれば、地形に左右されずに最短距離で結ぶことができる。大都市区間が少なければ、土地買収費も節約できる。立体交差や高架区間も最小ですむ。高速道路のように、広軌新線を高速レーン、東海道線を低速レーンとして使えば、追越しのロスも減って効率的にダイヤを組める。

しかし、当初、島秀雄は、あえて広軌新線案を伏せて議論を進める。

国鉄という大官僚組織の中で、すでに全国的に広がった狭軌鉄道網の枠組みを超えて広軌新線を引くことが、いかに困難であるか。それは、父・島安次郎の苦労話を引くまでもなく、歴史が証明していた。

だから、島は、急がない。まるで将棋をゆっくりと指すように、順を追って全体の議論を進めさせながら、必然的に結論が広軌新幹線建設に落ちつくのを辛抱強く待つ。

まず、東海道には線増が必要であること。それも全線を一度に引くほうが安あがりであること。次いで、旧線は貨物と地方旅客専用、新線は特急旅客専用という具合に役割を峻別したほうが運行効率が上がること。

そして新線には鉄道技術の粋を結集して最新車両を走らせること。それには、広軌が望ましいこと……。

この議論の進め方は、島秀雄にとって、ことごとく予行演習済みであった。それは、戦争中、弾丸列車計画の際に行なわれた議論とまったく瓜二つだったからである。

島秀雄の書棚には興味深い資料が残っていた。

『鉄道幹線調査会議事録』。

弾丸列車は広軌か、狭軌か。新線か振り付け線増か。ここには、16年ほど前に展開された、喜安健治郎や義父・中村謙一らによる白熱した議論の詳細が記されている。特別委員長として議事進行にあたったのは、父・安次郎であった。議長・島安次郎は、あえて自説を前面に押し出すことなく、順を追って議論を前に進め、結局のところ、他案ほど支障の出ない広軌別線案に、落ち着かせている。この弾丸列車の議事録には、秀雄のものと思われる傍線が議論の要所要所に書き込まれていた。

おそらく、島秀雄は、16年前に父・安次郎が試みた議事進行の戦術をもう一度踏襲しようと試みている。議論がおのずと落ち着くまでは、じっと我慢して議論に付きあう作戦をとる。事実、島秀雄が委員長を務めた「東海道線増強調査会」では、一時、あえて狭軌張り付け線増案を採択したりするのである。委員に名を連ねた朝倉希一によれば、このとき島秀雄は肝腎な点に関しては「ついに一言も発しなかった」という。

十河も島も、ともに広軌新幹線を断固実現させようと心のなかでは決断していた。だからこそ、合理主義者の島秀雄は、石橋を叩いて渡ろうとする。一方、怒号の総裁・十河信二は、橋なぞ無くても足を踏み出そうとする信念の人であった。島がコンセンサス作りに時間をかけている様子は、ときに十河を「もどかしがらせた」らしい。

そのような、いわば膠着状態のときに、篠原発案による鉄研創立50周年記念の講演会企画の話が持ちあがった。

まだ部内の方針も固まっていないので時期尚早ではないか……。おそらく、島もそう考えたであろう。しかし十河は、とにかく早く河を渡ってしまいたい。篠原の熱意にも並々ならぬものがある。よし、やってみろ、という話になった。

山葉ホール講演会の成功は、十河や島にとっても、吉報であった。

なにより世論の新幹線待望ムードが、彼らにとって有り難かった。鉄道の技術者周辺ばかりでなく、当時の日本人一般にとっても、まさしく、早く実現して欲しい〝夢の超特急〟だったのである。

十河と島は、この千載一遇のチャンスを逃さずに一転して攻勢に出る。

〈出社。直ちに総裁室に呼ばれて行ったが、東海道広軌計画の進み方の問題である。現在の所の話をして、新発□せねばだめと申出る。小倉さん、アビコ君を呼んで大石君を主班とする調査室を作ることに話をきめる……〉（6月17日、□＝判読できず）

島が委員長を務める増強調査会は、「もはや東海道線増強は緊急課題」という結論を出し、これを受けて、7月、十河総裁は運輸大臣に正式に協力を要請、同月末には国鉄内に正式に「幹線調査室」が設置され、建設に向けて本格的に動き出しはじめる。

鉄研50周年記念・山葉ホール講演会は、新幹線建設に向けて、まさにスプリングボードの役割を果たしたのである。

＊

東海道新幹線建設には、実にさまざまな人間の人生が深く関わっている。そこには、さまざまな前史があり、それぞれの「わが新幹線」がある。

こうして新幹線計画スタート前後の事情を調べていくと、十河や島のみならず、戦後鉄研に集まった海軍出身者たちの果たした役割の大きさに、あらためて驚かざるを得ない。

お会いしてみると、三木忠直氏は、年老いてなお情熱的なエンジニア、気迫の人であった。氏は、その後、懸垂式モノレールの権威として長らく現役を続ける。

松平精、島文雄、三木忠直……。

小田急ロマンスカーや東海道新幹線には、かつて戦闘機を開発したエンジニアたちの、戦後復興にかける気迫、執念のごときものが込められているように思えてならない。

※島秀雄が技師長に就任して約半年後に、十河信二総裁は「夢の超特急計画」を国鉄内で正式にスタートさせる。「東海道線増強調査会」。委員長に島秀雄技師長。第1回が昭和31年5月19日。最終の第5回が昭和32年2月4日。この頃、十河国鉄は苦しい経営を強いられる。組織改革、運賃値上げ問題、組合運動、大事故……。「東海道線増強調査会」もいまひとつ精彩を欠く議論に終始し、「広軌新幹線建設」という結論が出せない。この間の経緯について、『新幹線を走らせた男　国鉄総裁 十河信二物語』六話「夢の超特急計画」、七話「資金作り」、九話「有法子」より関係個所を抜粋して紹介します（↓Ｐ３７２「Ⅱ 東海道線増強調査会について」）。
さらに、昭和34年5月に十河信二総裁が「まさかの再任」を勝ち取り、7月に島技師長もこれに続く。十七話「二期続投」より関係個所を抜粋して紹介します（↓Ｐ３８７「Ⅲ 技師長再任」）。

第12章 ビジネス特急「こだま」

営業前のビジネス特急「こだま」。田町電車区にて、
昭和33年9月20日、広田尚敬による撮影。

「こだま」「ひかり」……、そして「のぞみ」。

たしかに、音より光のほうが速い。光よりも希望という思いのほうが高速だ……という理屈も成り立つのかもしれない。

しかし、東海道新幹線の鈍行つまり各駅停車が「こだま」と呼ばれることに、わたしはいまだに若干の抵抗がある。なぜなら、「こだま」こそ日本が世界に誇る超特急なのだというイメージが、子どものころから頭にしみついて離れないからだ。年表を開くと、ビジネス特急「こだま」が東京―大阪間にデビューしたのは、昭和33年11月1日。翌月の12月23日には、東京タワーが完成している。

「もはや戦後ではない」

経済白書が高らかにそう宣言し、国作りの基本理念として〝技術革新による経済発展〟を掲げたのは、昭和三十一年のことである。それから、わずか2年で、狭軌鉄道で世界最高速レベルを誇る特急列車と、フランスのエッフェル塔を抜いて世界一高い建造物が、この国に出現するのである。

かたや、薄クリーム色に赤い帯の入ったスマートな特急列車。かたや、紅白できれいに塗り分けられた、天に聳えるテレビ塔。「こだま」と「東京タワー」は、わたしたち昭和30年代の小学生たちが、色鉛筆や水彩絵の具で繰り返し描いた、明るい戦後日本を象徴する先進デザインであった。

資料によると、「ビジネス特急こだま」の出発式は、昭和33年の11月1日の朝、東京駅7番ホームで朝の6時40分に開式している。ミス日劇（上条美佐保嬢）の花束贈呈を受けて、国鉄総裁・十河信二がテープカットの鋏を入れたのは、午前7時00分。当時の常識からすると、長距離特急列車の出発式としては、なんとも、朝が早い。

実は、この「ビジネス特急こだま」は、まだ計画段階から「常識外の特急列車」と評されていた。高速、最新技術、デラックスな車内、明るいカラーリング……何から何まで新しいことずくめの新列車であったのだが、当時の世間の人々にとって何よりも常識外に思われたのは、その運行ダイヤであった。

一番列車が、東京、大阪をそれぞれ午前7時に出発、大阪、東京にそれぞれ午後1時50分到着（通称「第1こだま」）。折り返し大阪、東京を午後4時に出発して、それぞれ夜の10時50分に到着（「第2こだま」）。計1日2往復。つまり、朝7時の「こだま」に乗れば、その日のうちに東京－大阪の往復が可能で、しかも先方で2時間少々の余裕ができたのである。

それまで、東京駅を午前9時前に出発する長距離特急列車など皆無に等しかった。関西方面に出掛けるときは、ふつうボストンバッグを片手に夜行列車に乗ったものだ。当時の人々にとっては、東海道の急行といえばもっぱら夜行列車が主流だったのである。昼間の特急は、どちらかというと、金銭的にも時間的にも余裕のある人々のもので、朝飯を済ませてから、おもむろに東京駅に向かい、9時発の特急「つばめ」に乗って夕方悠々と大阪入りし、ビジネスは翌日から始めたのである。島の日記をみても、関西以西に出張する際には、ほとんど夜行の「銀河」「月光」を使っている。だから、「ビジネス特急こだま」には、当初から国鉄内部の「常識派」から根強い反発があった。

「7時発などという朝早い特急に、どれだけお客さんが乗ってくれるのか疑問だ」

「先方に午後一に着いたとしても、たった2時間でどんなビジネスができるというのか」

「夜11時に東京駅に着いたところで、連絡する電車も不便で、実用的ではない」

この「こだま無用論」の大合唱は、開業当日まで鳴りやまなかった。

島秀雄は、開業の日、PRのためにみずから大阪日帰り出張ビジネスマンの役を演じている。雑誌の依頼に応じて、第1こだまに乗って大阪入りし、第2こだまでその日のうちに東京に帰った。日記には、こうある。

〈11月1日　曇り、雨。6時15分家を出て、6時半までに駅につく。十河さんを中心に花束贈呈etcを盛んにやっている。週刊朝日の人に頼まれて「往復の実業人」の役をする。……割に静かによりOK。予定の如く大阪着。支社長室で宇部線電化の話をして写真をとる。阪急デパートでレバートルフを買う。第二こだまのテープを切り、とび乗って帰る。又、静かに帰京する。たいして疲れもせずにOK〉

このビジネス特急こだまデビューに関しては、反対論の多い新型特急だっただけに、技師長・島らスタッフ一同は、慎重の上にも慎重を期した。湘南電車デビューのときのように、初期故障が続いて「遭難電車」と冷やかされるような事態は、なんとしても避けたい。

島たち関係者は、開業1か月前の10月1日から、慣らし運転を行なっている。東海道線の運転ダイヤに実際に「こだま」の筋を入れ、1か月間、ダイヤどおりに走らせて初期トラブルを洗い出し、その対策を講じた。おかげで、「もったいないから客を乗せてはどうか」という意見も出るほど熟成されて、開業を迎えている。

営業局では、新型特急デビューをアピールするために、愛称とシンボルマークを一般公募するなどして、大いに事前ＰＲにも努めた。愛称は、東京－大阪を日帰りするイメージにぴったりだとの理由で「こだま」と決定された。応募総数９万２８６４通のうち「こだま」は３７４通。当選発表のポスターを見ると、佳作として「さくら」「はやぶさ」「初雁」「平和」という名前が並んでいる。

さて、いざ蓋を開けてみると、連日、ほぼ満員の大盛況であった。開業３か月の平均乗車率は、二等87％、三等95％（＊1）。しかも、「つばめ」「はと」など既存の東海道線特急の乗客は、従来の乗車率を維持し続けた。つまり、「ビジネス特急こだま」は、新しい乗客を開拓したのである。乗客も、ビジネスマンばかりだったわけではない。一般の観光旅行客が前売り券を購入してしまうため、急ぎの出張客が当日キップを取れない。連日、苦情が殺到して、いそぎ当日売りの枠を用意するというとうれしい誤算もあった。「こだま」は、開業と同時に大成功したのである。

最高時速１１０キロ（従来は95キロ）。東京－大阪間、６時間50分。

この画期的な運行ダイヤにも、実はまだまだ余裕があった。従来の機関車牽引の特急に比べて、電車列車方式の「こだま」は加減速性能に優れている。多少の遅れは制限速度内の走行で簡単に取り戻すことができた。さらに、線路や架線が徐々に改良されるにつれて、開業1年後に10分短縮され、昭和35年にはさらに10分短縮されて６時間半運転となっている。「こだま」成功の最大の要因は、スピードである。

ここで、東海道線列車の平均速度、および所要時間の変遷をまとめておこう。

＊1　戦後、一等車（展望車など）は次第に衰退し、実質的には二等車、三等車しか製造されていない。昭和35年に二等級制となり、昭和45年５月に等級制自体が廃止となって、普通車／グリーン車になった。

明治22年7月1日、東海道線が全通し、はじめて直通列車が運行されたときには、東京―神戸間を20時間5分（平均時速30・1キロ）で結んでいる。以来、徐々にスピードアップされたものの、昭和2年の東京‐国府津間電化までは、せいぜい平均時速50キロどまりであった。昭和4年に特急「つばめ」が新設されると、一気に平均時速68キロに高速化され、昭和9年12月に丹那トンネルが開通すると平均時速69キロにあがって、東京‐大阪間を8時間で結ぶようになる。このとき、主力牽引機として大活躍するのが、島秀雄がはじめて設計に携わった「C53」、そして島が設計主任をつとめた「C55」「C57」である。

しかし、その後、約30年近く、スピードアップはされない。むしろ戦争中は、平均時速50キロ程度まで下がり、終戦直後には平均時速40キロを割っている。しかし、昭和31年11月に東海道線が全線電化されるまで、長らく特急「つばめ」が日本を代表する超特急列車だったのである。

東海道線の全線電化完了後でも、「EF58」牽引の「つばめ」で、7時間30分（平均時速74・5キロ）であった。1分短縮するのに1億円かかるといわれた時代に、「こだま」ははるかに少ない投資で時間の短縮を実現したのである。

しかし、そのスピードと同時に、その明るいデラックスな高速列車に、われわれ日本人は「未来」を直観したのだと思う。昭和35年発足の池田勇人内閣は、「所得倍増計画」をブチあげていた。人々が半信半疑で聞いたその夢物語は、新型特急「こだま」の快走とともに、現実のものとなった。「こだま」は、まさしく夢の高度経済成長時代を先取りするシンボルだったのである。「こだま」完成のパンフレットに、万感の思いを込めて島はこう書き記している。

「幹線を早く電化したい。別して東京・大阪間を電化で一時も早く結びたい。というのは我が国鉄の長い昔からの念願でした。それで東京がたから手を付けたのですのに、大震災やパニックや事変や戦争やいろいろのさしさわりのために、のばしのばしされて、とうとう30何年もかかってしまったのですが、ついに一昨年東京・大阪間の全線電化が喜びのうちに完成しました。その長い間、我々は希望の電化完成の暁にどんなふうな列車を走らそうかとどれほど繰り返し、繰り返し考えたことでしょうか」（昭和33年『ビジネス特急の完成に際して』）

＊

もし島秀雄が、国鉄にカムバックしなかったら……。今日の日本の鉄道は、大きく様変わりしていたにちがいない。

という話を、何人もの国鉄ＯＢの方からうかがった。少なくとも新幹線が現在のような形になっていたかどうかは、大いに疑わしい。

ビジネス特急「こだま」が、計画中から「常識外」と評された、もうひとつの理由は、電車方式の長距離列車であったことである。

「将来、日本の幹線鉄道を走るのは、電車列車になる」

島秀雄が早くから、そう喝破していたことは、すでに何度か触れた。「高速・長距離・高性能の電車列車」。これは、鉄道エンジニア島秀雄が、生涯をかけて追い求めた大テーマであったといっていい。

その最初の閃きは、昭和12年に2回目の世界旅行に出た際に、オランダのロッテルダム港でライン河岸を走る近郊電車を眺めたときであった（第3章）。以来、空襲下の疎開先でも細々と電車列車の研究を続け（第5章）、戦後まもなく高速台車振動研究会を主催して将来の電車列車のための理論研究を進めて（第6章）、まず手はじめに中距離電車として「湘南電車」をスタートさせる（第7章）。戦争を間に挟んで、鉄道技術者にとっては、決して芳しいとはいえない時代状況のなかで、島は、電車列車方式の東海道線特急、すなわち後のビジネス特急「こだま」に向けて、着々と布石を打っている。

当時、欧米の鉄道先進国でも、「こだま」のような電車特急はたいへんにめずらしかった。しかし、皆無だったわけではない。

たとえば、イタリアの「ＥＴＲ３００」。ナポリ－ローマ－ミラノ間を結ぶ特急、通称「セッテベロ」である。

島秀雄は、住友金属顧問時代の昭和29年に3か月間の欧米視察出張に出掛けている。その際、5月15日、16日の2日間に、ローマ－フィレンツェ－ミラノ間をこの特急「セッテベロ」で走って、帰国後にその好印象を報告している。

「イタリーの電化区間の架線の柱はちょうど50メートルに1本ずつ立ててありますから、私がストップウォッチを見ながら時間を計算してみたところ、平地のバランススピードで１２０キロ出しておりましたが、車の振動はあまりなく、非常に静かでありました」（昭和30年2月号『汎交通』）

走行安定性もさることながら、島がもっとも驚いたのは、そのモダンな車内設備であった。全席エアコン付き。カーテンの間仕切り。いまの飛行機のような、ワンタッチ式の荷物棚。そして、車内BGMである。「こだま」開発のとき、島がまずイメージしていたのは、このセッテベロだったのではないだろうか。島は続いてこう語っている。

「我が国の過去、現在の通勤電車の乗り心地が悪いからといって、将来の本線電車に対しての改良の可能性を信じず、鉄道経営上普通の旅客列車と同じように考えないという行き方ではいけない。一歩下がって多少の乗り心地の差があるとしても、それよりも電車でなくては得られぬ性能上の本質的利点を活用し、本当に運用の面、費用の面と旅客、大衆の要求性とで考えたらいいじゃないかという考えをもともと持っておったのですが、今度向こうへ参って、イタリー、オランダやその他の国々の電車を見て、電車の乗り心地とか、保守の問題とかについて何の心配もないことを見て、今までの考え方を裏付けられて来たわけであります」(同前)

しかし、島が技師長として国鉄に返り咲いた当時も、世界の常識は、圧倒的に「長距離列車は機関車列車方式に限る」であった。新幹線を知っている今日のわれわれから振り返れば、電車列車方式のメリットは、明らかである。重い機関車を走らせなくてすむので、線路、鉄橋などの建設コストが節約できる。エネルギー効率もよい。加減速性能に優れているので、細かいダイヤを組みやすい。終着駅で機関車を先頭から最後尾につけかえなくて済むので、折り返し運転が簡単にできる。省エネルギーのための回生ブレーキも使いやすい……。いまでは、むしろデメリットを探すことのほうがはるかに難しい。

しかし当時は、電車といえば、まだ「ゲタ電」である。遠距離の長時間乗車など論外というのが常識であった。創成期の湘南電車を含めて、当時の電車は、まだまだ騒音、振動がひどかったのである。「乗り心地は、技術で解決可能だ。それより電車列車方式の本質的利点を活用すべきではないか」という島の再三の主張は、時代の鉄道列車の常識のなかに埋没しかかっていたのである。

事実、つまり島が国鉄を離れていた4年間（昭和26年8月〜昭和30年11月）に、次期東海道線特急として国鉄工作局で検討されていたのは、もっぱら機関車列車方式であった。のちに、島技師長につかえて、ビジネス特急こだま作りを担当する星晃は、こう語っている。

「当時、誰もが電気機関車方式を想定していました。まさか、わずか数年後に、電車列車方式の特急列車が東海道を走ることになるとは、誰ひとり、夢にも思っていなかったんです」

星によれば、島が技師長として復活した直後の昭和30年12月14日に、東海道線の金谷－浜松間で電気機関車牽引による「超高速列車試験」が行なわれている。使用した機関車は「ＥＨ10」。牽引力ナンバー１の大型貨物機である。当日は、高速用にギア比を変えて、新製の軽量客車「ナハ10形」を牽引し、最高時速１２４キロを記録している。また、このころ「ＥＨ50」という新型の高速電気機関車の設計も動力車課で始まっていたのである。

しかし、昭和30年12月1日に島が技師長に就任して、指揮をとりはじめると、次期東海道の主力は電車列車方式へと１８０度転回する。東海道線の全線電化完成（昭和31年11月19日）は、すでに目前に迫っていた。さっそく「電車化調査委員会」を設置して詳しい検討を始めさせ、昭和32年11月には翌33年秋から東京－大阪間に電車特急が新設されることが正式に決定された。

このころ島は、そうとうに急いで電車特急計画を進めている。小田急ＳＥ車（国鉄鉄道技術研究所と共同設計）の高速試験を東海道線で行なったのも、国鉄内部の根強い反対派に対するプロパガンダ的な意味合いも強かったであろう（第11章）。島は、「動力近代化」というスローガンを掲げ、電車特急の実現に向けて、休むことなく一手ずつ駒を進めていくのである。その間に誕生した代表的な新型車両をふたつあげておこう。

まず、新性能通勤電車「モハ90」（＊2）。

それまで首都圏の通勤電車は、もっぱら「73形」であった。桜木町の電車火災事故後にかなりの改良が施されたものの、基本的には戦時設計の「63形」の延長である。島は、この茶色の、何かと評判の悪い「ゲタ電」の新性能化を急ぐ。その最大の眼目は、電動機と駆動方式、台車の刷新である。採用された小型軽量の中空軸平行カルダン駆動方式モーターは、末弟の文雄が駆動伝達部を設計した画期的なもので、新性能電車の標準方式となった（東洋電機製造）。台車は、コイルバネを使った「ＤＴ21」。

この「モハ90」は、のちに「１０１系」と名を変えて、長く首都圏を走ることになったので、読者諸兄もなにかと馴染み深いはずである。デビューは中央線。色はオレンジバーミリオン。「カナリア電車」として親しまれた黄色の車体は、最初は山手線に登場。のちに総武、南武、鶴見の各線を走った。ブルーは京浜東北線。いずれも都会的な色調で、「ゲタ電」のイメージを払拭させて、大いに人気を博した。

もうひとつは、昭和32年デビューの全金属製軽量車体の「80系」である。

この「80系」は、二代目湘南電車として東京—沼津間を走り、後に「湘南形」として全国的に親しまれた中距離電車である。その最後期モデルが、軽量にして高級感のある室内を実現した全金属

＊2　島の復帰前から計画され、昭和32年試作、33年から量産。

昭和 30 年 12 月 14 日、東海道本線の金谷－浜松間で行なわれた超特急試験列車。
袋井駅にて。このときの最高時速 124 キロ。

（上）昭和32年10～11月に東海道線の大船－平塚間、浜松－米原間で行なわれた「モハ90」による高速走行試験。最高時速１３５キロを記録した。右はＥＦ58形の牽引する特急「はと」。
（下）同じく「モハ90」の高速走行試験。写真の左から3番目が島秀雄、中央で腕を組み、カメラへ視線を向けているのが台車担当の石澤應彦。

製車体であった。この「80系」では、シートピッチも広くなり居住性も数段あがって、電車でも十分に長時間乗車に耐えられることが証明される。

つまり、「モハ90」の足回りと「80系」の車体設計を組み合わせ、さらに車内設備をデラックスに充実させれば、「こだま」の基本ユニットができあがる。「モハ90」のモーターは、そのまま「こだま」に採用されることになる。

昭和32年6月に「モハ90」の試作車ができあがると、島は中央線デビューを待たずに、大急ぎで次期東海道特急電車開発のための高速試験を行なっている（10～11月）。このとき東海道線の大船－平塚間、浜松－米原間でテスト走行を重ね、最高時速135キロを記録する。

このとき、「モハ90」4両編成中の1両を空気バネ付きの台車に履きかえさせて、従来のコイルバネ方式の台車との比較試験も行なった。空気バネは、電車列車最大の弱点である振動問題を解決するための切り札であった。当時、台車まわりを担当した石澤應彦は、こう語る。

「昭和20年代から、理論的には研究もされていたし、試作もされていました。しかし、実用化されていたのは、アメリカのグレイハウンド・バスぐらいだったと思う。メーカーさん（汽車製造会社）と手さぐりで試作を重ねて蛇腹式の空気バネをなんとかものにしたんです」

この試験電車には島自身も試乗して、その乗り心地の良さを確かめている。

日記には、こうある。

〈品川駅からモハ90の試運転に乗る。先ず一応の出来である〉（6月28日）

〈11時25分発で名古屋－米原間、モハ90高速試験運転に乗る〉（11月14日）

＊

技師長・島の指示を受けて、「こだま」の車両作りを統括したのは、星晃である。このとき、星に与えられた至上命題は、機関車列車の客車に匹敵する乗り心地であった。

実は星も、昭和29年に欧州留学の際、「セッテベロ」に乗っていた。そして、あの静粛かつ快適な乗り心地を忘れることができなかった。空気バネと新型モーターによって、すでに日本の電車の乗り心地はかなり良くなっていたのだが、星はさらなる改善に挑む。

まず、台車やモーター以外の主たる騒音源になっていたMG（電動発電機）とコンプレッサー（空気圧縮機）を床下から移して、運転席前のボンネット内に置く。「こだま」の運転席も、セッテベロ同様の2階式だが、先頭部をガラス1枚の展望席にはできない。踏切の多い日本ではいかにも危ない。ならば、そこに騒音源を置いてしまえば一石二鳥ではないかと考えた。さらに、台枠と床の間にゴムを挟み込んで床下からの振動をシャットアウトする（浮床構造）。窓にも、国産初の複層ガラスを使い、完全固定式にして外からの騒音を遮断する。

しかし実は、星がもっとも頭を悩ませたのは、どうやって二等と三等の差をつけるかという問題だった。計画当初はモノクラスの編成を想定していたので、冷房、照明、窓や床などの室内設備は同一設計である。途中で急遽、二等、三等編成に決まってから、二等車の座席間隔を広げて、リクライニング・シートにしてはみたものの、果たして料金の差額を払ってまで乗ってもらえるかどうか……自信が持てない。

「結局、二等車にラジオをつけることにしたんです。各席にイヤホンをつけて、ＮＨＫの第一と第二放送を聴けるようにした。トランジスタ・ラジオが貴重品だった時代ですから、好評でした」

このほか、ビュッフェ、車内速度計、ビジネス・デスクなど、「こだま」には斬新かつデラックスな設備がたくさん盛り込まれているが、ここでは、島ならではのアイデアによって実現したものを2例、紹介しておこう。

ひとつは、ユニットクーラー方式。

全車冷房付きという方針は当初から決まっていたが、さて、ではどの冷房装置を使うかということになると、品質的にもコスト的にも適当なものがない。そこで、島が斬新な提案をする。

「ビルの窓に付ける小型クーラーを使ってはどうか。量産品だから安いし、保守も楽なはずではないか。たとえ1台故障しても、残りのクーラーで車内は冷やせる」

こうして、「こだま」の車両の天井には、1両につき6台の住宅用ユニットクーラーがつけられた。この分散式クーラーの話を聞くと、わたしは、島秀雄の年来の持論である動力分散方式（オールM方式）を思い浮かべる。大型のモーターで牽引するよりも、小型モーターを全車両、全台車に分散して付けたほうが、はるかに効率がいい。この小型分散主義とでもいうべき発想は、島のものの考え方をよく表わしているように思える。

もうひとつ、小さな話だが島のアイデアで決まったのは、車内放送である。「……まもなく終点の東京です……」などというアナウンスに簡単なメロディをつけようというのだ。島が選んだのは、昔懐かしの「鉄道唱歌」である。ちなみにこの鉄道唱歌のメロディは、のちに初代新幹線まで続けられる。

さて、時速110キロ以上という速度域は、動力車課の技術陣にとっても未知の領域であった。鉄道車両の場合、速度の向上は、必然的に、技術の向上、革新、熟成を意味する。こだま開発においても、実にさまざまな試行錯誤が行なわれたわけだが、ここでは、台車とパンタグラフを担当した石澤應彦の苦労話を紹介するにとどめる。

石澤をもっとも驚かせたのは、試験列車のパンタグラフが飛んだときである。さいわいトンネルの出口付近で起きた事故で、人身事故には至らずに済んだのだが、もし人家および人口密集地で起きていたら、島の思い描く日本の電車列車の発展に大きくブレーキがかかったであろう。

「よく見ると、飛んだパンタグラフの舟の部分に溝が出来ている。しかし、原因がわからない。手さぐりで試験を重ねるうちに、どうやらトンネルの中で何かが起こるらしいことがわかってきたんです」（石澤）

トンネルに入るときの大きな風圧で架線に接しているはずの舟がひっくり返り、架線がパンタグラフのスリ板をひっかいて大きな溝を作っていたのである。

「そんなこと、実際に起こってみなければ想像もつかないんですよ。しかし、おかげでずいぶん勉強させてもらいました。高速を目指すことが鉄道技術を進歩させるということも、身に沁みてわかった。その経験が次の新幹線のときに大いに役立ってるんです。新幹線では、パンタグラフを風洞に入れて試験するところからはじめました」（石澤）

「こだま」は、技術的にも、新幹線開発のための試験的なシミュレーションの役割を果たしたのである。

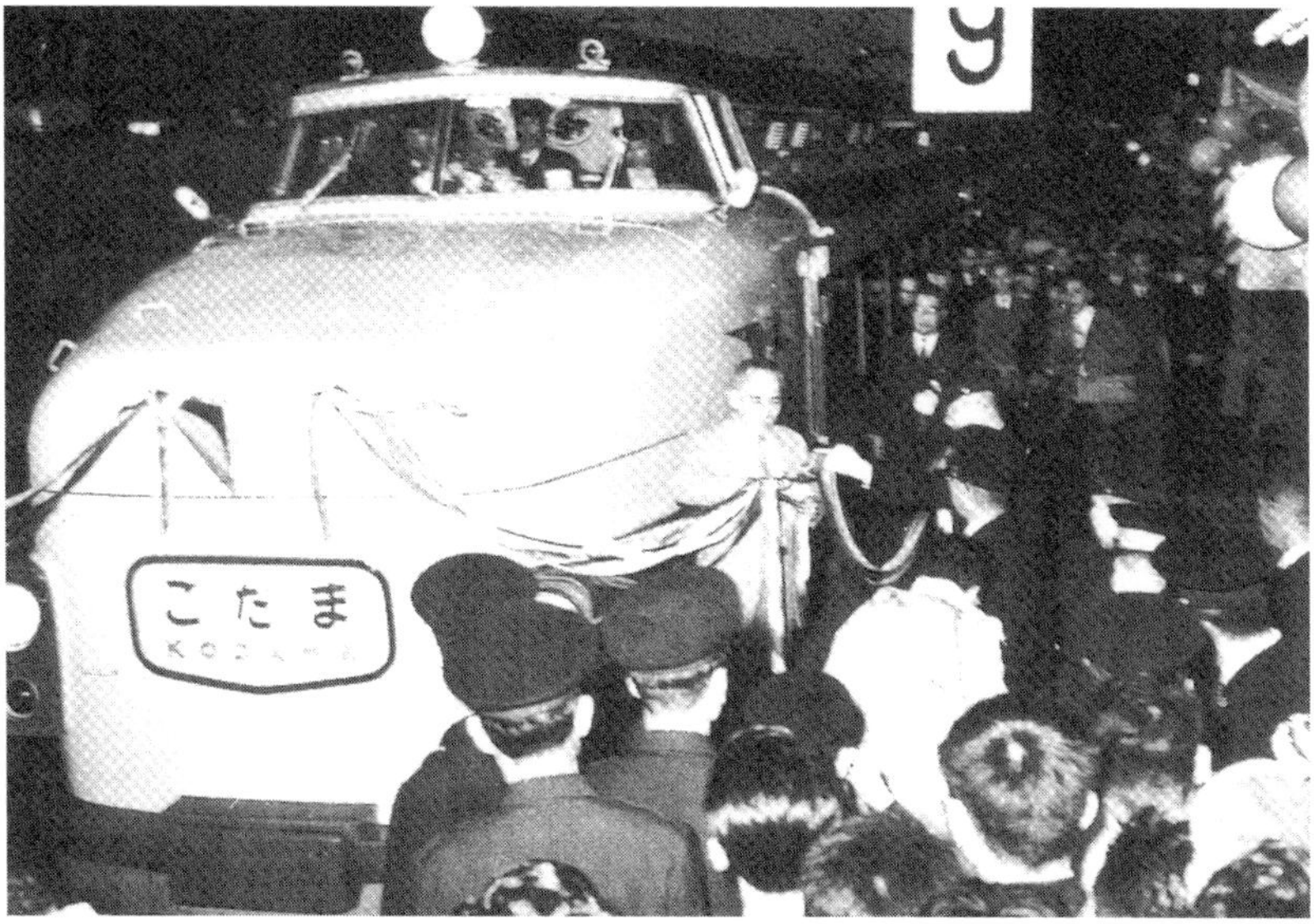

昭和33年11月1日、午後4時、「第2こだま号出発式」でテープカットをする技師長・島秀雄。
大阪駅9番ホームにて。

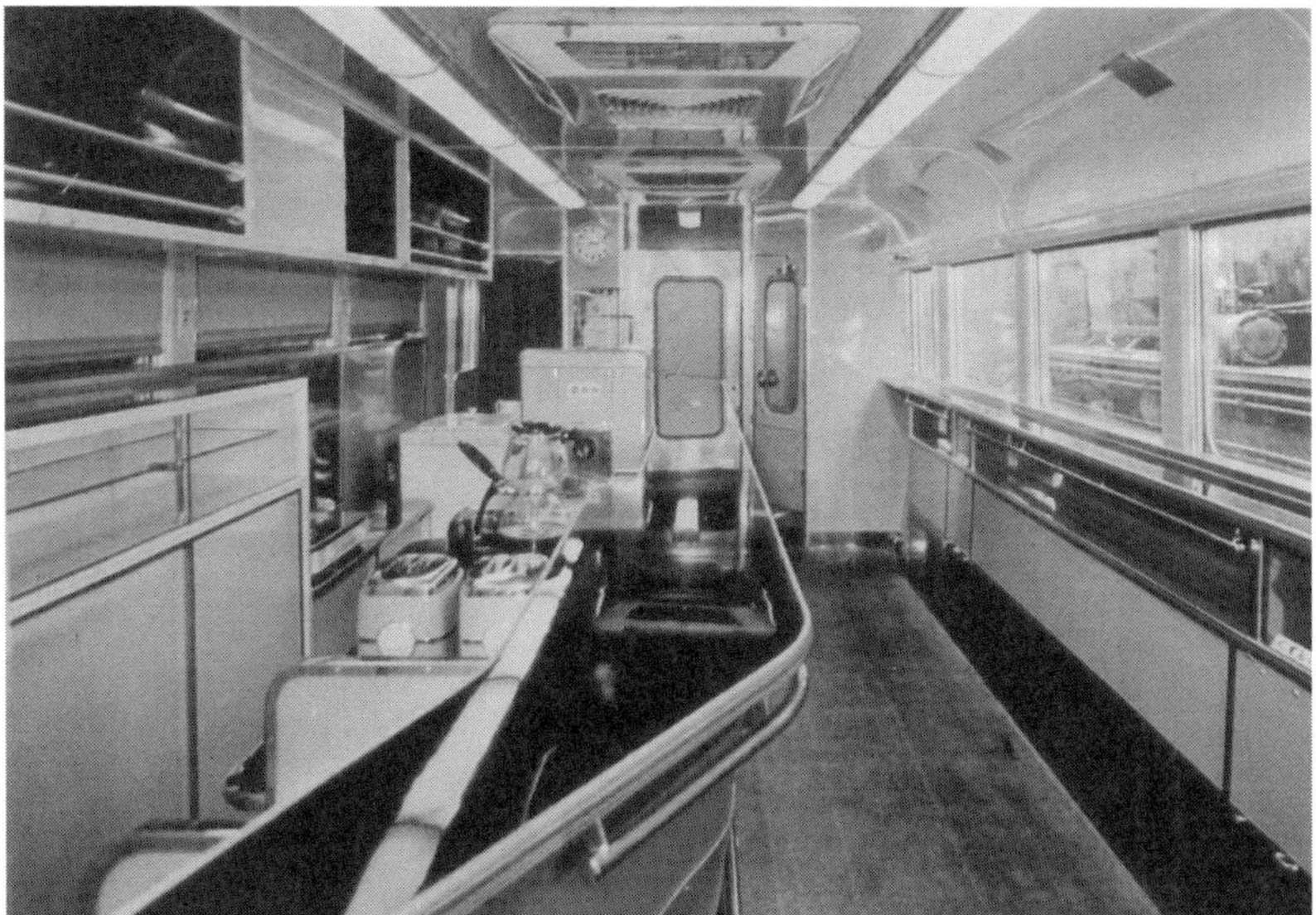

「こだま」の車内ビュッフェ。立ち席で店員約18名。電熱コンロ、湯沸器などの調理器具はすべて市販品。
天井には、島秀雄発案の四角いユニットクーラーが見える。

＊

開業早々にして、人気、実力とも上々の評価を得た「こだま」は、デビュー翌年の夏に、スピード記録にチャレンジする。

当時の狭軌最高速記録は、昭和32年9月に小田急のSE車が東海道線函南－沼津間で記録した時速145キロであった（第11章）。

テスト期間は、昭和34年7月27～31日の5日間。場所は、東海道線金谷－焼津間の上り線。直線約10キロのロングレール区間。目標速度は、時速160キロ。時速70キロから徐々にスピードを上げていくことに決まった。

当日のプレス用リリースには、こうある。

「国鉄では「こだま」の車両を使って、時速160キロという高速試験を行うことになりました。もちろん、時速160キロという速度は鉄道車両としてはそんなに珍しい速度ではありません。フランスでは試験速度としては時速331キロの世界記録（1955年）を持っていますし、一般の列車でもフランスのミストラル号は、最高時速160キロ（世界最高）、アメリカのペンシルバニア鉄道の列車は時速153キロという高速です。しかしこれらはいずれも広軌（レールの幅が1・435メートル）であって、日本の国鉄の様な狭軌（レールの幅が1・067メートル）では昭和32年9月、国鉄が小田急SE車（スーパー・エキスプレス）を使って沼津付近で時速145キロを出したのが世界最高です。それというのも、狭軌ではレール間の幅がせまいためフンバリが浅く、少しゆれても危険をともなうし、またせまい車輪の間にモーターを積まなければならないので、大きさが制限され、大きな出力を出すのに非常に苦心をはらわなければならないからです。このような意味で、狭軌鉄道で世界最高スピードに挑む今回の試験が、各界の注目を浴びているわけです。なお5年後に東海道新幹線が完成しますと、最高時速250キロ、平均170キロの世界一速い列車が日本の国鉄に出現することになります」

この「こだま」の最高速度試験は、マスコミ各社を招いた一大イベントとして行なわれた。国鉄としては前代未聞の派出派出しさといっていい。事前に大々的に告知され、当日、上空には新聞社のヘリコプターが数機飛び回った。当日の朝日新聞はこう伝えている。

「このテストのためレール、架線、道床などの施設改良につぎ込んだ金は一億七千万円といわれ、テスト区間には車体の振動、ブレーキのかかり方、風圧、架線の変化などと取り組む八つの地上観測班が待機し、小さな踏切にまで警戒の係員を配置するものものしさ。間断なく上下する列車のスキをぬってのスピード・テストだけに、向こう四日間は暑さも忘れるスリルと緊張が続くわけだ」

当時の報道を読んでいると、国鉄側の満々たる自信と意気込みのほどがうかがえる。

ところが、いざ蓋を開けてみると、2日目の午前中に時速120キロを超えたところで、車体が異常振動（蛇行動）を始め、中止。大井工場に回送して急ぎ対策を講じるというハプニングとなった。しかし、31日午前に再開したテストでは、まず時速153キロを記録して小田急SE車の記録を塗り替え、午後には時速163キロ（狭軌世界最高速）という大記録をうちたてて、めでたく終了となった。

「世紀の瞬間　驚異的なスピード」

「〝夢の超特急〟実現へ一歩」

翌日の新聞には、新記録大歓迎の見出しが躍っている。島技師長は、試験4日目に試乗する予定だったが、車両故障のためテストは延期。やむなく30日の午後、蛇行動の対策を施されて、大井工場から再び試験区間に向かう「こだま試験列車」に乗っている。

〈午後、こだまの出場試験運転に品川－戸塚間試乗。時速124キロ。大した揺れもなく、振動のサイクルが2倍に延びた由、デリケートなものなり。冷房のヒエで風邪気味となり、帰宅後気持ち悪く、すぐ寝る〉（7月30日）

では、なぜ国鉄は、巨費を投じて、このような大々的な最高速イベントを行なったのか。いうまでもなく新幹線建設のためである。「これは、もうはっきりと新幹線開発のためのスピード試験、データ収集が目的でした」と星も、石澤も語る。もちろん、世論へのアピール、宣伝効果も狙っていたであろう。

この4か月ほど前の3月31日、第31回国会において昭和34年度予算30億円が東海道新幹線増設費として承認され、4月20日には新丹那トンネル東口で十河信二総裁によって起工式の鍬入れが行なわれている。

国鉄の内外には、根強い反対論が存在した。むしろ、断然、多数派であった。しかし、十河信二総裁の燃えるごとき信念と、島秀雄技術長の卓抜なる先見性にリードされて、東海道新幹線建設をめざす戦いの火蓋は切って落とされた。もはや、後戻りはできない。短期間、低予算、難工事、初挑戦……。「こだま快走」は、以後5年間にわたる、困難で、しかしやり甲斐のある壮大なプロジェクトの幕開けを告げる、高らかな号砲だったのである。

＊

閑話休題。

東京・万世橋の交通博物館の図書室に出かけると、私は4階の食堂でビーフカレーを食べる（＊1）。そこは、「ビジネス特急こだま」の食堂車そのままなのだ。窓、天井、テーブル……さすがに古色蒼然としつつあるのだが、わたしはそこで、たまらない懐かしさを味わう。

昭和39年10月の新幹線開業まで「こだま」の営業期間は、ほぼ6年。その間、実際に「こだま」に乗ったことは、せいぜい数度に過ぎない。しかし、どれだけ憧れたかという点でいえば、新幹線の比ではない。昭和30年代の子どもは、この国はまだまだ貧しく、欧米先進国にとうてい及びもつかないのだと思い込んでいた。そのとき、颯爽と東海道を行く鮮やかな姿、そのデラックスな車内設備に、どれほど恋焦がれたことだろう。

島秀雄は、「こだま」について多くを書き残していない。しかし、おそらく島にとっても、「こだま」は思い入れもひとしお深い列車だったのではないか、とわたしは想像する。

広軌東海道新幹線は、すべてをゼロから新しく作りあげた大プロジェクトである。車両のイメージもまったく新しい。しかし「こだま」は、狭軌特急列車の最終形である。島秀雄が長い間、繰り返し繰り返し思い描いてきた車両作りの、ある完成形である。

＊

島秀雄は、技師長としてデラックスな電車特急「こだま」作りに没頭する前に、プライベートに

＊1　交通博物館は2006年5月に閉館。

おいても、デラックスな家造りに励んでいる。

高輪の島家は、父・安次郎から譲り受けた、いわば豪邸であった。大玄関に小玄関、使用人専用の風呂までついた洋館で、家人在宅時に泥棒が入ってもわからない……と冗談を言われるほどの大邸宅であった。

しかし、いかに高級官僚とはいえ一介の役人の俸給で、都内の一等地にこれだけの洋館は維持できない。昭和20年代も押し詰まった頃、島秀雄は、この洋館を手放す決意をする。

安次郎、母、兄弟、そして子供たちとの思い出深い島家の洋館は、広大な地所とともに汽車製造会社の社用施設として売却された。そして、島秀雄は、かつて邸内だった敷地の一隅に、新しく家を建てる。

昭和29年、住友金属取締役の職にあった島は、この家の設計に情熱を燃やす。

「マッチ箱のような家を作りたい」

これが、島秀雄の設計コンセプトであった。マッチ箱のように小ぢんまりした……という意味ではなくて、マッチ箱のように無駄のない、合理的かつ機能的な、徹底して直角水平垂直主義の総2階の家である。島は、工務店の設計者と何度も打ち合わせを重ね、かなり細かい部分までみずから設計のイニシアティブをとり、そして、ときには大工道具を手に嬉々として家造りに参加した。

こうして出来上がった島の新宅には、畳は一枚もなかった。全室フローリング。客間はなし。1階と2階にサンルーム……。

内部の設計コンセプトは、徹底して主婦の働きやすい造りであること。かつての洋館は、使用人を置かねば切り盛りできない広さだったが、この新しい家では、万事がすべて主婦・豊子に集中する。だからこそ、徹底して合理的に、少しでも労力を節約できるように、オートマチックな外国製品をどんどん取り入れた。

ダイニングには、ドイツ式の真っ白なシステム・キッチン。青いリノリウムの床には、大きな床下収納施設。米びつから、食器類、調味料、ナイフ&フォーク類まで、すべて引き出し、引き戸の中に収納されて、外には何も残さない。

流しは、1枚ステンレスのスイス製品。マジックシェフの4口レンジ。ケルビネーターの冷蔵庫、食器洗機（これはあまり機能しなかったらしい）、ディスポーザー、換気扇。そして、門前の来客とつながるインターフォン（これは、モグラにケーブルを食われてたびたび故障し、ほどなくオシャカとなった）。そして、リビングにはRCAのテレビ（力道山とシャープ兄弟の決戦のときは、近所の人が押し寄せて、渋々、島もプロレスを観戦したと伝えられる）。

子ども部屋は、机とベッド、本棚の組み合わさった一体構造。庭に面した一室は、立ったままアイロンかけができる主婦の仕事部屋。そして、全室お湯暖房……。

つまり、当時としては、まさしく超先進的な、住む人間にとって徹底して機能的な、デラックスな機械化住宅を島秀雄は建てたのである。

むろん、隣近所、親類縁者にもたいへんな評判で、当時小学生だった長女・久美子は、再三にわたって〝島邸見学ツアー〟の案内役をつとめたと振り返る。

この島邸には、島秀雄が国鉄技師長時代に使った書斎がそのまま残されており、私も何度か、足を踏み入れさせていただいた。さすがに築45年の年輪は隠せないのだが、随所に直角水平式の造作が散見されて、いかにも島秀雄らしい風格を湛えていた。

しかし、いま、このいかにも島秀雄らしい島邸もまた、時の流れのままに、退場をよぎなくされつつある。遺族によれば、近々にも、改築のために取り壊される予定と聞いた。

「ビジネス特急こだま」。

「直角水平式住宅＝島秀雄邸」。

私には、このふたつが、どうも相似関係にあるように思えてならない。ともに、最新施設を満載したデラックス仕立て。微に入り細に入り工夫を凝らした車両と住宅。年齢でいえば、50代後半。島秀雄が最も脂が乗り切っている時代の、もっとも島らしい作品ではなかったか。

第13章

世銀借款

世銀借款の調印式（昭和36年5月2日午前10時30分〜）。前列左から、朝海駐米大使、世銀副総裁W・アイリフ卿、十河国鉄総裁。後列左は鈴木世銀理事。後列右が国鉄の財務担当常務理事・兼松學。

国鉄の予算は、単年度制である。しかも、国会と大蔵省、所轄官庁・運輸省のコントロール下におかれる。

政権は頻繁に交代し、国会審議は二転三転する。国鉄に長期の巨大プロジェクトは馴染まないのである。ましてや古稀を過ぎた病後の老総裁がいつまで持つか知れない……。

第4代国鉄総裁・十河信二が就任早々に東海道新幹線構想をブチ上げたとき、数ある反対論のうちもっとも説得力のあったのは、計画変更必須説である。事実、明治以来、たびたび浮上した広軌新線計画は、その度に政争の具に供されて、ことごとく頓挫していた。

しかし、大方の予想に反して、闘将・十河の健康状態はおおむね良好に推移する。

当初、十河総裁が出張する際には秘書が必ず血圧計と救急箱を持参し、夜中、血圧が乱高下するたびに右往左往したらしいが、やがてそのことにも慣れた。断固新幹線を建設するぞという使命感が、それまで病気がちだった70過ぎの老躯を奮い立たせていた。

では、夢の超特急実現の成否を握るカギは、いったいどこにあったのか。

当初より、最大の難関は資金問題というのが関係幹部たちの一致した見方であった。

技師長・島秀雄が中心となって、「幹線調査室」（昭和32年7月設置、室長・大石重成）で計算した所要資金は、少なく見積もっても5年間に総額3000億円強。この数字を見て、十河総裁は言下にこういい放ったと伝えられる。

「これじゃ高すぎる。半分にしてくれ」

国会審議になれば、3000億円もかかるのなら狭軌でやれ、という話になる。まず国会で広軌新幹線の予算を通過させることが大事なのだ。額面はともかく予算さえ通過させておけば、あとは何とかなる。オレの政治力で押してゆく、というのである。十河には、総工費を圧縮しておけば業者の入札価格を抑えられるという読みもあったらしい。

結局、東海道新幹線の予算は、昭和34年3月30日の国会で総工費1972億円（利子分含む）で可決、承認されている。遠からず予想される多額の不足資金問題は、総裁の持ち前の旺盛な政治力と情熱、信念と怒号によって、なんとか押し切ってもらうほかなかった。

新幹線計画は、ありていにいえば、国会つまりは国民を欺いた上での見切り発車であった。

「政治家というものは、えらいことをするものだ」

このとき島技師長は、十河総裁の度胸にあらためて感心している。

しかし、これでは、いかにも十河総裁頼み一辺倒に過ぎた。十河信二の政治生命いかんによって、新幹線計画自体が再び頓挫する可能性が大きく残る。しかも、資金不足という爆弾を抱えていた。

そこで、妙案が浮上する。

世界銀行からの借款。

当時、国鉄常務理事（財務担当）だった兼松學によれば、この世銀借款というアイデアを持ち出したのは、ときの大蔵大臣・佐藤栄作である（＊1）。兼松は、佐藤が鉄道省監督局時代の直属の部下

＊1　のちに十河信二について調べていると、十河も国鉄総裁就任の頃から世銀借款を前提に東海道新幹線計画を考えていたことがわかった。別稿をご参照のこと。

（総務課事務官）であった。

ある日、佐藤栄作は兼松を呼び出して、こういった。

「十河さんの進めている新幹線計画は、とても一内閣で実現できるような計画ではない。政局の推移に関わりなく実現するには、政府に外から縛りをかけておく必要がある。それには世銀から借款するのがよい」

世界銀行は、正式には国際復興開発銀行（ＩＢＲＤ）という。第二次大戦の終結を見越して、連合国側が１９４４年7月のブレトン・ウッズ協定に基づいて設立した国際金融機関（１９４６年設立）で、戦災国の復興と発展途上国の開発援助を目的としていた。すでに日本でも、昭和28年（１９５３）以降、電力、鉄鋼、造船などの分野を中心に世銀借款が成立している。ポピュラーなところでは、愛知用水、名神高速道路など。

この世銀との借款契約には、政府の保証契約が義務付けられていた。政府が責任をもって事業の完成を保証しなければならない。つまり、世銀からの借款が実現すれば、政府に事業完成の義務が生じ、よって追加予算も承認せざるを得ないわけである。

十河総裁は、さっそく世銀借款の話に乗り出すことに決めて、詳しい調査を開始する。しかし、調べれば調べるほど、なかなか難しい問題があることが判明した。

第一に、戦災国の復興を援助するという世銀の性格上、先進国の技術水準を遥かに凌駕する新幹線計画は、融資の対象にならない。

第二に、世界の鉄道は斜陽化している。いまさら鉄道建設に融資する価値があるのか。

第三に、世銀融資は実績のある技術に援助することを主旨としているが、新幹線計画は技術的にも未経験の最新技術を駆使する計画ではないか。

これらの難題は、島秀雄や兼松學ら関係者たちの努力、深謀遠慮、用意周到な根回しによって、ひとつひとつ解決されていくのだが、その詳しい経緯は、あとで触れてみよう。

この世銀借款がめでたく正式に調印されるのは、昭和36年5月2日であった。

十河総裁は、秘書と兼松を伴ってワシントン入りし、万感の思いを込めて署名して、最後にこのように英語で挨拶した。

「太平洋と大陸を越え、長期間かけてやっと調印となりました。これで新幹線の固い基盤が築かれたことになります。私は近代的な新しい鉄道建設の開拓者としての東海道新幹線を建設することを誓います」

当初の国鉄側の申し込み金額は、2億ドル（当時のレートで720億円）。しかし、あまりに高いという世銀側の理由で1億ドルに削られ、結局、電電公社がらみの外債分（2000万ドル）を含めて1億ドルとなり、つまり国鉄分の借款は8000万ドルとなる。

年利5・75％。据え置き期間3年半。償還20年。それでも世銀融資史上では3番目、日本関係では最高額の借款であった。

この世銀借款は、当初、国会で承認されていた総工費のわずか十数％だが、なによりの収穫は、その額面の数字よりも、借款締結の持つ政治的効果にあった。

帰国して、十河信二はさっそく後藤新平、仙石貢の墓参りをする。広軌新幹線を夢見て、ともに志半ばで挫折した両先輩の墓前に、大役を無事果たしたことを報告した。

「これで東海道新幹線は出来上がったも同然であります」

自分の政治生命がどうあれ、ともかく東海道新幹線は完成する。あとは、島秀雄技師長にまかせていけば、あと3年以内に世界に冠たる超特急が走るであろう……とホッと安堵のため息をつくのである。

＊

当時、世銀極東担当部長は、マーチン・M・ローゼンである（後に世銀副総裁）。ローゼンは、卓越した見識と洞察力を有する銀行家で、業界ではすでに独特の威光を放っていた。世銀借款を画策しようとするアジア各国の産業関係者にとって、「ローゼン参り」は必要不可欠の手順であったという。

そのローゼンが、昭和34年の10月に新幹線計画調査のために非公式に来日する。このとき総裁公館で、急遽、ローゼンと国鉄幹部との懇談会が開かれている（10月16日）。出席者は総裁・十河、技師長・島、財務担当常務理事・兼松など11名。

以下、懇談議事録からおもな論点を要約しておこう。

1　未経験の新技術問題

ローゼン　今度計画されている新幹線のスピードは私たちがまだ未経験のものです。私たちは保守的でして、実験的な企画に対しては資金を貸さない方針なのです。従って、今回の新幹線のスピードが実証されたものではないため、これに対して資金を貸すことには問題があるのです。

技師長　実証されたものでないといっても、500キロを3時間で走るのですから平均して時速167キロ以下程度の速度です。新幹線は電車列車方式ですから、安全策を講じれば時速200キロ程度でも無理はありません。

兼松　電車列車では、すでに狭軌で世界最速の時速163キロという実績があります。

このとき兼松は、3か月前に行なった「こだま最高速度試験」のことを持ち出している（第12章参照）。なるほど、あのスピード・テストの目標が時速160キロであったことには、こういう伏線

マーチン・M・ローゼン（写真左、1919－1984）東海道新幹線の世銀借款申し込みに際し、極東担当の部長として来日。十河、島、兼松らと親交を結ぶ。のちに副総裁。写真は、94歳の十河信二（右）と再会を果たしたときのもの。中央は兼松學。

もあったのか……と遅まきながら合点する。

ローゼン　国鉄の投資に対する収益率が２％というのは、あまりに低い。運賃値上げの行動を起こし、国会がそれを承認することができるかという問題が残ります。

2　赤字体質問題

兼松　従来の経験からいって、必要な値上げは認められてきています。

ローゼン　第一に、今直ちに、あるいは世銀借入の前に運賃値上げのための行動が取られるべきであること。第二に、経費の上昇に伴い、適当な収益率を維持するために将来にも運賃も上げるというアグリーメントが取りつけられるべきであること。この２つのことが果して可能でしょうか？

総裁　法律は、運賃はコストをつなぐものであるといっています。確実にできるとは申せませんが希望は持っております。

いつの世でも、赤字体質の組織が融資を受けることは、おそろしく困難である。

しかし、昭和24年の国鉄発足から十河信二の総裁就任まで、黒字年度はわずか25年度、28年度だけであった。結局兼松らは、昭和33年度に苦心惨憺の末に決算報告書を作る。退職金を次年度に繰り越し、資産再評価などによる営業外の利益を加えて、１０２億円の利益を帳簿上計上した。

しかし、この懇談会議事録のローゼン発言を追っていくと、随所に鋭い質問を投げかけながら、ローゼンが何とか借款を実現させたいと考えていたフシがうかがえるのである。たとえば、こんな発言である。

ローゼン　これはまったく仮定の話ですが、国鉄では東海道新幹線以外に世銀から借入を希望することはありませんか？
総裁　ありません。しかし資金というものはプールするものですから、どちらに振り向けてもかまいません。
ローゼン　総裁のいうとおり、マネー・イズ・マネーです。世銀借入に際して、そういう考え方もあり得るということです。

さいわい、この別名目融資という際どい戦術は、実行せずに済んだ。

3　貨物問題

ローゼン　1国で2種類のゲージを持つことに世銀は反対です。
技師長　たしかにゲージの統一は望ましいことでしょう。しかし、ここまで国鉄を発達させるまで、狭軌であるためにどれほど努力してきたか。これ以上の性能は、狭軌では実現できないのです。
ローゼン　広軌と狭軌が並行して走る場合、貨物輸送が混乱するのではありませんか？
技師長　臨港線、工場専用線などの狭軌を通らない貨物を新幹線で運ぼうというのです。

大蔵省　磯田財務参事官

安川財務調査官又は松室財務事務官

国　鉄　総裁、櫛田理事、技師長

大石常務理事、兼松常務理事

経理局長、幹線局長

外務部長、中西調査役、外務部次長

(秘)

ローゼン氏との会談議事録

日　時　昭和３４年１０月１６日　11:00 ～ 12:10

場　所　総　裁　公　館

出席者　総　　　裁
技　師　長
櫛　田　理　事
大石常務理事
兼松常務理事
経　理　局　長
幹　線　局　長
中　西　調　査　役
角　本　調　査　役
外　務　部　次　長

ローゼン　最近、山田・中西両氏に会うことができ、日本国有鉄道に関する意義ある話し合いをした結果、日本国鉄についての知識も豊富になりました。

総　　裁　アメリカでは山田・中西両君が大変お世話になり有難うございました。お蔭様で、新幹線の建設も測量が終つて、現在丹那ずい道の掘さくを開始しています。
（大石理事に）測量図をお目にかけたら。

大　　石　（測量図を示して説明）

－１－

測量は全部完了し、主な地点については地質調査も終つています。

総　　裁　用地の買収交渉も着々進んでおりますし、既に所要用地の３割は買収済です。

ローゼン　用地買収というのは中々むずかしい問題ですね。

大　　石　（地図により買収済区間を示す）

兼　　松　（新幹線計画の概要を説明）

ローゼン　東京のターミナルは何処になりますか。

兼　　松　都心に乗り入れた方が、旅客にとつて便利ですから、いずれにせよ丸の内附近になるでしよう。

ローゼン　新幹線は旅客のみ扱うのですか、それとも旅客・貨物とも扱うのですか。

兼　　松　旅客・貨物とも扱います。
（引き続いて新幹線の概要を説明）
工事進捗状況については大石理事が説明します。

大　　石　（地図により経過予定地を説明）
東京・大阪を除き、中間駅は９駅とします。測量については2,500分の１の図面による測量が完成しており、精密測量（detail survey）は現地に実際に杭をう

－２－

つて行い、それが沼津まで済んでいます。来年３月までには大阪まで完了します。

ローゼン　測量は国鉄自身の手で行うのですか。

大　　石　国鉄自体で行うとともに、契約によつて請負わせます。
地質的に難所である鈴鹿地区については地質調査の結果、関ヶ原ルートにきまりました。
現在、丹那ずい道工事に着手していますが、このほか試運転線となる横浜西方より小田原地区間の線路の建設にも間もなく着工します。来年、再来年の間には全線にわたつて工事を開始します。

ローゼン　丹那ずい道工事の請負金額は見積りと同額でしたか。

大　　石　略々同額で契約し、契約に当つてトラブルはありませんでした。
この工事は４ケ年で完成します。

技　師　長　国鉄は方々でずい道の建設を行つていますので、その建設費についてはきわめて精確なデーターを持つています。

兼　　松　国鉄では、今世界でも最も長いずい道の一つである１４キロの北陸ずい道を建設中であり、これが今回の丹

－３－

懇談会議事録。ほぼ全ページにあたる20ページを掲載する。

那ずい道工事にとつて良い経験となつています。

技師長　また、現在線の丹那ずい道工事の経験があるので、今度の丹那ずい道建設の見積りはきわめて正確でした。

兼　松　この地区は断層地帯であり、地質上は難所とされていますが、新丹那ずい道は現在の丹那ずい道の北方５０メートルにあり、現在の丹那ずい道工事の際、地質調査も充分行つてありますので、今回の工事の見積りはきわめて正確にできると思つています。

ローゼン　さて、お差し支えなければ私からも伺いたいことがあるのですが、まだその前に伺つておくことがありましようか。

兼　松　こちらでお話ししようと思うことは大体終りました。これから総裁と直接話し合つていただくよい機会だと思つています。

ローゼン　それでは、こちらから、世銀の特に技術者達が抱いている技術上の疑問について若干質問させて貰つてもよろしいですか。

総　裁　どうぞ。

ローゼン　第一にスピードについてですが、今度計画されている

新幹線のスピードは私達がまだ現実に経験したことがないものです。私達は保守的でありまして、実験的な企画に対しては金を貸さない方針なのです。従つて、今回の新幹線のスピードが実証されたものではないため、これに対して金を貸すことには問題があるのです。

技師長　実証されたものでないといつても、新幹線は500キロを３時間で走るのですから、ざつと計算して平均時速167キロ以下程度の速度なのです。

ローゼン　平均速度というのは中間駅に停つての話でしよう。中間９駅に停るのであれば駅間速度は平均速度より大きくなりますね。

技師長　東京ー大阪間を３時間で走るのは特急でして、これは中間において１駅にしか停らないのです。ですから平均速度と最高速度の差はそう大きくはならないのです。従つて最高速度としても時速200キロも出せばよいのです。

ローゼン　中間１駅にしか停らず、他の駅は通過するとしても、例えば京都駅を通過するとしても、通過する場合速度を落さなければいけないという制約があるのではあり

ませんか。

技師長　そのような制約はありません。ただ国鉄自体として高速度に対する安全策を講じておけば良いのでして、時速200キロで列車を走らせることは無理ではありません。

なお、新幹線では電車方式を採用するのですから、この程度の速度は一層無理なものではないのです。

兼　松　新幹線の列車は、機関車けん引ではなく、電車方式によつて運転するのであり、この電車方式では既に狭軌において世界最高の時速163キロの実績があるのです。

ローゼン　フランスは電気運転による世界最高のスピードの記録があると聴いていますが。

技師長　そうです。しかしそれは機関車けん引によるものでして、電車方式では、ドイツが既に1903．04年頃にベルリン近辺で時速200キロに近いものを出しています。

ローゼン　ところで、スピードの問題はゲージと関係があると思うのですが、世銀の鉄道専門家はゲージを変えるということに疑問を持つています。

世銀は今まで多くの国々と関係をもちましたが、1国

の中で２種以上のゲージを持つ処では、そのために種種面倒な問題が生じています。

このような経験から、世銀はゲージに関してはある種の偏つた考え方（ゲージは統一すべきであるという考え方）で出発しているのです。この点に関して御意見を聴かせて貰いたいのですが。

技師長　確かにゲージを統一することは望ましいことでしよう。しかし、日本の国鉄は狭軌では世界最高であると確信しているのですが、ここまで達するのには狭軌であるためにどれ程の努力を重ねてきたか知れないのです。これ以上の性能の鉄道を現出することは、もう狭軌ではできないことなのです。

兼　松　この際、輸送量の問題も考慮に入れることが必要だと思います。国中が全一のゲージであることは望ましいことではありましようが、輸送量のきわめて大きい処では、仮令ゲージが違つていてもうまくやつて行けるのではないでしようか。

その良い例が近畿日本鉄道です。

近鉄は広軌でして、他の狭軌の鉄道との間に相互乗入

れをすることができず、大阪ー名古屋間だけを運転しておるのですが、それで充分経営がうまく行つているのです。

それは何故かといえば、大阪。名古屋にこのような運転を正当化するだけの輸送量があるからなのです。

まして、今度の新幹線は東京、名古屋、大阪等の大都市を連ねて運転するものなのですから輸送量もきわめて大きいのでして、ゲージが違つていても充分やつて行けるわけなのです。

ローゼン　理論的にはゲージを統一する方が良いと思われますが、なる程輸送量が大きい場合にはゲージが違つても良いという見方もありますね。

けれども、この場合私が特に指摘したいことは、狭軌と広軌とが１地区を平行して走る場合はどうなのかということです。例えば、京都に生産工場があるとした場合、狭軌と広軌が平行して走つていると、この工場に出入する貨物のうちある物は狭軌により、ある物は広軌によつて運ばれてくるということになると、この工場は狭軌、広軌２種の専用線を持たなければならな

いということになりますね。

先程、私が新幹線は旅客輸送だけを行うものであるかと質問しましたのは、こんな理由からでして、新幹線は貨物輸送も行うのであるというお話しでしたが、私としては新幹線は旅客を、現在線は貨物を輸送するものではないかといいたいのです。

技師長　現在線には沢山の臨港線、倉庫線、工場専用線等があります。こうした専用線に出入する貨物の輸送のために現在線をフルに働かせようとして、専用線を利用しなくても良い貨物の輸送は、これを新幹線で行おうというのです。

兼　松　さらに、長距離旅客の大部分は現在線から新幹線に移つてきますから、現在線は一層余裕ができて、専用線を利用する等、新幹線に移り得ない貨物を充分輸送することができるようになるのです。

技師長　現在、東海道線で輸送されている貨物のうちには、駅で直接引きうけるものが非常に多いのです。これらの貨物のうち、現在線に残るものを除いて新幹線の貨車で運ぶことになります。

兼　松　現在、東海道線で輸送されている貨物のうち、荒荷等を除いてその８０％以上が直接駅で取り扱うものです。これ等はいいわゆる雑貨的なものでありますからコンテナー輸送或はピギーバツク輸送に適するものです。

従つて、新幹線ではこのような輸送方式によつて貨物輸送を行います。

ローゼン　ところで、私の算術が正しいとすれば、狭軌と広軌との差は根本的には東京ー大阪間で１時間の違いだけということになります。

広軌では最高２００キロ、平均１７０キロ、狭軌では最高１７０キロ、平均１３０キロとしますと、狭軌でも東京ー大阪間を４時間で行けることになり、広軌の３時間に対して、１時間だけの差ということになりますね。

兼　松　狭軌において１６３キロをだすことができた試験は、或る特定の区間に限つて行つたものであつて、狭軌のすべての区間においてこのような速度が出せるというのではありません。

技師長　新幹線を狭軌にすると、現在線との間に車両を直通運転するということが問題になります－－－－－－

ローゼン　狭軌にした方が建設費も安くなるでしよう。

技師長　安いということは、ここでは一応別として、直通運転ということに話をしぼりますと、新幹線と現在線との間に車両の直通運転をしようとすれば、新幹線の車両も古い現在線の制約に合わせたものとしなければならなくなつて、速く走らせることができないような車両となつてしまいます。

ローゼン　現在線の制約は、旅客列車に対しては影響があるでしようが、貨車については問題はないでしよう。

技師長　カントは速度の高いものと低いものと平均値でつけてありますから、同一線路を走る列車の速度は近い値のものでなければなりません。従つて、きわめて高速度の列車はこのような線路を走ることができないのです。

現在線の貨車はきわめて遅いので、これに合わせてカントのつけられた現在線を新幹線の貨車が高速度で走ることはできません。

また、高速度のための新幹線のレールを遅い現在線の貨車が走ることもできないのです。

兼　松　何れにしても、直通運転は技術上不可能ではないけれ

ども、プラクティカルではないと思われます。

ローゼン　ところで、先程のコストの問題であるが、狭軌と広軌との建設費の差を研究したことがありますか。

技師長　狭軌と広軌との建設費の差は、大まかにいえば枕木の長さの差だけしか変りません。

しかし、広軌の場合には、車両の重心が低く踏張りがよいので傾いた場合の下向力が小さくなり、そのため枕木の本数は狭軌の場合より少なくてよいのです。

ローゼン　バラストはどうですか。

技師長　下向力が小さくなるので薄くて良くなり、総体の量は変りません。

ローゼン　軌条は同じ重量のものを使うのですか。

技師長　日本では５０キロ軌条をかなり前から使っていますが、アメリカのローカル線ではもつと軽いものを使っています。日本の場合軸重が１５トン制限であり、アメリカでは軽いレールでもこれより重く２０トンであるのは、広軌で車両の重心が低いためです。

ローゼン　アメリカをモデルにして貰つては困りますね。

経理局長　全体のコストについては資料を既にお渡ししてありま

す。

ローゼン　世銀の鉄道関係者はこのように種々疑問をもつています。

本日いただいた資料は帰つて世銀の鉄道関係者に渡しますが、これらの疑問に対してはアメリカではその解答を得られないと思われます。（「世銀の鉄道関係者の疑問は解決させられない」という意味か「アメリカの技術者にはわからないから、他の国（フランス）の技術者に調査して貰う」という意味か？）

経理局長　その資料（本日配付した資料）も世銀あて送つてあります。

ローゼン　会議その他の差しさわりがあつたため、送付された資料についての見解はまだ聴いておりません。

兼松　こだまは東京−大阪間を１日１往復できるようになつたため、それまで片道だけであつたのに比べて、車両の運用効率が２倍になりました。

これが東京−大阪間を３時間で行くことができるようになれば、１日に２往復できることになり、運用効率は現在の４倍となり、輸送原価にも大きな影響を与え

ることになるのです。

ローゼン　さて、もう一つの問題は運賃及び投下資本に対する収益率の問題ですが、昨年会談した際、これは重要な問題で、直ちにこれに取りかかるよう示唆しました。

山田氏が資料を携行し、世銀関係者と話し合つた結果、問題の概要がわかつてきました。

最初のうちは、この問題が余りにもシリヤスなものであつたので、これ以上話し合いを進めても実効がないのではないかと思われました。それで、この問題は解決のできないもの、従つて世銀としては金を貸すことができないものと考えられました。

つまり、日本の国鉄の経営は赤字で収益率が低く、これを解決するためには運賃を倍額にして貰わなくてはならないのですが、そのようなことは世銀として扱うべきことではないと考えられたのです。しかし、話し合いの結果、この運賃及び収益率の問題は解決のできない問題ではないという結論に達しました。けれども今なおシリヤスな問題であることに変りはないのです。

残念ながら正確な数字を記憶しておりませんが、日本

国鉄の投資に対する収益率が２％程度であることは余りに低くすぎるというのが世銀の意見なのです。

しかし、運賃を２０〜３０％上げれば、収益率も２％から４％に上るように私達には思われるのです。

アメリカでは鉄道がいくつも破産しているので、これを例に引くことはできませんが、世銀が金を貸した国国の鉄道を比較してみても、鉄道企業の収益率は一体何％が正当であるのか私達にはわからないのです。

電力会社の収益率は鉄鋼会社のそれより低く、鉄道は電力会社より低いであろうということはわかりますが、それにしても収益率が２％というのは適当でないと思われるのです。

従つて結論としては、日本政府が運賃値上げのための行動を起し、国会がそれを承認するかどうかということが問題として残るのです。

兼松　私達としては、日本政府や国会がどういう行動をとるかということはいえないが、国鉄自体としては十河総裁が政府及び政党等に対して、充分働きかけているので、その結果どうなるかということは今はつきり申し上げ

ることはできないけれども、従来の経験からいって、必要な値上げは認められてきています。

ローゼン　そこで、私達は次の2つのことが必要となるでしょう。
第一に、収益率を適当なものとするために、今直ちに或は世銀借入の前に運賃値上げのための行動が取らるべきであるということ。
第二に、経費の上昇に伴い、適当な収益率を維持するために将来運賃も上げるというアグリーメントが取りつけらるべきであるということである。
この2つのことが果して可能なことであるのか、或はまたこれらは政治家たちの解決すべきことであるのか私は知りません。

総　　裁　法律でも運賃はコストをつぐなうものであることといつています。
今までもそうでありましたが、今後とも、これに対しては理解して貰えるよう努力して行く積りですので、確実にできるとは申し上げられないが希望はもつております。

ローゼン　1年前には、これは全く解決の道のない問題であると

考えていましたが、段々と解決し得る問題となつてきたように思われます。
さて、世銀借入に当つて、次の段階はどういうことになりますか。

兼　　松　大蔵大臣にもお願いしてありますが、先ず政府の方針としては第一に国鉄の世銀借入をきめてくれることと思つています。
話がスムーズに進んでくれることを期待していますが、なお、詳細な点に関しては今後とも世銀と話し合いの機会を持ちたいものと思つています。

ローゼン　世銀借入の割り当てを鉄鋼にするか、電力にするかは日本政府の決定する問題であり、日本政府の態度が決定するまでは私達としてはこれ以上何もすることができません。
なお、スピードとゲージの関係については、島氏が世銀の技術者と話し合つてもなお意見の相違が残るかも知れません。
ところで、これは全く仮定の質問であつて、何等これから結論を引き出そうというものではないのですが、

国鉄では東海道新幹線以外の計画について、世銀から借入を希望するということはありませんか。東海道新幹線以外で通常の保守の他に新規投資をすることがありますか。

総　　裁　東海道新幹線以外について世銀から借入することは現在のところまだ考えていません。
けれども資金というものはプールであるから、どちらに振り向けてもかまいません。（新幹線以外の計画で世銀借入を行い、その計画に当てていた国内資金を新幹線に振り向ける。）

ローゼン　総裁のいうとおりmoney is moneyで金はどう使つても価値のあるものです。
仮定の問題については結論に達しない方がよいかも知れませんが、世銀借入に当つてはこういう考え方なりやり方なりがあるということです。
しかし、もし新幹線に対する世銀借入ができなかつたとしたら、それは世論に対してどのような影響を与えますか。たしかにmoney is moneyではあるけれども、世論は必ずしもそうは考えないでしようね。

総　　裁　新幹線は国民から圧倒的な支持を受けています。私達はどんなことがあつてもこの計画を完成したいと思つています。

経理局長　失望するでしようね。

技 師 長　国鉄には電化、デイーゼル化、線路増設等種々の新規投資がありますが、こうした計画の中で新幹線がもつとも利益を生む計画なのです。

ローゼン　これからあとは政府の問題であると思います。
もし、政府が国鉄の世銀借入を認めましたなら、技術的な問題について世銀と国鉄との間に話し合いが残ります。

兼　　松　政府は国鉄をおしてくれるものと確信しています。

経理局長　第一の技術上の問題は国鉄の問題ですが、第二の収益率の問題は政府の問題としてお話しになつたのですか。

ローゼン　それは私としては何とも申し上げられないことです。
（それは国鉄と政府の両方にまたがる問題です。）

総　　裁　どうも有難うございました。

この貨物問題に関しては、当初から国鉄側も頭を悩ませていた。島秀雄技師長の頭の中には、のっけから貨物新幹線構想の「貨」の字もない。速度の違う旅客と貨物が同じ線路に混在するからこそ、東海道の輸送力がますます逼迫するのだ。広軌新幹線はハイスピード・レーン。従来の狭軌東海道線はロースピード・レーン。ハイウェイのように速度によって棲み分けさせることが新幹線の大前提である。しかし、国鉄内部にも根強い貨物新幹線論者が存在したし、なにより当時のアメリカでは、旅客輸送は「5%ビジネス」であった。鉄道輸送の95%は貨物であり、旅客はもっぱら自動車と航空機に移っていたのである。

そこで、世銀への説明資料には、貨物新幹線の青写真も挟み込むことになった。将来は貨物新幹線も走らせたい……という世銀向けの苦しいポーズである。当時のパンフレットや世銀向けの説明資料をみると、貨物新幹線のポンチ絵、つまり簡単な設計図が入っている。

実は、この貨物新幹線のポンチ絵を描いたのは島隆であった。

島隆は、父が国鉄を去った後の昭和30年春に入社している。むろん父の下で働くことなど夢にも思っていなかったが、あれよあれよという間に父はまさかのカムバックを果たし、新幹線建設の陣頭指揮を執ることになり、隆自身は最年少スタッフとして新幹線設計グループに呼ばれることになった。

島隆が研修期間を経て本社に戻ってきたのは、昭和33年である。前年に組織された臨時車両設計事務所（動力車、客貨車、電気車の各グループ）に新たに新幹線グループが生まれた年であった。

隆は、新幹線設計グループの1期生。発足当初のスタッフは、わずか4名。はじめは、もっぱら諸外国の資料調査やラフな性能計算が業務の中心であった。

「貨物用新幹線のラフスケッチをもっともらしく描いてくれ」

ある日、隆は幹線調査室の調査役から、こんなふうに頼まれた。大型トラック、バス、乗用車を貨物新幹線に搭載する場合、どんなふうになるだろうか。このとき隆は、一般乗用車はビュイック・インペリアル、小型乗用車はスバル360をモデルにポンチ絵をまとめている。ちなみに隆は、この頃、スバルを3台乗り換えるほどの大のスバル好きであった。

＊

ローゼン来日から3か月後の昭和35年1月、島秀雄と兼松學らの一行は、東海道新幹線計画の詳細を説明するためにワシントン入りした。

「このときは、島さんもそうとうに準備をされていて、世銀の鉄道スタッフを向こうにまわして、じつに明快に、理路整然と技術的説得にあたってくれました」

と、兼松は回想する。とりわけ、兼松の印象に残っているのは、島が新幹線を「プルーブド・テクニック（proved technique）の集積である」と説明したことである。

つまり、新幹線には、未経験の新技術は使わない。すでに狭軌で証明済みの技術を集めて、広軌鉄道に応用するだけである、と。

実は、このときの島の考え方は、単に世銀側を説得するための方便ではなかった。事実、新幹線を開発するにあたって島秀雄が最後まで貫いたポリシーは、「未経験の新技術は使わない」であった。

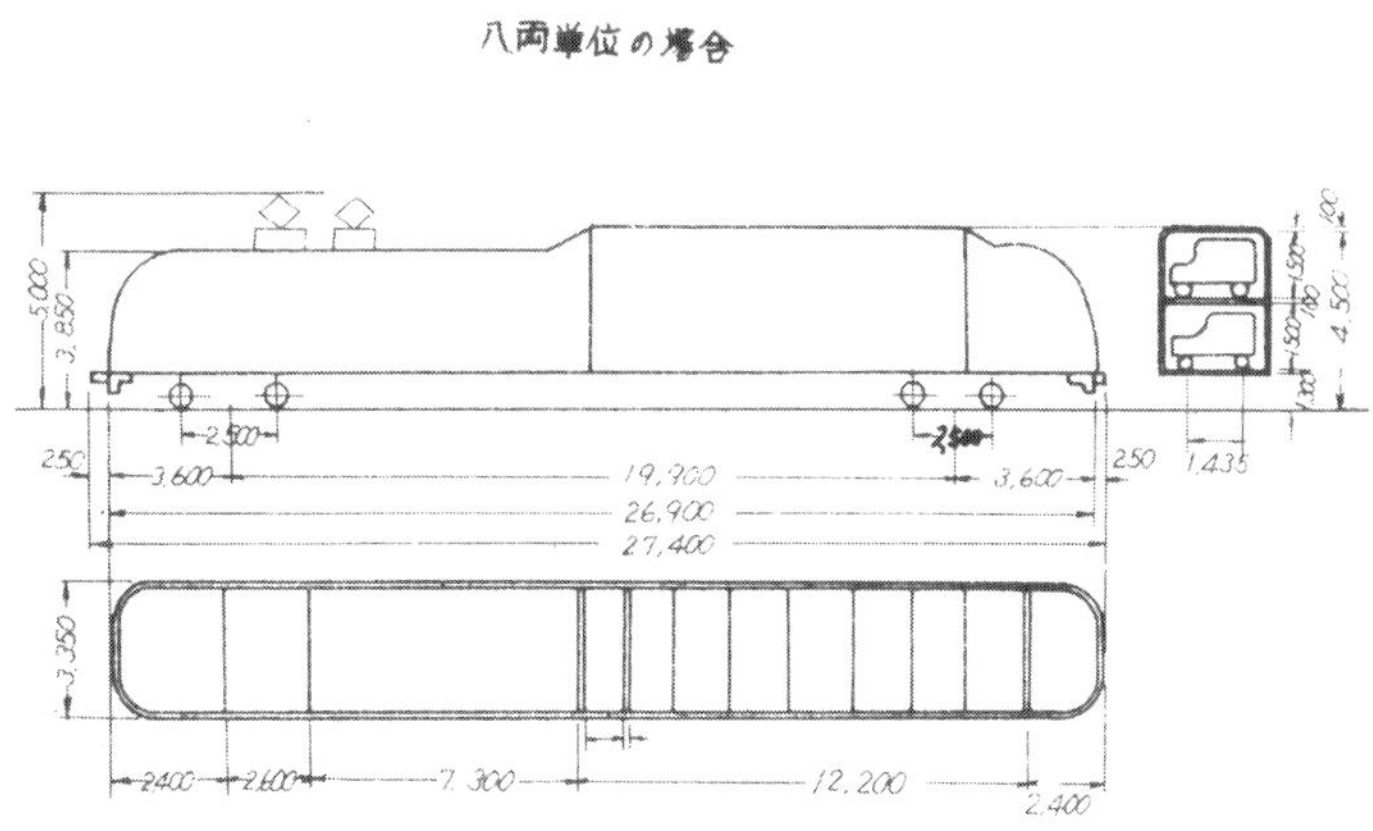

2. 4. 31図

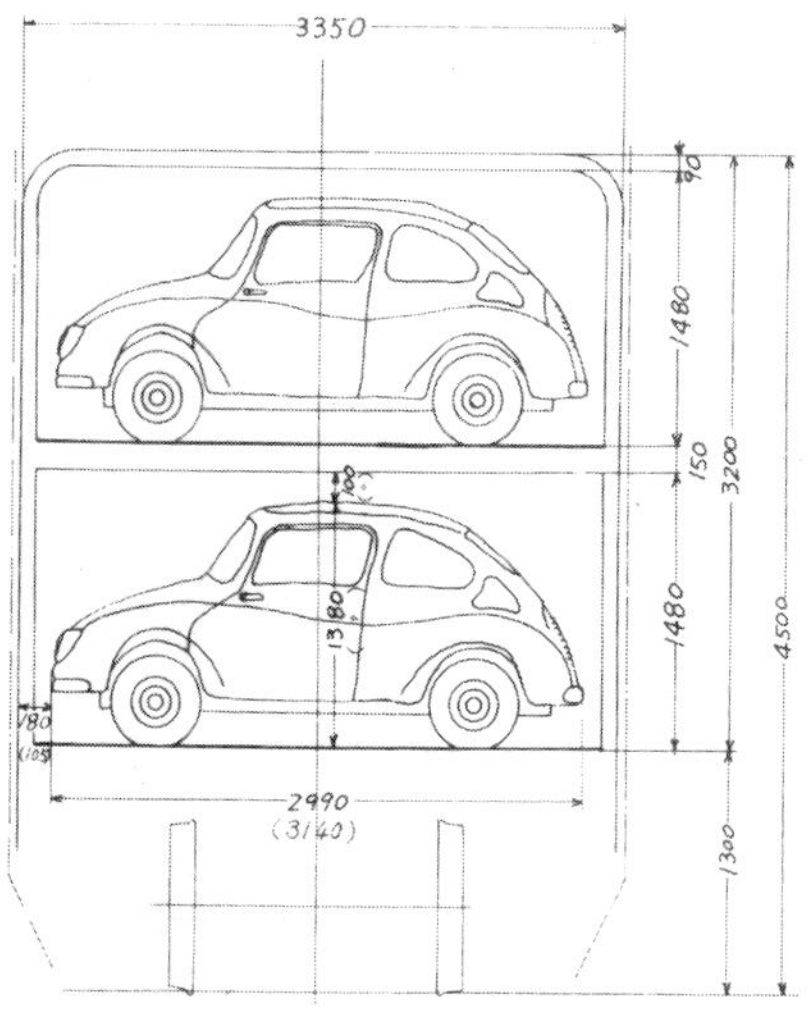

2. 4. 29図

島隆が描いたラフスケッチ。8両単位の場合の3面図（上）と、小型車スバル360の搭載を想定した図（下）。

懸案の貨物問題に関しても、島秀雄は、むしろストレートに、直球で勝負していく。まず東海道の貨物輸送が逼迫して、在日米軍が暗に要求している貨物輸送に差し支えが出るようになっている。それを解決するためにこそ新幹線が必要なのだ。いずれ旅客をすべて新幹線に移せば、在来線で貨物を大いに輸送できることになる……。

「日本人よりアメリカ人のほうが、ずっとよく理解してくれた」

と、島は後に語っている。

そして、この島らの訪米説明を受けて、5月に正式の世銀調査団が来日する。この調査団には、是が非でも「ＯＫ」を出させる必要があった。このとき兼松は、石橋を叩きにかかる。世銀調査団スタッフにフランス人が加わらぬようローゼンを通じて裏工作に腐心するのである。

「当時、日本とフランス国鉄は、必ずしも仲良くはなかったんです。終戦直後に電気機関車の輸入問題でモメて以来、しっくりいっていなかった。フランス人の方にヘソを曲げられてしまうと、新幹線計画が水泡に帰すことにもなりかねませんからね。事前にできる限りのことはしておいたわけです」

昭和30年代に入ってからも、日仏の鉄道関係者は何かとギクシャクしていた。新幹線建設に不可欠とされる交流電化を実現する際にも、ひと悶着あった。交流電化先進国のフランス製品を購入直前でキャンセルし、フランス関係者が「自国技術を盗まれた」と訝っていたのである。

ちなみに、このギクシャク関係は、昭和36年のフランス国鉄アルマン総裁来日まで続いた。技術者出身のアルマンが、技師長・島秀雄とともに北陸線の交流電化区間を視察し、「たしかに日本独

北陸線の交流電化区間を視察する島秀雄。

島秀雄（左端）とフランス国鉄総裁ルイ・アルマン（左から2番目）。

自の技術」と確認して、やっと疑惑が氷解したという。

以後、島とアルマンは終生の友となり、鉄道の日仏関係ものちのTGV開発をはじめとして、一貫して密接な協力体制を維持し続けている。しかし、当時は、険悪この上なかったのである。

はたして、来日した世銀調査団のメンバーにフランス人の姿は見えなかった。団長は世銀技術審査部交通課長のバンヘルデン（オランダ）。ほかにアメリカ人、西ドイツ人各1名の計3名。

こうして、十河信二、島秀雄、兼松學ら関係スタッフ多数の努力の甲斐があって、やっとの思いで世銀借款が実現する。しかし、島たちが世銀借款に奔走していたころ、まだ車両の設計については、ほとんど手つかずの状態であった。

世間には、新幹線反対論も依然として根強い。元海軍士官の作家・阿川弘之のいい出した「四バカ論」は、反対派に大受けに受けて、事あるごとに繰り返された。「世に四バカあり。万里の長城、ピラミッド、戦艦大和に新幹線」。いまさら時代後れの大建造物を作っても、無用の長物。莫大な建設資金返済に苦しむだけだ、と。

しかし、用地買収と建設工事は、すでに始められている。

昭和34年4月20日。東海道新幹線の起工式が、新丹那トンネルの熱海口で行なわれた。

まず、急ぎ、この新丹那トンネルから着工されたのは、大正7年に着工して11年を要した丹那隧道難工事にかんがみて、もっとも難工事が予想されたからである。

より正確にいうと、新丹那トンネルは、起工ではなくて工事再開である。戦時中の弾丸列車計画の際、西口1400メートル、東口650メートルを掘り進んだところで、工事が中断されたままになっていたからである（第2章）。その後も、関係者による地道な作業によって、ほぼ完全な形で保守されていた。戦前に詳細な地質調査が行なわれていたこともあり、この新丹那トンネルは、結局予定を1年短縮して4年で完成する。

起工式は、永野護運輸大臣、十河信二総裁、島秀雄技師長ら国鉄幹部列席のもとに行なわれ、永野が玉串奉奠、十河が鍬入れの儀を執り行なった。

「エイッ」

東海道新幹線の起工式。新丹那トンネルの熱海口にて。戦時中の弾丸列車計画の際に、入り口はすでに完成済み。神棚の前で、十河信二が鍬入れ式を行なった。

鍬入れの儀は、ふつう、お上品に格好だけで済ませるものである。しかし、このとき十河信二は、気合いを込めて振り下ろす。

「エイッ」

「エイッ」

3度目の「エイッ」で、ついに鍬の首が飛んで、参列者の前に転がった。しかし十河信二は高らかにこう挨拶する。

「本日、広軌新幹線建設に第一歩を踏み出しました。全世界がまだ実現し得なかった最高の鉄道としてお目見えすることを念願しております」

実は、この起工式のギリギリ直前まで、十河総裁再任問題をめぐって水面下のせめぎ合いが続けられていたのである。

次期首相の椅子をにらむ佐藤栄作は、十河総裁の資金計画に疑念を持ちはじめていた。実際にかかる総工費の半額だから、訝られて当然である。同じく次期首相の有力候補であった河野一郎は、新幹線計画を半官半民の別組織、つまり公団方式でやるべきだと主張していた。つまり永田町では「十河続投させず」でまとまっていたのだが、これにマスコミ各社がいっせいに反発した。国鉄の職員たちが「十河親父再任」を佐藤栄作に陳情するほど、現場の十河人気も高かった。最後は、「十河を再任させろ」という吉田茂の一言で決着したと伝えられる。

つまり、鍬の首どころか十河信二の首が飛ぶ寸前だったのである。

男、十河信二。気合が入って当然であろう。

＊

世銀向けポーズとしての貨物新幹線のポンチ絵に愛車スバル360を描き入れた島隆は、後に世銀入りしている。初代東海道新幹線「0系」の若き設計エンジニアとして過ごし、のちに東北・上越新幹線「200系」の設計責任者として活躍した後、昭和56〜60年の4年間、世銀技術審査スタッフとして勤務している。

島隆が所属したのは、南アジア・プロジェクト部。主にインド、パキスタンの鉄道改善プロジェクトを担当した。つまり、かつてローゼンやバンヘルデンが東海道新幹線建設で果たした役割を島隆が担うことになったのである。

世銀から誘いがあったとき、隆は父にこう報告した。

「このまま国鉄内で仕事を続けるより、世銀に出て、他の人と違う道を歩いてみます」

「それもいいじゃないか」

と、秀雄は笑顔で答えたという。

島隆によれば、実際に借款申し込みの審査や現地調査を行なう際には、担当者の考え方や嗜好、性格がものをいう場面も少なくない。

「できるだけ公正に、客観的に評価しようとしても、最後は、個人の主観的判断に頼らざるを得ない場合も多いんです」

そう考えると、できればフランス人を外してもらえないかという兼松學の画策も、いまから振り返ればたいへんに的を射た配慮だったといえそうである。

世銀には、「卒業」(graduation) という言葉がある。

融資の条件資格は、国民一人当たりのＧＮＰで決まっている (現在は５４４５ドル)。被融資国が経済発展を遂げて、ＧＮＰがこの額を超えることを目安に、「卒業」と称して祝福する。日本が「卒業」したのは、昭和44年。東海道新幹線開業から5年後のことである。

そして、全額返済を完了したのは、昭和56年5月。十河信二が97歳で死去する5か月前のことであった。その間、変動相場制の導入もあり、円高もどんどん進んで、元金の返済総額は２３３億円。つまり、差し引き55億円も得をした計算になる。

世銀では、いまでもこう語り継がれている。

「数ある世銀借款の中で、もっとも成功し、稔り豊かで、かつ世銀にとってもっとも誇らしい融資が、日本の東海道新幹線建設である」

※世界銀行の極東部長マーチン・ローゼンを国鉄総裁公館に迎えての「ローゼン・ミーティング」については、『新幹線を走らせた男　国鉄総裁 十河信二物語』の二十一話「マーチン・ローゼン」に詳しい。このローゼン・ミーティングについては詳細な議事録が残っている。筆者は、この議事録と参加者・兼松學に取材した情報をもとに本稿を書いた。ご参考までに関係個所を抜粋しました(↓Ｐ３８８「Ⅳ 世銀借款〈ローゼン・ミーティング〉」)。

第14章 システム工学

製作中の新幹線試作車。

島秀雄は、どこまで新幹線を作ったのか？

はたして「東海道新幹線をつくった男＝島秀雄」と言いきれるのか？

連載をスタートさせるにあたって、まずクリアしておくべき最大の懸案事項は、実はこの点であった。

「デゴイチ」（Ｄ51）は、たしかに島秀雄の作った蒸気機関車だといえる。若き島が自ら烏口を手に図面を描き、自らの手で改良を重ねてＳＬ史上有数の名機に仕上げている。

湘南電車も、島の作品と言っていい。動力車課長として東奔西走し、占領下という悪条件のなかで生みの苦しみを味わっている。

しかし、東海道新幹線の実質的な開発期間である昭和33〜38年の間、島のポストは「副総裁格の技師長」である。国鉄40万の大組織にあって、総裁に次ぐ、事実上のナンバー2。現場の設計陣にとって、すでに「雲上人」であった。

しかも、資料を読み進めていると、島秀雄自身による、このような発言にたびたび出会う。

「東海道新幹線は、それぞれの分野に蓄積された既存の技術を活かして、現場の技術者の創意工夫によってできあがっている。私は、技師長としてそれらをまとめあげたにすぎない……」

新幹線プロジェクトにおいては、島秀雄はいわば形式的な責任者であって、実質的な設計および製作は現場の若手技術者がイニシアティブをとったのではないか？　つまり、厳密には、「島秀雄が新幹線をつくった」とは言いにくいのではないか？

という素朴な疑問が、当初、頭から離れなかった。

しかし、取材を進めるほどに、「島秀雄こそ東海道新幹線をつくりあげた男だ」という確信を強めていくことになった。たしかに、設計図を実際に引くような仕事は、皆無だったかもしれない。しかし、この間、島秀雄は東海道新幹線完成のために、持てるものすべてを投入している。「組織の形式的なトップ」というには、あまりに多忙な、戦いの日々であった。

ここで、1枚の資料を紹介しよう。

「東海道新幹線プロジェクトの経緯」（巻頭の折り込み図参照）

この図は、島秀雄の最晩年の書斎に残されていたものである。手書き。B4の方眼紙を2枚貼りあわせた大きさで、旧式のコピー機で複写してあった。

詳しく扱っている年代は、昭和31年から開業直後の39年まで。そこに、弾丸列車計画などの若干の前史が加わり、さらに開業後の要件が欄外に書き込まれている。テーマは、世論の評価から世銀借款の経緯、工費不足問題、各組織の流れ、技術的課題、研究&開発、試験走行、用地買収、工事経過、そして関連メーカーの動き……まで多岐にわたっていて、東海道新幹線プロジェクトの全貌がまさに一望のもとに眺められる。

これが、島秀雄自身が書いたものかどうか。残念ながらはっきりしない。筆跡は、よく似ている。一見して、資料集等のための下書き原稿のようだが、いまのところ、わたしたちが入手した資料、文献には、このプロジェクト図は見当たらない。

早くから「新幹線グループ」（車両設計事務所）の一員としてプロジェクトに参加していた島隆は、こう語る。

「車両の設計・製作の事情に相当詳しい人だと思います。これだけプロジェクト全体を見渡せる立場というと、技師長室周辺しか考えられませんよね」

ともあれ、この図を眺めていると、「東海道新幹線」というものが、いかに大規模で、しかも短期決戦型プロジェクトであったかということを、あらためて思い知らされる。

デゴイチも湘南電車もビジネス特急こだまも、基本的には車両を新しく作ればよかった。しかし、「東海道新幹線」はまったく違う。延長500キロの広軌新線。時速200キロで走る電車列車を一気に360両。駅、トンネル、架橋などの設備。運転管理、信号系、電力供給、運行ダイヤ……。およそ鉄道に関する一切のシステムを、島秀雄技師長はいわば「総合プロデューサー」として、すべて新しく作りあげなければならなかったのである。明治5年に、新橋－横浜間に鉄路が敷かれて以来、このような経験は、日本鉄道史において類例がない。官民を問わず、線路は少しずつ延長され、車両は段階的に性能アップされるものだったのである。世界的にみても、少なくとも第二次世界大戦後に、これだけ大規模の鉄道施設をゼロから丸ごと建設した例は、ほとんど皆無といっていい。

後年、島秀雄はこう語っている。

「ビッグ・プロジェクトに取り組む場合、あらゆる条件を考慮して、もっとも合理的な体系を作りあげることが重要です。膨大な情報、技術を有効に組み上げて活用し、目的を達成すること。つまりシステム工学的な発想が必要なのです」

＊

島秀雄の「システム工学的な発想法」は、新幹線0系の車両作りの場面でも、いかんなく発揮されている。ここでは、昭和34年4月、車体に関する最初のモノ作りとしてスタートした「1号試験台車」を例に、話を進めてみよう。

すでに、第6章「高速台車振動研究会」で触れたように、列車高速化の鍵を握る最大の要素は台車である。鉄道の台車は、「蛇行動」というやっかいな問題を抱えている。ある速度域に達すると台車がサインカーブ状に横振動して、最悪の場合、脱線の危険を孕む。時速210キロという高速でこの蛇行動を抑え、しかも快適な乗り心地を実現するには、どんな台車にすべきか。そのテスト用に開発されたのが「1号試験台車」である。そして、その担当技術者に島隆が抜擢された。

「この1号試験台車は、実際の線路は走らないんです。鉄研の車両試験台の上を走る。大きな円盤状の軌条輪を高速回転させて、模擬走行させるわけです。最大の特徴は、各部品を自由に交換したり、付け替えることが可能な点なんですね。できるだけたくさんの組み合わせを試すことができるように工夫しました」

輪軸、軸箱、揺枕吊り、軸バネ、枕バネ、ダンパー……など、台車の各構成要素を自由に組み合わせられるように設計されていて、島隆によれば、この組み合わせパターンは全部で、なんと約5万通り。毎日1パターンずつ試験すると140年近くかかってしまう。

「もちろん、すべての可能性を試したわけではありません。しかし、翌年に迫っていた試験車両に間に合わせるために必要なデータは、この試験台車でほぼ完璧に揃えました」

あらゆる条件を考慮して、もっとも合理的な体系を作りあげる……。この「1号試験台車」は、島流システム工学の何たるかを如実に示しているように思える。

このシステム工学的発想法は、実は新幹線初代「0系」に至るまでの車両の歴史にも、そのままあてはめることができる。

島秀雄は、東海道新幹線開業後も、ことあるごとにこう強調している。

「新幹線には、未経験の新技術は原則として使っていません。むしろ、既存の技術の、経験済みの技術の集大成です」

では、新幹線「0系」に集大成されたという既存技術は、どのようなルーツを持っているのか。主だった点に限って、ここで簡単に振り返ってみたい（折り込み図参照）。

まず、電車列車方式という基本コンセプト。最初の閃きは、昭和12年、オランダの近郊電車を見たときであった（第3章）。しかし暗い戦争の時代を挟んで、その閃きが最初に実現されるのは「湘南電車」である。そして徐々に走行距離を延ばしていって、本格的な長距離電車列車のビジネス特急「こだま」が登場する。軽量車体を作る技術は、湘南電車の最終形「全金車」以降、国鉄／私鉄を問わず多くの車両で採用されて、長足の進歩を遂げていた。気密性の高い客室作りや2階運転台などは、「こだま」で経験済みである。

次に、モーター。「0系」に採用されたモーターは「WN平行カルダン駆動方式」である。この平行カルダン駆動方式（第6章）は、まず京阪、阪急、京成などの私鉄に導入され、小田急SE車で実力証明済みであった。国鉄では「モハ90」以降、一貫してこの方式である。「WN」は、駆動力を伝える継ぎ手の方式で、すでに営団地下鉄丸ノ内線などで実績を積んでいた。

振動を抑える空気バネは、「こだま」で初登場して（蛇腹式）、名鉄パノラマカーでマッシュルーム状（ダイヤフラム式）となり、「0系」に進化する。

こうして、歴史を後ろから振り返ってみれば、「あらゆる条件を考慮して、もっとも合理的な体系を作りあげる」べく、戦後日本の鉄道車両技術は、国鉄／私鉄の別なく、繰り返し繰り返し試されつつ、熟成されていったのである。

むろん、島秀雄というヴィジョンと実行力の持ち主がいなければ、それぞれの素晴らしい要素技術は、ついに集大成されぬまま終わっていたかもしれない。長く島秀雄の信を得て、0系設計の現場を切り回し、隆の上司でもあった石澤應彦はこう語る。

「従来の国鉄という枠組みにとらわれている人であれば、私鉄の新しい技術まで含めて、あそこまで自由に発想できたかどうか。おおいに疑問ですね」

つまり、島秀雄は、理想の鉄道システムをゼロから作りあげるという希有のチャンスを前にして、利用可能なあらゆる技術、その組み合わせ方を貪欲に試して、東海道新幹線に集大成しようとしたのである。

＊

ここで、新幹線実現に不可欠といわれる、もうひとつの重要技術について簡単に触れておこう。

交流電化である。新幹線の架線には、交流2万5000Vが流れている。一方、当時の在来線は、直流1500Vであった。

電圧×電流＝出力

新幹線0系モーターの出力は、180kw。こだま型の約2倍の大出力モーターを起動させ、長時間にわたって高回転させるには、1500Vではとてもまかないきれない。あえてまにあわせようとすれば、莫大な電流を通すためにとてつもなく太い架線になってしまう。

しかも交流電化には、地上施設が少なくて済むというコスト上のメリットもあった。高電圧のため長距離送電もたやすい。直流の場合は大規模な変電施設を整えなければならないが、交流の場合は商用電流を利用できる。東海道新幹線の場合は、50Hz区間と60Hz区間の両方を走るという周波数問題が残ったが、これは現在も東京駅を含めて東側の50Hz地域では変換器で60Hzにあげるという方法で対処している。

さらに交流はショートしにくいので、安全性も高い。桜木町事故で犠牲者を拡大させたのは、火花を発し続けた直流1500Vであった。

実は、この交流電化を積極的に推し進めた第一人者は、島秀雄ではない。島が桜木町事故で国鉄を去っている間に、第3代総裁を務めた長崎惣之助である。

昭和20年代後半に、島も長崎もそれぞれ欧州視察に出掛けている。そして、ともにドイツ、フランスで当時、最新の交流電化鉄道に出会っている。島は、交流と直流が混在することによる不効率ゆえに「国鉄に採用する日があろうとはまったく思いもしなかった」と回想している。だが、長崎はその将来性を見越して、帰国後さっそく研究開発に着手させて、島が技師長で戻って1年後の昭和31年に日本初の交流電化が仙山線で実現するのである。島秀雄はこう書いている。

「東海道新幹線の成功の陰には、交流電化技術を確立していたことが大きな土台をなしているので、これなくしてあの大出力の高速列車を走らすことが出来たとは到底考えられない」（昭和44年『鉄道ピクトリアル』4月号「交流電化採用の憶出」）

＊

「システム工学とは、ひと言でいうといったい何ですか？　どういうことですか？」

石澤應彦は、あるとき、島秀雄技師長にこうたずねたことがある。

「何事も遺漏なくやることですよ」

と、島は答えた。

なるほど……と私は思う。何事も遺漏なくやること。それは、何事も遺漏なきように、みずからの責任において万全を期すことであろう。裏を返せば、「何か遺漏があったときは、当然、全責任を自分が被る」という覚悟であったはずだ。

もういちど、「東海道新幹線プロジェクトの経緯」を眺めてみてほしい。この計画が、いかに薄氷を踏むように進行していったかということがよくわかる。

「新幹線関東軍となる」

「数回にわたる工費精査」

「従事者の不安感」

「試運転と残工事の競合……」

たしかに、島は技術的には自信があったかもしれない。「湘南電車」「モハ90」ビジネス特急「こだま」……という具合に、一手ずつ確実に駒を進めてきている。しかし、技師長という立場は、単に新幹線という新型車両を作ればいいというわけではまったくなかった。

予算は、絶望的に足りない。工期も短い。用地買収もはかどらない。国鉄内部にも反対派を抱えている。政治家と国会、マスコミ、世論の目も厳しい……。

では、ひとつ間違えば水泡に帰しかねない大プロジェクトを「遺漏なく進める」ために、技師長・島秀雄がしなければならなかったことは、いったい何だったのか?

ここで、新幹線プロジェクトの中枢に身を置いて、技術者ではない立場から島技師長の仕事ぶりを眺めていた人物の話を聞いてみよう。

角本良平。当時、新幹線総局営業部長として新幹線の運転計画や収支の計算を担当。後に学究生活に転じて交通システム論を専攻し、鋭い交通論を展開し続けた人物である。

「システム工学という言葉を聞くと、数字や数式に置き換えながら、ものごとを工学的に考えていくこと……とつい思いがちです。しかし、数字や数式などという量的な把握から抜け落ちていくものが無数にあること。論理だけでは全体をとらえきれないこと。東海道新幹線のような大プロジェクトは、結局のところ不合理なものとの戦いであること。それらのことを島さんは、よくご存知だったと思います。

ですから、島さんのいうシステム工学とは、組織や人間の関係も含めて、つねにプロジェクト全体を見渡すための方法論、遺漏なく全体に目を届かせるための手段だったのではないでしょうか」

たしかに。島の「システム工学」とは、専門分野別に組織をタテ割りにしてそれぞれにリスクを分散し、いざというときには責任を転嫁することで自分は高みの見物を決め込むことではけっしてなかった。角本の指摘するように、タテ割り&リスク分担方式からは、往々にして水が漏れる。内部の遺漏は糊塗され、専門外の遺漏には無関心を装いがちだからである。

思い出してほしい。昭和26年4月の桜木町事故に際して、工作局長だった島は、事故責任をめぐる国鉄内部の責任逃れ体質に嫌気がさして、辞職している（第8章）。国鉄という役人体質の融通のきかなさに関しては、骨身に沁みて理解していたはずなのだ。

しかし、それでは、新幹線は完成しない。

だからこそ島は、技師長として、プロジェクト全体に目をいき届かせて、しかもいざというときには責任を自分に集中させる組織を作り上げたのである。角本はこう説明する。

「従来の国鉄の組織には、車両局があり建設局があり運転局があり……という具合に、単に専門的な各局が存在したにすぎません。単に形式的な長ではなくて、それら各局を実質的に統括し、判断し、指示を出し、そして責任を引き受けるセクションとして技師長が置かれたのは、国鉄史上、おそらく前例がないと思います」

当初、技師長室長として島秀雄に仕え、のちに幹線工事局に移って用地買収、工事建設を指揮した仁杉巖はこう語る。

「島さんご自身があまりにご謙遜するから、周辺の人たちもついそう思いはじめてしまうんですよ。文化勲章受章が遅れたことの理由も、そのへんにあったんじゃないでしょうか。しかし、新幹線をつくったのは、まちがいなく島さんですよ。もちろん、何もかも島さんが考え出したわけではない。国鉄の内外を問わず、現場発のアイデア、技術も無数にあった。しかし、それらの個々の優れた要素が、島秀雄さんの頭のなかを一度通過することによって、新幹線プロジェクトというシステムのなかにキチンと組み込まれたわけです。つまり、東海道新幹線という巨大システムは、島さんの頭脳の中で繰り返しシミュレーションされることによって、熟成されていったわけです」

起こりうるあらゆる条件を考慮して、もっとも合理的な体系を作りあげる……。

つまり島秀雄は、新幹線プロジェクト全体において、いわば「1号試験台車」の役割を果たし続けたのだといえよう。

仁杉によれば、島は専門の車両技術以外の分野についても、驚くほどの知識と理論を持っていた。橋梁、高架、軌道構造などに関しても、「いつ、どこで勉強したのか」と舌を巻くほどの新しい知識を持っていた。しかし、けっして、出しゃばらない。自分より見識のある技術者がいれば、その人物を立てて、その技術を謙虚に取り入れたという。

東海道新幹線は、アートではない。斬新さを競う人気商売でもないし、いちかばちかのウルトラCでもない。断じて「遺漏」の許されない、公共交通システムである。

では、島秀雄にとって最大の「遺漏」とは、はたして何であったか。

新幹線計画が頓挫すること。

危険な新幹線をつくってしまうこと。

おそらく、このふたつだったのではないかと私は思う。つまり、予算と工期のトラブルで東京オリンピック開幕までに開業できないことと、走り出した新幹線が大事故を起こすこと……である。このふたつの「遺漏」を未然に防ぐこと。そのことに全身全霊を注ぎ込んでいたのが、島秀雄技師長の姿だったのである。

技術は、ウソをつけない。「安全性」もウソをつけない。ゆえに、技術に対して謙虚であることこそがエンジニアとしてのモラルであり、すべてを遺漏なく進めるための最大の力なのである。そして、そのモラルこそ、いいかえれば島秀雄流の徹底した「システム工学」こそ、のちに「新幹線の安全神話」を生む原動力につながっていったのではないだろうか。

島は、のちにこう書いている。

「出来ることを〝出来る〟と受け合い、出来ないことを〝出来ない〟と断る。至極当たり前のことなのだが、これはなかなか大変である。どちらも充分調べ考えめぐらしたうえでないと自信のある答えは出来かねるわけだが〝出来ない〟と断る方が一だんとむずかしい。

〝出来ます〟と云う時は幾つかの手だてがある場合でも一つ見付ければそれで返事が出来る。

〝出来ない〟と断言するにはあらゆる筋道を皆読んで仕舞わなければそれが云えない道理である。

〝出来る〟と云って出来ないと責任が重いと、何や彼やと受け渋るのに、同じく重要な〝出来ません〟と断ることは割にアッサリと云ってのけるのはどう云うことだろう。

〝こうやっちゃどうだ〟。〝ああやったらどうだ〟等と切り返されて一々調べるのが面倒だなどと愚痴を云う。もともとそんなすぐ思い付く様な道筋はみんなツブしてからでなければ〝出来ない〟とは云えなかった筈なのである。断ることはむずかしいのだ」（昭和45年2月28日『運輸日報』「出来ることと出来ないこと）

＊

なにも私は、「島秀雄物語」を書くがゆえに、ことさらに主人公の肩を持ちたいわけではない。島秀雄というひとりのエンジニアが、いかに東海道新幹線に心血を注いでいたか。したがって、開業してから後も、東海道新幹線にまつわる一切の「遺漏」に対して、いかに自ら責任を引き受けようとしていたか。

そのことを端的に示すある出来事の存在を、つい先日、知ったのである。

島隆と残された資料整理の打ち合わせをしていたとき、

「実は、こんなものを父から預かっていたんですよ……」

と、隆さんは一通の書類を差し出した。

その封筒には、「隆へ」と万年筆で書かれていて、その下に「遺書」とある。

「いままで公表は避けていたんですが、しかし、もはや時効だと思います。いちど読んでみてください」

そこには、新幹線開業後に起こった、ある「遺漏」について、克明に書き綴られていた。

その詳しい話は、いずれ章をあらためて書いてみたい。

第15章 ひかり試験走行

新幹線試作車 A 編成（昭和 37 年 5 月）。先頭部の鼻先には、被視認性を高めるために
20w の蛍光灯 15 本が設置されている（島秀雄の発案）。

東海道新幹線のテストコース「鴨宮モデル線区」が開設されたのは、昭和37年の4月20日である。神奈川県の綾瀬－鴨宮間の約32キロ。比較的早めにルートの決定した区間で、今でも新横浜－小田原間の営業区間としてそのまま使われている。

相模川、酒匂川などの橋梁、相模丘陵地帯に連続するトンネル、各種の曲線、比較的長い直線など鉄道の基本要素がひととおり揃っていて、しかも東京に比較的近いという地の利もあった。

この鴨宮モデル線区に、試作車両のA編成2両、B編成4両が搬入されたのは、6月中旬。6月26日には十河総裁を招いて公式試運転が開始されている。

このモデル線区での主役は、俗にいう〝運転屋〟たちであった。

鴨宮での運転屋の仕事は、ひと言でいえば、〝テストドライバー〟である。車両が設計どおりに動くか、速度域に応じてどのような挙動を示すのか。車輪をロックさせて高速滑走すると、どうなるか。線路の歪みはどこまで許されるか。降雨時の制動距離は？　時速200キロで置き石をはねるとどうなる？　どんな信号システムが使いやすいか……。

モデル線区の運転屋は、設計陣の要求どおりに車両を走らせて、ときに限界ぎりぎりの走りをこなすテクニシャンでなければならない。名レーシングカーの開発に名テストドライバーが欠かせないように、初代の「ひかり0系」を熟成させるにも、腕利きが必要だったのである。

設計陣からは難しい注文が矢継ぎ早にくる。たとえば、トンネル内のA地点で上下2編成が時速200キロですれ違ってほしいという要求。すれ違い時の気圧変化を調べる計測器の配置上、A地点ドンピシャリですれ違わなければならない。

運転屋の名物男を紹介しよう。

大塚滋。30代前半の若さで、モデル線開設と同時に運転車両主任に抜擢された〝走り屋〟で、試験走行に出るときには、必ず大塚が運転室に座って陣頭指揮をとった。

試作車両は、順調に速度向上試験をこなし、10月21日に190キロ、10月31日には200キロの大台をクリア。そして、B編成4両が、当時の電車による世界最高速256キロを達成したのは、翌38年3月30日のことである。

この日は、何回目かの速度向上試験期間の最終日で、すでに同月19日に時速243キロを記録していた。最終日、この日の目標は時速250キロである。

大塚は、いつものように運転室に陣どり、運転の指揮をとりながら、車内の関係者に向けて車内放送を行なう。大塚の底抜けに明るい名アナウンスぶりは、すでに鴨宮名物であった。

「ただいまから速度向上試験に出発します。ノッチ投入！」

この日は、すでに何往復か速度向上試験走行を繰り返していて、大塚によれば「線路が限界状態」に近かった。高速走行の繰り返しによって、線路に少しずつ歪みが出ていたのである。

おそらく、これが最後のテストになる……と読んだ大塚は、口を真一文字に結んで速度計を睨む。

「ただいま時速240、245……目標時速250キロを突破しました！」

通常であれば、ここで運転士はノッチをオフにして減速する。しかしこのとき、ノッチ・オフできなかった。レバーを握る桐村運転士の手を、大塚の力強い右腕が押さえ続けていたからである。時速251キロ、252キロ、253キロ……。速度計が牛歩のごとくあがり、運転室はキーンという金属音とともにビリビリと振動をはじめていた。

「ただいま、256キロ！」

ここで大塚は、ようやくノッチをオフにして減速する。すでに綾瀬のモデル線終点至近の地点で、制動距離の限界に迫っていたからである。時速200キロまで減速したとき、「なんとゆったりしたスピードか」と大塚は思ったという。たったの時速6キロというなかれ。当時はモーターも非力である。ノッチ全開で少しずつ加速していく。高速道路で非力な車のアクセルをベタ踏みしても、なかなか速度が上がらないのと同じである。

では、なぜ、あえて目標速度以上の超高速にチャレンジしたのか？

「最後のチャレンジだから、行けるところまで行こうという気になったんです。もし脱線すれば、車両もろとも木っ端微塵に砕け散る。命がなければ、無謀運転のお咎めもないはず……」

事実、このときの関係者の間では「もう一度走ったらまちがいなく脱線する」という点で意見が一致している。最高速に達した区間の線路は、激しい蛇行動を裏づけるように、大きくサインカーブ状に曲がっていた。こうして、大塚滋ならではの強気の走りによって、世界最高速という記録がうちたてられ、超高速での蛇行動に関する貴重なデータを得ることができたわけである。

昭和 37 年、モデル線管理区車庫前にて。中央に十河信二、左に島秀雄、右は大石重成新幹線総局長の「新幹線三羽がらす」。大石重成は島秀雄とともに戦前の弾丸列車計画にかかわり、戦後は北海道支社長を経て幹線調査室室長となり、新幹線の建設分野において総指揮をとった。

0 系量産車の運転席に座る島秀雄（昭和 39 年 3 月、鴨宮モデル線区）。

大塚滋は、島隆と同期入社（昭和30年）であった。ともに第一線の若手現場担当者として新幹線開発に携わり、鴨宮時代から仲がよく、のちに東北・上越新幹線建設ではともに実質的な現場責任者として活躍する。さらに島隆の世銀時代にも、国鉄のアメリカ駐在員として大塚はワシントンに赴任している。大塚と島隆は、いまでも大の親友である。しかし、その大塚も、島秀雄とは一度も話をしたことがない。

「島の親父さんは、雲の上の人ですからね。ぼくら補佐クラスの人間が、直接話をするなんてことはまずない。ただ、若いぼくらを抜擢して、十分な予算と部下と権限を与えてもらったということには感謝してます。何しろまだ30そこそこのぼくらがお山の大将で、思う存分にやれたんですから」

大塚によれば、当時は組合運動が次第に熾烈化した時期であったが、鴨宮モデル線区に限っては、月月火水木金金……の超過勤務体制で、誰からも不平の声はあがらなかった。

やはり、世界最速の列車を作っているというプライドだろうか？

「プライドなどというもんじゃない。楽しくてしようがなかったんですよ。いま振り返ってもあんなに楽しいことはなかった」

と、大塚は振り返る。ビジネス特急「こだま」に続いて、新幹線0系の車内設備を担当した星晃は、車内設備を改良しては鴨宮に持ち込み、データを持ちかえってはさらに改良を加えるという作業を何度も繰り返した。その星によれば、大塚の〝テストドライバー〟としての業績は、日本の電車列車発達史上においても特筆すべきものであった。

＊

島秀雄は、後年、たびたびこう回想している。

「狭軌でさんざん苦労していた私たちは、新幹線車両の設計にあたって技術的にそう困難に感じることはなかった」

それは、裏を返せば、こういうことである。

なぜ、狭軌鉄道の国・日本で、なぜ世界最速、最先端の東海道新幹線を短期間かつ低予算で実現し得たのか。それは、狭軌ゆえの制約のもとで苦心惨憺してきた日本の鉄道技術が、すでに世界最高水準に達していたからなのである。狭軌という逆境ゆえに研ぎすまされた世界最高の技術が完成していた。広軌新線建設というチャンスが到来しさえすれば、一気に、力強く、爆発的に、長足の進歩を遂げて「夢の超特急」に結実させる準備ができていたのである。

「すなわち我々日本の鉄道技術は軌間の狭いという制約の中でそれを強く意識して極度にまで発達進展してはち切れんばかりとなっていたという事が出来るのである。従ってこれが一たび機会を得て東海道新幹線の建設を広軌を以て行うこととなった場合、制約をはずされて丁度閘門《こうもん》を切った様に一時に飛び出して世界の驚異のうちに短時日に完成成功した所以である。これが日頃から広い軌間を用いその点では物理的制約より遥か手前で悠々と運行し、むしろ輸送要請の低下を主に心配している欧米其他の諸鉄道とは全く状況が違ったのである」（昭和42年3月『東海道新幹線技術発達史』「まえがき」より）

島技師長は、まず自分たちが手元に持っている技術を120%使い切ることが先決だと考える。

単に広軌鉄道であればよいということではなくて、与えられた狭軌鉄道という制約の中で手いっぱいに力を尽くすことによってはじめて、広軌新幹線への展望がひらかれる。言うまでもなく、狭軌という逆境の中で手いっぱいの努力を続けてきたのは、父・島安次郎を筆頭とする明治以来の先輩鉄道人、そして戦前、戦後の悪条件の下で次々に斬新な車両を生み出していった細川泉一郎や北畠顕正、星晃や石澤應彦に代表される技術陣、そして何より島秀雄自身であろう。

島は、ある座談会の中で、こんな発言をしている。

「けっきょく、わたしの父が考えたことがうまくいかなくて（中略）その点では時間はかかったけれども、父が成功の道を敷いてくれたんだと思っております」（昭和46年『教育ジャーナル』7月号「幅広い思考で技術を生かす」）

＊

新幹線に未経験の新技術は使わない。時速200キロ程度なら、国鉄に蓄積された技術を組み合わせ、必要に応じて改良すれば、十分に間に合うはずである

この大原則を島技師長は徹底して貫いた。絶対安全で当然の鉄道に必要なのは、机上のアイデアより実地の経験である。島によれば「プルーブド・テクニック（実証済みの技術）」を組み合わせて超高速の壁を乗り越えることこそ、もっとも確実な方法であった。

さらに、もうひとつ、時間の問題もあった。

昭和39年秋の東京五輪開幕に間に合わせるには、事実上の車両開発期間は、正味3年。この至上命令に応えるには、新たな技術を熟成させている余裕はない。事実、新幹線の実質的な開発期間は

驚くほど短い。ここで簡単に、試作車両完成までの経緯をまとめておこう。

軌道の規格、車両の大きさ、駆動方式などの基本コンセプトは、島が委員長を務める「新幹線建設基準調査委員会」（昭和33年4月～36年10月）で討議され、主要項目が正式決定されたのは36年8月である。

しかし、この間も「臨時車両設計事務所」（車設）新幹線グループと、「鉄道技術研究所」（鉄研）を中心に、精力的に要素技術の研究開発が行なわれていた。1号試験台車（昭和34年11月）を皮切りに、試作パンタグラフの風洞試験、ATC試験、高速集電試験、レール横圧試験、車体強度試験……という具合に基礎的データが収集されている。鉄研だけでも、173項目におよぶ新幹線関係の研究・試験が行われている。

そして、これらの成果をもとに、試作車両の設計がまとめられ、37年11月には車両メーカーに発注された。この試作車両は、当初、計12両の計画だったが、予算緊縮という強い要請で6両に半減され、すれ違い試験をするために、A、B2編成となった。この6両は、台車の構造、窓、客席など車両構造を少しずつ変えて、担当車両メーカー5社に分担して発注されている。

ここで新幹線「0系」の主な設計思想、要素技術について簡単にまとめておこう。

●大型車両

未経験の新技術は使わない。この原則とならんで、もうひとつ島秀雄が大事にしたコンセプトがある。

「将来に改良の余地を残す」

東海道新幹線は超低予算と猛急日程の中で作り上げねばならない。であればこそ拙速は避けたい。むしろ将来に改良しやすいような基本設計にすべきであろう。

そのことは、たとえば、車体の大きさに端的にあらわれている。新幹線の車体は、超大型である。同じく標準軌の海外主要鉄道にくらべても、横幅が30センチも広い。なにしろ「狭軌でさんざん苦労」してきたから、線路幅に対してできるだけ大きな車体を走らせることには慣れている。

世界初の超特急ゆえ、速度を追求するなら極力小型&軽量にすべきだという常識的な意見も強かった。しかし、島はあえて〝限界を攻める〟ことはしない。多少重くても大きな車体を作り、輸送力と安全性をあげて後々のために改良の余地を残しておいたほうが得策であろう。

この島の考えには、当初から異論のほうが多かったらしい。しかし事実、「将来に改良の余地を残す」という島の深謀遠慮は、その後の新幹線、たとえば「のぞみ」５００系や７００系において見事に開花している。

●前頭部デザインとカラーリング

新幹線の〝顔〟に関しては、計画段階からさまざまな案が提出されていた。しかし、本格的にデザインが議論されたのは、昭和36年4月の試作車設計会議からである。鉄研からの風洞実験データ、メーカー各社から提出された模型案など各種の提案がなされたが、いまひとつ決め手がない。結局、時間も迫り、当時、車設の新幹線担当・主任技師だった石澤應彦が各案を総合して、一気に粘土でしあげた。

「もちろん風洞実験のデータも参考にしましたが、ぼくら車両屋の考えとしては、大事なのは空力的なスマートさだけではないんです。空力形というのは、際限がない。いつまでたっても〝これが究極〟という形が次々と出てくる。むしろ、実際に走ってみてどうなのか。そっちのほうが大切なんです。たとえば、運転士の視界をどう確保するか。線路上の障害物をどうはね除けるか。などという鉄道車両としての基本要件を優先させて考えました。キーポイントのひとつは下部にスカートを付けたこと。後に排障器の必要性にも気がついて、このスカートの中に取り付けました」

結局、この石澤の粘土模型案の線にそって試作車がまとめられる。

カラーリングに関しても、国鉄部内、車両メーカーはもちろん、民間からも専門委員が招請されて、議論百出となった。最後はブルーとアイボリーの2色を基調とすることは落ち着いたが、さてその具体的なデザインとなると、容易に決まらない。ある委員が審査の席で、机上に置かれていた発売間もない「ハイライト」（たばこ）の箱を指しながら、「これでどうでしょう」と発言し、とくに異論がなかったので決まった……という逸話も残っている。

●車内信号システム

新幹線に未経験の技術は使わない。この大原則の数少ない例外が、車内信号システムである。

新幹線の軌道上には、信号機というものが原則として存在しない。時速200キロ以上の超高速で走行中の運転士に、従来方式の信号を正確に判読させるのは、とても困難だからである。よって、運転席インパネの中に「0、30、70、110、160、210」という指定速度の形で常に表示される。ごく簡単に仕組みを説明しておく。

新幹線の軌道は、1本1・5キロのロングレールで構成されている。この軌道を2本1組＝3キロ単位で絶縁し、東京－大阪間約500キロを分割する。このブロック単位で列車の現在位置を特定して、自律制御する。列車同士が接近すると、ATC（自動列車制御装置）が働いて、強制的に減速させる。

島秀雄は、将来的にはレーダーによる管理システムを考えていたようで、そうすれば、軌道もすべて溶接可能となり、乗り心地もより快適になるはずだと書いている（『明日への鉄道』）。

さらに運行中の全列車、駅の状況（進入、出発、進路）は、東京駅新幹線ホーム北側にある東京総合指令所内の「CTC（集中列車制御装置）表示盤」で示され、東京－新大阪全区間が一括管理できるようにした。

●IS台車

鴨宮の試験走行では、超高速での蛇行動に関するデータが精力的に集められた。世界最高時速256キロを記録したときも、脱線寸前の激しい蛇行動を誘発している。これらのデータを持ちかえっては、車設と鉄研の台車グループが協力しあい、改良とテストを繰り返して、超高速でも蛇行動を誘発しない台車作りが進められた。こうして生まれた0系用の新しい台車を「IS台車」という。Iは石澤應彦、Sは島隆、それに設計に協力した住友金属のそれぞれイニシャルであった。

「私は、新幹線建設にあたって、ふたつの見落としをしていた」

後に島秀雄は、こう告白している。

時速200キロという超高速には、走ってみなければわからぬ魔物が潜んでいたのである。そのひとつは、いわゆる「耳ツン」問題。もうひとつが、関ケ原の「雪害」である。

＊

まず、「耳ツン」。

鴨宮で試験走行してみて、はじめてわかった重大問題は、高速でトンネルに進入したとき、耳に「ツーン！」とくることだった。速いエレベーターに乗ると、気圧の差で耳にキーンとくるが、それのもっと強烈なものである。高速でトンネルに進入すると、急激に気圧が変化することは、すでに在来線でも経験的に知っていた。しかし、なぜ新幹線ではかくも「ツーン！」なのか。さっそく、鉄研で模型実験してみると、次のようなことがわかった。

高速車両がトンネルに進入すると、車両の前面によって圧縮された波が音速で走りだし、トンネルの出口に達して「ドン！」と鳴る。これが、のちに騒音問題となった「トンネル・ドン」である。ちなみに「カモノハシ形」として話題になった新型700系の前頭部は、走行中の空気抵抗を減らすためではなくて、主にトンネル・ドンを小さくするために設計されている。

さて、模型実験に戻ろう。このトンネル・ドンの瞬間、今度は真空の波が反対側に向かって音速で引き返す。この真空の波が車両と出会うと、車内と急激な圧力差が生まれて、鼓膜が外側に引っ張られ、「耳ツン」となる。島秀雄によると、この真空の波は、運転室にいるとよくわかる。

「この光景は向こうから白い霧の壁が突進してくるのでわかる。初めて見るとあまり気持ちのいいものではない」(『私の履歴書』)

この耳ツンを解決するには、車内の気密性を高めればよい。

実は、試作車両は、外気が入り込まないように、すでにかなり高いレベルの気密設計になっていた。しかし、細かいところまでシールしたつもりでも、換気・空調関係の器機を中心に、どうしても空気が出入りしてしまう。配線、ケーブル類など、ごくわずかな隙間も車両一両分を合計すると無視できない大きさになる。

結局、この耳ツン問題は、トンネル進入時に限って、天井にある空気取り入れ口と床下にある排気口を完全に閉めてしまうことで解決することになった。トンネルの両側に検知器を置いて、トンネルの手前で閉め、出口を出てから開ける構造に変更したのである。

しかし、この耳ツン問題には、後日談がついた。耳ツンの解決案がまとまったのは、すでに初代0系量産車の発注段階である。第一次発注分の360両については客室内の気密性をあげるまでが精一杯で、デッキ部分や連結幌までは手がまわらなかった。

ところが、このことが災いして、のちに手痛い、より正確にいうと臭～いシッペ返しを食うことになる。

開業後まもなく、トンネル進入時にトイレで汚物まみれになるという珍事が頻発したのである。調べてみると、トンネル進入時に、トイレの気圧が急激に下がることによって、床下のタンクから「ドン!」という音とともに汚物を吸い上げる。「耳ツン」は鴨宮ですぐ気がついたのだが、短いモデル線区ではトイレの使用者も少なく、さすがに「糞ドン」までは気がまわらなかった。

さて、島が見落としたもうひとつの大問題は、開業後の冬に発覚した。

その冬、名古屋－京都間で、原因不明の車両故障が頻発した。さほどの積雪もないのに床下器具が集中的に損傷する。車両のガラスにもヒビが入る。沿線の民家のガラスも割れる。線路のバラスト（砕石）が跳ねて作業員が怪我をする……。

さっそく床下にビデオカメラを設置して調べてみると、驚くべき現象が判明する。巻き上げられた雪片が時速210キロ（秒速約60メートル）で走る床下器具に付着する。風速60メートルの吹雪が荒れ狂うのと同じで、雪が樹氷のように成長していく。その氷塊が落下して、軌道の砕石を猛烈に弾き飛ばしていたのである。

しかし、どうやら原因はつかめたものの、対策の決め手がない。やむなく徐行運転を強いられるのだが、当時の熱血運転課長・大塚滋は断固、徐行を許そうとしない。

「天下の新幹線が雪ごときに負けてなるものか。走れ、走れ」

ところが、故障と被害は拡大するばかり。ついに41年冬には、沿線の民家に飛び込んだ砕石が寝床の目覚まし時計を直撃するという事態に至り、さすがの大塚も観念した。

この「関ケ原の雪問題」は、いまだに根本的な解決に至っていない。スプリンクラーで散水し、雪を重くして巻き上がるのを防いでいるが、徐行速度を少々あげるに止まっている。ちなみに、東北、上越、そして長野新幹線は、いずれも雪の多い場所を走ることもあって、軌道を砂利からコンクリート製（スラブ軌道）に変えて、関ケ原の教訓を生かしている。スラブ軌道には、たとえ風速

0系のDT200形台車。板ばねで軸箱を支持するミンデンドイツ式をもとに、支持剛性を最適化した「IS式」が開発された。

雪の中を走る0系ひかり号。

60メートルで成長した樹氷が落ちても、はね飛ばす石が存在しない。

石橋を叩いていたはずの島技師長にとって、惜しむらくは、鴨宮モデル線区に雪が少なかったことであろう。大塚の記憶によれば、2年間の試験走行期間中に、雪が降ったのはたった一度だけである。吹き溜まりに突っ込んでスカートを破損するという貴重な経験をさせてもらったものの、まさか〝樹氷〟騒ぎになるなどとは、とても想像できなかった。

この雪問題に関しては、島秀雄は晩年まで心残りであったらしい。そもそも島は、東海道新幹線のルートを決める際に、名古屋‐京都間に関して、米原を通らない鈴鹿トンネル経由を主張していた。そのほうが時間をさらに短縮できるし、冬場の雪の影響も少ないはずだからである。また、建設当時は予算切り詰めを強いられて、十分な軌道（スラブ軌道）を作れなかったという思いもある。しかし、東海道新幹線は開業後、一貫してドル箱黒字路線である。せめて雪関係の区間だけでもスラブ軌道にできないものか……。島は最晩年まで、機会あるごとに、そう語っている。

ちなみに、島の師・朝倉希一によれば、さらにもうひとつ島技師長が見落とした点があった。それは、「人が好奇心のため線路に近付くこと」で、けっきょく防護柵を作るためにさらに10億円ほど要し、特別の法律まで作らねばならなくなる。

＊

さて、時計の針を鴨宮の試験走行時代まで戻そう。

『モデル線略史』という資料を読んでいくと、世界最高時速256キロが達成（昭和38年3月30日）されてから後も、各種の試験走行が連日のように繰り返され、試作車両は初代0系にむけて、徐々に熟成されていった。

また、このころから、各種の試乗会が増えていく。アメリカ商務次官家族試乗、エカフェ来賓試乗、西ドイツ・インド大使試乗……。報道関係者試乗会、一般試乗会も度々開催され、大塚によれば、開けば必ず満員の盛況であったという。さらに、昭和39年を迎えると、運転士の訓練が頻繁に行なわれるようになっていく。

つまり、東海道新幹線は、超低予算&猛急の突貫工事であったにもかかわらず、昭和39年秋の東京五輪開幕前の開業を目ざして、ほぼ完成の域に達しつつあった。

しかし、歴史というものは、なんとも皮肉がお好きらしい。なんとわが主人公・島秀雄は、開業の日を待たずして、国鉄を去る。

いったいなにゆえに？　万事遺漏なく進めるシステム工学の統括者たるべき島秀雄技師長が、晴れの日を見ずして、なぜ表舞台から立ち去らねばならなかったのか。

その詳しい話については、章を改めよう。

※新幹線のカラーリングついては、『新幹線を走らせた男　国鉄総裁 十河信二物語』の二十七話「新幹線関東軍　その二」に詳しい。ご参考までに関係個所を抜粋します（↓Ｐ４０１「Ⅵ　新幹線カラーの由来」）。
また、鴨宮での試験走行については二十九話「鴨宮モデル線試走」に詳しい。ご参考までに関係個所を抜粋します（↓Ｐ４０４「Ⅶ　鴨宮モデル線初走行」）。

第16章 出発式出席せず

東海道新幹線の試作車の前で記念撮影。汽車製造会社にて、昭和 37 年 3 月 12 日。
右から三坂健康、島秀雄、角本良平、十河信二、笹村越郎、加藤一郎、西尾源太郎。

昭和39年10月1日。早朝。薄明の東京駅19番ホームでは、東京都知事、大阪府知事などの来賓を迎えて、ひかり1号列車の出発式典があわただしくとり行なわれていた。

午前5時59分。発車のベルと同時に国鉄総裁によるテープ・カットが行なわれ、くす玉が割れ、50羽のハトが羽ばたき、21発の花火が早朝の秋空にこだまして、万歳三唱に送られてひかり1号列車が静かに動きだした。

数えてみれば、新橋－横浜間に最初の陸蒸気が走ってから、92年。後藤新平、島安次郎らによる広軌改築計画が挫折して、46年。戦中の弾丸列車計画が中断を余儀なくされて、20年あまり……。

ここに、明治以来、心ある鉄道人たちにとって悲願の広軌新幹線が、ついに開業の日を迎えたのである。

だが、この晴れの舞台に、わが主人公・島秀雄の姿はない。

島ばかりか、「このオヤジなくして東海道新幹線なし」といわれた熱血総裁・十河信二の姿も、なかった。十河も島も、開業の前年に、すでに国鉄を去っていたのである。

十河は、昭和38年5月に、総裁職二期目の任期満了となった。形式的には「再々任されず」であったが、新幹線開業を翌年に控え、本人も続投に向けて意欲満々であっただけに、事実上は「十河追い落とし派」に敗れたのである。新幹線建設予算不足の責任をとって……というのがその直接の理由であった。

そのとき、島秀雄の技師長職はまだ任期が残っていた。しかし、島秀雄は断固、十河信二に殉じる決心を変えない。島によれば、もともと十河を助けるために国鉄に復職したのだし、十河退任のときは自分も身を引くと当初より決めていたのである。

「もし赤字問題で十河総裁が引責辞任するのなら、実際に新幹線建設を指揮した技師長の自分にこそ、最大の責任があるはずだ」

というのが島の言い分であった。

この日、晴れのテープ・カットを行なったのは、十河の後に第5代国鉄総裁の座についた石田禮助である。石田、このとき77歳。十河より2歳年下だが、最高齢での総裁就任である。「経営健全化のためには民間から総裁を」という国鉄再建のための年来のかけ声は、この石田禮助においてはじめて実現する。

石田は、三井物産に35年間在籍し、戦前に綿花、銅などの取引で華々しい業績をあげた明治男の商社マンで、うち28年は海外勤務という外国通の合理主義者でもあった。

同じ湘南の国府津住まいということもあって、十河信二とはかねてより親交もあり、事実、総裁・十河に請われて国鉄の監査委員を二期6年（二期目は監査委員長）にわたって務めていた。この石田禮助に関しては、城山三郎に『粗にして野だが卑ではない』と題された評伝があり、石田の人生が興味深く描かれている。

さて、昭和38年の6月6日、島が技師長職を辞した直後に、鴨宮のモデル線区で宮様をお迎えしての試乗会が催されている。

この試乗会は、もともと島技師長から出された企画であった。島の妻・豊子と秩父宮妃殿下は学習院同窓の仲良しである。秩父宮は大の鉄道好きでもあって、弾丸列車計画の際にも、「時速200キロぐらいを狙ったほうがよい」と国鉄関係者をけしかけたほどの人物でもあった。その秩父宮との縁もあって、島家は高松宮家と家族ぐるみのつきあいがあった。そして、あるとき高松宮が島秀雄に「オレも新幹線に乗せてくれないか」といい出したのが、そもそものはじまりであった。

そして、試乗会の予定が組まれたあとに、十河退任、島辞任があわただしく決まってしまう。宮様と約束した手前もあって、技師長辞任後ではあったが、この日だけは島がご案内役として鴨宮に馳せ参じたのである。

この日、宮様ご試乗とあって、新総裁の石田禮助も鴨宮に姿を見せる。就任2週間目の石田にとっても、これが新幹線初試乗であった。

ここで、ひと悶着、起きた。

なにごとにも歯に衣きせない、合理主義者の石田は、ずばり胸中を吐く。

「僕は新幹線なんて嫌いなんだよ。だいたい、試運転だというのに、高貴な方をお乗せするのは危険じゃないか」

このひと言を聞いて、島は、めずらしく憤然として声を荒げる。

「なにをいうんですか。それなら、あなたが監査委員長だったときに、十河さんに新幹線は止めるべきだと進言すべきだったでしょう。それをいまさら……」

モデル線ホームの空気は、一瞬、凍りつく。その気まずいムードを、高松宮が機転をきかせて、とり繕った。

「技術の専門家が保証しているんだから、大丈夫じゃないですか。……それじゃ、記念に〝ありし日の高松宮〟の写真を撮っておきましょうよ」

このひと言でホームの一座がどっと笑った……という逸話が残されている。

このとき、温厚な紳士であるはずの島が、なぜ憤然と我を失ったのか。

「宮様ご招待の試乗会」。1963年6月6日、写真左から高松宮、同妃、秩父宮妃、三笠宮妃を招いて試乗会が催された。総裁就任早々の石田禮助（高松宮妃の右上）、5月31日付けで技師長を辞任したばかりの島秀雄（手前、右）も「ご案内役」として同乗している。

石田禮助は、場所がらをわきまえずに……ではあったが、素直に心情を吐露したにすぎない。石田にしてみれば、採算実績のない、しかも超高速で走る鉄道は、十河の残した〝道楽息子〟であった。採算性と安全性に疑問あり……それは、国鉄内部に根強く残っている新幹線反対派に共通する決まり文句でもあったのである。

このとき、まだ東海道新幹線の大成功は、そのことを信じて最善の努力を続ける者の胸の中にしかない。開業後のドル箱営業も、その後の安全神話も、まだ見ぬ夢物語に過ぎなかった。

島の憤懣は、こうした新幹線に無理解な人物を十河の後継者に仰がねばならぬことへの苛立ち、すなわち、すでに十二分に知り尽くしているはずの国鉄という巨大官僚組織と、そこに連なる人々への義憤ではなかったか。

「十河君が気の毒だ。わしがテープを切るのは筋ちがいだよ」

城山三郎の評伝によると、石田禮助は開業式を前に、こんなふうに語って十河家に使者をたてた。しかし、当時、国鉄に在職していて、十河信二と事務当局とのパイプ役をつとめていた四男・十河和平には、その記憶がない。晩年まで、父・十河信二と新幹線開業時の話は何度もしてきたが、石田禮助からテープ・カットの依頼があったという話はまったく聞いていない、と語っている。

その話の真偽はともかくとしても、当時の国鉄事務当局幹部たちの間には、石田禮助新総裁の立場、その胸の内を忖度して、せめて十河招待を実現させようという空気は、はなはだ希薄だったらしい。

事実、出発式の来賓名簿に十河と島の名前がないことに関して、誰もが気づいていたにもかかわらず、あえて異議を申し立てる者はいなかった。当時の事情に詳しい関係者は口を揃えてこう語る。

「官僚組織というものは、そういうものですよ。悲しいかな、人事権を握る上司の思惑に楯突いていては、とても生き残れない」

＊

十河退任にまつわる動きをまとめておこう。

まず、東海道新幹線の建設予算について。

島技師長の算出した総建設費3000億円を、1900億円に減らして、国会を通す。工事完成を担保するために、世銀から借款して政府保証事業とする。不足分の建設費を在来線の予算から可能な限り新幹線に回す。次々に政治家から持ち込まれる赤字ローカル新線建設の話を、蹴り続ける。

我田引鉄を公約して当選した政治家のなかには、国鉄当局にこう公言してはばからない者も少なからず存在した。

「十河の首を取ってこい」

十河老総裁には、恩師・後藤新平以来の悲願である広軌新幹線建設と国鉄経営の健全化という以外に、金にも名誉にも何の野心もなかった。いわゆる利権がらみの話のいっさい通じない頑固親父だったのである。

十河信二には、関東大震災後の帝都復興院出向時代に、疑惑をかけられて野に下った苦い経験があった（裁判で無罪）。そのこともあって、以後、利権話には細心の注意を払っている。総裁時代は自分で財布も持ち歩かないほど〝潔癖〟で通した。秘書の三坂健康によれば、飲み食いの勘定もすべて秘書まかせで、明らかに私的飲食の場合は、給料日に国鉄職員であった四男・和平に請求したという。十河老総裁の、この利権を神経質に遠ざける潔癖な体質が、政界や業界と共存共栄をもくろむ国鉄官僚グループとの溝を徐々に深めていく。

十河総裁は、人事面でも実力主義を押し通した。「学閥打破」のスローガンを掲げ、従来のエリート官僚（キャリア組）を優遇するシステムをぶち壊し、旧帝大系以外から積極的に新卒者を採用して、いわゆるノンキャリア組からも仕事のできる者、仕事をしたい者を積極的に登用した。これらの十河路線は、もちろん既得権益のヒエラルキーに安住とする官僚たちの反感を買う。十河信二国鉄総裁は、現場の国鉄マンたちには大人気であったが、エリート官僚たちにとっては、隙あらば追い落としたい「目の上のタンコブ」だったのである。

その熱血新幹線総裁に追い討ちをかけるように、大事故が発生する。三河島事故である。

昭和37年5月3日、憲法記念日の夜9時40分ごろ、田端操車場発の下り貨物列車が三河島駅構内松戸寄りにある本線との合流地点で赤信号を無視して、脱線。傾いた機関車が下り本線を塞ぐ。そこに下り普通列車が衝突して、前2両が脱線し上り本線を塞ぐ。乗客が非常コックを開けて線路に降りたところに、今度は上り電車が激突して、前五両が脱線、うち4両が土手下に転落した。死者160名、負傷者325名という大惨事であった。

十河総裁は、その夜、房総館山の旅館浜田屋で静養中であった。秘書の三坂は、「ただいま重大会議中……」と発表して新聞記者を煙に巻き、ハイヤーと公用車をリレーさせて、十河総裁を午前3時に裏口から本社に連れ戻している。

翌朝、十河総裁は現場を歩き、病院を見舞い、遺体の安置された寺で焼香した。その背に、罵声が飛ぶ。

「謝れば死人が戻るか。バカヤロウ！」

付近の三河島、浅草、向島などの下町地帯には、とくに犠牲者が多かった。十河は唇を噛んで、つぶやく。

「おれが一軒、一軒、謝って歩く」

十河信二は、感情の激しい男であった。怒号の人であるとともに、泣きの名人でもあったといわれる。三坂によれば、十河は訪ねる先々で泣き通しであった。けっきょく十河と三坂は、ひと月近くかけて、つらい思いに耐えながら犠牲者宅をほぼ全軒を回った。

大事故の責任は、総裁が取る。

これが、当事、国鉄の不文律であった。桜木町事故で辞職した加賀山之雄、洞爺丸・紫雲丸遭難事故で引責した長崎惣之助……。当然、十河引責辞任の声が政府、国会、国鉄の各所から巻き起こった。むろん、十河追い落としをもくろむ官僚グループも一斉に動きはじめる。

しかし、事故調査にあたった監査委員会（委員長・石田禮助）は、引責辞任無用という立場を貫いた。一方、三河島事故の遺族会も「十河辞任反対」の要請書を政府に提出する。補償問題は、ぜひ十河総裁の手で解決してほしい……と。

けっきょく最後は、池田勇人首相と自民党副総裁大野伴睦の「十河留任支持」で決着した。こうして、十河信二の新幹線完成を見届けようという執念は、首の皮一枚でつなぎとめられたのである。

しかし、この三河島事故から1年後の2期目任期満了直前に、十河退任の直接の引き金となった

「建設費874億円不足問題」が持ち上がる。

この前年の昭和37年ごろまでは、世銀融資を受けている関係もあって、国際信用上、大幅な予算オーバーを公言しにくいという事情もあった。しかしこのころになると、新幹線建設が膨大な予算不足を抱えていることは、国鉄全体、政府・国会関係者の誰もが知る既成事実であった。

昭和38年2月、国会の予算審議の場で、十河国鉄総裁はこう啖呵を切った。

「全部で2926億円で完成できる。これ以上は要求しない」

ところが、39年度予算が成立して間もない4月末日に、「計算し直してみたら、さらに874億円足りない」ことが新聞にリークされ、国鉄周辺が騒然となる。この工事費不足874億円という十河引責の実弾を届けたのは、新幹線総局長の大石重成であったと伝えられる。

大石重成は、弾丸列車計画の数少ない生き残りで、島技師長にとくに懇請されて、降格人事にもかかわらず北海道支社長から新幹線総局長としてプロジェクトに馳せ参じた男である。短期で用地買収、低予算で建設という困難な仕事を黙々とこなしてきた凄腕、豪碗、親分肌の土木エンジニアであった。

十河信二、島秀雄、大石重成。この3人は「新幹線三羽がらす」と称される。政治、資金、技術、建設それぞれの分野で不可能を可能に変えてきた男たちであった。

この新幹線建設を夢見るよき盟友が、最後にとどめの実弾を運ばざるをえなかった経緯については、諸説あって、本当のところは判然としない。ここでは、大石重成は「十河総裁と島技師長に存分に働いてもらうために、つまり早期新幹線建設のために、すべての泥をかぶったのだ」という角本良平の言葉を紹介するにとどめておく。

いずれにせよ、十河退任の背景には、国鉄部内の派閥対立はもとより、次期総裁をにらんだ佐藤栄作と河野一郎の確執という大きな政治の流れが深く関係していたことだけは事実らしい。4年前、佐藤栄作を通じて「十河再任！」という鶴の一声を発した吉田茂は、今回も「十河再々任！」の使者を佐藤栄作に立てている。しかし、ついに佐藤からは返答がなかった。

十河続投させず……の報を聞いて、島秀雄はさっそく十河総裁宛てに辞表を書く。しかし保留のまま新総裁が就任すると、早々に石田新総裁宛てに新たな辞表を提出した。

このとき石田は、我孫子豊副総裁、大石重成新幹線総局長の辞表は受理したが、島秀雄の辞表だけは保留にして、慰留にかかる。技術の最高責任者として是非留任して欲しい……と。しかし、

「こう百鬼夜行の状態では、とてもお役に立てませぬ」

といって、島秀雄は丁重に固辞する。すでに技師長室は、空っぽであった。島は早々に私物を引き払い、登庁することすら拒んでいたのである。

「ほぼほぼ完成の見通しがたっているので、技術的には心配ない」

辞任に際しての島の言葉どおり、新幹線は概ね順調に試験走行を重ね、現場技術者たちの献身的な奮闘もあって、開業に向けて秒読み態勢に入っていった。

建設資金不足問題は、時の蔵相・田中角栄が一肌脱ぐことによって、なんとか補塡のメドが立てられた。田中は、持ち前の鋭いカンを働かせて広軌新幹線の将来性を見抜き、このときの貸しを後に上越新幹線建設に結びつける。

昭和39年7月7日。この七夕の日に、愛称決定のイベントが女優・司葉子司会のもとに催されている。全国からの応募はがき総数は、ざっと56万通。「ひかり」は、最高の2万通近い票を集めた。続いて、はやぶさ、いなづま、はやて、富士、流星、あかつき、さくら、日本、こだま……の順。

このイベントの最中に、関係者をドキッとさせたのは、「そごう号」という応募が少なからず存在して、司会者に読み上げられたときである。当時、旅客総括補佐としてイベントを取り仕切っていた元秘書の三坂健康は、副総裁・磯崎叡《さとし》に「お前が仕組んだな」とひと言、皮肉られている。それほど十河人気は根強かった。

その三坂は、10月1日の開業の日、さすがに気になって、出発式終了後、千駄ヶ谷に十河を訪ねている。総裁公邸を出てからというもの、十河信二はこの千駄ヶ谷の第一生命アパートに高木滋子という看護婦兼家政婦とともにひっそりと暮らしていた。妻・キクは、十河の総裁就任3年目の夏に病に倒れ、他界していた。高木は、以後、最期まで十河の身辺を世話した女性で、十河にとっては俳句の師匠でもあった。

この日、三坂健康が、無事開業できました……との報告とともに、国鉄事務当局の失礼を詫びると、十河信二は静かにこう語った。

「なに、無事走ってくれさえすれば、それでいいんだよ」

島秀雄は、出発式の様子を自宅のテレビで見ていた。そして、ひかり一番列車が通り過ぎるのを、窓越しに〝それとなく〟見送ったという。いまでは高層ビル群に阻まれて見通しがきかないのだが、当時、この高輪の島邸の直角水平邸のベランダからは、新幹線の高架線がよく見えたらしい。

島秀雄日記は、１９６４年分が空白である。島秀雄は、新幹線開業の年に日記を書くことを放棄している。極度の多忙ゆえか。それとも諦念か、憤懣か、心境の変化か。ともかく、島の三年日記は、翌１９６５年元旦から、再びこう書き綴られるのである。

〈去年は一年、日記を休んだが、やはり心許ない日々であった。今年から又はじめよう。朝は雨だれの音を聞きながら、ゆっくり寝て、首相、新春談話で起きる……〉

十河信二、島秀雄の両雄が、晴れの出発式に招かれなかったことは、いわば国鉄の汚点として、長く後世に語り継がれることになった。

十河、島のよき話相手として晩年まで親しくつきあった交通ジャーナリストの吉沢眞は、こう語る。

「このとき国鉄当局の不手際のおかげで、かえって十河信二と島秀雄の業績が末永く人々の記憶に残ることになったのです」

たしかに、そうかもしれない。

＊

東海道新幹線の採算性と安全性についての疑義……。

この石田禮助の不安は、杞憂に終わった。石田は総裁就任半年のとき、鶴見事故を経験する。死者161人の大惨事で、城山の評伝によれば、このとき周囲が危ぶむほど動揺したという。

しかし、心配していた東海道新幹線に関しては、開業その日から大盛況であり、そして安全であった。開業後1年間こそ路盤の安定しない区間を徐行して東京－大阪間4時間運転を行なったが、翌年11月のダイヤ改正からは時速２１０キロ運転区間を拡大し東京－大阪間を3時間10分で結んだ。

そして、開業数年が経過したころ、やはり十河信二元総裁を顕彰すべきではないかという意見が国鉄周辺で出はじめた。頑固親父・十河なくして、東海道新幹線のドル箱営業運転もまたあり得なかったからである。

しかし、十河信二は固辞する。

「賞をあげるなら島君にあげてくれ。彼が顕彰されないうちは、ぼくにはいっさい何もいらない」

その十河の思いがかなって、東海道新幹線建設の功によって島秀雄が文化功労者として顕彰されたのは、開業後7年たった昭和46年のことであった。

十河追い落としをかけた官僚グループの中心的存在は、磯崎叡であったと巷間語り継がれる。磯崎は、十河の総裁就任当初より十河とそりがあわず、たびたび怒号の雷の落ち場所となった。十河は、磯崎が政治家に近寄り過ぎる点をもっとも嫌ったらしい。そして、ついに本社勤務から常務理事待遇で北海道支社長に左遷されるのだが、次期副総裁ポストをめぐって兼松學とライバル視されていたこともあって、磯崎はこの辞令を蹴る。本来であれば、ここで国鉄での昇進は諦めねばならないのだが、けっきょく十河総裁の計らいによって、再び本社勤務の常務理事に引き上げられるという経緯もあった。「類まれなる能吏」といわれる磯崎叡には、磯崎なりの言い分と読みと展望があったであろう。筆者は磯崎周辺の証言、資料を入手していない。ちなみに、島秀雄の書き残したものには、磯崎に対する批判めいた記述は見当たらない。日記をみても、磯崎と晩年までつきあいのあったことがうかがわれる。

その磯崎叡は、6年在任した石田禮助に副総裁として仕え、その後を継いで第6代国鉄総裁となった。しかし、ときあたかも激動の70年代初頭。沖縄返還交渉と激化する労働運動の真っ只中にあって、磯崎主導による「マル生運動」（＊1）も荒れ狂う政治の奔流に飲み込まれた。磯崎もまた、時代に遇されざる総裁として退場を余儀なくされるのである。それは、国鉄自体が解体・民営化に向けて、一気に急坂を転がり落ちはじめる時期でもあった。

だが、その話には、また別の物語がふさわしい。ここでは、いかなる政治的立場にも与することなく、つねに純粋なるエンジニアとして身を処し続けた島秀雄にたちかえってみたい。

ひかり一番列車が出発した年、島秀雄63歳。ふつうなら、すでに引退して余生を楽しんでいい年輩であったが、このスーパーエンジニアの引退をそうは簡単に世間が許してくれなかった。そして、走りはじめた新幹線も、なかなか島を楽隠居させてはくれなかったのである。

読者諸兄。もし東京始発の新幹線に乗る機会があれば、少し早めにでかけて、19番ホームを歩いてみてほしい。

この東京駅でいちばん東側すなわち八重洲口側のホームを、1号車側すなわち名古屋側に向かって歩いていくと、ホーム最南端に、十河信二のレリーフがみえる。

「一花開天下春」（一花開いて天下の春）

という自筆の書碑とともに、口をへの字に結んだ「頑固親父」の顔が睨んでいる。しかし、なぜ十河信二のレリーフがここに建てられたのか。それを記すはずの顕彰碑は付近に見当たらない。実は、このレリーフは、かつて十河追い落としをはかった磯崎叡が総裁在任中に建てたものである。

＊1　生産性向上運動。事業の生産性を向上させるために、労働者の協力を要求する運動。国鉄ではこの運動を指示する文書に「生」の字を○で囲んだことからこう言われた。佐藤内閣は、沖縄返還協定を成立させるために、マル生運動収束を社会党との取引材料に使ったという説も有力である。

その、いかにもこわそうな頑固親父の傍らを、今日も「のぞみ」「ひかり」「こだま」が次々に到着し、出発していく。

十河と島が国鉄を去ってから、すでに60年近い歳月がたった。ひょっとすると、いまコックピットに座っている運転士たちには、十河や島を知らない若い世代も多いのかもしれない。

「今日も、安全に頼むぞ」

レリーフの十河信二が発車していく運転士たちに、無事を願って、いぶし銀の出発信号を送っている。私には、そんなふうに思えてならなかった。

東京駅には、もうひとつ、東海道新幹線の記念碑が存在する。石田禮助総裁時代に、開業3周年を記念して、新幹線中央乗換口の正面の柱に飾られたブロンズ製の記念碑である。

その碑文にはこうある。

「この鉄道は日本国民の叡知と努力によって完成された」

島秀雄は、この碑文に抵抗があったらしい。最晩年まで、東京駅で写真を撮る際には、必ず、19番ホームのレリーフの前でなければ承知しなかった。

※十河・島・大石の「新幹線三羽がらす」については、『新幹線を走らせた男　国鉄総裁 十河信二物語』の二十七話「新幹線関東軍　その二」にさらに詳しい（↓P398「V 新幹線三羽がらす」）。また、新幹線の建設費不足については、三十二話「八〇〇億円」（↓P408「Ⅷ 資金不足露呈」）、島の技師長辞任については三十三話「石田禮助新総裁」（↓P411「Ⅸ 技師長辞任」）、新幹線開業後については「エピローグ」（↓P415「X ある決意」）をご参照ください。

第
17
章

「遺書」

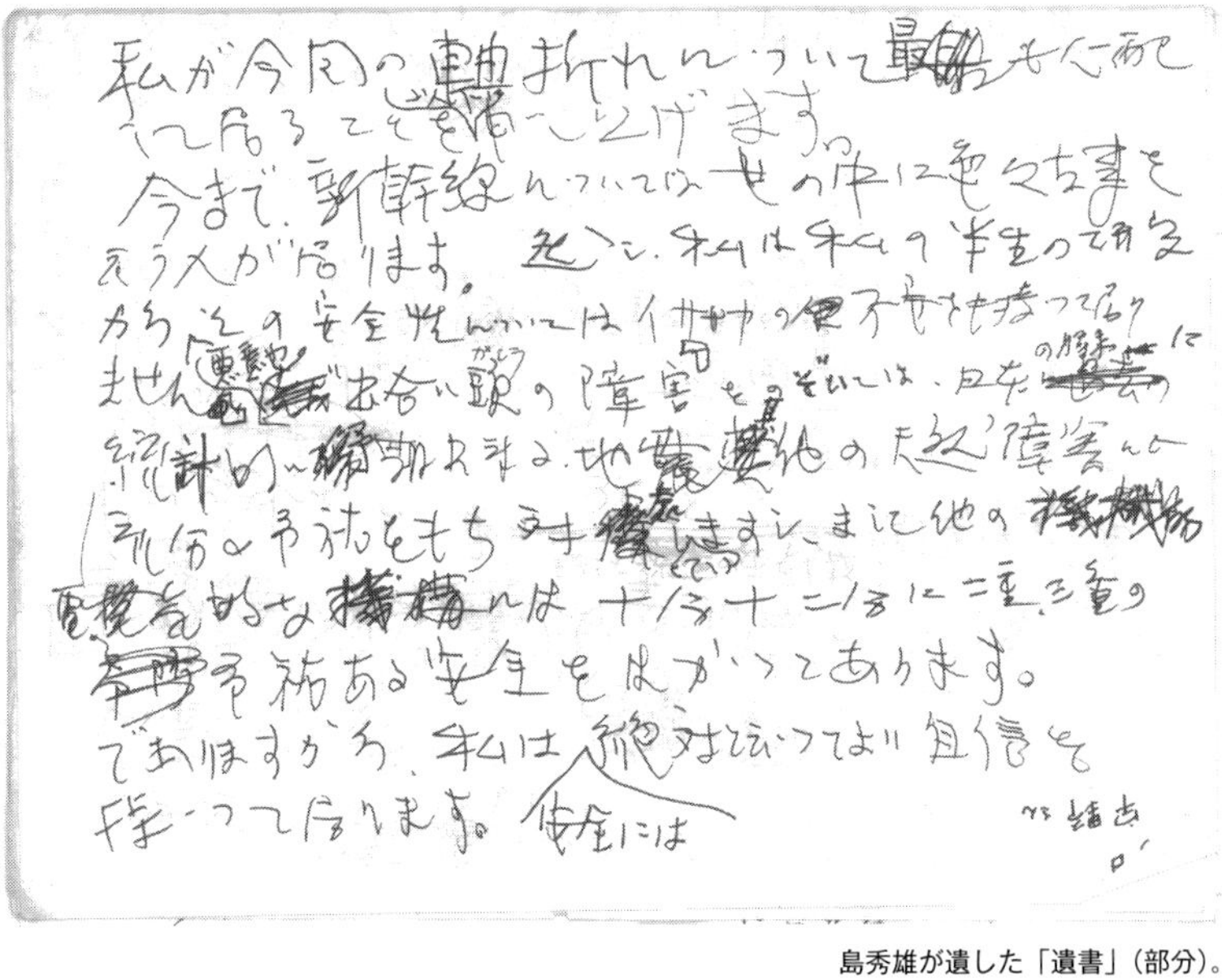

島秀雄が遺した「遺書」(部分)。

「実は、父からこんな遺書を預かっていたんです……」

という島隆さんの話には、第14章「システム工学」の最後で触れた。次男・隆は、この遺書を「機を見てよく読むように……」と父から託されていたのである。

今回、その内容を紹介するにあたって、島家の人々と何回も話し合った。

この遺書を島秀雄に書かせるきっかけとなった新幹線のトラブルは、当時のごく少数の国鉄関係者を除いて一般にはまったく知られていない事故である。むしろ国鉄の正史から抹殺された出来事だったといっていい。

今、あえてそのことに触れる必要がはたしてあるだろうか。しかも、遺書には宛て名が明記されている。本来、故人のプライバシーに属するはずのこの遺書の取り扱いをめぐっては、遺族の気持ちも再三、揺れ動いた。

しかし、東海道新幹線をつくった男の全体像を伝える語り手としては、できればこの遺書を避けては通りにくい。40年近い月日も経過している。新幹線の安全神話をより深く知らしめるためにも、公表すべきではないか……。

隆は、こう語る。

「私はどなたにもご迷惑をかけるようなことだけはしたくないんです。しかし一方で、こうも思います。この遺書は住友金属社長宛にはなっていますが、いま読み返してみると、父が後に続く鉄道技術者すべてに残した遺書なのではないだろうか……。今回、その一部を公開することによって、死を覚悟したときの、父の心からの叫びを皆さんに聞いていただきたい。そう考えました」

この遺書の扱いについて、最晩年まで島秀雄の信を得ていた元新幹線総局長の石澤應彦にも意見を求めた。

「いろいろと差し障りもあるとは思いますが、関係者全員の前向きの努力にもかかわらず、人智の及ばざる所で起こった事故のことでもあり、あえて将来のために素直に記述しておいたほうがよいのではないかと思います。この遺書の存在は、島さんが鉄道人としていかに自己に厳しかったかを物語っています」

筆者は、技術と安全にかける、石澤や島隆ら鉄道人たちのモラルに敬意を表しつつ、本章の原稿を書こうと思う。

＊

「国鉄・私鉄統一スト、一部突入」

昭和41年4月26日の朝日新聞朝刊は、一面トップでこう伝えている。

中労委、公労委による斡旋、調停工作が時間切れとなり、26日未明から一部私鉄がストに突入したのである。

「秒読みの緊迫　その舞台裏」

「機動隊員ともみ合う　東京駅支援労組千五百人」

社会面は、戦後初にして最大の統一スト突入前夜の騒然とした様子を詳しく伝え、同じく社会面左隅には、新幹線関連のショッキングな見出しが躍っている。

「新幹線試験車にはねられ作業員四人が即死」

26日未明、最終列車通過後の午前零時10分ごろ、小田原付近の下り線を時速210キロで走っていた臨時の電気試験車両が保線作業員をはねたのだ。原因は、どうやら連絡の不徹底である。作業員たちは、試験車両がてっきり上り線を走ってくるものと思い込んでいて、慌てて避難しようとしたが逃げきれなかったらしい。

この頃、島秀雄は毎朝5時ぴったりに寝室の雨戸を開け、6時5分前かっきりに食卓につき、NHKニュースをみながら朝食をとり、朝日新聞に目を通した。すべて定刻どおりは汽車屋の常識であり、島も生涯、家庭での定時ダイヤ運行を乱さなかった。

この日の朝刊を、島は、苦々しい思いで読み進んだに違いない。しかし島にとって、この朝、最も気掛かりに思えたのは、保線作業員死傷の記事の下にぶらさがるように続く、わずか十数行のベタ記事だったはずである。

〈二十五日午後七時半ごろ、東海道新幹線新大阪発東京行「ひかり42号」が豊橋市大岩町へさしかかったとき、車体の揺れがおかしいのに車掌が気づき、停車した。調べたところ、ブレーキがかかったままの状態になっていたので、徐行運転で豊橋駅へ引き返し、以後の運転を打ち切った。約八百人の乗客は後続の「ひかり44号」に乗換え、同九時すぎ、同駅発で東京へ向った。この故障で「ひかり44号」はじめ後続の四本が最高一時間遅れた〉

この昭和41年4月というのは、新幹線が開業してほぼ1年半。開業1年後の大幅ダイヤ改正（前年11月）で、東京－大阪間3時間10分の高速運転に踏み切って、半年と少々。まだまだ初期トラブルが多く、1時間程度の遅れはむしろ日常茶飯事であり、この豊橋での故障事故も、保線作業員死傷という大事故がなければおそらくベタ記事にさえならない、新幹線草創期のささやかなひとコマに過ぎなかった。

島秀雄は、新幹線開業（昭和39年10月）の前年に、十河信二に殉じる形で物議を醸しつつ国鉄を辞して以来、大手鉄鋼・鉄道部品メーカーである住友金属工業に顧問として復職していた。住金は、昭和26年の桜木町事故で国鉄を引責辞任してから、30年に技師長として返り咲くまで身を置いていた古巣である。

この日も、島は住金東京本社に出社した。そして、そこで、前夜の真相を耳にする。ひかり44号の事故原因は、ブレーキ故障ではなくて、車軸折損であった。

日記に、島はこう記している。

〈私鉄総連と公労協のいわば交通ゼネストである。1700万人の足をうばったとの事、困った事也。豊を資生堂に置き出社。ひる前より交通協会評議員会。帰社。新幹線車軸折損したとの事、村瀬君よりの話。湯本君、横堀君、益子君、西岡君の話を聞く。さらに調査するより仕方なし。又心配事が増したのである〉（4月26日）

いうまでもなく、車軸は鉄道車両の生命線である。代替機構を持たず、したがってフェール・セーフという、万一事故が起きてしまったときの安全対策もとれない。安全な超高速走行のための最重要部品であるからこそ、島技師長は、新幹線用車軸の生産を最も実績もあり、また信頼に足るメーカー、すなわち住友金属工業扱いとしたのである。

もとより、島は利権意識を最も忌み嫌う。むしろ自分の関係するメーカーには仕事を回さないのが、島技師長の一貫した流儀であった。しかし、こと車軸に限っては、島はあえて李下に冠をただす。住金は、車軸に関して他の追随を許さない実績と技術力を誇っていたのである。島と住友金属のスタッフは、高周波焼き入れという新技術を世界に先駆けて導入し、試験に試験を重ねて、超高速に余裕を持って耐えうる車軸の開発に成功したはずであった。

その車軸が、折れた。まかりまちがえば、大惨事である。

島秀雄のショックと心労は、極限に達した。

日記によると、島は逐次、関係各方面からの情報、報告を集めつつ、28日には甥の結婚式に出席するために家族を連れて「はつかり」に乗り、仙台に出掛けている。

そして仙台からの帰途、5月2日に顔面麻痺を起こしてしまうのだ。

〈朝、ヒゲ剃ろうとすると、半顔が変である。左半がつる感じである〉（2日、月）

〈一日中強風。右半顔、感覚益々ニブシ。不愉快な一日也〉（3日、火）

翌4日には、鉄道病院で診療を受ける。診断は、「顔面神経麻痺」。日記には〈注射をし、又物療で電撃をして帰る。2ケ月位かかる由〉とある。

〈午前中、庭に出て花壇をいじって気分をまぎらわす。午後は納戸のかたづけを手伝う。夜、NHK1チャンネル、新幹線無事故400万キロというのをやる〉（5日、木）

〈やはり、よくない。……湯本君から、その後の車軸の話を聞く。全く住金の手落ちらしい〉（6日、金）
〈出社。日向社長にあい、車軸問題で住金の反省すべき点について強く進言する〉（7日、土）
そして、5月9日の月曜日に、ついに島秀雄は心筋梗塞で倒れる。
倒れたのは東京本社での会議中で、苦痛のあまり手で胸を掻きむしり、慈恵医大病院に担ぎ込まれたときは、すでにワイシャツが真っ赤に染まっていた。
後日、やや小康を得てから、島は「病床日記」を妻・豊子に口述筆記させはじめるのだが、この「5月9日、入院当日」には、こうある。
〈住金で小言を垂れた所、にわかに胃が焼けてきてダウン。家に帰ろうと思えども足が前に進まず、ソファに倒れる。Dr.猿田の診断の結果アルギーナ＝ペルトーリスの疑いがあり、ただちに119番にて慈恵医大病院へ運ばれる。乗りごこちは良かった故である。以後730号室にて窓を暗くし、鼻よりO_2を吸入して闘病生活に入る。頭より湯気を発し、顔色は猿より赤く、胸の上に鬼が乗っている様な気持ちがした〉
心筋梗塞は、極度のストレスが引き金になって起こる。しかも当時は、まだきわめて致死率の高い発作であった。しかし、医師団の努力によって、島の容態はようやく小康を取り戻す。「もう一度、発作が起これば助からない」という状況が続くなかで、島は、死を覚悟して、住金社長宛の「遺書」を書くのである。絶対安静態勢の下で、医師に隠れて妻・豊子に口述し、それをシーツを被って校正し、乱れる文字で書き加えたという。

〈夕方は住金社長にあててワラ半紙3枚に渡る長文の訴状（告発状？）を書いた所、にわかに疲労を覚え、高イビキをかいて寝込む〉（15日、日）

＊

さて、では島秀雄の精神を極限まで追いつめることになった、この一見ささいにもみえる事故は、いったいどのように起こったのか。

当時、東海道新幹線・運転車両部長として、東京駅のＣＴＣ（集中列車制御装置）指令室で指揮を執っていた斎藤雅男の話をもとに、事故の概略を再構成してみる。

４月25日の夜、19時半ごろ、斎藤はＣＴＣ指令室階下で仮眠中であった。そのころは、頻発する初期トラブルに対応するため、24時間態勢の勤務を続けていたのである。

その斎藤に、19時40分ごろ、第一報が入る。

18時00分新大阪駅発「ひかり42号」が、豊橋駅付近で緊急停車した。乗車率１２０％。関西出張帰りのサラリーマンで超満員のビジネス超特急であった。

報告によると、名古屋駅を出て熱田付近のカーブを走行中に、足立車掌がガタッという異常振動を感じ、最後尾の台車付近で火花が出ているのを目撃した。そのまま注視を続けていると、続く約20キロの直線区間では異常を感じなかったが、次に豊川橋梁の急カーブ（２５００Ｒ）で再び異常振動とともに火花を確認した。足立車掌は、急ぎ運転士に通報する。非常ブレーキがかけられ、時速２１０キロで走行中の列車はそのまま約２４００メートル走り、豊橋駅を約４００メートル過ぎて、ようやく停止した。

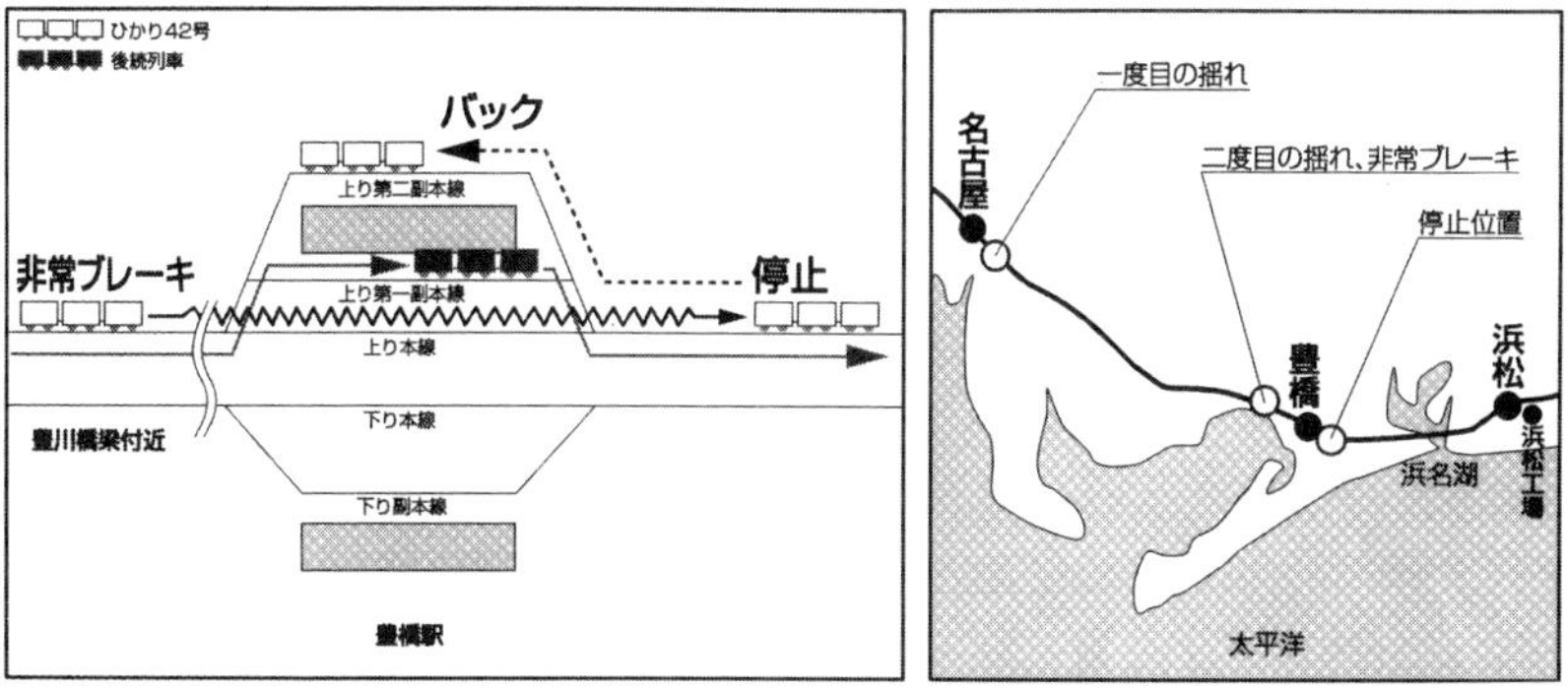

（左）豊橋駅における事故列車と後続列車の動き。（右）各駅と故障事故現場の位置関係。

さっそく線路におりた足立車掌によれば、1号車の後部台車の第2軸に異常がみられる。この「ひかり42号」には、たまたま出張帰りの松下車両課長補佐が乗り込んでおり、さっそく1号車に向かった。松下の報告によれば、第2軸の中心部付近から油が垂れていて、軸折損の可能性が高い。まさに、危機一髪で大惨事を免れていたのである。

このとき斎藤には、運行管理の責任者としてふたつのことが課せられていた。

ひとつは、これ以上、車両故障（車軸折損事故）を拡大させないこと。それには、その場に停車させたまま、事態を処理することであった。もうひとつは、乗客の輸送を最優先させること。それには、故障車両を動かして、残されたその日のダイヤのなかでなんとかやりくりする必要があった。

斎藤雅男は、決断する。

ただちに故障車両を時速15キロの低速で豊橋駅第二副本線にバックさせよ。後続する「ひかり」4本を順次豊橋駅第一副本線に臨時停車させ、すみやかに乗客を乗り換えさせよ。浜松工場から救援トラックを回して、故障車両の回送手筈を整えよ。

運行中の車両を本線上でバックさせることは、鉄道の大鉄則に反する。しかし、その後の経過を考えてみると、斎藤の決断は実に的確であったと言わざるをえない。

こうして、まず後続する最初の「ひかり44号」が20時過ぎには豊橋駅に入り、続いて、46号、48号、54号という具合に豊橋駅第一幅本線に臨時停車する。乗客たちは次々に乗り換えて、無事、東京に向かい、22時過ぎにはホームから乗客の姿は消えていた。目立ったトラブルもなかった。当時の乗客は、いわば車両故障慣れしていたのである。

そして、最終列車の通過した23時過ぎには、故障台車付近をジャッキアップして、搬送用の馬をはかせ、時速30キロで回送を開始、そのまま午前1時には浜松工場に入った。この間、ごく限られた国鉄関係者以外に、ことの重大さに気づいた人間は皆無であったらしい。

斎藤は、こう振り返る。

「なにより足立車掌が最大の功労者です。大事に至る前に気づいて、適切な処置を講じた。さもなければ、浜名湖あたりで大惨事になっていた可能性大です。さらに、あの事故は、いろいろな意味で幸運だった。まず緊急停止した場所が、駅至近だったこと。緊急停車した場所が、もし駅至近でなかった場合は、乗客乗降用のブリッジを渡して、乗客を移動させなければなりません。しかも、たまたま豊橋駅の上り線には、第二副本線があった。第二副本線がなければ、乗客を下ろすことはできても、後続列車を止めて乗客を乗り換えさせることはできません。さらに、浜松工場という新幹線専門の鉄道工場が近くにあったことも不幸中の幸いでした」

当時、新聞・テレビ等の取材陣は、初期故障を繰り返す東海道新幹線に狙いをつけていた。いまに何か重大事故が起きるのではないか、と各支局が網を張りめぐらせていた。もし、乗客の乗り換えや故障車両の回送に手間取っていたら、マスコミ取材陣によって執拗に故障原因が追及されて、あるいは「危ない新幹線」の大合唱に発展しかねなかったであろう。

しかし、当夜のマスコミ取材陣の狙いは、戦後最大の統一ストの行方に絞られていた。「ひかり42号車両故障事故」は、不幸中の幸いが幾重にも重なりあって、わずかに朝日新聞のベタ記事のみに止まったのである。

さて、この非常事態を受けて、国鉄本社では午前2時半より緊急対策会議が招集された。深夜にもかかわらず、事の重大さに鑑み、石田禮助総裁、磯崎叡副総裁、藤井松太郎技師長、松平精鉄研所長ら最高幹部20数名参加による秘密会議である。会議開始の頃には、小田原付近での保線作業員死傷事故の第一報も入り、会議は、沈痛をきわめた。議論はとかく事故原因の究明に走りがちであったが、この場で緊急を要する最大の論点は、わずか数時間後に迫った、翌26日朝の運行ダイヤについてである。

斎藤ら東海道新幹線支社車両課では、新幹線の各車両に使われている主要部品を履歴カードとして管理していた（まだコンピュータ化はされていない）。会議半ばには、全車軸２３００本の履歴カードから折損車軸と同一ロットの車軸全12本を洗い出し終わっていた（昭和39年４〜５月の製品で、約８万キロ走行）。

ここで斎藤は、ふたつの提案をする。

第一案＝全列車の40％を運休させて車軸の検査を行なう。

第二案＝平常ダイヤで運行し、同一ロットの車軸12本を持つ車両に検査係を同乗させる。

会議の結論は、「最も情報を得ている斎藤に一任」。そして斎藤の結論は、第二案。ゴールデンウィークを目前にして、大幅な運休はしにくい。マスコミも黙ってはいまい。さらに斎藤には、検査係を同乗させれば万一の事態を未然に防ぐことができるという自信もあった。

そして、斎藤は6時05分のこだま一番列車で浜松に向かった。斎藤の到着を待って、浜松工場で台車の検証が始まる。車軸を外した途端「バーン！」という大音響とともにバラバラに崩れ落ちた。台枠は最大25ミリ程度削り取られており、弾け出ようとする輪軸を、モーター、駆動装置などの部品がせりあって、辛《から》くも台車内に押し止めていた。結果的には、初代新幹線0系がオールM編成であったことが、ここでは幸いしていた。

島秀雄は「遺書」に、このように書いている。

「今回の軸の折損の事故については、上り超特急が名古屋を出た所で起こり、誰知らぬ事とて時速210キロの高速で乗員に異常振動を感じさせながら豊橋に向かって突進したと聞いています。後で台車を分解した時の事を聞きますと、幸いにも三四の部品がセリ合って辛くも位置を保って何とか走行を続けていった様です。これは予定された安全によるものでなく、全く天佑と申すほかありません。これが少しでもずれていたらたちまち脱線で、あの名古屋熱田付近の30メートルの高架から脱線墜落して1000人以上の死傷が出た情況を考えると、慄然とせざるを得ません。これで新幹線も終りでしょうし、これによって復興の機を得た世界の鉄道も終りでしょう」

＊

問題の折損車軸は、さっそく鉄研・金属材料研究所に送られ、検査の結果、車軸中心部に150ミリ程度の高周波焼き入れが戻っている部分があって、強度が落ちていることが判明した。一方、住金側も斎藤雅彦を「さすが」とうならせるほど徹底的な原因究明を行ない、ほどなく、問題の車軸を研磨する過程で停電事故が起こっていたことを突き止めた。

しかし、むしろ問題は、この不良部品が納品・受け取りに際しての三重、四重の厳重な検査・検品を潜り抜け、何回もの定期検査をクリアしていたという事実であった。つまり、作る側も使う側も責任は五分五分だったのである。斎藤は、こう振り返る。

「われわれがこれほど頑張っても、まだだめなのか。このときほど、つくづく時速210キロという超高速の怖さを思い知らされたことはありません」

むろん双方で、ただちに対策がたてられた。住金側では、新幹線用車軸の生産を他の在来線用車軸の生産ラインと峻別して、より徹底的な品質管理を実行した。国鉄側では、超音波探傷、蛍光探傷などの新技術を駆使して、これも徹底的な品質管理マニュアルを作り直し、実行した。

唐津一教授（東海大学、信頼性工学）はこう語る。

「事故の経過を知ると、そんなことがなぜわからなかったのかとつい疑問に思ってしまいます。しかし、人間の作る工学的な道具に、初めから完璧なものはない。思ってもみない原因が重なりあって、トラブルというものは起こる。むしろトラブルの後に徹底的な原因究明と徹底的な対策をどこまで実行できるか。問題は、そこに尽きるんです。東海道新幹線は、いまでは1日230本の列車が東京－大阪間を走っています。しかも時速240キロ。にもかかわらず開業以来丸々35年間も列車事故を起こさない、世界でも類まれな安全性を誇る鉄道なんです。しかし、それは失敗の積み重ねの上に確立された、結局のところ現場の努力の賜物なのだということを知るべきでしょうね」

唐津一は、新幹線の初期計画段階に、島秀雄技師長に請われて「安全運転委員会」の若手メンバーとして活動したことがある。この「安全運転委員会」の使命は、広く民間の識者を集めて、時速200キロの列車を安全運行するためには何が必要なのかを、徹底的に洗い出すことにあった。唐津の役割は、当時まだ珍しかったコンピュータの専門家として、過去の鉄道事故のデータを集積し、分析することであった。

鉄道事故の70%は踏切で起きる。ならば、踏切を全廃しよう。大事故には信号無視が多い。では、車内信号にして自動制御しよう……という具合に、島技師長は、唐津らのデータをもとにシラミ潰しに超高速鉄道の安全対策を打ち立てていったのである。

唐津によれば、欧米には、重大事故に関する免責制度というものがある。飛行機事故や原子力関係の事故、大火災などの大事故が発生すると、検察当局が「免責」を宣言する。つまり、責任者を告発するより、関係者に真実を証言させることによって出来事の真相を解明し、それによって次なる悲劇を未然に防ごうという考え方である。

残念ながら日本では、重大事故に際して関係者が真実を隠蔽する傾向にある。日本にも免責制度を導入すべきだという唐津の主張には、謙虚に耳を傾けるべきであろう。

＊

この車軸折損事故の年、斎藤雅彦には満足に帰宅できた記憶がない。大小トラブルが頻発して、そのたびに原因の徹底究明と、変則的な運行ダイヤの管理、そして十分な対策マニュアルの作成という激務を強いられたからである。

そのあまりの激務と責任の重大さに、さすがの斎藤も、押しつぶされる。体重8キロ減。白髪。出社拒否寸前まで追い込まれたことも一度や二度ではなかった。ほとんどノイローゼ状態で、CTC司令室近くの喫茶店に籠もって鬱々と放心していることもめずらしくなかった。

そんな斎藤を、ようやく病癒えつつある島秀雄がたびたび訪ねている。島秀雄は、6月1日に退院して、自宅静養を続けていた（しかし、顔面麻痺はついに完治しなかった。晩年に至るまで島秀雄の写真は、微妙に左右対称を欠いている）。

「斎藤くん、いまはどんな具合だい？　しっかり頼んだよ」

島は、斎藤にそのときどきの様子を聞いて、適宜アドバイスをしては、激励した。

しかし昭和42年になると、次第にトラブルの数も減って、したがって斎藤の体重も次第にもとに戻っていった。そしてその年の12月25日、斎藤はついに「安全宣言」を出す。

「開業後の3年間で、あらゆるトラブルを経験しました。それをシラミ潰しに潰し尽くして、その結果、ほぼ完璧な運転規定、検査規定ができあがった。あとは、人間の側に油断さえなければ事故は起こらない。そういう確信が持てるようになったんです。事実、それ以降、現在に至るまでトラブルらしいトラブルはほとんど皆無です」

時速200キロの新幹線に在来線の常識は通用しない。あらゆる場合を想定して、すべてに遺漏なく対応せよ……。斎藤雅彦は、開業直後の試練の時期に、運行管理の立場から、島秀雄流のシステム工学を身をもって実践したのである。

一方、住友金属側も、この折損事故の教訓を十二分に生かして、世界に冠たる輪軸(車軸と車輪)メーカーとなった。現在でも、品質、コストともに他の追随を許さず、国内ではほぼ独占状態。世界的にも輪軸供給の最大手、リーディング・カンパニーである。

とりわけ、島秀雄在籍中に、島秀雄のイニシアティブのもとに研究・開発された一体車輪(ホイールとタイヤを一体加工)は、いまや高速鉄道に必要不可欠の基本部品となっている。

ちなみに1998年6月に起きたドイツ新幹線(ICE)の大脱線転覆事故は、この一体車輪を使わなかったことがその一因とされている。ICEでは、振動を抑えて乗り心地を良くするために、ホイールとタイヤの間にゴムの緩衝材を挟み込む構造の車輪を使っていて、このゴム材の劣化が脱線を招いたとされる。斎藤をはじめ、新幹線関係者によれば、それは日本では考えられない発想であるらしい。

*

島秀雄が心筋梗塞で倒れたとき、島隆は国鉄からニューヨーク総領事館に出向中で不在であった。このとき、母・豊子を助けて、父・秀雄の看病にあたったのは、まだ大学生だった長女の久美子さんである。

久美子によれば、父は「熟慮の人」であったが、母は「即断・実行の人」であった。豊子は、この危急の事態を前にして、実にてきぱきと切り回したという。

このとき、豊子は娘にこんなふうに語っている。

「お父さんが極度の精神的ショックに見舞われたのは、これで三度目。はじめは、三男・敏が夭逝したとき。二度目は、父・安次郎を亡くしたとき。そして、今度が三度目。まったく、いつも大事なときにこうなっちゃうんだから……」

「遺書」が存在することについては、久美子も当時から知っていた。

「父は、家庭でも完璧主義者。何でも百点で当たり前の人でした。詳しい技術のことはわかりませんが、つまらないミスで新幹線が台なしになることが許せなかったんだと思います。このままでは死んでも死にきれないといっては、母に口述筆記させておりました」

島流の家庭での完璧主義とは、たとえばこんなことであった。

鉄道省の島秀雄を取材していて、「島さんの直角水平主義」という言葉を何回か聞いた。デゴイチを設計しているころから、机や引き出しなど島の身辺は常にきちんと整理されていて、文具や製図用具、書類などが、すべて直角、水平に並んでいたというのだ。

しかし、久美子の口からは「直角、水平、垂直主義」という言葉が出てきた。

たとえば、午前6時定刻に始まる朝食。メニューはトーストとサラダに決まっていて、けっして贅沢な食事を用意する必要はなかったが、ナイフやフォークなどの食器類、バター、パンなどの食べ物は、テーブルに対して直角・水平・垂直に配置されていなければならなかった。少しズレていたりすると、自分でキチンと並べ直してから食事にかかる。チーズは、島のナイフによって、きっちりと「25×25×4ミリ程度」に切りわけられた。

たとえば、玄関の靴。孫たちが増えてくると、とかく大小の靴が玄関に脱ぎ散らかされる。島秀雄は、帰宅するとステッキの先で「直角、水平、垂直」と呟きながら、きちんと整列させた。しかし、命令はしない。何でも、黙ってまず自分で実行する。

たとえば、庭仕事。心筋梗塞の病が癒えると、島はしばしば庭仕事で気をまぎらわした。島はチューリップを好まない。植えれば誰でも咲かせることのできる花は、つまらない。手間隙《ひま》かけて、研究して、丹精を込めて咲かせる花を、好んだ。

たとえば、秋に矢車草、金魚草などの種子を蒔く。種子が発芽すると、畝を作って植え替える。もちろん、直角、水平、垂直。ピンセットでつまみながらきちんと並べて、植えていく。少し育つと、今度は間隔を大きくとって、また並べ直す。水、施肥、防虫……努力を惜しまず、身を粉にして、春には大輪の花を咲かせる。

久美子は、一度、父とキリスト教について議論したことがある。熱心に入信を望む娘に、父はこういった。

「たしかに素晴らしい教えだと思う。しかし世界に数ある宗教をすべて網羅しない限り、最上の教えとはいい切れないし、したがって帰依することもできない」

まさに、島流システム工学の面目躍如たるエピソードであろう。

島家では、何事につけ、手を抜くことを許されなかった。

95点のテストを秀雄が目にすると、「なぜ5点減点されたか」と問われる。

毎日、7時定刻の夕食後、母を手伝って食器類を片づけてから、勉強をする。毎夕、役所から紫色の風呂敷一包み分の書類を持ち帰っては、食後に目を通し、そして外国の文献を読んだ。島秀雄は、酒が飲める。強い。しかし、酒量があがっても、額に青筋が一本立つだけで、決して乱れない。宴会は必ず一次会で切り上げて、帰宅する。そして、勉強した。

こういう父親が自宅にいれば、子供たちとて勉強せざるをえない。こうして隆ら息子3人は揃って東大に進み、一人娘の久美子は、聖心女子大からフルブライト留学生となってアメリカに学ぶ。困難を努力で乗り越えて、高き志を。島家の子供たちが、暗黙のうちに教えられた家訓、いわば島家における最低限のモラルだったのである。

島秀雄は、「遺書」の最後を次の一節で結んでいる。

「……最終製品顧客の大住友への信頼と云うものが、最終的にはその個々の末端作業者の技量とモラルに懸かっているのであると云う認識について全社的にも更に一層の喚起を御願いしたいと考えます／以上　病中特に医師に許しを受けて居りませんで意をつくしませんが、御汲み取り下さい」

＊

唐津一は、こう語る。

「人間の作った道具に100％を期待することはできない。事故は、不測の事態として突然やってくる」

しかし、島秀雄によれば、鉄道は100％安全で当たり前である。100％の安全を期して、常に120％の努力を惜しまないことが、超高速時代の技術者として当然のモラルであった。

石澤應彦はこう言う。

「動くものに、物理的に100％の安全はないんです。人間の知恵にも限りがある。むしろ、事故はいつか必ず起こると考えておいたほうがいい。それは開業3日目かもしれない。3年後かもしれないし、300年後かもしれない。自動車と違って、鉄道は前もって過酷な試験をしにくいという欠点を持っています。だからこそ専門家が乗務し保守して、二重三重の安全対策を講じているのです。この車軸事故に関しても、当初から万一折れたときのことを考えて、東京‐大阪間は無理としても、しばらくは走行できるように、脱線防止策が施されていました。軸箱から角を出して、台車枠に嵌め込んでおいたんです」

驚くべきことに、昭和41年4月26日夜のひかり42号は、この角によってかろうじて脱線を免れていた可能性が高い。島流システム工学に徹した設計陣は、車軸折損という絶対にあってはならない事態まで想定して、あらかじめ対策を施していたのである。

新幹線は安全で当たり前だ……。

わたしたちは、無条件でそう信じ込んでいる。しかし、東海道新幹線の安全神話は、なにも天から降ってきたわけではない。神話には、然るべきもっともなルーツがあり、そして神話を神話たらしめ続けてきた、現場関係者の不断の努力があったのである。

長女・久美子の話を聞きながら、私はつくづく合点する思いがした。

新幹線の安全神話は、島秀雄のモラル＝「直角、水平、垂直主義」に根を持っている。そして、島秀雄や石澤鷹彦、斎藤雅男らに続く数え切れない後輩たちが、今日も、日夜、現場で眼を光らせている。

それは「100％安全」へ向けての、果てしのない戦いなのであろう。

第18章 宇宙開発事業団初代理事長

ロケットの模型を手に微笑む島秀雄理事長。

〈……科学技術庁藤波次官来訪。宇宙開発事業団理事長就任懇請さる。一応辞退〉（6月25日）

〈科技庁にて兼重先生面会。宇宙開発事業団の件、申し上げ、御話も聞き、御断りする〉（26日、大雨、快晴）

〈長官、木内大臣と来訪して又頼まれる。相変わらずダダをこね一応御断りする〉（27日、晴）

島秀雄日記を開いてみると、島の宇宙開発事業団（NASDA）初代理事長就任の話は、昭和44年6月25日に、突然降ってわいたように始まる。以後1週間、連日連夜にわたって各方面からの執拗な就任受諾要請が続き、はじめは固辞していた島も次第に軟化していく。

〈藤波君、木内大臣と来訪、再懇請される。日向さん、十河さん賛意を表していると云う。一応応諾の答をする。（中略）ひる交通協会で十河さん面会。青木槐三氏同席。やはり受けろと云う事になる〉（30日、雨）

NASDA発足は、その年の10月1日に迫っていた。政府関係筋としては初代理事長人事を秋に持ち越すわけにはいかなかったのであろう。

一方、島秀雄にも、結論を急がねばならない事情があった。翌々日の7月2日には、ジェイムズ・ワット国際賞授賞式出席のために妻・豊子とともにイギリスに向けて出発しなければならず、さらに授賞式後は、のんびりと欧米各地を観光しながら、久しぶりに妻を慰労する予定であった。

しかし、島秀雄が日本を離れた夏の間に、日本および世界の宇宙開発は歴史的な急展開を見せる。その話の前に、まずはＮＡＳＤＡ設立当時の事情を説明しておこう。

終戦後の再出発時点において、鉄道と宇宙開発とでは大きく事情を異にしていた。島秀雄がはじめて日本の宇宙開発の現状について知らされたとき、そのあまりの未成熟ぶりに驚いている。鉄道は、戦前の技術的成果をそのままひきつぎ、さらに発展させることが可能であった。その代表的人物が島秀雄その人であり、その代表的列車が東海道新幹線である。

しかし、航空技術に関しては、断絶される。兵器産業とみなされて徹底的に解体されるのである。とくにロケット打ち上げに関する技術は即ミサイルと直結するがゆえに（事実、直結した）、世論、政府、アメリカ関係筋から白眼視されていた。つまり、日本の宇宙開発は、とても困難な状況からの出発を余儀なくされたのである。

しかも、当時の日本の宇宙開発は、東大宇宙航空研究所（東大グループ）と科学技術庁宇宙開発推進本部（推本グループ）のふたつに分裂していた。ペンシルロケットで有名な糸川英夫博士を中心とする東大グループは、すでに固体式ロケットで小型衛星を打ち上げる能力を持ち、ユーゴスラビア、インドネシア向けに輸出もはじめていた。一方、推本グループでは、大型実用衛星打ち上げには液体式ロケットの開発が急務という立場で、独自に実験を繰り返していた。打ち上げはともに失敗が多かったにもかかわらず、なにかにつけライバル意識ばかりが先行する間柄で、日本の宇宙開発は「舵なき船」とマスコミからも揶揄されていたのである。

そこで、科学技術庁主導のもとに新たに宇宙開発事業団（ＮＡＳＤＡ）が設立される。通信、気象、放送など実用分野の宇宙開発をＮＡＳＤＡに担当させ、学問的な探査・研究は東京大学が担当するという、一種の棲み分けが行なわれることになったのである。

このとき、科技庁推本グループを代表して島秀雄への技術的な説明を行なったのは、黒田泰弘である。黒田は戦後、ロケットを作りたい一心で防衛庁に入った、根っからのロケット技術者であった。黒田は、宇宙開発をめぐる実情と自身の率直な意見を島に披瀝する。

日本のロケット開発は、固体派と液体派に分裂していること。

気象、放送、通信関係、資源探査を中心に産業界から静止衛星早期打ち上げの要請が強まっていること。静止衛星を打ち上げるためには、液体式ロケットの技術が必要で、早期打ち上げにはＮＡＳＡ（アメリカ航空宇宙局）からの技術導入が必要であること。

しかし、アメリカ側にむしろ積極的なムードがあるにもかかわらず、「ロケット＝兵器」という理由で内閣法制局がなかなか首を縦に振ってくれないこと。よって米側からの技術導入の可能性については、残念ながら不透明であること。

このとき島は、黙ったままひと通り説明を聞いてから、一同に向かってこう言った。

「沈没することのわかっている船の船長になるのは、気が進みませんなあ」

島が渡欧前にごく少数の関係者に残したのは「一応応諾」の返事であって、正式受諾ではない。よって島を追いかけて、就任懇請の電話、電報がヨーロッパに飛ぶ。しかし、なかなか正式受諾の返事がもらえない。島が最後まで一貫して譲らなかった条件は、「アメリカからの技術導入が可能になること」であった。そうこうしている間に、歴史的な大事件が起こる。

7月16日、アポロ11号が打ち上げられる。7月20日、月着陸船イーグル号が「静かの海」に着陸。アームストロング船長によって月面第一歩が踏み出された。もはや、宇宙開発におけるアメリカの圧倒的な優位性は、明々白々であった。

日記によると、この日、島秀雄と豊子はパリからニューヨークに飛んでいる。

〈早めに帰宿す。アポロ11の月着陸テレビを見る〉（7月20日）

さらに、アポロ11号の地球帰還（24日）からわずか1週間で、日本の宇宙関係者に衝撃的な知らせが飛び込む。「宇宙開発に関する日本国とアメリカ合衆国との間の協力に関する交換公文」（以下、交換公文）が電撃的に調印された。

日米宇宙協力に関しては、1967年の佐藤・ジョンソン（大統領）会談で初めて共同声明に盛り込まれ、翌68年にはジョンソン駐日大使（大統領と同名）によって技術援助に関するメモが日本政府に寄せられていた。しかし、このジョンソン・メモを日本側は1年以上も無視してしまう。当時は、日本の宇宙開発能力（したがってミサイル開発能力）をコントロール下に置こうとするアメリカ側のほうが技術協力に熱心であって、日本側は東大グループを中心に産・学・官ともに自主開発派が主流を占めていたらしい（＊1）。

いずれにせよ、アポロ・ショック醒めやらぬ7月31日に、まさに青天の霹靂のごとく、技術導入の門戸が正式に開かれた。島秀雄のＮＡＳＤＡ初代理事長決定を阻む難題は、こうして島のヴァカンス中に、一気に解決したのである。

島と豊子は、交換公文の調印された7月31日にサンフランシスコを発ち、ハワイ経由で8月2日

＊1　アメリカ側が技術協力に熱心だった理由については、中野不二男『日本の宇宙開発』（文春新書）に詳しい。中野はアメリカの公文書館で資料を発掘し、「日本の固体ロケット技術をもってすれば3年以内に核弾頭ミサイルを開発できる」（1965年）というアメリカ側の見解を紹介している。

に羽田に帰っている。そして、8月15日の終戦記念日に、総理官邸で佐藤栄作から「理事長となるべき者」という辞令を受け取る。

このとき、島秀雄、68歳。古希目前にして、新分野・宇宙への挑戦であった。島は、例によって、さっそく入手可能なNASA関係文献を読破にかかる。家人の証言によれば、あまりに根を詰めて本を読むあまり、このころ右目失明寸前まで追い込まれている。

＊

NASDA初代理事長として、なぜ島秀雄に白羽の矢がたったのだろうか。

東大系、推本系の両グループの確執に発展的なピリオドを打つには、「ロケット開発に無関係な中立的な人物が望ましい」という事情もあったであろう。

時の首相・佐藤栄作の強力な推薦があったことは、後に島自身も書き残している。佐藤は島の鉄道省時代の1年先輩で、東海道新幹線建設にあたっては大蔵大臣として世銀借款に奔走している。NASDA設立のころは、米ソ冷戦下での沖縄返還実現を射程に入れて、難しい対米関係の舵取りを強いられていた時期でもある。佐藤首相が「島で押し通せ」といった背景には、デリケートな対米対応への配慮もあったように思われる。

＊

当時、アメリカの航空技術者の間でも、東海道新幹線はきわめて高く評価されていた。

一例をあげる。1967年1月に兼重寛九郎・東大教授（科学技術庁顧問）がワシントンに出向いて、日本の工業技術一般の現状についてのヒアリングに応じている。当時の議事録をみると、アメリカ側の質疑が東海道新幹線に集中している。たとえばスティーヴァという教授は新幹線を絶賛した後で、こう発言している。

「東海道新幹線のシステム計画手法には、アメリカのアポロ有人飛行計画が学ぶべき点がたくさんある……」（"Panel on Science and Tecnology Eighth Meeting" 1967, U.S.Government Printing Office）

未経験、技術的不確定、短期間、予算限定……という悪条件下でいかに効率よく目標を達成させることができるか。ＮＡＳＡは、アポロ計画を通じて新規大プロジェクト成功のためのシステム工学（開発管理法）を確立させたのである。しかし島秀雄は、ＮＡＳＡモデルの未だ確立されていない時代に、東海道新幹線建設においてシステム工学を実践し、成功させている。島秀雄の評価は、アメリカの宇宙開発関係者たちにも申し分なく高かったのである。

さて、紆余曲折を経て、晴れて10月1日に発足したＮＡＳＤＡは、しかし依然として「沈没寸前の破船」であることにかわりなかった。７月の交換公文調印によって、アメリカからの技術導入の可能性はたしかに開かれた。だが、誰が、何を、どこまで導入するかという具体論に関しては、まったく白紙状態であった。ＮＡＳＤＡは、日米交換公文以前、つまり、島の理事長就任以前に決定した初年度予算と計画に基づいてスタートを切るほかなかったのである。

ここで、ＮＡＳＤＡ発足当初の計画目標を整理しておこう。

「１９７２年までに１５０キロの電離層観測衛星を高度１０００キロに打ち上げる」（Ｑ計画）

「１９７４年までに１００キロの衛星を高度３６０００キロの静止軌道に打ち上げる」（Ｎ計画）

このQ、N計画は、ともにその出発点を1966年の宇宙開発審議会に遡る時代モノで、東大系の実績を尊重して固体燃料ロケットを主軸とする計画であった。島の目からみると、アメリカからの技術導入の門戸が開かれた以上、あまりにも迂遠な回り道である。しかし、すでに計画は始動しており、予算と担当者と担当メーカーによってすでに既得権益のピラミッドが形成されつつあった。

ここで、島理事長は大英断を下す（1970年10月21日）。Q、N計画ともに中止。アメリカから液体燃料ロケット技術を導入して、1975年までに静止衛星を打ち上げる「新N計画」を決定する。俗に「QN変更」。当時のマスコミからは「性急にすぎる計画変更」と批判される。

しかし島にしてみれば、計画初期段階だからこそ、断じて行なっておくべき方向転換であった。

「国民の付託に応えて行なうナショナル・プロジェクトとして、当事者の当面の利害や感情を超越して進められるべきものであって、たとえ情において忍びない点があっても、目的達成を至上命令としてこれに最適と考えられる道を選ぶことがわれわれの義務である」（昭和45年『すぺーす』11月号「新計画のスタートにあたって」）

この「QN変更」は、のちに「これがなければ日本の宇宙開発は50年遅れた」「島秀雄のカリスマ性をもってしてはじめて可能だった大英断」と語り継がれることになるのだが、さすがに当時は周辺に不協和音を残した。発足当時の事情を島秀雄はこう書いている。

「各方面の人材を集めたばかりの混成旅団でいきなり戦場に向かうようなものであり、いろいろ苦労することも多かった」（『私の履歴書』）

このころ、島は国鉄からも勝手知ったる人材を引き抜いている。そのひとり中西英彰は、東大工学部航空学科出身のエンジニアで、昭和30年代初めに技師長室の一員として島に仕えた経験もあった。その中西によれば、島が初代理事長として最も心を砕いたのは、「人の和」である。たとえば、島は年2回の野球大会を企画する。当日は少人数の留守番を置いて、所員総出。むろん、島も参加した。

「ご覧になっているだけで十分なのに……」

という中西たちの心配をよそに、島みずから代打として名乗りをあげ、悠然と右バッター・ボックスに入り、初球を叩いて内野ゴロ。一塁ベースへ向けて全力疾走に入った瞬間に、転倒。運悪く怪我をするという一幕もあった。

この野球大会で、野球部出身の黒田泰弘は最優秀選手に選ばれている。その黒田も、島に随行してNASAを訪れたとき、お灸をすえられている。

このとき、NASA関係者たちが、日本の宇宙計画を「Kuroda's Plan」と表現した。彼らは、個別プロジェクトにしばしば固有名詞をつけて表現することを慣例としていた。黒田は、かねてよりアメリカからの技術導入の積極推進派で、NASAに知人も多かったのだが、このときはさすがに冷や汗をかく思いだったという。案の定、ホテルに帰ってから、独特の島語を頂戴する。

「黒田君の名前が、ずいぶん出ますねえ……」

島の言葉は、部下に対してもつねに慇懃であった。しかし内容は、手厳しい。このときも黒田は、意味深長な言葉として受けとめ、深刻に反省した。

このエピソードを聞いて、私は、新幹線建設について、島がさかんに口にしていたフレーズを思

NASDA野球大会でバッターボックスに立つ島秀雄。

NASDA顧問室からは、直下に東海道新幹線が見える。島秀雄は折に触れて、過ぎ行く新幹線の姿をカメラに収めた。この0系新幹線を撮影した写真には、1993年3月17日の日付がある。

い出す。

「東海道新幹線は、それぞれの分野に蓄積された既存の技術を活かして、現場の技術者の創意工夫によってできあがっている。私は、技師長としてそれらをまとめあげたにすぎない……」

スターを作らず。スターにならず。

それは、島が徹底して実行した、もの作りの流儀であった。とかく名誉を追いかけがちな技術開発にあって、このスター不要論は、島流システム工学最大の鉄則だったのではないだろうか。

＊

島秀雄は、技術者として、どこがもっとも偉大だったのだろうか？

中西はこう答えてくれた。

「ものごとの仕組みを見抜いて、本質を理解する能力。そのエンジニアとしてのセンスが、実に素晴らしかった。遠い将来を見据えて、長期的視点に立って、今はかくあるべし……という決定を下す。その洞察力でしょう」

なるほど……。

実は、今回、島の宇宙開発関係の足跡を取材していて、うすうす疑問に思うことがあった。島は、なぜ「アメリカからの技術導入」を即断できたのだろう？　69年6月末に、はじめてＮＡＳＤＡ理事長就任要請があったとき、なぜ即座に「アメリカからの技術導入の環境整備」を条件としてあげることができたのだろうか？　だいいち、あの東海道新幹線は、ほぼ１００％国産技術を活用することで立派に実現させたではないか。

静止衛星の早期打ち上げを実現するにはアメリカの技術を導入するしかない……という黒田ら推本グループによる懸命な説得に心動かされたからだろうか。それとも、7月末日の「交換公文調印」につながる政治的背景についての何らかの情報を密かに入手していたのだろうか?

しかし、中西の言葉を聞いて、なんとなく納得できる思いがした。

島秀雄は、東海道新幹線建設に具体的に着手したころに、こんな文章を書いている。昭和35年8月、小犬を乗せたソ連人工衛星が無事帰還し、アメリカのディスカバラー14号が弾道カプセルの空中回収に成功した直後の文章である。少し長いが、冒頭部分を引用しよう。

「最近における科学技術の進歩は、まことに目ざましいものがある。これはそれぞれの専門の分野において、知識経験が拡充され、深められていったというだけでなく、かつては全く無縁のものと思われていた分野からさえ、各種の知見が動員され活用されて、その進展に効果を発揮するような態勢になってきたことによるものだと思われる。いい換えれば専門分野というものが、独立したものとして存在するのではなく、全体の中にそのマトリックス上のそれぞれの点として存在するものと意識されなければならないものであり、各々の個の動作が全体に影響を与え、また個の発達は全体の進展にあまねくささえられて、初めて確実かつ急速なステップを刻むものであるという当然の理を強く認識するものである」(新三菱重工『社内報』「巻頭言」昭和35年9月)

つまり、島はこう考えている。

米ソ両国による宇宙開発競争を、単に軍事ミサイル開発のための「馬車馬的開発の結晶」と考えるのは間違っている。宇宙開発に代表される、これからの先端技術というものは、東西冷戦の枠組みをはるかに超えて、さらに専門分野の論理さえ易々と超えてネットワーク化していくものだ。したがって、この技術新時代にもっとも大事なことは、全体のネットワークによりよく寄与する技術的個性たれ、ということに尽きる。ましてや一国内部の自主開発にこだわるなどという発想は、もはや時代錯誤だと喝破しているのである。驚くべき卓見というほかない。

事実、島は終始一貫して、この考え方を貫いた。

たとえば、島の理事長退任間際にも、こんなエピソードがある。

産業界待望の実用静止衛星「ひまわり」や「さくら」「ゆり」が打ちあげられたのは、昭和52、53年、島の退任前後であった。しかし、この晴れの舞台に、残念ながら開発中の新ロケットの打ち上げ能力では、役不足であった。やむなくNASAのデルタ2914ロケットを使う方針が打ち出され、NASDA内部で大激論となった(＊2)。しかし、けっきょく、NASAに打ち上げ依頼することで決着する。中西ら自前のロケット開発に携わっていた技術者たちにとって、その決定は、やはり「非常に残念なこと」であったらしい。ところが、島は、あっさりとこう語った。

「まだ、そんな議論をしているのですか。アメリカさんに打ち上げてもらえるのなら、どんどん頼めばいい。そんなところで国産にこだわるより、むしろ日本らしい、独自の技術開発にエネルギーを使うべきでしょう」

このとき、島が日本らしい技術として念頭に置いていたのは、たとえば環境に配慮したロケット・エンジンである。当時、ロケット燃料には大量のヒドラジンやケロシンが使われていて、打ち上げのたびに大気汚染を引き起こしていた。島は、NASDAの技術的個性を「地球に優しいロ

＊2 打ち上げ後の静止軌道投入は、昭和51年打ち上げの「きく2号」の実績を生かしてNASDAによって行なわれた。

ケット技術」にすべきではないかと考えていたのである。

その地球に優しいロケット、すなわち液酸液水式ロケットは文字どおり酸素と水素を化合させて推進力を得る方式で、原理的には水蒸気しか排出しない。この夢のロケットは、アメリカが先行して実用化するのだが(＊3)、NASDAではまず「H－I」の2段目ロケットとして使われ、1994年、初の純国産ロケット「H－Ⅱ」において本格的に実用化される。「H－I」は、中西英彰はじめ関係スタッフたちの並々ならぬ努力の賜物であった。

最後に、昭和45年10月、いよいよQN変更を実行に移すにあたって、島がNASDA所員を前にして行なった挨拶を紹介しておく。

「宇宙開発を行なう根底には人類の知見にわれわれの新しい知見を加えるんだという理想があり、究極の目的があるからです。そうだとすれば、早くそれができるような一応の業を身につけることが先決であり、そのために先人の知識、経験を謙虚に十分活用することは、現状においてわれわれのとる方法として最も賢明なものと思います。そもそも未知に挑むということには、自己の未知と対決する場合と人類の未知に挑む場合があるわけですが、わたくしたちはその後者にこそ高い意義を認めるべきです」(昭和45年『すぺーす』11月号「新計画のスタートにあたって」)

＊

島秀雄は、晩年、環境問題に多大な関心を寄せていた。地球環境問題に早くから警鐘を鳴らしていたローマクラブ会議にも度々参加している。最晩年の書斎には、ローマクラブ関係の資料が大量に残されていた。

＊3　液酸液水式ロケットに関して、アメリカではもっぱら性能の高さに注目したのに対して、日本では環境負荷の低いクリーンな方式であることに注目した。

日本のロケット技術のオリジナリティを「地球に優しいロケット」に置こうとしたことは、島秀雄が鉄道について最後まで口酸っぱく繰り返したことにもつながる。

オールM方式にして電力を回生すること。

限りあるエネルギーを有効利用するためにも、電車方式は優れている。制動時に、回生ブレーキを使える。このことは、他の交通機関ではなかなか望めない利点であるから、ぜひ普及すべきである、と。

＊

このオールM方式で電力を回生するという話になると、筆者はデゴイチ取材のときに聞いた久保田博の話を思い出す。

久保田は、昭和36年に工作局で１０３系通勤電車の設計を担当したとき、独特の島語を頂戴している。このとき、島秀雄技師長はオールM方式で電力回生することを久保田に指示していた。しかし、当時は、まだ回生に使えるモーターは未成熟で、変電施設等の関係からいっても、コストにあわない。久保田が繰り返し懸命に説明していると、島はこう呟いて、そのままむこうを向いてしまったというのである。

「久保田さん、お天道さまから頂いたものは大切にしなければいけませんねぇ」

島の言葉は、とくに若い部下にとって、なかなかその意味を取りにくいことが多かった。たとえば、書類や報告書を提出すると、島は「どうもありがとうございました」といって丁重に頭を下げる。しかし、それは、決して「ＯＫです」を意味していない。単に書類を受け取りましたというだけなのである。だから、若手の部下たちは、よく島語を解する上司、たとえば北畠顕正や仁杉巌にたびたび通訳を頼んでいる。

久保田も、この「お天道さまから……」の真意がついにわからずじまいだったというのである。むろん、私にもその真意は明らかではない。しかし、いまあえて解釈するならば、おそらく、こういうことだったのではあるまいか。

いずれ地球環境問題が深刻になって、限られたエネルギーを有効利用しなければならない時代がやってきます。そのときのために、電力回生はぜひとも必要なのですよ。やはりお天道さまから頂いたもの（化石燃料の比喩）は大切にしなければなりませんよね……。

このことを、すでに昭和30年代のはじめに見通しているところが、島秀雄の島秀雄たるゆえん、島語の島語たるゆえんであろう。

＊

昭和52年9月末日、島秀雄は、2期8年を務めあげてNASDA理事長を退任した。大正14年の鉄道省入省以来、50年以上におよぶ島秀雄の現役技術者生活にピリオドが打たれた。

「ぜひとも、もう少し理事長をおやりになってください」

退任が囁かれはじめたある日、順延されていた日本初の実用静止衛星「ゆり」の打ち上げがいよいよ目前に迫っていただけに、中西英彰が丁重に再々任を勧めると、島は笑ってこう答えた。

「ありがとう。でも、もう私も76歳ですからね」

NASDA理事長という重責を肩から下ろした後も、島秀雄は引き続きNASDAや住友金属に顧問として名を連ね、鉄道ＯＢの重鎮、宇宙開発のお目付役として発言を続けた。しかし、引退後の島の最大の楽しみは、妻・豊子とともに存分に庭いじりに没頭することであった。昭和52年以降の日記には、高輪の自邸、そして山中湖にあった別荘に関する四季折々の園芸の記述、とりわけ花の記載が増えていく。スウィートピー、ライラック、パンジー、デイジー……。

そして、空には、きく、うめ、あやめ、ゆり……。

島秀雄の後輩たちによって、日本を代表する植物の名を冠した星たちが、地球の庭に花を咲かせていた。

世界に誇るN－Ｉロケット。NASDA最初の実用ロケットで、1970年に最初の打ち上げに成功した。

エピローグ

1999年、11月3日。文化の日。東京都下・府中市にある多磨霊園を訪ねた。はや晩秋を迎えるというのに、ときおり薄日の差し込む、穏やかな午後であった。

島秀雄は、平成10年3月18日に没して、ここ多磨霊園の「島家の墓」に埋葬された。次男・隆によれば、そこには、十河信二元国鉄総裁の書による墓石があるはずである。

「多磨霊園の墓は、昭和34年、私の祖母・順が80歳で他界した際に父の秀雄が両親のために建てたものなんです。その墓石に刻む書を、父は十河信二さんに頼んだ。父は、つねづねこう言ってました。自分には尊敬し、敬愛する人物が二人いる。ひとりは、私の祖父、つまり島安次郎。もうひとりは十河信二さんです、と」

島秀雄が生前に多磨霊園に作ったお墓は、島家一族の墓所であるとともに、敬愛する二人の先人、島安次郎と十河信二を結びつけ、さらにいずれは自分もその中に仲間入りするはずのモニュメントであったわけである。

折りにふれて、島秀雄本人は、控え目にこう語ることを好んだ。

「東海道新幹線は、それぞれの分野に蓄積された既存の技術を活かして、現場の技術者の創意工夫によってできあがっています。私は、技師長としてそれらをまとめあげたにすぎません」

たしかに、巨大プロジェクトのリーダーとしては、至極妥当な総括であろう。しかし、島秀雄個人としては、果してどう思っていたのだろうか……。

１９９５年の11月３日に、島秀雄は93歳で文化勲章を受章している。鉄道人としては史上初、エンジニアとしてはソニー創業者の井深大に続いて２人目の受章である。東海道新幹線開業から数えて30年目、明治28年に父・島安次郎が鉄道界入りしてちょうど１００年目のことであった。

その年の12月、受章祝賀会の挨拶で、島秀雄はこんなふうに発言している。

「東海道新幹線の大本というのは、今世紀初めにドイツで試験走行したアルゲマイネ社（ＡＥＧ社）の電車なんです。驚くべきことに、今から約90年も前に、ドイツの技術者たちは時速２１０キロの試運転を現実にやっている。集電装置が壊れたり、車体が共振したり、たいへんな苦労をしながらですが、ともかく時速２１０キロで走らせているんです。その試験走行の様子を、たまたまドイツ視察中だった父・安次郎がつぶさに見ておりまして、帰朝してからいろいろと新聞などに報告しています。たしかに素晴らしいが、今のところ工業先進国ドイツでもとてもコストがあわない。工業力、経済力などの諸条件が熟してはじめて実現可能になる……そんな報告だったと思います」

この試験電車は、ＡＥＧ社製作による三相交流式の電車であった。１９０３年10月27日に、ベルリン郊外の広大な軍用地に敷設された試験線を走って、最高時速２１０・２キロを記録したといわれる。つまり、「時速２１０キロの夢の超特急」と絶賛された東海道新幹線も、技術的には、今世紀初頭のドイツで、秀雄がまだ2歳のころに、現実のものとして確かめられていたわけである。

島は、こんなふうに続けている。

「むろん彼ら90年前のドイツの技術者たちも、実用化を断念します。しかしそれは〝いまはダメでも将来はいけるぞ〟と考えて諦めるわけです。技術というものは、そういうものだと思います。とんがった部分だけをツマミ食いしても、しょせんものにはできない。全員が反対しているときには、どんなに自分に自信があっても、駄目なんですね。もしかしたらできるかもしれないな……と思いはじめる人が半数近く出てくれば、これは、もう努力すれば必ずできるんです。父・安次郎も、夢の超高速電車を目の当たりにしながら、帰国して、まずは狭軌の蒸気機関車で時速100キロ程度を目指すことからはじめたわけです。しかし、いずれ超高速鉄道を走らせるためには、まずは線路を広軌に改築しなければならない……そう考えていたんです。

そういう話は、小さいころから何とはなしに聞かされていたんですね。お前がやれと言われたことは一度もないけれど、父の後ろ姿を見ながら、知らず知らずのうちに、自然のうちに、いつかチャンスがきたらものにしてみたいと思うようになったわけなんです」

島秀雄が生きた時代の鉄道界に、優秀な技術者はたくさん存在したのであろう。おそらく、島秀雄に匹敵しうる技術者も少なくなかったにちがいない。島秀雄は、努力の人である。その何事にも勤勉に努力する態度は敬服に値する。しかし、天才的閃きの人ではなかったと思う。むしろ愚直にものごとを積みあげていけば、やがて何事かを成し遂げ得るのだということを生身をもって実践し、証明した男だったといっていい。

＊

霊園の表門からは、正面に向かってまっすぐ立派なプロムナードが続いている。その秋色豊かな並木道を歩きながら、考えた。

われわれにとって、島秀雄とは何者だったのか？　あるいは、島秀雄の残した最大の業績である東海道新幹線とは、わたしたちにとって、いったい何だったのだろうか。

東海道新幹線によって、世界の鉄道がよみがえったのだ。

島秀雄の足跡を取材していて、何人もの鉄道関係者から、そう聞いた。

まず、東海道新幹線の成功は、日本の鉄道を救った。

建設当時は、国鉄内部でも反対論のほうが根強かった。むしろ、これからは高速道路による自動車輸送の時代であり、大規模な広軌新線建設は国鉄の致命傷になりかねない……という鉄道斜陽論である。世間からは「世界に四バカあり、万里の長城、ピラミッド、戦艦大和に新幹線」、つまり無用の長物と嘲笑されていた。

しかし、東海道新幹線は開業まもなく大成功する。はやくも営業日数約1000日で乗客1億人（昭和42年7月）、3000日で5億人（昭和47年9月）を運んでいる。1999年までの35年間に、東北、上越、長野の各新幹線を含めて、実に延べ約56億人。単純に日本の総人口1億2000万人で割ってみると、日本人1人当たり47回も新幹線に乗った計算になる。新幹線が日本人にもたらした経済効果は計り知れない。日本の高度経済成長は、大きく東海道新幹線に依存している。経済ばかりか、日本人のライフスタイルまで大きく様変わりさせた。

もし、あのとき十河信二の大英断と島秀雄の卓見、そして島以下の技術陣の奮闘によって、東海道新幹線が誕生していなかったとしたら、果してどうなったか。

日本の鉄道は、まちがいなく斜陽化したという見方が大半である。

『新幹線がなかったら』という本を書いたJR東日本会長・山之内秀一郎は、こう語る。

「在来の東海道線は曲線が多い。ましてや、狭軌です。現在でも、どんなに新型のハイテク車両を投入したとしても、東京‐大阪間6時間半を切ることは、きわめて困難といわれます。これでは飛行機にも自動車にも、とても対抗できない。もし東海道新幹線ができていなかったとしたら、日本の鉄道は、わずかに都市部の通勤電車を残して、急速に斜陽化していたにちがいないと言わざるを得ません」

東海道新幹線は、同様に、世界の鉄道を斜陽から救っている。

距離にして数百キロ圏内に経済力のある複数の大都市が存在すれば、そこに「SHINKANSEN」が可能である。

これが、いまや世界の鉄道関係者の常識となりつつある。

ヨーロッパでは、フランス（TGV、1981年）、イタリア（ディレッティシマ、使用開始1976年、高速運転開始1988年）、スウェーデン（X2000、1990年）、ドイツ

（ＩＣＥ、１９９１年）、スペイン（ＡＶＥ、１９９２年）、ベルギー・オランダ（ＴＨＡＬＹＳ、１９９６年）などで高速鉄道が運行されており、イギリスも在来線を活用した高速化をはかっている。

アジアでも、中国、韓国、台湾で同様の計画が始動している。東海道新幹線は、鉄道斜陽化という当時の常識を覆して、世界の鉄道界にまさしく革命をもたらしたのである。

さて、それでは……と私は思う。

東京・多磨霊園にある島家の墓。「島家」の文字の左下に「十河信二書」とある。島秀雄は１９９８年３月18日に大往生を遂げ、父・安次郎、母・順、息子・宏と敏、妹・和香子、妻・豊子とともに、ここに永眠した。

果して島秀雄にとって、東海道新幹線とは何であったのか。

島秀雄を島秀雄たらしめていたものとは、いったい何だろう。島秀雄が、他の技術者と決定的に違っていたのは、いったい何ゆえか。

それは、島秀雄の世界性、歴史性ではなかったか。

本書に何回もご登場いただいた石澤應彦は、こう語っていた。

「島さんは、世界の人だった」

同感である。その世界性と歴史性のよってきたる、ひとつの大きな柱は、やはり父・安次郎であろう。明治・大正期に鉄道技術をリードしたのは、島安次郎である。私費を投じて欧州の鉄道先進国を視察し、新しい技術を持ち帰り、進むべき道を日本鉄道界に指し示し、かつ実行したという点で、安次郎こそ鉄道草創期のスーパーエンジニアであった。

今世紀初頭にベルリン郊外で目撃した、時速210キロの超高速試験電車の存在を幼い秀雄に伝えたのも、安次郎である。「何をやれとは一言もいわれなかった」と秀雄は語っているが、安次郎の秀雄に与えた影響は、おそらく計り知れない。東海道新幹線の開業を迎え、亡き父・安次郎の墓前に立って、その感慨いかばかりであったか。いかに合理主義者・島秀雄とはいえ、胸迫るものがあって当然であろう。

島秀雄に世界性と歴史性を付与したもうひとつ大きな要素は、二度にわたる大世界旅行である。両世界大戦の間に、若き島秀雄は二度にわたって世界旅行に出ている。欧米のみならず、ソビエト、中近東、南ア、南米各国など、豪州大陸を除くほとんど世界各国を歴訪し、つぶさに鉄道技術を視察している。この世界旅行によって、島は20世紀鉄道技術の全体像、何がどこまでいつ可能かという技術的な視野《パースペクティヴ》を手中に収めたのではないか。と同時に、このときの体験によって、島は技術というものの世界性を身につけたのではないか、と私は想像する。

突出した技術だけをツマミ食いしても、モノはできない。近代技術というものは、個別の技術が呼応し、共鳴しあいながら、機の熟するのを待って開花する。個人や企業、国の名誉にこだわるより、人類の知見に貢献せよ……。

この島の技術哲学は、かなり若い時代に形づくられたように思える。東海道新幹線について、「自分はまとめ役に過ぎない」とたびたび発言しているのも、島にしてみれば、それが20世紀の技術のあり方として当然であり、あらゆる技術はそのようにして進歩し、完成される……ということに尽きるのかもしれない。

さらに、島秀雄を比類なきスーパーエンジニアに仕立て上げた要素には、時代の特殊性もあろう。

1901〜1998年。島秀雄の生きた時代は、ほぼ20世紀のすべてに相当する。

そして、この20世紀という時代は、まさしくモノ作りの世紀、すなわち機械工業主導の100年であった。なかでも、第二次大戦前後の40年間は、特筆すべき大型機械工業の黄金時代といえる。船、航空機、鉄道、自動車など交通技術だけをとりあげてみても、あらゆる分野で次々に技術革新がなされ、年々、新しい乗り物が華々しく人々の前に登場した時代であった。それは、まさに交通技術史上希有の、「進化の大爆発」だったといっていい。

島が新人工作局課員として、はじめて「C53」の設計図を描いたのは、昭和3年（1928）である。それから、昭和39年（1964）開業の東海道新幹線まで、約35年。この間の鉄道車両の変貌ぶりには、実に驚嘆すべきものがある。それは、新幹線開業後から今日に至る35年間にくらべてみても、はるかに劇的な大変貌期であった。

「デゴイチ」「シロクニ」「湘南電車」「ビジネス特急こだま」、ディーゼル特急「はつかり」、碓氷峠越え用電気機関車「EF63」、「ひかり0系」……。島の技術者としてのキャリアは、この鉄道車両が近代化され成熟していく過程に、ピタリと合致している。なんという幸福な、エンジニア人生だろう。

こう考えてみると、島秀雄という人物には、宿命を感じる。今世紀鉄道史に尽くすべく産み落とされ、育成されて、また十全にそれに応えた、最後のスーパーエンジニアであった。もし島秀雄がいなかったら……今世紀、世界の鉄道史はどのように書き変えられていたか。想像してみるだけで、島秀雄という人間の大きさは、ずっしりと重たい。

*

島家の墓は、表門から歩いて700メートルほどの、多磨霊園のほぼ中心部にあった。樹木を生い繁る墓の多いなかで、島家の墓は、ひときわ明るい。残された者の手を煩わさぬように……と島秀雄は大好きな植物を植えなかった。線香立てを作らなかったのは、妻の豊子が抹香臭さを嫌ったからである。

御影石で区切られた広いスペースの中に一面玉砂利を敷きつめて、そのまん中に直方体の石を組みあわせた墓石。そこに真っ直ぐに続く石畳。シンプルにして、雄大。あくまでも「直角、平行、垂直」主義。いかにも島秀雄らしい、合理的な美をたたえていた。

墓石には、大きく「島家」。小さく「十河信二書」とある。

その傍らに、オレンジ色のガーベラの花が2輪。秀雄・豊子夫妻の好んだ花が柿色の薄紙にくるまれて、秋風に揺れている。おそらく家人が足繁く墓参して花を絶やさぬのであろう。この2輪のガーベラの花を見て、私は、以前、妻・豊子他界の際の様子を聞いたときのことを思い浮かべた。

平成元年10月23日の午後……。

筑波の会議から高輪の自宅に帰った島秀雄は、玄関のチャイムを押す。

しかし、返事がない。

耳を澄ますと、中で呻き声がする。急いで中に入ると、妻・豊子が倒れていた。そのときはまだ意識もあり、会話もできた。しかし、急の知らせを聞いて次男・隆や長女・久美子たちが集まったころには、すでに大きな高軒《たかいびき》に変わっていた。

脳溢血。事態は、急を告げていた。島家の人々は、取る物も取りあえず、ともかくも豊子を救急車で病院に運び込んだ。そのとき秀雄はプラスティック容器を小脇に抱えて救急車に乗り込んでいる。中身は、その日の夕食のために、妻・豊子の炊いた御飯であった。家を出るとき、秀雄はとっさに炊飯器から移しかえたのである。

病院につくと、果たして妻の容態は、きわめて深刻であった。島家の人々は、相談の上、不必要な延命治療を丁重に断わる。豊子は、こうしてその日のうちに、安らかに永眠した。

その夜、病院から帰る前に、秀雄は集まった子供たちにこう語りかけた。

「さあ、母さんの御飯を食べよう」

こうして、島家の人々は、母を失ったその夜も、母の炊いた御飯を食べることができたのである。

長女の久美子は、こう語っている。

「母は、幸福だったと思います。最期の日まで、家族のために御飯を作って食べさせることができたんですから」

妻に先立たれてから、島秀雄は目に見えて、力を落とした。

隆によれば、新宿の鉄道病院に出掛けるときは、帰りにかならず甲州街道を走り府中まで足を延ばして、ここ多磨霊園に墓参した。最晩年に、足を弱くしてからは、車の中から丁寧に手をあわせた。

「直角、平行、垂直主義」そのものの墓石のまわりをグルリと回ってみると、裏側に「昭和34年7月建之」とある。

昭和34年といえば、東海道新幹線建設に向けて本格的に動きはじめた年である。4月には新丹那トンネルで起工式が行なわれ、7月には東海道本線で「ビジネス特急こだま」による最高速度試験（時速163キロ）が行なわれている。

当時、国鉄総裁は十河信二。島秀雄が技師長。それは、島秀雄の輝かしいエンジニア人生の中でも、おそらく最も充実した時期だったはずである。

むろん、晩年の島秀雄を足繁くここに通わせたのは、父の安次郎や妻の豊子をはじめとする亡き家族への思いであろう。しかし、この明るく伸びやかな墓所の傍らにぼんやりと座っていると、島秀雄その人も、ここに座ってあの東海道新幹線建設の充実した時代を懐かしんでいたような気がしてくる。


島さん。あなたの足跡を追いはじめて、はや2年がたちました。

この間、数多くの関係者にお会いして、取材テープは100巻を超えています。それでも、あなたの輝かしいエンジニア人生のほんの表面を知り得たに過ぎません。いま最終話の原稿を書きながら、あらためて島秀雄という人物の大きさ、奥の深さに驚いています。

もし、この本を島さんご本人がお読みになったとしたら、果してどう思われるだろうか？

実はこの点が気がかりでなりませんでした。残念ながらわたしは、理科系出身でもなく、ましてやエンジニアリングの心得もありません。性格的にも、どうやら「直角、平行、垂直主義」の対極をいくずぼら者です。

「少し話が違うようですねえ……」

どうも、お墓の中であなたが苦笑されているような気がしてなりません。

2年間の取材を通して、東海道新幹線の蔵している世界史的意義を知って、おおいに驚かされました。しかしわたしには、むしろ島秀雄という人物が存在したことのほうが、はるかに衝撃的であったように思います。

高き理想をかかげて、努力を惜しまず。

スターを作らず、スターにならず。

個人の名誉より、人類全体の知見に貢献せよ。

この島秀雄流のモラルと哲学は、技術の世界を超えて、広くわたしたちに多くの示唆を与えてくれます。

島さん。あなたはわたしたちに、歴史の中で十全に生きることの素晴らしさ、あるべき充実した人生のあり方を教えてくれたのだと思います。

この国に、世界に冠たる新幹線が走り続けているということ。そして、われわれの時代に、島秀雄というスーパーエンジニアが存在したこと。今のわたしには、そのふたつのことが、まるでわがことのように、誇らしく思えてならないのです。

ありがとうございました。合掌。

＊

本書の筆を進めるにあたって、島家からは数多くの貴重な資料をご提供いただいた。とくにご子息の島隆氏には、並々ならぬご尽力をたまわったことを感謝をこめてここに記しておきたい。

わが主人公の島秀雄が平成10年3月に没したとき、膨大な関係資料が主に3か所に残されていた。

ひとつは、高輪の自邸の書斎である。この家は長男（島宏、昭和55年逝去）一家に譲られていたが、書斎だけは技師長時代のままに残されていて、父の安次郎時代から新幹線建設時代までの貴重な資料が大量に残されていた。

もうひとつは、晩年まで書斎代わりに使っていた宇宙開発事業団顧問室である。ここからは、技師長退任以降の原稿や資料類がダンボール数十箱分も出てきている。

さらに島秀雄には、もう一か所、最晩年を過ごした書斎があった。高輪の自邸に隣接するマンションの一室である。

この最後の書斎にわたしが入ったのは、島秀雄永眠の年の秋口であった。

南向きの大きな窓に面して、小綺麗なライティングデスクが据えられ、壁際に小振りの本棚があり、そこには自著と自身に関する書籍とともに、8冊の分厚いファイルが並んでいた。

「島安次郎」「蒸気機関車」「自動車」「鉄道車両・一般」「新幹線」「宇宙開発」「島秀雄」「推薦文・追悼文」。

そこには、島秀雄のエンジニア人生の記録がテーマ別にきちんと整理されていたのである。

本書がこの主人公自身による資料ファイルに大きく依存していることはいうまでもない。

わたしが初めてこのファイルを見せていただいたとき、「直角、平行、垂直主義」で整理された書斎机の上に、「島秀雄」という肩書きなしの名刺が1枚ていねいに置かれてあり、その傍らに、ひと折りの折り紙が残されていた。

わたしは、遺族にお願いして、その1枚の名刺を頂戴した。

実弟の原田恒雄氏によれば、秀雄は子供のころから折り紙が大好きで、学生時代には新しい折り方を考えながら、折り紙のなかに幾何学を発見しては楽しんだという。厳密な正方形の折り紙を求めて、わざわざ日本橋の榛原（和紙専門店）に折り紙を注文したほどであった。

最晩年のある日、わが老いたる主人公は、この机に座って、やはり折り紙の中の幾何学を楽しんだのである。

それは、「Mary's」のチョコレートの包み紙を使った、折りかけの夫婦鶴であった。

第Ⅱ部

『新幹線を走らせた男 国鉄総裁 十河信二物語』より

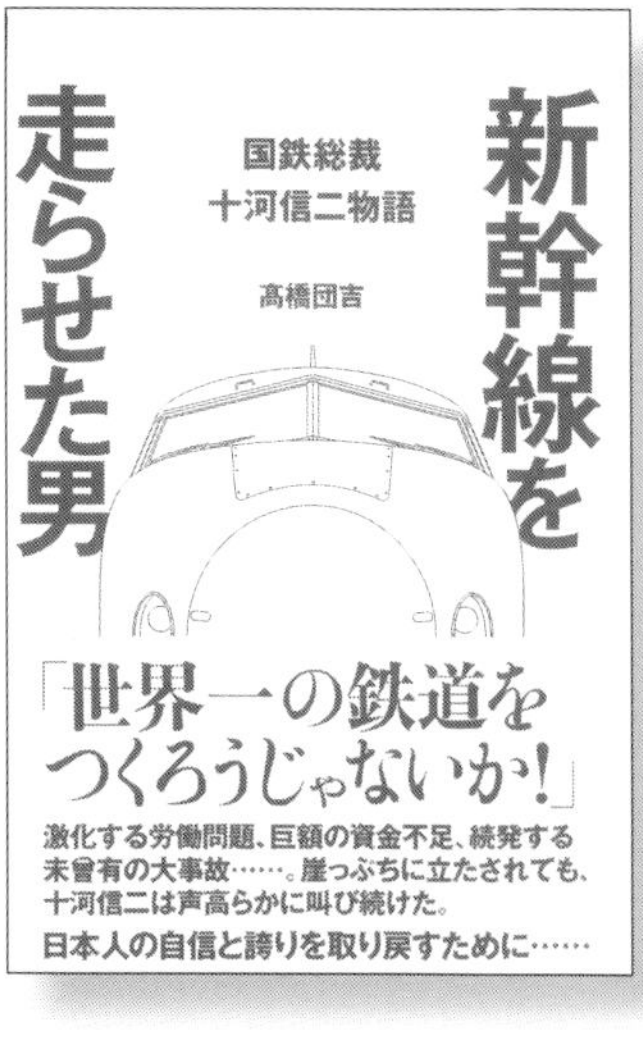

『新幹線を走らせた男　十河信二物語』より、島秀雄に関係する箇所を抜粋して紹介します。
テーマ・記述が重複する箇所もありますが、別角度から踏み込んで描かれています。

I　島技師長就任の経緯

「東海道に広軌新特急を建設させていただきたい」

十河信二が国鉄総裁就任決定と同時にそのように鳩山首相に申し入れたことには、すでに触れた。だが、国鉄の中では、当初、自重した。というより、動きだそうにも、動けなかった。

国鉄には、このような大計画を企画立案するセクションが存在しなかったからである。「総裁審議室」という部署が新設されたのは、就任三か月目の昭和三十年八月のことである。

十河総裁はまっ先に命じた。

「東海道広軌新特急について、研究してくれ」

総裁審議室の空気は、きわめて冷淡だった。

「どうせ、老総裁の夢物語だよ」

「老人だから、昔の夢が恋しいんだろう」

などとささやきあうだけで、だれも真剣に取り組もうとしない。結局、担当することになったのはいちばん年の若い課員で、総裁命令であるにもかかわらず、自宅に資料を持ち帰って報告書にまとめた。

手もとに、昭和三十年に総裁審議室の名で発行されたガリ刷りの小冊子がある。

『広軌鉄道計画並びに青函及び四国連絡鉄道計画の試案』

日付は明記されていない。だが、「総裁審議室」は二か月後の機構改革で「審議室」に格上げされているから、それ以前に、その若い課員が上司に気がねしながらまとめたものと思われる。

青函トンネルと四国連絡橋は、洞爺丸と紫雲丸があい次いで遭難したあとだけに、避けては通れない。だが、この小冊子の試算によれば、いずれも建設費に対して収益率が極端に低く、国鉄の財政事情を考えればあとまわしにせざるをえない。この冊子の主たる眼目は、明らかに広軌鉄道計画にあった。

広軌鉄道計画は、東京―青森、東京―大阪、大阪―

博多の三幹線に分けて比較検討されている。想定時速は一五〇キロ。予想収益率では東京—大阪間がとび抜けて高い。


このガリ刷りのパンフレットができあがると、十河総裁は秘書の鞄にどっさりと詰め込んで、政府関係者や有力な国会議員に会うたびに手渡した。

「歴代鉄道大臣諸兄の念願でございます。小生の在任中に是が非でも着工したいと……」

と言いながら、いかにもうれしそうに笑う。

「ほほう……。大計画ですな」

と、みな、すんなり受け取ってくれた。

次いで副総裁の天坊裕彦を呼んで、こう命じた。

「東海道広軌新幹線について、技術の面からまとめてくれ」

天坊副総裁はこれを技師長の藤井松太郎に伝えた。技師長は国鉄技術陣の最高責任者である。しかし、藤井技師長は鼻でせせら笑った。

「つきあってられませんよ、ジイさんの夢物語には。だいいちそんな金は、どこを掘っても出てきやしないですよ。ねえ、副総裁」

「まあ、そういうことだね」


国鉄は単年度予算で動いている。その予算は国会の承認を必要とする。当時、国会は保守合同をめぐって大揺れに揺れていた。政局はきわめて流動的で、いつ内閣が交代しても、いつ国鉄総裁の首が飛んでもおかしくない。つまり、大型予算を必要とする長期の事業は、体質的に国鉄にはなじまない。

しかも、国鉄財政は赤字続きであった。当時の常識からいえば、どうみても、新幹線計画は単なる「老総裁の夢物語」にすぎなかったのである。

藤井技師長は、過去の事例を羅列したレポートを部下につくらせて、お茶を濁そうとした。

九月三日付けの「交通新聞」は、「東京 - 大阪間五時間半　線路は狭軌、複線電化」という見出しの記事を一面トップで報じている。

「最近まとめた国鉄の増線計画は戦前から考えていた弾丸列車はやめて、新しく東海道の線増という見地から計画を立て直すことになったもので、……(中略)……現在の東海道線とできるだけ並行したルートに建設されることになっている」

この記事には藤井技師長の談話が添えられている。

「工費さえあれば、いまから五年以内に実現することが技術的には可能である」

総裁は、怒り心頭に発した。

「……ふざけるな！」

総裁室の扉がビリビリとふるえた。

「藤井君を呼べ」

と、大声で秘書に命じた。

藤井技師長が総裁室に入ってきて、悪びれた様子もなく十河信二の前に立ったときには、雷雲はすでに遠のいていた。老総裁は、ひどくもの静かな口調でこう言った。

「技師長は大局からものを見ることができなくちゃつとまらん。……替わってくれ」

「望むところです」

藤井松太郎も即答して、さっさと退室した。

十河総裁には、技師長の人選について、就任当初から心に期するところがあったらしい。藤井松太郎を更迭すると、さっそくお目あての男を口説き落としにかかった。

島秀雄。

明治三十四年生まれで、このとき、五十四歳。キャリアといい、実績といい、血筋といい、現役とOBを問わず、車両設計陣のエースといってよかった。

「技師長としてお戻りになっていただきたい。十河総裁がぜひとも……とご所望です」

天坊副総裁から島秀雄に申し出があったのは、昭和三十年の九月二十日である。

「……ありがとうございます」

島秀雄は、丁寧に礼を言って、しかし辞退した。

十河総裁は、住友金属工業社長の広田寿一を訪ねて、深々と頭を下げておがみ倒し、島の説得役を頼み込んだ。広田はしぶしぶながら承知した。

「島君。頼まれてしまったよ。ご自分のアシスタントとしておゆずりいただけないか……。そうおっしゃる。ほかならぬ国鉄総裁のご依頼なので、弊社としても前向きに考えたいと思います」

住友金属工業鉄道部門の最大の顧客は、日本国有鉄道である。

「……一度国鉄から身を引いた人間ですから」

と、島は、固辞した。

「正直に申し上げて、国鉄に帰るなど……考えられません。鉢植えの木でも、そうそう鉢を替えていては、根張りも十分にいきますまい。私は住友金属という鉢に移ってまだ三年目です」

庭いじりの好きであった島秀雄はそう答えている。

このころ、島は近しい人にこうもらしている。

……まっぴらごめんこうむりたいよ。国鉄に戻ったって、何ができるというんだい。役人と政治家に御用うかがいをするなんて、まったくもって嫌なことさ……。

島秀雄は、国鉄という大組織の中で仕事をすることに、もはや辟易していたのである。

車両技術者として、やるべきこと、やりたいことは、山ほどある。

しかし、できない。

官僚的な組織慣行にがんじがらめに縛られて、結局、身動きがとれない。

「技師長」は、鉄道省時代にはなかったポストである。国鉄が公共企業体として再出発したときに新設されたが、島秀雄からみれば、「長」とは名ばかりであった。技術全般の統括者という位置づけではあったが、事務的な業務に忙殺されがちで、国鉄技術陣のリーダーとしての権限を与えられているとはいいがたかった。

十河総裁が島秀雄に会ったのは、九月二十九日のことである。

朝七時に十河総裁から電話が入り、その日の午前中に国鉄総裁室で面談することになった。

「島君。オレだって、三十年ぶりの復帰だよ。よくご承知のように、国鉄の再建は、役人たちだけではできない。何より重要なのは、技術の革新だ。技術こそが経営を立ちなおらせる。助けてほしい」

「ありがとうございます。十河さんのお考えは、十分に承知しているつもりです。……外から、精一杯応援させていただきますから」

島秀雄は、丁重に断わった。

「国鉄に戻りましても、なかなか思うように仕事ができないというのが実情でございます」

「同感だ。技術のことは全部、技師長の君にまかせる。全権を与えよう。総裁のぼくが、保証する。技術以外のことは、全部、ぼくが引き受ける。だから、力を貸してくれ」

親父さんのとむらい合戦をやろうじゃないか……。

最後はこう言って、固辞する島秀雄を十河総裁が口説き落とした……とも伝えられている。広軌新幹線建設という島安次郎の見はてぬ夢を、オレと組んで実現しようではないか、と。

鉄道ジャーナリストの青木槐三は、十河信二が「亡父の遺志を継ぐのが孝の道であると説得してようやく腰をあげさせた」と書き残している。

だが、島秀雄自身は「父の遺恨を晴らそう」と言われた記憶はない、と後年に述べている。島秀雄がそう言う以上、そのとおりだったのだろう。

このとき青木槐三は、十河、島双方からの相談にのっていた。青木は熱心に島秀雄の言い分を聞き出し、その心情をくみ取りながら、十河総裁と口説きのシナリオを打ち合わせたものと思われる。「とむらい合戦云々……」は青木が島に言ったセリフかもしれない。

十河信二は、最後まで東海道広軌新幹線については触れなかった。少なくとも、雑談の範囲にとどめて、説得のための材料には使わなかった。

「国鉄再建のために君の力を貸してくれ。国鉄に技術革命を起こそう。復興期から脱却し、成長期へと勇躍する日本経済を支えよう」

その一点で、押しに押した。

「外から全力で応援します……」と島秀雄が言い続けたことには、それなりの説得力もあった。

住友金属は国内屈指の台車メーカーであり、島はすでに役員として社の事業全体をリードする立場にある。台車は、高速鉄道のかなめである。国鉄最大の幹線を走る次期特急車両の開発に関しては、すでに島秀雄と住友金属サイドにはしかるべき明確なプランが準備されていた。それは、島の技師長就任から三年目にデビューする「ビジネス特急こだま」に似たものだったであろう。

この日、島秀雄は、やはり辞退させていただきたいと丁重に繰り返した。

「一週間考えてみてくれ。いい返事を待っとるよ」

十河総裁は、笑ってうなずいた。

島は、石橋を叩いても、すぐには渡らない男……と言われている。別名、「慎重居士」。そうでなければ、完璧な安全性を要求される車両技術者はつとまらない。

十河総裁との面談のあと、島秀雄は鉄道OBや現役たちに相談をもちかけている。車両工学の師匠である朝倉希一は、「若い者がついてこないだろう」という理由で反対した。現役の技術者たちからは、「自分たちはついていくからご出馬いただきたい」と懇請された。

かれら現役たちの話を聞いていて、島が強く感じさせられたのは、次のことである。

十河イズムは誤解されている……。

十河新総裁が誕生して以来、島秀雄は、そのめざましい国鉄改革を驚きの目で眺めていた。就任わずか半年たらずの間に次々と実行される制度改革、技術重視の諸施策、外部有識者による各種委員会の設置……。そのあざやかな実行力にあらためて感嘆していた。

だが……。

現役たちの間では、共感よりも反感のほうが強かった。新総裁は「技術重視」を高く掲げているにもかかわらず、技術系の職員たちの間でさえ、感情的な反感が渦まいていたのである。十河総裁の部下に対するもの言いはおおむね断定的で、しかも「非常時男」の威厳に満ちているから、質問もしにくい。その真意はとかく誤解されがちで、親子ほども歳の離れた部下たちには伝わりにくい。

やはり、適当な「インタープリター」つまり通訳役が必要なのではないか。もしほかに適任者がいないのであれば、自分がその役目を果たすべきかもしれない……と思いはじめるのである。

一週間後の十月五日に、島秀雄は国鉄本庁ビルに天坊副総裁を訪ね、

「だいたいお受けする決心になりました」

と伝え、さらに「おそれ入りますが……」と条件をつけた。

「十河さんの期待にお応えするためにも、受け入れ体制についてハッキリさせてほしいのです」

技師長にしかるべき権限を与えてほしい。要するに、常務理事よりも上位に位置づけてほしい……と申し出た。常務理事には、技術畑を担当する者もいる。技師長が理事と同格であれば、イニシアティブをとれない。

「承りました、島さん。総裁に伝えておきます」

翌日の午前中に、島は国鉄総裁室を訪ねた。

「ありがたくお受けする決心にいたりました。微力ながら、全力で取り組む所存でございます」

「ありがとう。百万人の味方を得た気分だよ」

このとき島秀雄は「受け入れ体制」についてあらためて「十分にご配慮いただきたく……」と念を押した。

「承った。技師長を副総裁格にしよう。で、いつから来てもらえるんだい？」

「まだ、家内の了解もとっておりませんので……。そのあとで正式にご返事させていただきます」

十河信二は驚いた。自分の身の進退を女房に相談するなど、この男には想像もできない。

「島さんは住金の取締役ですからねえ。技師長をお受けになれば給料袋が軽くなる」

同席していた天坊副総裁が口をはさんだ。

「そうか。……じゃあ、なんとかするよ。オレのポケットから補充する」

十河総裁は真顔で答えて、くちびるをきっと結んだ。

島秀雄の妻・豊子は、軍人の家系の出である。祖父は、日露戦争のとき旅順攻略でその名を馳せた「白襷隊」隊長の中村覚。父の中村謙一は鉄道省の橋梁工学者で、弾丸列車計画の幹線調査会にも参加している。筋金入りの広軌派であった。

豊子は、夫の国鉄復帰をとても喜んだ。

十河総裁が夫の給料をポケットマネーで補ってくれるという話は、笑って聞き流した。十河総裁は、この約束を実行する。


島秀雄の着任は、住金での残務整理もあるので、一か月半先の十二月一日と決まった。

このころの「交通新聞」には十河総裁の力説する「大技師長制」という言葉がたびたび出てくる。だが、技師長を理事の上位に置くことに、事務当局は抵抗した。日本国有鉄道法も改正しなければならない。そこをなんとかしろという総裁と、規則は規則ですから……という事務当局との押し問答が続いていたのである。


十月十七日月曜日の主要各紙は、国鉄の機構改革と幹部の人事異動を一面で報じている。常務理事会が新設され、審議室、広報部、管財部、監察局の設置などを柱とする大幅な機構の見直しが行なわれた。このとき、各紙は「技師長に島秀雄氏」と大きく報じている。

島は不満である。まだ受け入れ体制について明快な返答をもらっていない。

朝日新聞夕刊の一面には、新しい国鉄幹部の顔写真が縦に六人ならんでいる。上から大槻丈夫、藤井松太郎、小林重国の常務理事、その下に島技師長、その下に片岡義信監察局長、磯崎叡広報部長。技師長は理事の下位に置かれている。

島秀雄のこの日の日記には「面白くなし」とある。

翌朝、島秀雄は国鉄本庁ビルに出むいて十河総裁に面会し、遠慮がちに不満を申しのべると、総裁はいかにもバツが悪そうな表情で、こう繰り返した。

「……よし、わかった。わかった。のむ。のむ」

「それでは、なにぶんよろしくお願いいたします」

島は、丁寧に一礼して、辞去した。

このころ、十河総裁は、猛烈に忙しい。国鉄運賃値上げをめぐって孤軍奮闘していた。「国鉄は赤字か黒字か」をめぐって政府の行政管理庁とハデにぶつかりあい、さらに有沢調査会がなかなか結論を出さないことに苛立っていた。

十二月一日、島技師長就任の日。

この日、朝八時から国鉄本庁ビルの総裁応接室で「朝めし会」が予定されていた。

ところが、島秀雄が出勤してみると、朝めし会は延期と知らされた。持病の高血圧がおさまらず、十河総裁が出席できないらしい。

この日受け取った辞令には、

「日本国有鉄道理事を命ずる　技師長を命ずる」とあった。つまり、技師長は理事と同格のままである。月俸は一〇万円。ほかに役員手当が五万円。

技師長室は、総裁室のま向かいに新しくつくられていた。部屋だけは、副総裁格であった。

島秀雄は、天坊副総裁に連れられて庁内の挨拶まわりをしていたが、十河総裁は待てど暮らせど姿を見せない。夕刻まで待って、渋谷区代々木山谷町の総裁公邸を訪ねてみた。

「ひとことご挨拶だけ申しあげたいと……」

来意を告げると、キクがあわてて奥に走った。十河総裁は床の上に起き直って、待っていた。

「技師長にご推挙いただき光栄に存じます。精一杯つとめさせていただき……」

十河信二は島の挨拶をさえぎるように、

「すまん。島君……」

と、声を詰まらせ、床の上にあらためて正座して、深々と頭を下げた。島は、恐縮した。

島秀雄は、十河総裁の高く掲げる「夢の超特急計画」について、技師長就任のときも、技師長になってからも、しごくクールに聞き流していたものと思われる。

「島君。東海道新幹線建設を枕にして、オレといっしょに討ち死にしてくれ」

ズバリとそう言われていれば、断ったであろう。

父安次郎の苦い経験を持ち出すまでもなく、それが国鉄という組織では絶望的に困難であることをよくよく承知していて、つまり、父の遺恨を自分が晴らす……という気分からは、ほど遠かったのではないか。

復仇というねばっこい情念の火を燃やし続けるには、このエリート技術者の精神は合理的に過ぎた。

「島君。技術こそ国鉄を危機から救う。日本を、再生させる。新しい鉄道を走らせよう。国鉄に第二の産業革命を起こそうじゃないか」

十河信二の繰り返したこの言葉が、島秀雄のかたくなな心を動かした。

鉄道技術は、日進月歩で進歩している。悲惨をきわめた第二次大戦は、一方で数々の先端技術を産み出した。その大戦争の終結から十年を経て、いまや鉄道技術が飛躍的な進化をとげる願ってもないチャンスが到来している……。

この点では、十河信二と島秀雄の考えは、完全に一致した。

以上、四話「技師長島秀雄」より

II 「東海道線増強調査会」について

国鉄本社ビルの理事会議室で「第一回東海道線増強調査会」が開かれたのは、昭和三十一年五月十九日である。

この日は、十河総裁の就任一年目最終日であった。委員長には、技師長の島秀雄。

本稿では、「島調査会」と呼ぶことにする。

第一回会議に参加を命じられた委員は、全部で十四名。常務理事一名に、経理、営業、運転、施設、電気、工作などの局長と副技師長、調査役が加わる。

「夢の超特急建設」を国鉄部内の意思として決定すべく、事実上の最高幹部会として開催された。

この島調査会には、十河総裁は出席しない。

出すべき結論は、決まっている。

「じゃあ島君、たのんだよ」

十河信二の仕事の流儀は、これぞと思う部下に仕事をまかせて、口を出さないことである。

東海道線増強調査会資料

昭和32年2月

日本国有鉄道
東海道線増強調査会

第4回東海道線増強調査会議事録

32 1
調査会幹事

1. 日　時　昭和32年1月23日（水）10.00～14.00
2. 場　所　総裁公館
3. 出席者

総　裁	
副総裁	
技師長	
藤井理事	北島副技師長
小林理事	小野木副技師長
並木理事	石原副技師長
吾孫子理事	鈴木副技師長
営業局長代（総務課長）	
運転局長	宮田調査役
施設局長	五味調査役
電気局長	内藤調査役
工作局長代（客貨車課長）	仁杉幹事
自動車局長代（整備課長）	
建設部長代（工事課長）	
技術研究所長	

4. 資　料
東海道線の増強計画
仝　上　（要約）
旅客輸送量の想定
5. 議事次第
仁杉技師　前回の議事録説明
五味調査役　今回資料（要約）の説明
大塚運転局長　電鉄案の駅数は幾つ位に考えているか
五味調査役　50駅を考えている。

—335—

18%にした。
技師長　旅客列車と貨物列車には速度の差があるか。
仁杉技師　別線の場合は貨物は100粁／時位に考へているので速度差はあるということになる。
大塚運転局長　電鉄案の駅数50は技師長の御意志と違うのではないか駅の数を減らせば表定速度も上るし、平行ダイヤも引けるし、車の数も減すことが出来ると思う。
技師長　国鉄が電鉄に肩変りして現在線が楽になるということではなく、東京、大阪、名古屋等の大都市の輸送要請があつて電鉄案として企業的に成り立つかどうかという意味であつた。
五味調査役　始めはそれからスタートしたが、電鉄の経営としていかなる形態が最もよろしいか、又一方国鉄の救済からいつてもどういう形がよいかということを考へると駅の数が段々増して50駅になつた。国鉄以外の誰かが敷設すれば、その新線分だけの利益をその誰かが獲得するわけであるその数字は別冊にある。
副総裁　東海道線の増強は現在線の輸送力の行詰りの打開と、新線も国鉄が経営するということが基礎になるのではないか。
北島副技師長　狭軌別線案の車両投資が広軌案に比べて少な過ぎるのではないか。
五味調査役　広軌案の場合は車の利用率が悪いということになる。狭軌の場合でも、先き程のような高い速度を使うと車も全々別にしなければならぬから、利用率も悪くなつて広軌の場合と同じようになる。
北島副技師長　そうすると狭軌の場合、先き程のような高い速度を出すことは出来ないことになる。
技師長　そこで狭軌別線案の何か良さがあるのですかということになる。
仁杉技師　狭軌別線の場合は貨物の速度はそれ程上げないで85粁／時、広軌の場合は少し上げて100粁／時としている。
藤井理事　輸送量が将来共そんな割合で増加するかどうかは問題である。4.5%の増が25年も続くと考へられるか疑問がある。

—340—

五味調査役　そういう御疑念があれば昭和43年度の数字で御判断願つて、50年、55年の数字は参考程度に見ていただきたいと思います然し傾向だけはこういうことではないかと思う。
技師長　これ以上は専門的な組織を作つて専念してはどうか。
総裁　そう出来るようなことになつているのではないか。
副総裁　この問題は国鉄だけで出来る問題ではない。看板も必要であるから、外部の人も入れた専門の機関を作つた方が良いと思う。機構改革の時にそういうことを考へている。
総裁　先づ国鉄部内の思想統一が出来てから、更に部外を入れて、大きな国策として取り上げて行きたい。
関電気局長　未だ不確定要素が沢山ある。
総裁　原子力時代の今日、日本は狭軌でよいのかどうか良く考へてほしい。
関電気局長　10年も経てば狭軌は非常な時代遅れになつてしまうのではないかという気がする。スピードが高くなつて効率が良くなるということは目に見えない利益がある。又広軌にすればいろいろモダーンな施設も取り入れられるということもあるから、この際飛やくして欲しい気がする。
総裁　東京一大阪間位の距離を諸外国が4時間で走つているのに日本は8時間かかるというのでは世界の競走に耐え得るかどうかを考へる必要がある。
藤井理事　技術屋としては大いに新しいことをやりたいが、国鉄の財政状態や施設の現状から見て、今直ぐに余り飛やくすることは考へものである。然し広軌、狭軌の問題についてはびよう同な立場で比較検討しなければならぬことは勿論である。
総裁　それが政治的な考へである。技術的な検討を充分やつてそれから経済の問題を考へればよい。世界の状勢を見ても広軌になりつつある。こんな速度で外え出すのは恥かしい。
小野木副技師長　広軌の最高は200粁／時位に上げ得ると思う。
技師長　将来速度の評価を重く見る時代が来ると思う。

—341—

「東海道線増強調査会資料」。十河信二総裁の発言も記録されている（下）。

五月十九日、十河総裁は第一回島調査会の冒頭に顔を出して、一声だけ吼えた。

「戦後十年を経た今日、世間から指弾の的になっているのは、国鉄の輸送力不足である。東海道を増強するなら広軌であると考える。将来、原子力が鉄道輸送に利用されるようになったとき、狭軌のままでよいはずがない。これが常識的な意見である。しかし、誤っていれば、いつでも訂正する。まず国鉄部内の思想統一をはかってから、さらに部外の人を加えて、大きな国策として取り上げていきたい」

このころ、東海道本線には、まだ蒸気機関車区間が残っている。国道一号線にも、まだ未舗装区間がたくさんあった。そのようなときに原子力超特急のことを考えておけ……というところに、この老総裁ならではの「前進力」とでも言うべきパワーがよくあらわれている。

だが、幹部職員たちは、一様に口をつぐんだ。そんな大げさなことを言われても、返事のしようもない。

島秀雄委員長が静かに開会の挨拶をした。

「……この際、十分なデータをそろえて、きちんと検討していただこうと思います。世論を刺激するセンセーショナルな議論は避けたいと思います」

東海道本線が遠からずパンクしてしまうことは、もはや自明のことであった。当時の鉄道界の常識では、複線区間に通すことのできる列車本数の上限は、一日二〇〇本である。東海道本線にはすでに一日三〇〇本の列車が運転されていた。むろん、ダイヤが過密になるほど事故の危険も高まる。

しかし、それがいつなのか。いつ、パンクするのか……ということになると、だれにも断言はできない。この点をめぐって、島調査会は最後まで結論を出せなかった。

「輸送量の増加は、見方によって、大きく変わる」

「経済成長をどう見積もるか。そこがむずかしい」

「将来、貨物が鉄道からトラックにどれだけ転換するのか。そこが問題ではないか」

もし広軌新幹線が成功すれば、「わたしも反対しなかった」ということができる。失敗すれば、「だから賛成しなかった」ともいえる。あとでどっちにも転べるような、生ぬるい議論に終始した。

ともかく三、四か月後には結論を出すことにしよう……と決めて、初回は閉会した。

六月二十五日、日本国有鉄道法が改正されて、国鉄理事会と国鉄監査委員会が新設された。

国鉄理事会は、国鉄は何をすべきか……という意思を決定する場である。正副総裁と技師長、常務理事五名、社外理事三名の計十一名で構成される。

国鉄内の常務理事は五名で、小林重国、吾孫子豊、石井昭正、藤井松太郎、並木裕。社外理事の三名には、世界経済調査会理事長の木内信胤、同和鉱業社長の久留島秀三郎、新日本汽船社長の山県勝見。いずれも十河信二とつながりの深い、日中戦争、太平洋戦争時代から辛酸をともにしてきた人々がおさまった。

国鉄監査委員会のメンバーは、民間から五名の委員が選ばれて、国鉄経営について外部から目を光らせる。委員長には、元三井物産代表取締役の石田禮助が国府津からかつぎだされた。当初、十河総裁は石田を社外理事に推したが、監査委員長の人選に行きづまって、石田を拝み倒すことになった。

国鉄に自主性を与えよ。

十河信二が国鉄総裁就任の条件として与党首脳部と交わした約束は、総裁就任から十三か月かかって、ようやく制度上も実を結ぶことになった。

この大々的な機構改革にともなって部署の再編成や人事異動などがあり、国鉄本社内はひどくあわただしく、島調査会もしばし休眠状態となった。

このとき、技師長は正式に「副総裁格扱い」になっている。技師長の本給は月額十万円から十五万円にあがり、これを期に十河総裁のポケットマネーから出ていた「補充分」も終了した。

だが、技師長の権限については、明確にされないままであった。技師長は、少なくとも制度上は、十河総裁の「技術的なアドバイザー」の位置にとどめられたのである。

島秀雄は、不満である。これ以降も、

「私には権限というものがございませんので……」

と、たびたび、ボヤき続けることになる。

七月四日の第二回島調査会では、東海道線増強のための具体案が次の三案に絞られて検討されている。

一、狭軌貼り付け線増案。在来の東海道線を徐々に複々線化する。本稿では、わかりやすく「狭軌複々線案」と呼ぶことにする。

二、狭軌別線案。在来線とは別ルートで新しく狭軌線をつくる。

三、広軌新線案。まったく新しく広軌線をつくる。

いずれも、弾丸列車計画を審議する際にも、最終案として残ったものである。

島秀雄委員長は、とても丁寧な言葉づかいで議事を進行させた。

まず、あらゆる可能性について考えてみる。それをひとつひとつ検討しながら消去法で結論を絞りこんでいこうとする。当然、議論は迂遠になる。議事録を読んでも、この日の議論は、いまひとつ精彩に欠ける。大々的な機構改革の直後だったから、無理もなかったであろう。

第二回島調査会は、新しく専門委員会を設置して、車両、運転、工事、保守などについてそれぞれ検討を続けることに決めて閉会した。


ここで、「新幹線」という用語について簡単に説明しておく。

「新幹線」という言葉は、戦前の弾丸列車計画のときにも使われている。だが、十河総裁は当初、「東海道新幹線」という言い方を注意深く避けていたように思われる。島調査会も「東海道新幹線調査会」ではなく「東海道線増強調査会」である。これには理由がある。

「新幹線」は、広軌にせよ狭軌にせよ、新しく幹線鉄道を建設することを意味する。しかし、新しく鉄道を敷設するのであれば、そのことを決定するのは、「鉄道建設審議会」である。すでに述べたように、鉄道建設審議会を牛耳るのは、我田引鉄派の政治家たちである。この審議会の場で東海道に広軌新幹線を建設すべきだという結論が導き出される可能性は、ゼロに等しい。

「新幹線なら、国鉄に決める権利などない。鉄道建設審議会で決めるべきだろう」

と、政治家たちに文句を言われないようにするには、十河国鉄総裁は、あくまでも東海道線の増強策であることを強調しつつ議論を進めなければならなかったのである。その点では、「狭軌複々線案」の支持者がある程度多いほうが、なにかと都合もよかった。「狭軌複々線案」の場合は、これを「新線」あるいは「新幹線」とは言いにくい。

十河総裁の口から淀みなく「新幹線」という言葉が出るようになるのは、政府の閣議で「広軌新幹線建設」が決定されたあとのことである。

東海道線増強調査会の島委員長は、このあとも難しい議事進行を強いられる。

国鉄という長大編成の旧式列車は、ますます激しさを増す嵐のなかを走っていくことになる。しかも、列車内は不況和音が響き渡っていて、いまひとつ統一性に欠けていた。先頭の機関車十河号は、大嵐のさなかにもかかわらず「夢の超特急計画」を高々と掲げて突っ走ろうとする。しかし、乗務員たちはおおむね冷淡であった。

この大嵐のなかを、どう運行していけばいいのか。突っ走るべきか。いったい停車させるべきか。

判断をまかされた島委員長は、さぞや困惑したであろう。自分には職制上の権限がない、しょせん十河総裁のアドバイザーにすぎない……という不満も胸中に渦ましている。

島委員長は、とりあえず、徐行運転を選ぶ。議論すべきすべての問題点を論じつくそうと試みる。

島君、ド真ん中に直球を投げこめ！

十河総裁は心の中で声を荒げたであろう。

以上、六話「夢の超特急計画」より

＊＊

三回目の島調査会が開かれたのは、第四弾「五か年計画」発表から三日後の九月四日である（＊1）。

この会議には、営業局や運転局、電気局などの課長クラス五名が専門委員として参加し、斎藤雅男などの補佐クラスがまとめた報告書が討議のためのたたき台として提出された。

だが、議論は、低調のまま終始した。

国鉄に対する世論は、冷ややかである。「運賃値上げ絶対反対」を叫ぶ大合唱は、委員たちの予想をはるかに超えていた。運賃を上げられなければ、東海道線増強のためのお金はつくれない。広軌新幹線など夢まぼろしにすぎないではないか……。

委員長の議事進行は、あいかわらず慎重であった。島秀雄は、いわば「ムカデ主義者」である。機関車となって先頭を走ることは、しない。

石橋を叩いても、すぐには渡らない。みんなが「渡ろう」と言い出すまで、待つ。慎重に議事を進めながら、まず、あらゆる可能性について講論をつくそうとする。ムカデ式の電車のように、各委員の頭の中に「広軌新幹線建設」という結論が出そろうのを根気強く待とうとする。

「この点については、さらに検討が必要ですね」

「その点は、次回までに調査をお願いします」

会議では、留保事項が続出した。

この会議のなかほどで、島委員長はごく控えめに次

＊1　昭和 31 年に発表した国鉄の大計画。翌 32 年度からの５年で主要幹線の複線化と電化を進め、老朽施設を更新し、輸送力を増強する。ついては運賃を 18%引き上げる……としたため、「運賃値上げ絶対反対」の世論を巻き起こした。

のような提案をしている。

「……たとえばある起業家が、重い機関車を使わないで、軽い電車を使って旅客輸送を主体としたとしたら、どうなりますか。貨物についても、旅客輸送の間合いをみて電車に似たような性能の車を使って急送品の一部を扱うというような考え方をしたら、そのときに国鉄の現在線はどんな影響を受けることになるでしょうか。そのようなことも考えに入れておく必要があるのではないでしょうか」

議事録を読んでいても、島秀雄の発言は、丁寧に過ぎて、ちょっとわかりにくい。要するに、広軌であれ狭軌であれ東海道線に並行する私鉄の新線がつくられて、そこにムカデ式特急が走ることになったらどうなるか……。そのことも考えてほしい、というのである。

「……そうなれば、いま国鉄が持っているデータとはまったく変わった輸送量になるのではないでしょうか。速度や運賃が変われば輸送量が根本的に変わってしまいます。……この問題については次回までの宿題にさせてください」

ある調査役がそのように答えている。

島にしてみれば、広軌か狭軌かという問題もさることながら、そこにムカデ式特急を走らせることこそがまずは重要だと考えていたらしい。

島議長はムカデ式をめぐる議論を適当なところで切りあげて、このように発言している。

「現在線を十分に活用することは大事なことですね。すでにネックになっている問題は手戻りにならない範囲で解決していかねばなりません。あまり先の議論ばかりしていて、目の前に迫った問題が決まらないようでは困りますから」

藤井松太郎は、島調査会の中心メンバーとして出席していた。

広軌新幹線計画に消極的であるという理由で、十河総裁に更迭された前技師長である。藤井は技師長職を解かれてから、建設担当の常務理事におさまっている。藤井更迭のあとに、技師長は副総裁格に格上げされたから、結果的には降格人事に近い。

藤井理事は、遅々として進まない議事進行に不満だったらしい。最後にこのように発言して、後任の技師長を牽制した。

「これまでの議論で、いずれの案にしても、現在線の一部増強は必要だということになります。だから、このへんで大体の結論を出しましょう」

藤井は委員たちのほうに向きなおって、こう続けた。

「増強をはじめなければならない区間を決めて、細かい点はあとでゆっくり検討すればよいではないか。すでに、もう目の前に、東海道線増強のための次年度予算を計上しなければならない段階にきているのだから、そんなのんびりした話では困る」

藤井松太郎は、広軌新幹線などできやしないと思っている。

そりゃあ実現できればすばらしいが、いまの国鉄には無理だ。東京－大阪間五〇〇キロに一挙に新線を建設するなどということは、まったくもって老人の夢物語にすぎない。だいいち、お金がない。しかし東海道線は増強するほかないのだから、できるところからとっととはじめるべきである。目の前の現実をよく見てみろ。段階的に複々線化していくしかない。もはや議論の余地などないではないか……。

議事録からは、藤井の荒い鼻息が聞こえてくるようである。

藤井松太郎は、明治三十六年生まれ。島秀雄より、二歳下である。北海道の開拓農民の家に生まれて、苦学のすえに東京帝大工学部土木課を卒業し、昭和四年に鉄道省に入省した。竹を割ったような、剛毅な性格……というのが国鉄内での評判で、十河信二も、男としては藤井のことを買っていたらしい。だが、「夢の超特急物語」の語り手としてはとても残念なことに、藤井松太郎は、「夢」に向かって驀進することよりも、目の前の「現実」とまっ先に格闘することを選ぶ男であったらしい。

以上、七話「資金作り」より

＊＊

第四回の島調査会は、年明けの昭和三十二年一月二十三日になって、ようやく開かれた。

第三回会議以来、じつに四か月半ぶりの開催であった。この間、参宮線事故、運賃値上げ、年末闘争などのお家の大事に理事や局長たちは忙殺されている。島調査会の開催日程は、何度も順延を余儀なくされた。十河総裁は、やきもきしながらこの日を待ちくたびれていた。

この第四回会議は、千代田区一番町の総裁公館で午前十時から開かれている。

「おれも出る」

総裁がそう言ったからである。もういいかげんに結論を出せ……というプレッシャーが島委員長の両肩にのしかかった。

会議は、あいかわらず、低調のうちに始まっている。

経済成長率の予想、輸送需要の想定伸び率、列車走行速度の設定……などのこれまでさんざん議論してきたことがもう一度むし返された。

たまらず総裁が、一声吼えた。

「いままでの話は、技術に忠実ではないと思う。これではいけない。技術的な良心を発揮して、どうしてもこうでなければいけないという信念にもとづいて検討してほしい」

これに応じるように、初参加の篠原鉄研所長が発言している。

「自動車が時速一〇〇キロで走るなら、国鉄は二〇〇キロくらいの速度がほしいと思います。東京–大阪の到達時間を先に決めて、それを可能にする線路や車両を考えるべきではないでしょうか」

十河総裁が大きくうなずく。篠原は、鉄研所長に着任してまだ一週間しか経っていない。

理事の藤井松太郎は、この議論に水をさした。

「列車の速度に絶対の上限というものはありません。狭軌のままでも速度はあげられる。この点は今後の研究に待てばよいと思います」

総裁は藤井をにらみすえつつ、おもむろに答える。

「技術の進歩は、すなわちスピードの向上だと思う。スピードがいちばん大切なことで、あとで検討すればいいというような問題ではない」

「総裁。未経験の速度で運転するためには、十分に試験もしなければなりません。いま、この場では、狭軌案か広軌案かを議論しているのですから、もっと大雑把にだいたいの速度を想定して議論を進めてよいはずです」

総裁は、あくまでも理想の速度にこだわった。

「去年の夏にニューヨーク・セントラル鉄道の夜行列車に乗ってみたが、時速一〇〇キロ走行で日本の特急よりもはるかに乗り心地がよかった。今日提出されている資料では、狭軌の速度を高く設定しすぎているのではないかね。技術者は政治的配慮を払ってはいけない」

ここで司会の島技師長がこのように提案した。

「これ以上の議論は、専門的な組織をつくって専念させてはどうでしょうか」

十河総裁は、怪訝そうに島技師長のほうを見た。

「そういうことになっているのではないか」

たしかに、第二回以来、この調査会にもすでに専門部会ができている……。

ここで、小倉副総裁が島委員長に助け舟を出した。

「この問題は、国鉄だけで決められないと思います。しかるべき看板も必要になる。外部の人も入れた専門機関をつくるべきではないでしょうか」

「まず、国鉄部内の思想統一ができてから、その後で、さらに部外の人を入れて、大きな国策として取り上げていきたい。それが、わしの考えである。原子力時代の今日、日本は狭軌でよいのか、どうか。そこをよく考えてほしい」

電気局長の関四郎が、総裁の発言をフォローする。

「この際、おおいに、飛躍してほしいと思います」

関四郎は、交流電化という新しい技術を使って、世界一の超特急を走らせてみたいと夢見ている。

総裁は、さらに大きな声で続ける。

「東京－大阪間の五〇〇キロを、諸外国ではすでに四時間で走っているのに、日本は八時間もかかる。そんなことで世界との競争に耐えられるのか。どうか。そこを考えてほしい」

ここで、藤井理事が席を立った。

「総裁。技術屋としては大歓迎です。おおいに新しいことをやりたい。しかし、国鉄の財政や施設の現状からみて、いま、ただちに飛躍しようとするのは考えものだと私は言いたいのです」

十河信二は、声を荒らげる。

「それが政治的な考えだというのだ。順序が逆だろう。まず、技術でどこまで可能かを検討すべきだ。そのあとで財政の問題を考えようではないか。こんな速度で外国へ出せるのか。恥ずかしいだけじゃないか。鉄道が国の経済発展にあとからついてゆくのではない。鉄道がこの国の経済発展をリードするんだ。そのことをよく考えてほしい」

第四回島調査会は、延々四時間以上をかけて、やはり結論が出せなかった。

最終回となった第五回島調査会は、十二日後の二月四日に、同じく総裁公館で開かれている。

この日、十河総裁は所用があって、会議の冒頭には参加していない。

まず、島技師長の提案しているムカデ方式案について報告と質疑があり、狭軌であれ広軌であれ、機関車方式よりムカデ方式すなわち電車列車方式のほうが建設費を節約できることが確認された。

続いて、立体交差等の工事費についての議論をしているときに、十河総裁が入室した。

総裁は静かに自分の席に腰を下ろしてから、一同をぐいっとにらみまわした。

ここで、藤井理事が発言を求める。

「東海道線を増強しなければならないということについては、もはや異論がありません。あとは技術的な問題と国鉄の財政状態を考えて、腹を決めることだと思います。不確定な要素は探し出せばいくらでもあるのだから、要は、決心の問題です。まだ決心のつかない人は、さらにどういうデータがそろえば自分の決心がつくのかを、はっきり言ってみたらどうでしょうか」

藤井の決心は、とうの昔についていて、巌のようにゆるがない。

できないことは、やらないことである。すかさず、鉄研所長の篠原が発言した。

「総裁のおっしゃっているように、スピードが第一の問題です。それを決めないで、安易にものごとを決めてしまうのは、問題です」

十河総裁が、おもむろに口を開く。

「過去の輸送量を眺めていても、大事なことは見えてこない。過去のデータから将来をいくら厳密に推定しようとしてみたところで、意味がない。そんなことをいつまでもやっていても、経済発展の障害にこそなれ推進力にはならない」

さらに大きく深呼吸して、こう続ける。

「国鉄は、将来どうあるべきか。まず、その理想案を検討してほしい。東京－大阪間を八時間で走るのか。四時間で走るのか。それが国鉄の経営にどう響くかと同時に、日本経済にどう影響していくかを考えねばならん。……昭和十六年には、広軌別線の弾丸列車建設に着手したのである。そのときに、十分に議論をつくして結論を導き出したはずで、いまさら検討の必要もないのではないか……。今回は、もっと簡単に結論が出るのだと思っていたよ」

そして最後に、左手の人差し指を大きく上下させながら、このようにしめくくった。

「まず、技術的にこうあるべきだという結論を先に出そう。いままで国鉄の技術は、政治的でありすぎたのだ。それが今日の国鉄の行き詰まりを招いた根本原因であるとわしは思う」

「妥協するな」「理想を追え」と、先頭を走る機関車十河号は随所で議論を引っ張ろうとした。しかし、あとに続く車両群は、ことごとく油切れであったらしい。ああでもないこうでもないという議論が繰り返された。

司会の島技師長が、静かにつぶやいた。

「議論が堂々めぐりの段階に入りました」

藤井松太郎が発言を求めて、このように提案した。

「……将来、鉄道の輸送量が想定どおりに延びていくかどうかという点も、はなはだ疑問です。最初は狭軌で必要な区間のみを増強し、総裁のおっしゃるような経済成長の時代を迎えてから、広軌に切り換えるというやりかたもあると思います。これ以上は、今後の日本経済の伸びをどうみるかで議論が分かれる。部外の理事にも加わっていただいて、総裁の話とわれわれの話の両方を聞いてもらうことにしたらいかがでしょうか」

この藤井松太郎の提案に、島秀雄も賛成した。

「……これまでは国鉄自身でものごとを決めすぎているように思います。世間全体で判断してもらわなければいけませんね」

「今後の調査会の進め方を決めていただきたい」

調査役の一人が議長にそう提案した。島は次のようにしめくくっている。

「いちおう、この調査会はここでひと休みとして、テーマを展開して再開するか……今後の進め方については別途ご相談したいと思います」


当初は三か月程度で結論を出すつもりが、十か月かかっても、結論にたどりつけなかった。

もし、十河信二が総裁でなければ、島調査会は、狭軌複々線案という結論をやすやすと出していたにちがいない。老総裁が熱烈な広軌論者であったればこそ、随所で「有法子！」を連発したからこそ、結論を出すことを遠慮したのであろう。


十河信二は、この十か月間というもの、じりじりと地団駄を踏む思いで島調査会を眺めていた。

島秀雄は、冷静な司会進行役に徹している。議論をおだやかに広軌新線案に誘導しようとはしていたが、自説については沈黙を守りとおした。

なぜ、言わないのか。自説を主張して、藤井松太郎たちを説得しようとしないのか。

そのことが十河信二を苛立たせた。

島秀雄も、十河総裁が焦っていることは、よくわかっていた。だが、技師長の自分が十河総裁と声を合わせて広軌案を強硬に主張してみたところで、問題は解決しない。それよりも、この場で議論をつくしておくことが大切だ……と、島は考えている。

この破天荒の大型プロジェクトを閣議決定までもち

込むには強力な政治力が必要だということも、島秀雄は重々承知している。

その点、十河総裁はたしかに強い。

しかしながら、敵も多い。老齢、病身でもある。おおかたの予想どおり、十河時代は、そう長くはない。十河信二が総裁の座を去れば、大計画は水泡に帰するであろう。残念なことではあるが、そのことは覚悟しておかなければならない……。

技師長の任期は三年である。原則として、留任はない。

もし、自分の任期三年が終了するまで十河総裁時代が続いたとしても、東海道新幹線はまだ計画の段階にとどまるはずである。

そうであれば、任期中に国鉄の車両を近代化しておきたい。「第二の産業革命」を狭軌在来線においてできるかぎり実行しておきたい。在来の東海道本線に最新式のムカデ特急を走らせておきたい……。

それが、島技師長の本音であったように思われる。

島技師長の強い意向によって、車両畑の組織変えが行なわれたのは、島調査会の終了した昭和三十二年二月である。

このとき、動力車課と客貨車課が廃止されて「車両課」が新設され、さらに「臨時車両設計事務所」という本社直属のセクションが新しくつくられている。これ以降、国鉄新車両の設計はすべてこの臨時車両設計事務所で行なわれることになり、車両課はおもに車両の維持と管理を担当することになった。

機関車からムカデへ。

この組織改革によって、国鉄の車両づくりに関係する人々は、動力車すなわち機関車主導の時代が終わったことを思い知らされることになる。

車両設計事務所の頭に「臨時」が付されたことには理由がある。

次年度スタートの「五か年計画」は老朽車両を新しく入れ替えることを目的とする。五年後に計画がめでたく達成されれば、車両の設計業務も一段落する。だから、「臨時」だったのである。

しかし、これは表向きの理由に過ぎない。

この車両畑の組織改革にも、根強い反対論がわきあがった。なぜ、従来の体制ではいけないのか。五か年計画による車両増備であれば、いままで通り、動力車課と客貨車課で対応できることではないか。

技師長は、多くを語らない。

さらに、運輸省の事務官僚たちも反発した。なぜ、新しくできた車両課で新車両の設計ができないのか。なぜ、本社すなわち技師長直属の設計セクションでつくらなければならないのか……という批判が百出して、寡黙な技師長に圧力をかけた。

じゃあ、「臨時」にしておこう。

という窮余の策が出て、そうに決まった。「臨時」であれば、あくまでも急場しのぎの部署であるから、運輸省のハンコをもらう必要もない。

この臨時車両設計事務所すなわち「車設」には、車両、電気、施設、研究などの関係部署から広く人材が集められた。彼らは、島技師長のイニシアティブのもとで次々とムカデ式新車両を生み出し、やがて新幹線車両設計の主力部隊になっていく。

結局のところ、「車設」は「臨時」を付けたままほぼ十年間活動し、昭和四十一年五月の組織改正のとき、「臨時」が取れて「車両設計事務所」となる。

島技師長は、静かな男である。どんなに胸中で激していても、顔には出さない。言葉づかいは、どこまでも慇懃で、その真意をつかみにくい。

これを「島語」という。

たとえば、部下が次期主力機関車の計画案を提出したとする。

「ありがとうございました」

島技師長は、丁寧に頭を下げる。しかし、それは、その提案を受け容れましたということを意味しない。単に、部下が提案してくれたことに謝意をあらわしているにすぎないのである。部下たちは、この島語にしばしばとまどうことになった。

島秀雄にしてみれば、重要なのは技術の合理性であって、言葉のレトリックではない。

新しい技術、美しい技術というものは、一人の人間の独創から生み出されるものではない。技術そのものが宿しているラディカルな合理性を、技術者たちが見いだせるかどうかにかかっている。

島秀雄は、技術者のあるべき姿について、一家言を持っていた。「ムカデ哲学」といってもいい。

「スターにならず、スターをつくらず」

これから世界規模で展開される技術革新は、合理の集積であるほかない。個人や企業、国の名誉にこだわる時代はすでに終わっている。

ムカデ式の高速鉄道は、経済力や技術力などの諸条件が整った国や地域で、果実が熟するように、おのずと実を結ぶであろう。鉄道技術に携わる者は、地球上のどこかで花咲くであろう「夢の超特急」のために、いま自分の目の前にある技術を研鑽すればよいのです。だから、技術者もムカデの足に徹しなさい……。

十河信二が夢の超特急として頭に思い描いていたのは、たとえば、かつて満州平原を驀進した満鉄の特急「あじあ号」である。

大連－ハルビン間約九五〇キロを最高時速一二〇キロで駆け抜けた超特急で、先頭の大型機関車が馬力にものをいわせて後続客車群を引っぱる。動輪径二メートルを誇る大型蒸気機関車「パシナ」がその花形機関車であった。

機関車とムカデ。

興味深いことに、このちがいは、十河信二と島秀雄というふたりの仕事の進め方においても、際立った対照となってあらわれる。

十河信二は先頭に立ってグイグイと牽引する高馬力の重機関車そのものであり、島秀雄は万事、電車方式でスムーズに事を進めようとした。

「有法子！」

雷を炸裂させながら、十河信二は先頭に立つ。

「……ありがとうございました」

礼儀正しく頭を下げながら、島秀雄は人々の考えが妥当な結論にたどり着くのを辛抱強く待つ。

かたや意志的。

かたや合理的。

十河信二にとっては、汽車も人間も目的に向かって驀進すべきものであり、島秀雄によれば、組織も列車も音もなく滑ることを最上とした。

十河信二は、島秀雄のムカデ式スタイルについて、歯がゆくてしかたがなかったであろう。

技術は合理的であるほかないが、人間は、社会は、人間のつくる組織というものは……、不合理のかたまりである。実社会における理想は、人間の意志の力によってしか実現されない。

現状維持は、退歩である。

理想を大きく掲げて、断固、やり抜くのだ。道のドまん中を、策を弄さずに、進もう。

前へ。前へ。前へ。

だが、島技師長に対しては、ひとことも口に出さなかった。

以上、九話「有法子」より

Ⅲ　技師長再任

島秀雄は、技師長の任期三年間に、十河総裁という強力なうしろだてを得て、技術革命に没頭した。狭軌の車両群を近代化することに集中し、詰め将棋の駒を進めるように、狭軌ムカデ式特急の最終形というべき「ビジネス特急こだま」を完成させるところまで、一気に手を進めた。その間に、十河総裁は、走り続ける。

組織も改革した。大事故もあった。運賃も値上げした。大荒れの労働争議もあった。利権疑惑は次から次へと追いかけてくる……。

しかし、前進した。

もうダメか……というところまで何度も追いつめられたが、そのたびにかならず前を向いて、ともかくも足を一歩前へ進めた。

「没法子なんて簡単に言っちゃいかん」

そう連発しながら、ついに夢の超特急計画を閣議決定させて、起工式を挙行し、みずからの二期続投までもち込んだのである。

島秀雄は、十河信二という人間に対する尊敬の念を次第に心中に深く刻み込んでいく。技師長二期目の三年間に、夢の超特急実現のために身を粉にして働くことになるのである。

島秀雄が、晩年に好んで口にした言葉に次のような一節がある。

「ひとつの手だてさえ見つければ、できると答えられます。あらゆる可能性を考えつくしてからでないと、できないとは答えられません。断るということはむずかしいのです」

いうまでもなく、十河信二の連発した「有法子」の精神をムカデ流に翻訳したものである。

昭和三十七年七月一日、人事異動。

理事は一期三年限りで留任しない。それが国鉄の不文律である。技師長の任期も、理事に準じて三年であったが、十河総裁の強い要望によって、技師長と社外理事三名の留任が認められた。

島秀雄。木内信胤、久留島秀三郎、山県勝見。

社内の常務理事五名には、留任が許されない。もし留任を許せば、社内の出世街道に大渋滞がおきてしまうであろう。ただし、このとき、一人だけ慣例を破って留任者が出ている。

吾孫子豊である。労務担当理事の吾孫子豊は、年末闘争から志免にいたる一連の労使交渉を通じて、十河総裁から厚い信頼を得ていた。

いぶし銀の苦労人である小倉副総裁、若くてケンカっぱやい兼松職員局長、その間に入って、てきぱきと仕事をこなす頭脳派の吾孫子理事……。小倉－吾孫子－兼松という縦のラインは、十河体制の中心軸になっていたのである。

新体制の常務理事五名を紹介しておく。

異例の留任となった吾孫子豊。前年の冬に藤井松太郎の後任として常務理事となり、まだ任期の残っている大石重成。これに新任の三名が加わる。総務畑の中村卓。そして、電気畑の関四郎。労務畑の兼松學。

十河総裁と小倉副総裁、島技師長、そして社外理事三名と常務理事五名。本稿では、これを「三十四年体制」と呼んでおく。「三十一年体制」スタート時からの留任組は、十河、島、木内、久留島、山県、吾孫子の六名。この「三十四年体制」が任期三年の間に成しとげるべき大目標は、はっきりしている。

夢の超特急をつくること。このことにつきる。

以上、十七話「二期続投」より

Ⅳ　世銀借款「ローゼン・ミーティング」

ワシントンから世界銀行調査団が来日したのは、佐藤－ローゼン会談から二週間後の昭和三十四年十月十四日である。

調査団一行の目的は、すでに正式な借款交渉が進んでいる名神高速道路、八幡製鉄と富士製鉄についての最終調査である。滞在予定は一週間。団長は、世銀極東部長のマーチン・M・ローゼン。

調査団の滞在中に「ローゼン・ミーティング」を国鉄で行なう。そのことは事前に伝えられていた。

だが、いつ行なうかは、未定であった。

ローゼンは、来日の翌日に、「明日十時におうかがいします」と連絡してきた。

「ローゼン氏が来るはずだから準備しておけ」という総裁命令は出されていたのだが、おそらく離日間際になるだろうという予想もあって、関係者をあわてさせた。

じつは、その日の午後に、国立の鉄道技術研究所で

「第一期工事完成披露式」が予定されていた。

起工式で「かならず一年後に新幹線の研究をスタートさせる」と宣言した総裁の言葉どおり、きっかり三六五日間で第一期工事を終えて、本館研究棟と管理棟が完成した。実験施設や試作工場などはまだほとんど手つかずの状態で、敷地内は重機や工事車両のひしめく建設現場そのものであったが、とにかくも本館はできあがった。

突然の「ローゼン・ミーティング」によって、披露式は午後三時に順延された。十河総裁は出張先から昼に帰京する予定だったが、急ぎ、列車を繰り上げて、この日の早朝に国鉄本社に戻っている。

マーチン・ローゼンが一番町の国鉄総裁公館に姿をあらわしたのは、午前十時である。

これを迎えたのは、十河総裁、島技師長、常務理事の兼松學と大石重成、山田経理局長、中西調査役以下の十名である。副総裁の小倉俊夫は、このころしきりに辞意をもらすようになっていて、この日も体調不良を理由に欠席している。

ローゼン世銀極東部長は、一番町の国鉄総裁公館のロビーに姿をみせるなり、一同を圧倒した。

山田と中西以外は、初対面である。

アメリカ人にしては背は高くない。だが、胸板がバンとぶ厚く、その顔といったら、日本人には例がないほど大きくて、四角い。兼松學も大きな面構えであったが、比ではない。その四角い大きな顔の上に、太い黒縁のこれまた四角い巨大なメガネが乗っていて、その奥でまん丸いギョロ眼が光っていた。一九一九年、オハイオ州シンシナティ生まれ。ミネソタ大学で経済学修士号を取り、第二次世界大戦中はヨーロッパ戦線を転戦し、一九四六年に世界銀行入行。ヨーロッパ、アフリカ、オーストラリア地域などを担当してから、極東部長に就任している。このとき、四十歳。島秀雄より十八歳、十河信二より三十五歳も若い。

公館では、ミーティング前にごく簡単な歓迎レセプションが催されている。

マーチン・ローゼンは、十河総裁に初対面の挨拶をしてから、いきなり本題に入った。

「日本は立派な先進国に成長しています。すばらしい。来てみて、そのことがよくわかりました。しかし、世界銀行は、戦災国の復興と開発途上国を助けるための機関です。日本のように力強く経済発展をはじめた国に投資する銀行ではありません」

通訳は、兼松學。

十河総裁は、すかさず切り返した。この点を突かれることはわかっていたので、気のきいた返答をあらかじめ用意していたのである。

「なるほど。先進諸国で鉄道が斜陽産業だといわれていることは、よく存じております。しかし、アメリカでもヨーロッパでも幹線鉄道の線路を撤去しはじめている時代に、新しく五〇〇キロの鉄道をつくろうというのですから、日本は後進国以外の何ものでもございません」

ローゼンのくちびるから思わず笑みがもれた。最初の勝負は、ここで決まった。

だがローゼンは、なおも国鉄側のウィークポイントを突いてくる。

「興味深いご説明ですな。しかし、そのような鉄道の後進国が、世界一速い最新の鉄道をつくる。これは少し妙なことではありませんか？」

これも、想定内の質問であった。総裁はにこにこと笑いながら答える。

「いえ。それが、おかしくはないんです。むしろ、後進国ほど新しい鉄道をつくるんですよ。家だって、そうでございましょう？　古くて立派な家には、旧式の設備しかない。新しく建てる家には、近代的な最新の設備が入る。あとからつくる鉄道に、いちばん新しい技術が使われるのは、当然のことではないでしょうか？」

ふたたび、ローゼンの口から笑みがこぼれた。

「しかし、失礼ながら日本の国鉄は、世界一の鉄道をつくる技術はお持ちですかな？」

「それが、あるんです。ご心配なく。お時間があればさっそくご説明いたしましょう」

十河総裁は、待ってましたとばかりに薄手のパンフレットを開いて、いかにも得意げに一枚の写真をローゼンに見せた。

「車両試験台」である。

国立の鉄道技術研究所の第一期工事で「ほとんど完成」までこぎ着けた国鉄自慢の実験施設である。広大な敷地の北西角に、昼夜兼行の突貫工事でつくりあげた。大きな回転レールの上に実物の電車や貨車を乗せて、最高時速三五〇キロ相当で模擬走行させることができる。世界で唯一のハイテク実験装置であった。工費三億二千万円。国立鉄研の総工費は二期工事を含めて三〇億円であったから、この車両試験台に一割以上のお金を注ぎ込んだ計算になる。

世界一速い鉄道車両をつくるうえでもっとも大事なのは、台車である。台車は高速で走ると、くねくねと蛇のように自己運動をはじめる。いわゆる「蛇行動」である。時速二五〇キロで走っても蛇行動を安全な範囲に抑えこめる台車がなければ、どんなに立派な線路ができても、夢の超特急は走れない。

「……ですから、まっ先にこの車両試験台をつくったのです。ぜひご見学ください」

十河総裁は、ピカピカの回転レールを、その太い指でさし示した。

「おお、ワンダフル……」

マーチン・ローゼンが、ニッコリと笑った。


この短いレセプションのとき、ローゼンは技師長の島秀雄にも単刀直入に問いかけている。島の英語はとても流暢で、通訳はいらない。

「ミスター・シマ。なぜ、東海道線を増強するために、わざわざゲージのちがう広軌新線を引く必要があるのですか?」

国鉄部内の島調査会でも運輸省の大蔵幹線調査会でも議論百出して、なかなか結論を出せなかったテーマである。

「ミスター・ローゼン。在来の狭軌旧線に緩行、広軌新線に急行を走らせれば、輸送効率が格段に向上します」

「なるほど。そのとおりですね」

ローゼンは、笑顔でウィンクを返した。

マーチン・ローゼンと島秀雄は、初対面で意気投合した。

理を説けば、打てば響くように理解が速かったのは、十河信二とマーチン・ローゼンである……と島秀雄は回想している。


レセプションは早々に切りあげられて、さっそく懇談会の席に移った。マーチン・ローゼンの正面に十河総裁。その隣に島技師長、大石理事。兼松學はローゼンの隣に控える。

冒頭、まずローゼンが口を開いた。

「ミスター・ソゴー。ワシントンでヤマダさんとナカニシさんにお目にかかり、意義ある話し合いができました。コクテツについての知識も豊富になりましたよ」

「山田、中西両君がたいへんお世話になり、ありがとうございます。……おかげさまで、新幹線建設も測量が終わって、新丹那隧道の掘削工事を開始しています。大石君、測量図をお目にかけたら……」

大石重成は、測量図を示しながら、全線の測量と主要地点の地質調査が終了しています……と答えた。

「用地買収も着々と進んでいます。全体の三割は買収ずみです」

と、十河総裁。

「用地の買収というのは、なかなかむずかしい問題ですよね、ソゴーさん」

まだ三〇パーセントか……とローゼンは思ったであろう。

ここで、兼松學が新幹線計画の概要と現状の進捗状況について報告した。

「東京ターミナルはどこになりますか?」

ローゼンがピシャリと質問する。

この時点では、東京駅も大阪駅も京都駅も、まだどこにつくるとも決まっていなかった。

「……利用者の便を考えますと、丸の内付近になると思います」

と、兼松。

「シンカンセンは、旅客のみ扱うのですか? それとも旅客と貨物の両方を扱うのですか?」

…………。

兼松は、一瞬、絶句した。

もし旅客も貨物も扱うのであれば、都心の丸の内ではスペースがとれないのではないか……とローゼンは考えているのであろう。

兼松は、大きく息を吸ってから、こう答えた。

「旅客と貨物、ともに扱います」

大急ぎで話題をかえるように、大石重成が工事の進捗状況について説明を始めた。

「東京、大阪を除いて、中間駅は九駅とします。図面による測量は完了して、杭打ち測量は沼津までですんでいます。来春三月までには大阪まで完了する予定です。名古屋－京都間については、地質調査の結果をもとに、鈴鹿ルートをあきらめて関ヶ原ルートに決めます。新丹那隧道はすでに着工しましたが、続いて試運転線となる横浜西方から小田原地区間の工事にまもなく着工します。来年、再来年には全線にわたって工事に着手する予定になっています」

「新丹那隧道工事の請負金額は見積り金額と同額でしたか?」

「ほぼほぼ同額です。トラブルはありません」

ローゼンの質疑は、名医がたちどころに患部を探りあてるように、鋭い。

十河信二は、マーチン・ローゼンを気に入った。その巨大な将棋の駒のような四角い顔を、ときどきかすかに笑みを浮かべながら眺め入った。

できる。

この男を味方に引き入れることが借款成立への近道だ……。そのことを直感した。

「さて……」

と、マーチン・ローゼンが続ける。

「コクテツのみなさんのお話が終わったのであれば、わたしのほうからもお聞きしたいことがあります。まず、世銀の技術者たちが抱いている技術上の疑問について質問させてください。第一は、スピードについてです。シンカンセンの時速二〇〇キロ、あるいは時速二五〇キロというのは、未経験のスピードです。わたしたちはとても保守的でありまして、実験的な計画に対してはお金を貸さない方針です」

これは想定済みの質問だったので、島技師長が淀みなく答えた。

「東京－大阪間五〇〇キロを三時間で走るのですから、平均すれば、時速一六七キロ。さほどの速度ではございません」

時速一六〇キロは、欧米鉄道先進国を走っている幹線特急の標準的な走行速度であった。

「でも、中間駅九駅に停まる計画ですよね。中間駅停車で時間を相当にロスするのではありませんか。実際の平均走行時速はもっと速くなる」

「特急は名古屋一駅しか停まらない計画です。電車方式ですから、加減速性能もよく、最高速度で時速二〇〇キロも出せれば十分なのです」

ここで、兼松が「ビジネス特急こだま」の最高速試験について誇らしげに補足した。

「ローゼンさん、すでに在来の国鉄狭軌線で最高時速一六三キロを記録しております」

ローゼンが、わずかにうなずく。

「しかし、ミスター・シマ。ゲージは一国の鉄道で統一すべきものではありませんか」

「おっしゃるとおりです。たしかに、ゲージを統一することが理想です……」

と、島技師長。

「しかし、ローゼンさん。……いま、日本の国鉄は世界最高の狭軌鉄道を持っていると自負しています。ここまでたどりつくまでに、ゲージが狭いゆえに、どれほど苦心と努力を重ねてきたかしれません。もはやこれ以上の性能は、狭軌では期待できません」

さらに、兼松が続ける。

「東京－大阪間の輸送量はきわめて大きいのです。このような大輸送量がある場合は、ゲージのちがう二線があっても効果的に使うことができます」

「なるほど、そのような見方もなりたちますよね」

と、ローゼン。

さらに兼松は、ここで近鉄の例を出している。

近畿日本鉄道は大阪－名古屋間に広軌鉄道を走らせている。周辺を走る狭軌鉄道と相互乗り入れができないにもかかわらず、十二分に利益をあげている。それは、ゲージのちがう鉄道網の不合理をカバーしてあまりある輸送量があるからだ……。

「しかし、ミスター・カネマツ。わたしが指摘しておきたいのは、同じ地区を狭軌と広軌の鉄道が走るケースのことです。たとえば京都に工場があるとして、この工場に狭軌の貨物と広軌の貨物が出入りするためには、その工場は広軌と狭軌のそれぞれの引きこみ線を持たなければなりません」

たしかに、人は簡単に乗り移れるが、貨物の積み替えにはたいへんな手間がかかる。

「先ほど、シンカンセンは旅客輸送と貨物輸送の両方を行なうのかとお聞きした理由も、ここにあります。いまのコクテツの計画では、シンカンセンは貨物輸送も行なうことになっている。しかし、わたしはこう言いたいのです。本来、シンカンセンは旅客に、在来線は貨物に使うものではないのですか」

…………。

島技師長、大石重成、兼松學は、思わず顔を見合わせたであろう。

貨物は走らせない。

そのことは、彼らの間ではとうの昔に決まっていた。高速で旅客列車を走らせるには、速度の遅い貨物列車は邪魔になる。待避線も操車場もつくらなければならない。コストもかさむ。計画に貨物列車を入れてあるのは、もっぱら世銀対策のためだったのである。

世銀は、戦災からの経済復興支援を目的としている。「日本経済の隘路」と呼ばれている東海道線の増強計画には、工業原料や農水産物を運ぶ高速貨物列車を想定しておかなければならない。そうでなければ、ただでさえむずかしいといわれている世銀借款が、さらに困難になる。

計画段階では貨物も走らせることにしておいて、融資が決まって、ある程度工事が進んでから、工事費を節約するためにも、やはり貨物は当分在来線で運びたいという話にもっていこう……。

それが、十河総裁も了解ずみの対世銀作戦だったのである。

だから、貨物は走らせるべきではない……というローゼンの発言には、みな、驚いた。

マーチン・ローゼンは、貨物新幹線は世銀対策だということに、うすうす気づいていたらしい。レセプションで、新／旧両線で緩／急の列車を使い分けたほうが合理的だという島技師長の話を聞いて、そのことをますます確信したであろう。

「ローゼンさん。まさにそのとおりなんです。よくぞおっしゃってくださいました。じつは……」

とは、さすがにまだだれも言えなかった。

島と兼松は、東海道線の貨物は工場の引き込み線を使わず直接駅に持ち込まれるものが多いので、新線でも十分に運べる……などと答えて、その場をしのいだ。

ローゼンは、それ以上この件については言及せずに、広軌と狭軌で工事費にどれほどの差がでるのかという点について質問を続け、おもに島と兼松がこれに答えた。

ローゼンの隣に座っている十河総裁は、ひとことも発言せずに議論に耳を傾けている。

すでに十二時の閉会時刻が迫っていた。

マーチン・ローゼンは、では……と大きくひと息ついてから、もっとも重要で、もっとも困難なテーマについて話しはじめた。

「コクテツの経営は、収益率がとても低く、実質的には赤字です。そのことは、ヤマダ、ナカニシ両氏からいただいた資料をもとに検討した結果、よく理解できました。当初、この問題があまりにもシリアスなので、これ以上両氏と話しあっても意味がない。したがって世銀としては融資を検討することができない……と考えざるをえませんでした。これを解決するためには、運賃を倍額あるいは倍額以上に上げなければなりません。そのようなことは、世銀の扱うべき仕事ではありません。

しかし、ヤマダ、ナカニシ両氏と議論を重ね、さらに半月ほど前にサトー大蔵大臣のお考えを確かめて、コクテツの低運賃と低収益率はかならずしも絶対に解決不能の問題ではないという結論に達しました。コクテツが自主的に値上げできないのであれば、日本政府が運賃値上げのために動き、国会がこれを承認しなければなりません。はたして、それがどのようにすれば可能なのか、否か。そのことが大問題として残ります」

兼松理事がおもむろに席を立って、こう答える。

「いま十河総裁が政府自民党に対して働きかけております。その結果については、まだはっきりと申し上げることができませんが、過去の事例からみれば、必要な値上げは認められてきています」

「コクテツのみなさん。世銀としては、借款の検討をはじめるために、最低限、次の二つのことが必要になります。ひとつは、いまただちに、あるいは遅くても借款契約調印の前に、運賃値上げに向けて具体的に行動を起こすこと。もうひとつは、近い将来に事実上の赤字経営にならないために、必要に応じて運賃値上げを行なうという約束を政府との間でとりつけること。この二つのことが、はたして可能ですか？　あるいは、これらの問題は政治家たちが解決すべきことなのでしょうか？」

ここで、十河総裁が発言した。

「日本国有鉄道法にも、運賃は経費をつぐなうものである、と書かれています。これまでも、いまも、そして今後も、政府と国会と国民のみなさまにご理解いただけるように、できるかぎりの努力をしていくつもりです。いま確実なお答えはできませんが、希望はもっております」

マーチン・ローゼンは大きくうなずいてから、十河総裁にむかってささやきかけた。しかし、ローゼンのささやき声はとても大きかったので、通訳がこれを一同に翻訳した。

「ミスター・ソゴー。これはまったくの仮定の話ですが、コクテツにはシンカンセン以外に世銀からの融資を希望する案件はございませんか？」

十河総裁は、たちどころにローゼンの言うところを理解した。

「いまのところ、考えてはいません。けれども、資金はプールするものですから、どこに振り分けてもかまいません」

「ソゴー総裁のおっしゃるとおりです。マネー・イズ・マネー。お金は使い方によって価値が決まるものですからね」

そう言って、ローゼン世銀極東部長はニコリと微笑した。

懇談会は、予定より十分遅れて閉会した。

島秀雄と兼松學が渡米したのは、あくる昭和三十五年の一月八日である。

ニュー・トーカイドー・ライン・プロジェクトの技術的課題と国鉄財政問題について世銀サイドを説得することが、二人に課せられた使命であった。

なぜ広軌で、なぜ世界一の超高速か……。

この技術的な課題については、思いのほかすらすらと話が進んだ。なにより、島秀雄のキャリアと実績と知識と英語力がものを言った。

世銀の技術スタッフには、われこそはその道の第一人者であると自負するウルサ方がそろっている。これを「ドクター」と呼ぶ。ダムのドクター、道路のドクター、製鉄のドクター、発電所のドクター……。だが、島秀雄の実績とキャリアが世銀の鉄道ドクターたちを沈黙させた。

未経験の先端技術は融資の対象にならない……。

この点について、島は次のように説得している。

「鉄道でもっとも大切なのは安全性です。新幹線は安全第一でつくります。何ひとつ新しい冒険はいたしません。すべてプルーヴド・テクニックすなわち国鉄で実証ずみの技術でつくります」

東海道新幹線には、もちろん、未経験の新技術がたくさん使われている。時速二〇〇キロ走行に耐える台車、ATCと呼ばれる自動列車制御装置、車内信号、CTCすなわち列車集中制御装置……などなど数えあげればキリがない。それらの新技術は、やがて始まるはずの試験走行で、これでもかこれでもかというほど走り込むことによって、プルーヴド・テクニックとなるであろう。

「プルーヴド・テクニック」

この言いまわしが、このあと、世銀関係者の間でさかんに使われるようになって、ニュー・トーカイドー・ライン・プロジェクトは未経験の新技術を使わない……という理解がいつのまにか既定のこととして語られていくのである。

島技師長の世銀説得は、上首尾におわった。


以上、二十一話「マーチン・ローゼン」より

V　新幹線三羽がらす

日本国有鉄道のほとんどの幹部職員たちは、「新幹線関東軍」の埒外に置かれた。

最高意思決定機関である国鉄理事会においてさえ、「新幹線三羽ガラス」と呼ばれた十河総裁、島技師長、大石総局長をのぞけば、「国鉄関東軍」の実情について、とりわけその苦しい台所事情について詳しく知る者はほとんどいなかった。

副総裁の吾孫子豊も、蚊帳の外にしめだされていた。経理担当理事の兼松學ですら、うすうす気づいていたにすぎない。少なくとも、十河総裁や大石総局長から詳しい実情について説明されたことは一度もない。兼松のほうから聞いてみることもしない。

「関東軍の金のことは、おれたちにまかせておけ。首を突っ込むな」

という無言の厳命が下されていたのである。

派閥をつくるな。すべてガラス張りにしろ……。

そのように口酸っぱく命じる総裁自身が、新幹線総局というおそろしく閉鎖的な組織、「新幹線関東軍」と揶揄される不透明きわまりない党派をつくっていたのである。それは、党派というよりも、最後には討ち死にすることの決まっている玉砕部隊であったというべきかもしれない。

金のことはおれたちにまかせておけ……。

と十河総裁が言う場合、この「おれたち」とは、十河信二と大石重成のことであって、「三羽ガラス」の一人である島秀雄は含まれていない。技師長の島秀雄には、総裁と総局長が討ち死にすることになっても、生き残っていてもらわなければならない。政治やお金、根まわしや取り引きなどという生臭いこととは無縁の立場で、世界一の超特急を仕上げてもらわなくてはならない。

この点では、職制上、好都合なこともあった。すでに何度か述べてきたことだが、「技師長」はあくまでも「総裁のアドバイス役」にとどめられていて、対外的に職務上の責任を問われることはない。島秀雄は、技師長に在任した七年半の間に、ただの一度も国会の委員会に出席していない。車両局長や電気局長などが参考人としてたびたび呼び出されていたにもかかわらず、技師長には声がかからなかった。

島技師長は、守られていたのである。

ただし、技術のことに関しては、島秀雄に事実上の全権が与えられていた。十河総裁が「技術のことは技師長に一任する」と明言し続けて一ミリもブレることがなかったから、事実上、技師長は全能であった。

「島さんがそうおっしゃっているから……」

このフレーズは、国鉄技術陣において水戸黄門の印籠のごとき威力を発揮した。そして、このことが、東海道新幹線を世界一の超特急にしたてあげる大きな力となるのである。

＊＊

東海道新幹線は、開業当初、「JAPANESE BULLET TRAIN」として世界に紹介された。「日本の弾丸列車」という意味である。

しかし、いつのころからか、「SHINKANSEN」が世界共通の呼び名として認知されるようになる。「日本の弾丸列車」の卓越した先進性ゆえである。その先進性は、島秀雄が技師長でなければ実現しなかったであろう。

東海道新幹線の先進性は、大きく二点ある。

一つは、鉄道をまるごと一セット新しくつくったことである。

線路、駅、トンネル、橋梁、車両のどれをとっても、在来のものは何ひとつ利用していない。島技師長は、この願ってもないチャンスを最大限に活用しようとした。高速走行の可能なゆったりとした曲線。踏み切りが一か所もない、防護柵で囲まれた専用線。車内信号システム。全線全列車を一つの司令室から集中制御するCTCシステム……。世界一の理想の鉄道をめざして、すべてをゼロから新しく構想することができたのである。

狭軌鉄道の国に広軌の超特急を走らせようとすれば、新しくまるごと一セットをつくるほかない。その意味では、狭軌の国ゆえに、「SHINKANSEN」を生み出すことができたのだといえる。

もし、後藤新平や仙石貢、島安次郎の活躍した時代に東海道線が広軌に改築されていれば、これほど徹底した理想の超特急システムは誕生しえなかった。弾丸列車計画が中断されなければ、昭和三十年には東京－下関間に広軌超特急が走っていたはずである。

しかしその超特急は、単に広軌の高速列車であるというだけで、いまの新幹線とは似て非なるものになっていたと思われる。それは、十河総裁が最初にイメージしていたように、満鉄の特急「あじあ号」や、欧米のスタンダード・ゲージを走る数々の特急列車に似ていたであろう。

東海道新幹線の成功にならって、一九八〇年代以降、欧米の鉄道斜陽国があい次いで「BULLETTRAIN」を走らせはじめる。

しかし、フランスのTGVもドイツのICEもアメリカのACELAも、全線が専用線ではない。在来線区間も走るがために、スピードもダイヤも数々の制約を受ける。踏み切りも無数にある。事故の起こる確率も高い。しかし、いまさら全線を新しく敷設するという不経済は、すでにスタンダード・ゲージの在来線を走らせている国では、選択できない。

東海道新幹線のもうひとつの先進性は、これもすでに何度か触れてきたことだが、「ムカデ方式」すなわち電車列車方式だったことである。

当時、世界の鉄道界の常識は、機関車列車方式である。先頭に重たい機関車をつけて、後続の客車群を力づくで引っぱる。欧米の鉄道先進国の技術者たちは、どうしてもこの常識から飛躍できなかった。島秀雄はこれを、「馬車鉄道以来の固定観念」と書いている。

ムカデ方式の考え方は、いたって単純である。天才的ひらめきというほどのものではないし、複雑な思考の結果でもない。合理的に考え抜くことさえできれば、だれでもたどりつくことのできる普遍性を持っている。しかも、お手本は目の前にあった。電車は、都市生活者の足として世界中で走っていたのである。

しかし、だれもやらなかった。

島秀雄の独創といっていい。

＊＊

国鉄の理事の任期は三年である。社外理事を除いて、原則として再任されない。

十河総裁時代八年間の常務理事は全部で二十名ほどいる。本稿に登場する藤井松太郎、兼松學、関四郎、磯崎叡も……みな任期三年で退任している。副総裁になった吾孫子豊にしても、任期終了後五か月留任しただけである。任期三年を大幅に超過したのは、大石重成しかいない。

大石重成は、昭和三十三年二月に藤井松太郎の後任として常務理事となり、三年後の昭和三十六年二月に任期満了で勇退するはずであったが、そのまま十河総裁退任直後の昭和三十八年五月末まで留任する。在任期間は五年と三か月。

技師長も、理事に準じて三年である。

島秀雄の技師長就任は昭和三十年の十二月一日で、三十八年五月末日に辞任するまで、ほぼ七年半在任した。これもまた、異例の長期留任といえる。

技師長と新幹線総局長。

十河総裁は、「新幹線三羽ガラス」の二人を特例扱いにして自分のかたわらにとどめ置いた。そうせざるをえなかったところに、東海道新幹線プロジェクトが抱えていた逃れようのない現実、「新幹線関東軍」のかかえていた苦しい内情があった。

以上、二十七話「新幹線関東軍　その二」より

Ⅵ　新幹線カラーの由来

ここで、東海道新幹線車両の色が決まったいきさつについて触れておこう。

昭和三十七年の冬、試作車両のカラーリングを決めなければならない期日が迫ってきたころ、島技師長から指示が出された。

「二案用意してください。外部の専門家の参考意見も聞いて、最後は総裁に決めていただきます」

急ぎ「車設」すなわち臨時車両設計事務所で検討のうえ、二案が用意された。

一案は、赤系。アイボリー・ホワイトの下地にレッドのライン。

もう一案は、青系で、アイボリー・ホワイトにブルーのラインである。

青系案は、会議の席上で課員の一人がポケットからタバコのハイライトを取り出したのがキッカケだったという説もある。

青と白のコントラストの鮮やかなハイライトは、こ

の一年半前の昭和三十五年六月に売り出され、たったの二週間で四億本という記録的な大ヒット商品になった。パッケージデザインは和田誠。

当初から、赤系支持者のほうが多かった。日本を代表する、世界でいちばん速い超特急列車なのだから、やはり国旗の色をあしらうのが基本ではないか……というのである。「ビジネス特急こだま」のカラーリングも赤系案すなわち日の丸カラーであった。

ところが、絵に描いてみると、青系案のほうが評判がいい。

いかにも夢の超特急らしいスピード感がある。島技師長も、車両設備責任者の星晃も、「青系がいいんじゃないか」という意見で一致していた。

このとき、二案を絵に描いたのは黒岩保美という設計課員である。

黒岩保美は少年時代から汽車と絵が大好きで、長じてから趣味の汽車絵にさらに磨きがかかり、国鉄の駅や機関区や操車場に頻繁に姿をあらわすので、職員に顔と名前をおぼえられた。やがて、その画才と情熱っぷりが国鉄技術陣まで聞こえて、いっそ国鉄で絵を描かないか……と口説かれて、このころ、設計課のデザイン案を一手に引き受けていた。のち、鉄道画家。

筆者は黒岩家で当時の原画を拝見させていただいたことがある。たしかに日の丸カラーのほうは、疾走感に欠ける。温かみはあるが、いかにも鈍重にみえる。

この赤系案と青系案の二案が、画家三名、工業デザイナー一名に広告代理店宣伝局長を加えた委員会に提出され、ああでもないこうでもないという議論のすえに、ここでも青系案に軍配があがった。

だが、最終的に決裁するのは、総裁である。

老総裁は、自他ともに認める「国士」である。「オレは満洲ゴロだ」と二言目には公言してはばからない。おそらく、一も二もなく日の丸カラーに決まるだろうと、車設スタッフたちも半ばあきらめていた。

このとき頑固オヤジの口説き役を命じられたのは、車両課長であった西尾源太郎である。

ある土曜日のお昼前、西尾源太郎が代々木山谷町の総裁公邸を訪ねると、玄関を入ったところで、中から総裁のものすごい怒号が響いてきた。

「馬鹿野郎！」

西尾を出迎えたのは、総裁秘書の三坂健康である。

三坂健康は、山口県の出身。苦学して東大法学部に学び、昭和二十八年に国鉄入りして、三十一年の宇部闘争のとき広島鉄道局課長をつとめた。労務畑での実績を買われて、蔵田昭の後継者として昭和三十六年夏に総裁秘書を命じられている。

三坂によれば、このときの先客は国鉄のとある外郭団体の役員で、名を西尾某といった。なにごとかで総裁の逆鱗に触れたらしい。

「西尾さん、今日のところはやめておいたほうがいいんじゃないですか。同じ西尾続きじゃ、ロクな話にならんでしょう」

それはそうかもしれないが、かといって時間の余裕もなかった。早く決めてもらわなければ試験走行に間にあわなくなる。

「じゃ、ちょっと待たせてもらうことにするよ」

総裁は、昼食後、短い昼寝をとる。起きるまで待って、応接間で面会した。

「やあ、西尾君か。ひさしぶりだな。今日はなんの用だい？」

と、ケロリとしている。

「新幹線の色を決めていただこうと思ってまいりました」

西尾源太郎は、車設の二案を簡単に説明した。

「いずれがよろしいか、総裁に決めていただきたいのです」

老総裁はしばらく黒岩の描いた絵を眺めていたが、やがて、

「キミはどっちがいいんだい？」

と、西尾の顔を見た。

「現場は、ブルー案です。スピード感もあり、いかにも夢の超特急らしいという意見でした。私もそう思います」

「じゃ、……そうしたらいいじゃないか」

あっさり、決まった。

十河信二は、遠い目をして、おもむろに続けた。

「……キミ、日本海をどう思う？」

「はっ……？」

西尾には、なんのことかわからない。

「日本海はだ……」

十河信二は大きく一呼吸してから、こう続けた。

「……アジアの地中海にならなくちゃいかんな」

「はぁ……」

西尾は、まるで要領を得なかったものの、しかしともかくも青系案に決まり、ほっと一息ついて、急ぎ足で退室した。

西尾源太郎は、その後、ずいぶんと歳月が経ってから、総裁の言ったことの意味を理解した。

十河信二は、こう言ったのである。

当時、極東アジアはいたるところに紛争の火種を抱えていた。中ソ国境では社会主義の大国同士がにらみ合い、朝鮮半島では北朝鮮と韓国が一触即発の状態で対峙している。日韓両国もいまだ国交正常化にいたらず、日中の国交は断絶したままであった。

アジアの地中海というには、ほど遠かった。

……だが、それは大戦争後の過渡期だからというにすぎない。

いずれは、交流の海になる。

ならねばならない。中国、北朝鮮、韓国、ソ連、日本。各国の人とモノが国境を越えていきかう交流の海にせにゃならん。少なくとも東海道新幹線は、そのような新しい時代にむけて走りだすんだ。だから、もう日の丸の色を誇示する超特急の時代ではないんだよ……。

海の色でいいじゃないか。

老総裁は、かつて「興亜」の夢を掲げて満州平原を突っ走り、やがて戦争の悪夢とともに歴史の薄暗がりのなかへ走り去っていった満鉄特急「あじあ号」を思い浮かべていたのかもしれない。


以上、二十七話「新幹線関東軍　その二」より

Ⅶ　鴨宮モデル線初走行

国鉄総裁は留任と決まった。

だが、社外理事三名と技師長の三期連続留任については、運輸省に保留されたままである。

十河総裁は社外理事と技師長の留任を強く斎藤運輸大臣に迫ったが、斎藤昇は首を縦に振ってくれない。

ただし、一歩だけ、譲歩した。

「特殊な立場にある技師長は除きましょう。三選を認める。だが、社外理事の三名の留任は白紙に戻していただきたい」

「そんなことはできません」

「それができないというのであれば、島技師長の留任についても認可できません」

「では、しょうがない。認可の申請を取り消させていただきたい。認可されないことがはっきりしていることを申請しても意味がありません」

結局、十河留任の決まった翌日の六月二十四日付けで、木内、久留島、山県の社外理事三名と島技師長は

任期満了のため退任……ということになった。

島秀雄技師長が辞める？

この突然のしらせは、国鉄本社ビル周辺を衝撃波のように駆けめぐった。臨時車両設計事務所や新幹線総局の人々ばかりでなく、事務畑の人々や労組の幹部たちまでが、一様に耳を疑った。

この二日後の六月二十六日には、モデル線で公式試験走行がはじまる予定であった。

鴨宮のモデル線基地にマスコミ関係者を多数招待して、盛大な式典がとり行われる。いよいよ国鉄自慢の「夢の超特急」が花道に姿をあらわして、大見得を切る……という大事な見せ場を迎えるのに、肝心の看板役者のひとりが舞台から立ち去ってしまったのである。

島秀雄は、この二十四日の朝、いつものように出勤して、

「じゃ……」

と、言い残して早々に引きあげた。

技師長室の荷物はそのままであったが、本当にこのまま退任してしまうのではないか……と関係者をどぎまぎさせた。

そして、六月二十六日。

鴨宮は、あいにくの雨模様であった。

前夜から叩きつけるような雨続きで関係者を心配させたが、午前九時に十河総裁一行が鴨宮モデル線基地に到着したころには、もうほとんど止むかと思うほどの小雨になっていた。

急造の仮ホームに、紅白の横断幕が張りめぐらされて、ピカピカに磨きあげられたB編成四両が雨粒をはじかせてスタンバイしている。

……きれいですなあ。

この日、鴨宮に集まった取材陣の多くが口をそろえた。

「やっとできたね」

十河総裁はいかにもうれしそうに顔をほころばせながら、ゴツゴツした砕石を踏みしめながらB編成四両のまわりを一周した。

かたわらには、島秀雄技師長と大石重成総局長。

正しくは、前技師長というべきであろう。

島秀雄は、この日、愛用のソフト帽を離さなかった。あくまでも一OBとして列席しようと心に決めていたらしい。だが、

「こっちに来て」

と十河総裁に呼ばれて、胸に「技師長」のリボンを

左から十河信二、島秀雄、大石重成。昭和37年6月26日、鴨宮モデル線にて。
撮影は房木芳雄（『週刊サンケイ』昭和37年7月16日号、十河家蔵より）。

つけられてしまう。

一行の案内役をつとめたのは、モデル線区区長の田中隆造である。

この新幹線三羽ガラスと田中区長がB編成のまわりを歩いているショットを「週刊サンケイ」のグラビアページがおさえている。

空はどんより曇っていて、いまにも泣きだしそうに見える。B編成の車両は、いかにも新しい。

先頭を歩く十河信二は、蝶ネクタイ姿。胸ポケットに白いハンカチーフがのぞき、背中をやや丸めて、目を細め、くちびるを軽くかみしめている。袖口からのぞくその手は、いかにもぶ厚くて、大きい。

そのうしろに、二、三歩遅れて、二人の大柄な紳士がしたがう。

ソフト帽の島秀雄はやや体をかしげながら、どこか心配そうな、落ち着かない表情でカメラのほうを見ている。

大石重成は、堂々たる風情で腕をうしろ手に組み、前を行く十河信二の足元あたりを見つめながら、隣の島秀雄に何ごとかを話かけている。

田中区長は、いかにも神妙な顔つきで、「三羽ガラス」からつかず離れずの絶妙な位置をキープしている。

四人は、何を思い、何を考えているのだろう……。

ことに、「三羽ガラス」は、このあとに彼らを待ち受けている波乱万丈のドラマを、どれだけ思い描くことができていたのだろうか……。

＊＊

運輸大臣の斎藤昇は、気をもんでいた。技師長空席のまま公式試運転開始式が行われたことについては、国鉄の関係者ばかりではなく、政府筋や国会議員たちの間でも、評判がよくなかった。

島技師長は別格扱いでいいじゃないか……。

それが大方の意見である。

ところが、その二日後の二十八日になって、国鉄側の態度ががらりと変わった。社外理事三名の改選をとりあえず見送り、島技師長の再々任についてのみ認可を申請した。

これを受けて、運輸省ではただちに技師長の認可を決定し、社外理事三名については参院選のあとに、あらためて斎藤運輸大臣と十河総裁の間で協議することとした。

参議院選挙の投票日は、七月一日である。

池田内閣は、予想どおり、圧勝した。「所得倍増計画」は、国民的支持を獲得したのである。

同日、国鉄本社で夏の人事異動が発表されている。

島秀雄技師長は、再々任。

常務理事の兼松學と関四郎が、国鉄を去った。十河組の出世頭と見られていた兼松學も、老総裁の信頼あつかった関四郎も、一期三年の任期を終えて常務理事を勇退した。

三河島事件で総裁自身が政府に進退伺いを出すところまで追い詰められていたときだけに、各部署でポスト十河時代をにらんだ人事移動となった。

このときから、国鉄はくずれはじめたのだ。

十河シンパの人々の間では、そのように語り継がれている。人事は、経営の要諦である。国鉄は、季節がめぐって木の葉が落ちるように、日に日に冬枯れた大官僚組織にもどりはじめたのである、と。

以上、二十九話「鴨宮モデル線試走」より

Ⅷ　資金不足露呈

五月十日。

この日は、国鉄関係者にとって、とても長い一日になった。

午前中の衆議院運輸委員会には、大石重成が出席している。

「八〇〇〇億円」の〝確信犯〟と目される大石重成新幹線総局長に対しては、まず、なぜ正しい工事費の集計がむずかしいのかという点に質疑が集中した。

大石総局長は、細かい事例を引きながら、長々と答弁している。

……たとえば、斜めに橋を架ければすむところを、自治体の要望で直角でなければ困るといわれることもあります。

……橋梁の基礎工事の場合、当初十メートルの基礎盤ですむと考えていたものが、二十メートルになるような設計変更は、じつはたくさんございます。

……トンネルや軌道などの工事の精度、「見込みの安全度」というものも、各工事局長の考えによってちがってくることが少なくはございません。

大石総局長の答弁には、いつもの江戸っ子風の気風のよさが影をひそめていた。その自慢の偉丈夫を小さくすくめてうつむいている。

この日、質問に立っていたのは、久保三郎という社会党委員である。

久保三郎は、国労出身。元水戸駅助役で、父も国鉄職員という国鉄一家であった。その弁舌はほれぼれするほど鮮やかで、のちに「久保天皇」というアダ名がつくほど国会で大活躍する。

だが、そのディベート達者の久保三郎も、いつもの鋭さをやや欠いていた。途中、久保は、さすがに気の毒に思ったのか、

「どうも声が小さくて、大事なところが聞こえません。もう少し、声だけは、元気を出して……」

と、大石を気づかっている。

久保は、この巨額の資金不足について総裁や副総裁、あるいは国鉄理事会にどう説明していたのかと総局長に問いただした。

「……たしかな記憶がございませんが、正式な文書としては出していなかったと思います。……けれ

第四十三回国会
衆議院　運輸委員会議録第二十二号

昭和三十八年五月十日（金曜日）
午前十時二十二分開議

出席委員
委員長　木村　俊夫君
理事　佐々木義武君　理事　鈴木　仙八君
理事　高橋清一郎君　理事　細田　吉藏君
理事　山田　彌一君　理事　井手　以誠君
理事　久保　三郎君　理事　肥田　次郎君
有田　喜一君　有馬　英治君
伊藤　郷一君　尾関　義一君
砂原　格君　關谷　勝利君
中馬　辰猪君　福家　俊一君
増田甲子七君　井岡　大治君
加藤　勘十君　勝澤　芳雄君
田中織之進君　矢尾喜三郎君
内海　清君

出席政府委員
運輸事務官（大臣官房長）　廣瀬　眞一君

委員外の出席者
運輸事務官（鉄道監督局国有鉄道部長）　向井　重郷君
日本国有鉄道副総裁　吾孫子　豊君
日本国有鉄道常務理事　大石　重成君
日本国有鉄道常務理事　山田　明吉君
日本国有鉄道参与（新幹線総局総務局長）　中畑　三郎君
専門員　小西　眞一君

本日の会議に付した案件
日本国有鉄道の経営に関する件（東海道新幹線の予算に関する問題）

○木村委員長　これより会議を開きます。

日本国有鉄道の経営に関する件について調査を行ないます。

質疑の通告がありますので、これを許します。久保三郎君。

○久保委員　昨日に引き続いて東海道新幹線の資金計画の問題でありますが、きょうは担当である大石常務がおいででありますから、主として大石常務からお伺いするわけです。

まず第一に、きのうからお話し申し上げていることは、新年度予算がすべりだして間もない今日、昨日の副総裁の御答弁によりますれば、約八百億前後の工事資金不足ということであるようであります。これは単なる、いわゆる全体計画が八百億前後足りないということであります。さらにもう一つは、今年度予算はすでに残りはきわめて少ない。言うならば、ことしの予算を組んだものは、大半が過去におけるところの債務負担行為の決済に充てられる、こういう二つの問題であります。それからかかる問題は何がゆえにできてきたのか。これはきのうの副総裁の御答弁では、三十八年度予算審議の際、新幹線全体計画の修正にからんであげられた理由だけであります。すなわち設計協議、設計変更、用地の値上がり、労賃の値上がり、こういうものをあげられているわけであります。常識からいきましても千九百七十二億から二千九百二十六億に全体計画を変更するときに、少なくともそういう要素は全体として取り入れられて、そして今年度の予算を要求されたとわれわれは了解し、また国会の中での答弁でも、運輸大臣あるいは国鉄当局の答弁は、これによって東海道新幹線は来年秋に開業だ、こういうことを言明しているわけです。

でありますから、ここでまず第一に大石常務にお尋ねしたいのは、何がゆえに八百億前後の予算不足というか、資金不足が今日わかったのか、これはどういう積算というか、どういう計算で全体計画の二千九百二十六億にしたのか、そういういきさつについて御説明いただきたい。なお御承知の通り、きのうの答弁でも新幹線については、終始すべてがあなたの責任になっているように御答弁がありました。もちろんそのほかには総裁があるでしょう。あるいは島技師長があるかもしれませんが、当面の中心的責任者は大石常務だというのであります。この点もふしぎでありますが、そういう事実でありますから、あなたに御答弁をいただきたい、こういうように思います。

○大石説明員　最初に、予算がふえてまいりましてたいへん御迷惑をおかけしておりますことを深くおわびを申し上げます。

ただいまお話のございました二千九百二十六億というときの予算はどういうことで組んだか、また、どういう精度であったかというような点について御説明申し上げたいと存じますが、この予算を組みますときには、われわれといたしましても、これでやっていくという決心をしたのであります。そういたしまして、実はこれは昨年の春ころの概算を出しまして、関係方面にいろいろお話をいたしまして予算をつくり上げたのでありますが、その後、設計協議その他の問題につきまして問題が具体化してくる点が多くなった。昨年の春、二千九百二十六億円の予算を算出いたしましたときには、総体といたしまして工事費の約四〇%ないし四五%が、いわゆる確定をしておったと申しますか、契約のめどがついておりまして、残りの六〇ないし六五%はまだ今後の問題に残されておったのであります。そういうようなときに、あとの残りも含めましてこれは想定をいたしまして予算を組んだのであります。そういたしまして、私たちはこれにつきまして上司にも御説明申し上げ、関係方面にも御説明を申し上げましてやっていくという決心をしたのであります。その後、設計協議をいたしましたり、また工事が進んでまいりますと、いろいろな地質上の問題、また各種の建造物の設計をしてまいりますと、これも地質関係また設計協議の問題も含めまして数量がふえてくる傾向にあるというようなことが感じられましたので、現地で仕事をやっております工事局長を――多分私の記憶によると昨年の十月ごろだろうと思っておりますが、十月ごろ急遽参集をいたしまして、二千九百二十六億円の金でどうしてもこれはやらなければならないわれわれとしては至上命令を持っておるのだから、どうだという話し合いをしたのであります。そのときの結論といたしましては、どうも少し苦しいようだけれども、何とかしてこれで私たちとしてはたたき上げていこう、最悪の場合には、開業当初は、車の長さも十二両編成ということを将来の姿として考えておるけれども、これも六両ということにいたしまして、設備を少しちぎるといってはおかしいのでありますが、先にできるものは先に延ばしても、この中でやっていこうということで、当時真剣に議論をいたしまして、六両でやるのだ、極端なことをいったら、上屋みたいなものは車の長さの半分くらいでも、とにかくごかんべんをいただいて、その中でやっていくようにしていこう。そのためには各専門部門がございますが、その各専門部門ごとに予算を分割いたしまして、そしてそのおのおの専門部門のワクを自分で持って、たとえば用地関係は幾ら、これは対外的な問題がございますので、相当むずかしい問題ではありますけれども、路盤関係はどのくらい、軌道関係ではどういうワクでいく、電気関係にはどういうワク、こういうような小さくワクを分けまして、そのワクの中に今後の計画をはめ込んで、そこで仕事をやっていこうということで、実はそのときに一時新たな工事を――これは総局の中だけでございましたけれども、一時工事をとめまして、現地の主任技師まで入れまして、厳重にそのワクをつけたのであります。そ

昭和38年5月10日に開かれた「第43回国会 衆議院運輸委員会」議録（部分）。

ど、開業時には六両編成にするとか、ちょっと非常識なかっこうにしなければ、二九二六億円の予算ではいきそうにないという話は申しあげた。国鉄内部におきましても、そういう声は方々で言うようになったのであります……」

大石総局長は、さらに新幹線総局経理のズサンさについてあれこれと具体的に追及された。

おっしゃるとおりかもしれないがじつはああいうこともあるしこういうこともあった……と、細かいディテールをあげながらのらりくらりと身をかわしていたが、このことだけは言っておかなければならないと気づいた様子で、声を励ましてこのように述べている。

「……私の力不足でこのようなことになりましたことは、まことに申しわけないことでございます。しかし、私以外の者、現場で工事に携る総局の者たちは、どんぶり勘定などしていません。各幹線工事局長以下、非常に熱心に、夜も眠らずに、少しでもいいものを、少しでも安く、期限内につくろうと非常な努力を続けております。そのことだけは、お認めいただきたい。かように存じます」

「それは認めます」

と、久保。

さらに久保三郎は、総局長個人の力不足などという問題ではなくて、新幹線総局というシステムに原因があるのではないかと続けて、大石重成もこれを認めた。

さらに久保は、島秀雄技師長の責任についてたずねている。

技師長と新幹線総局長、さらに国鉄総裁は職制上どのような関係になるのか……という問いに、大石は次のように答えている。

「島技師長には、この問題について業務執行上の責任はいっさいございません。ご承知のように、技師長はあくまでも、技術の進歩という観点から国鉄総裁にアドバイスする立場でございます」

新幹線総局は、十河信二、島秀雄、大石重成の三羽ガラスによって運営されている……と、だれもが思っていたし、事実、そのとおりであった。

であれば、当然ながら、島技師長にも「八〇〇億円」の責任があるのではないか。

あのどこまでも冷静沈着な合理主義者の島技師長が「八〇〇億円」もの資金不足を見逃すはずはないのだから、やはり、すべては承知のうえのことだったのであろう……。

そのように久保も確信していたはずだが、それ以上は追及しなかった。

この日、久保三郎は「新幹線関東軍」のズサン経理についてさらに細部に突っ込んで質疑を続け、最後に、東海道新幹線の予算執行と債務負担行為の状況、工事の項目別決算などの資料提出を求めて、この日の質疑を終えた。

総局長個人の責任問題についてはひとことも言及していない。

久保三郎は、国鉄の内情を知りつくしている。大石総局長の悪戦苦闘ぶりもよく理解していた。

それがために、また元国鉄マンとして東海道新幹線を完成させてほしいと願うがゆえに……、その自慢の舌鋒もつい湿りがちであったように思われる。

この日の衆議院運輸委員会は、午前十時二十二分から零時五分まで開催されている。答弁に立ったのは、ほとんど新幹線総局長一人だけであった。大石重成は、かろうじて、耐えきった。

以上、三十二話「八〇〇億円」より

Ⅸ　技師長辞任

石田禮助は、国府津仲間である。

このとき七十七歳。

「古機関車」と揶揄された十河信二の総裁就任時にくらべて、さらに六年もオンボロだった。

十河信二は、総裁就任早々に、この元三井物産社長を拝み倒して国鉄監査委員会委員長に据えている。国鉄の業務全般にわたるお目付役である。

二期六年にわたって石田は監査委員長の大役をつとめ、参宮線事故のときも、三河島事件のときも、総裁の引責辞任の必要なし……という特別監査報告書を提出して十河留任を強く支持している。二期満了して退任したあとも国鉄諮問委員会の席におさまって、十河体制を背後から支えていた。

石田禮助は十河組の応援団長……とみなされていたのである。

「財界のベテランで、勇気もリンリン。ボクが力およばず、なしえなかったものを、立派に完成してもらえると信じる」

さよなら記者会見の場で、十河信二は石田禮助にエールを送った。

同じく国府津仲間の歌人・川田順は、退任を決意した十河信二に、こう書き送っている。

「……後任に最適の石田氏を得られて御安堵と拝察。

くろがねの道の一すじ貫きし
君がいのちは行く末までも
当今、もっとも人気のあるものは東海道快速列車であります。八百億の予算超過など、何かあらん」

石田禮助が後継総裁であれば、十河信二の推し進めた国鉄改革路線も引き継がれるであろう。予算超過についてもなんとか解決されて、東海道新幹線は東京オリンピックまでに完成のメドがつけられる。前総裁の名誉も守られるにちがいない……という期待を十河組の人々に抱かせたのである。

石田禮助をかつぎ出したのは池田首相周辺とされるが、その意味では、憤懣やるかたのない十河組の人々をなだめる意味では絶妙の人選であったといえる。

しかし、十河信二から石田禮助へのバトンタッチは、一見スムースのようでいて、むしろ断絶が目立つことになってしまう。

まず、人事である。

技師長の島秀雄を残すこと。

そのことこそ、十河前総裁はもちろん、十河－石田ラインのよき継続を願う人々のゆずれない条件であった。大磯の吉田茂も、島技師長留任を池田勇人や佐藤栄作に強く働きかけたと伝えられる。

夢の超特急づくりは、いよいよラストスパートを迎える。

時速二〇〇キロの超特急は、まだ世界のどこにも走っていない。政治家たちの思惑はどうあれ、資金不足の後始末はどうあれ、ムカデ式超特急という世界初の鉄道システムを完成させることこそ、島秀雄技師長に託された最大の使命であった。

だが、五月十一日、十河再々任ならずの一報に接するや、島秀雄はただちに十河総裁宛ての辞表をしたためて、その日のうちに総裁室に提出した。これを、秘書があわてて代々木山谷町の公邸に届けた。

十河信二は、受けとらなかった。

石田禮助が就任した五月二十日に、島秀雄は新総裁宛てに辞表を再提出している。

この日の午前中に石田禮助は首相官邸で辞令を受け取り、綾部運輸大臣をたずねて総裁就任の挨拶をすませ、国鉄総裁室に入ってホッとひと息ついていると、幹部三名が次々に辞表を持ってあらわれた。

まず、副総裁の吾孫子豊。

続いて、技師長の島秀雄。

そして、常務理事兼新幹線総局長の大石重成。

石田新総裁は、あっさり吾孫子豊の辞表を受け取った。大石重成の辞表も受理したが、島秀雄の辞表だけは受け取ろうとしなかった。あらためて慰留するつもりだったらしい。

だが、すでに技師長室は空っぽであった。

島秀雄ははやばやと私物を片づけて、出勤することすら拒んでいたのである。


石田新総裁は、副総裁に磯崎叡を迎えた。就任翌日の五月二十一日には、はやくも「内定」と発表されている。

磯崎叡は、反十河グループのリーダー格と見なされていたから、十河シンパの人々は、驚いた。

五月三十一日、人事異動発表。

当然のことながら、磯崎副総裁を中心とする新しい幹部たちは、前総裁の息のかかった人材を本社中枢部から一掃した。戦中派の人々に「八個師団全部が動く人事」と形容されるほどの大異動となった。

島秀雄の後任には、藤井松太郎が返り咲いている。

八年前に、広軌新幹線計画を「老人の夢物語だ」と鼻で笑い、十河総裁に「替わってくれ」と言いわたされ、「望むところです」と応じて、技師長の椅子を去ったあの男である。

その後、藤井松太郎は、建設担当の常務理事を三年間つとめあげ、民間に転じて交通技術のコンサルティング会社に社長としておさまった。

国鉄常務理事時代は一貫して東海道新幹線計画の無理無謀を説き、しかしいよいよ工事がはじまると、外部からけんめいに尽力した。大石重成総局長を助けて、低予算で建設可能な駅舎の設計に苦心惨憺した。東京－新大阪間のほとんどの新幹線駅は、藤井松太郎率いるコンサルティング会社が設計を担当している。

島秀雄に逃げられた石田禮助新総裁は、「ぜひとも……」と頭を下げて、渋る藤井松太郎を口説き落とした。

技師長に復帰するにあたって、藤井松太郎は引退した十河信二を千駄ヶ谷のアパートに訪ねている。

「新幹線計画に反対意見を唱え、まことに申しわけありませんでした」

藤井は深く一礼して、みずからの不明を詫びた。

「……自説を主張するのは、男として当然だ」

と、十河信二。さらに、

「詫びるにはおよばない。君が外から力をつくしてくれたことはよく承知している。今度こそ君の出番だ。新幹線を頼んだぞ」

そう言って、激励した。

島秀雄の後任者として、藤井松太郎はこれ以上望めないほどの適任者であったといえる。

車両の開発については、ほぼ見通しがついていた。国鉄の車両技術陣は前技師長に絶大なる信頼を寄せている。島秀雄は、退任後も、事実上の技師長として世界一の超特急車両づくりをリードし続けてくれるであろう。

残る最大の難関は、オリンピックの開幕に間にあうように新幹線工事を完成させることである。

大石重成の去ったあとであったからなおのこと、土木を熟知する藤井技師長の存在は、現場で最後の奮闘を続ける人々にとって、なによりも心強かったはずである。

＊＊

石田新総裁は、十河信二のことを高く評価していた。男としても、国鉄総裁としても。

だが、東海道新幹線のほうは、どうにも好きになれなかったらしい。

総裁就任早々、前総裁との引き継ぎの席で、何ごとにもズケズケものを言う主義の石田禮助は、苦笑しながらこう嘆いてみせた。

「貴君の残していく道楽息子に、今後どんなに悩まされることか」

ビジネスエリートの石田にしてみれば、道楽息子というほかなかったかもしれない。なにしろ資金計画は無茶苦茶で、ズサンそのものといってよく、調達の見通しのまるでたたない工事費が「八〇〇億円」以上も残っている。東京オリンピックまでに完成せよという至上命令のもとに「新幹線関東軍」が突貫工事を進めているが、安全性についても収益性についても、なんら保証はなかった。

石田総裁に引き継がれてから、国鉄本社ビルの周辺では、

「道楽息子シンカンセン」

あるいは、

「ダダッコ新幹線」

などという言葉がさかんに使われるようになる。

＊＊

八月二十四日、東京－新大阪間五時間の特急ダイヤによる試運転成功。

この日、前総裁の十河信二と前技師長の島秀雄が招待されて、石田禮助総裁とボックス席におさまった。

同乗の記者たちは、入れかわり立ちかわり、石田総裁にコメントを求める。十河前総裁には、ホンの挨拶程度しか言葉をかけない。それでも十河信二は、まるで遠足に出た小学生のような笑顔を記者たちにふりまいた。

しかし、その隣に座った島秀雄は、いかにも落ちつきがないようにみえた。

「やはり、ご心配なものですか」

取材陣にそう聞かれて、

「べつに心配はしていません」

と、即答した。しかし、いかにも心にわだかまりが残る……という表情で、こう続けている。

「技術的にはなんの心配もありませんが、……感情的には複雑なものがあります」

この四時間連続走行運転は、前技師長の言葉どおり、とどこおりなく終了した。

以上、三十三話「石田禮助新総裁」より

X 「ある決意」

東海道新幹線は、大成功する。

開業当初は、まだレールを支える路盤も不安定で、運行ダイヤも落ち着かなかった。だが、ほどなく磐石の運行体制が確立されて、世界に類例を見ないほどのドル箱路線になり、日本の高度経済成長を支える大動脈となった。

そうなると、道楽息子だのダダッコだのと新幹線をあしざまに言う声は、ピタリとやんだ。新幹線が快走を重ねるほどに、前総裁への評価が国鉄の内外で少しずつ高まったのである。

しかし、当の本人は、

「新幹線はオレがつくったのだ」

とは、言わなかった。新聞記者に問われれば、

「あれは国鉄の長年の悲願だったのさ。後藤新平さんや仙石貢さんを筆頭に、歴代鉄道大臣の夢をワシが引き継いだにすぎん。最後が石田君だよ」

と、答えた。しかし十河総裁の八年間のご奮闘がな

ければとても完成はおぼつかなかったわけで……などとしつこく聞かれれば、うれしそうに笑いながら、こう続けた。

「あれはね、島君がつくったんだよ。あんなハイカラな超特急ができるとは、ワシは夢にも思わなかったね」

その島秀雄も、「私がつくりました」とはひとことも言わなかった。島は技師長である。だれがつくったのかと問われれば、技術という観点からだれがどのように研究し、開発し、製作に携わったのかを答えなければならない。

「各専門分野の技術者たちが、それぞれの力を存分に発揮してくれました。わたしは単にまとめ役を果たしたにすぎません」

だが、東海道新幹線建設の最大の功労者をあげよ、と言われれば、むろん島秀雄にとって答えは明々白々であった。

島秀雄は、東海道新幹線開通の直後に、運輸関係の専門誌に次のような一文を寄せている。

「新幹線はちょうど五年半の歳月をかけて完成した。過去の構想であった弾丸列車は完成までに十五か年の工期が予定されていた。しかも、当時のものとは技術的に問題にならないほど水準の高いものである。この短時日でこれができたということは、戦後における技術の進歩によることはもちろんであるが、それにもまして人間というものは、ある決意のもとに事をすすめていけば大体何事でもやれるものだという教訓を、この鉄道からわれわれは教えられたような気がする」

この「ある決意」とは、磯崎叡が書いたように、まさしく「四面楚歌」としか言いようのない悪条件下で、七転八倒しながらも、けっして揺らぐことのなかった十河信二の「虚仮の一念」であることはいうまでもない。

以上、「エピローグ」より

第Ⅲ部

『島秀雄の世界旅行』より

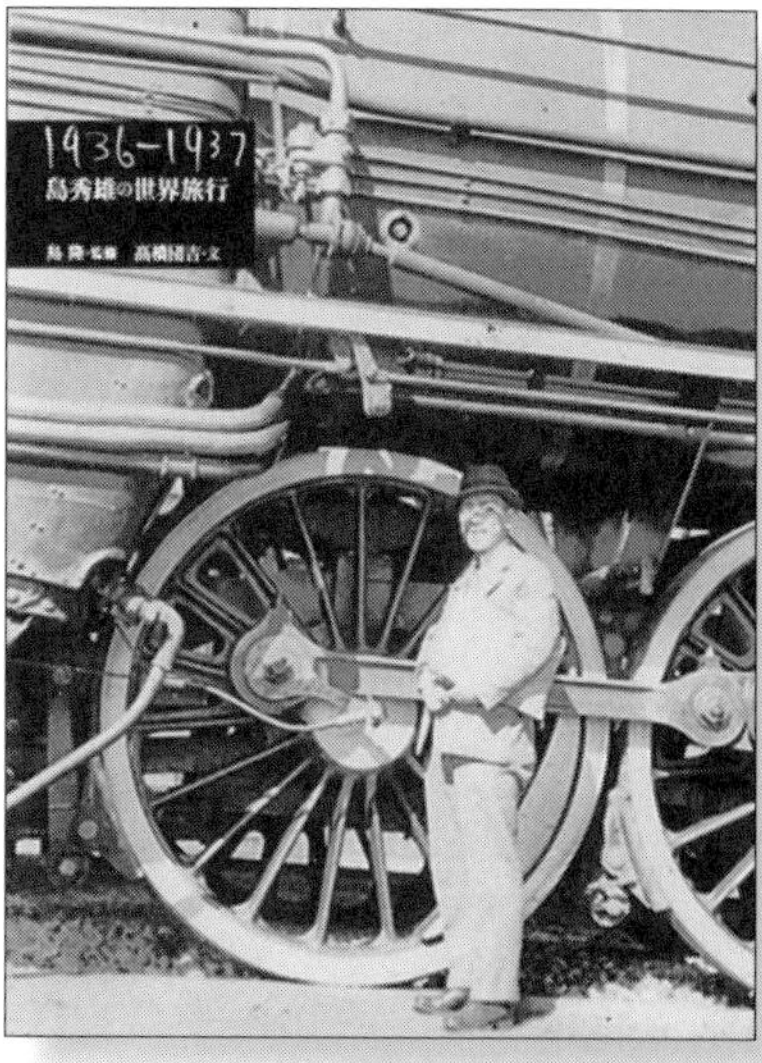

『島秀雄世界旅行　１９３６－１９３７』より、本文とコラムを抜粋しました。第Ⅰ部の第2章「弾丸列車」、第3章「外遊で学んだ世界の鉄道」とテーマ・題材が重複していますが、より詳細に書かれています。

プロローグ

はじめてそのアルバムを見たのは、１９９９年の春先であった。

「こんなものが残っているんです」

と、ご子息の島隆さんが、箱入りのアルバムを丁寧に紙袋に包んで持参された。

当時、私は島秀雄を主人公にした雑誌連載の取材を進めている最中で、島秀雄に関するものであれば何でも見たかった。島秀雄は、１９９８年の早春に96歳で世を去っていた。

アルバムは、全部で7冊。表紙の片隅に「銀座伊東屋」の名が入っている。写真を見たときの驚きは、いまも忘れられない。

まず、その膨大な数に圧倒された。写真は35ミリフィルムのベタ焼きらしく、上下左右の縁が波型の鋏で切り落とされてある。B5版のアルバム1ページに、およそ10枚ずつぐらい。旅程にしたがって順序よく丁寧に貼り込まれ、自筆のキャプションが添えられていた。

その数、ざっと２３００枚。

すでに、一様に、色あせてはいる。ひどく褪色が進んでいて、全体が白っちゃけてしまったページも少なくなかった。しかし、なんとも芳しかった。

歴史の香りである。

＊＊

島秀雄は鉄道省の在外研究員として、１９３６年４月２日に横浜港から旅立ち、1年9か月におよぶ海外視察旅行に出ている。

当時は、豪華客船時代の最終期であった。

島たち鉄道省官吏の視察団一行は、横浜港、神戸港から日本郵船の「筥崎丸《はこざき》」に乗り、中国、東南アジア、セイロンなどアジア大陸の南辺を縫うように辿り、スエズ運河からポートサイドを経てマルセイユに上陸した。さらにドイツのベルリンを拠点にして1年近くヨーロッパ各地の鉄道を視察してから、ドイツ－アフリカラインの「ウィントフック号」に乗って南アフリカ連邦を訪れ、さらに大阪商船の「さんとす丸」でブラジルのリオデジャネイロに上陸し、南米各地を経めぐって、日本郵船「平洋丸」でアメリカのロサンゼルスに入港する。さらにアメリカ合衆国を鉄道と自動車で横断しながら、サンフランシスコから日本郵船の豪華客船「秩父丸」に揺られて、１９３７年の12月17日に横浜港に帰った。

文字通り、世界一周である。

この頃、世界は激動している。島秀雄が地球をぐるりと一周している間に、20世紀の歴史は大きく転回した。

ヨーロッパでは、第二次大戦勃発が目前に迫っていた。アルバムのベルリン滞在中の写真にはナチス・ドイツのハーケンクロイツの旗があちこちに翻っているし、ヒトラーやゲッベルスの姿もある。イタリアではムッソリーニ政権が次第に台頭しつつある様子がうかがわれ、カナリア諸島ではスペイン・フランコ軍の兵士たちの銃剣が写し出されている。

一方、アジア情勢も次第に緊迫の度を高めていた。ちょうど、島秀雄たちが南米アルゼンチンを旅しているとき、中国の北京郊外で盧溝橋事件が勃発し、日中全面戦争の火蓋が切られる。

世界は、人類史上最大の戦争の予感にうち震えていたといっていい。

同時に、この第一次、第二次両大戦の戦間期は、工業の黄金期でもあった。

鉄道、船舶、飛行機、自動車、大運河、アウトバーン、ハイウェイ、摩天楼……。

プジョー、ブガッティ、ミシュラン、ベンツ、ポルシェ、ボルジッヒ、クルップ、ヘンシェル、ダグラス、フォード、GE、ウェスティングハウス……等々。

各国の重厚長大産業の名門が腕に縒りをかけ、互いに鎬《しのぎ》を削りながら、より大きく、より長く、より速く、より強く、より高く、より美しく、より合理的なプロダクトづくりに没頭していた時代である。

鉄道は、流線形の絶頂時代を迎えている。

この島のアルバムには、史上特筆すべき名列車、名車両が随所に登場する。フランスの「ブガッティ・プレジデンシャル」、アメリカの「スーパー・チーフ」「シティ・オブ・ロサンゼルス」「デイライト・エクスプレス」「GG1」「PCC」……などなど、鉄道好きであれば垂涎の名列車、名機関車が現役の姿で続々と登場する。

＊＊

当時、どれほどの人が世界一周旅行を経験していたのか。

よくわからない。豪華客船時代の最終期であったから、富と時間に恵まれた少なからぬ人々が、あるいは世界一周旅行を経験したのではないかと想像される。

だが、当時、写真機はまだ高級品であった。

さすがに「ライカ1台、家1軒」……などといわれた時代は過ぎてはいるが、それでも、いまでいえば上等の軽自動車を買うほどに値が張った。撮影にも現像にも、それなりの技術と知識が必要であった。プロフェッショナルの写真家ならいざ知らず、果たしてどれほどの人が世界一周旅行の写真をこれほど大量にカメラに収め得ただろうか。おそらく、少なくとも島秀雄の場合は、当時の日本人には稀有の例であり、世界中を探し回ってみたところで、ごく少数だったのではあるまいか。

島秀雄の写真機は「ライカⅡ型モデルD」であった。1933年型。レンズはズマールの50ミリf2。ライカは、このモデルから望遠、広角などの交換レンズを使い回す「システム・カメラ」になり、島も何本か交換レンズをもっていたらしい。少なくともヨーロッパでは35ミリの広角レンズが手元にあったようだが、何かと不具合も多かったようで、ほとんど使われていない。73ミリ、90ミリの長玉（望遠レンズ）を使っていたかどうかについては、素人の私には判然としない。

ともあれ、ひとりの日本人鉄道技師が第二次大戦前夜の世界を一回りして、2300枚の写真を残した。アルバムには、激動する世界のありようとそこに生きる人々の姿が写しとられ、整理されている。

＊＊

この『島秀雄の世界旅行1936－1937』を、鉄道史という観点から位置づけるとしたら、そのもっとも大きな意義は、はっきりしている。

「SHINKANSENのルーツ」

ということに尽きる。

島秀雄は、戦後の昭和30年代の高度成長期に、国鉄技師長として東海道新幹線建設を指揮した。この世界旅行から帰ってから、ほぼ四半世紀後のことである。

東海道新幹線建設の必要性をいち早く唱え、周到かつ大胆に準備し、信念をもって実行したのは、国鉄総裁の十河信二である。新幹線をつくった功労者をあげるとすれば、いの一番に十河信二の名をあげねばならない。

だが、新幹線が現行のような新しい鉄道システムとして誕生したことには、十河総裁は直接関係していない。

「島君。技術のことは全部君にまかせる。技術以外のことは全部ボクが引き受ける」

そう言って十河がすべてを一任した技師長・島秀雄の功績である。日本の新幹線が世界の鉄道を斜陽から救ったという点からいえば、このことこそ、とても重要であったと思われる。

当初、十河総裁の脳裡に漠然とイメージされていた超特急は、たとえば、満鉄特急「あじあ」に似ていたらしい。

これを、鉄道用語では「機関車列車方式」という。「あじあ」の場合は、「パシナ号」という名の大型の蒸気機関車が先頭を力行して、後続する豪華客車群を引っ張った。もし、十河総裁の当初のイメージ通りに、機関車列車方式の東海道新幹線が完成していたら、おそらく世界の鉄道の斜陽化を止められなかった可能性のほうが、高い。

技師長・島秀雄が東海道新幹線に採用したのは、「電車列車方式」である。ごく簡単にいえば、各車両にそれぞれ小さな動力をもつ電車が連結されて走る。島秀雄が家庭で使った表現によれば、「ムカデ式」である。

なぜ、このムカデ式特急が世界の鉄道を斜陽から救ったか……という話は、後で詳しく述べたいと思うが、この鉄道史上特筆すべきアイデアを、島秀雄はこの世界旅行の途上で思いついたらしい。場所は、オランダのロッテルダム近郊である。長逗留となったヨーロッパをいよいよ去っていざ南アフリカへ向かおうという船上のデッキから、ライン川河岸を走る電車をぼんやりと眺めていたときのことだ……と島は晩年に語っている。

「川沿いを走るオランダの郊外電車を眺めていたとき、将来の東海道線を走る特急のイメージが漠然と思い浮かんだんです。まだぼんやりとしてはいたけれど、新幹線につながる最初の閃きを自分なりに遡ってみると、このオランダ・ロッテルダムに辿り着く」

島秀雄のムカデ・エクスプレスは、この最初の閃きから東海道新幹線としてデビューするまで、戦争の時代を挟んで四半世紀の歳月を要している。その間、この実直な鉄道技術者は、高速走行に耐える台車やモーターを研究し、試作し、近郊電車で試し、改良し、狭軌特急で試し……という具合に、ひとつずつ、確実にステップを刻んでゆく。さながら老練な棋士のように、盤上の駒を一手一手進めるように、技術をひとつずつ丹念に準備し続けて、ついにそれを東海道新幹線として実現させるのである。

＊＊

筆者がはじめて「1936～37年世界旅行」のアルバムを見てから、10年が経った。

この間に、島隆氏のお手伝いをして島秀雄の残した膨大な量の資料等を整理する機会があり、そのとき、この「1936～37年世界旅行」関係の資料が大量に見つかった。

乗船名簿、船内メニュー、時刻表、地図、旅行案内から書簡類や紹介状、視察資料、はたまたホテルや買いもののレシート類、覚え書き……まで、全部を数えれば千数百点は下らないであろう。それら旅行資料類の半ば色あせ、しかしよく見れば驚くほど鮮やかなディテールにしげしげと見入り、あわせて島秀雄の撮影した写真アルバムと照合しつつ眺め直していると、たとえば当時のベルリンの街角の喧騒や、暮色深き北欧ストックホルムの街をゆく路面電車の響き、南アフリカの乾いた山岳を登る特急列車、大海原を渡る船中生活の手もち無沙汰な孤独感、故国日本への郷愁……などなど、当時の彼らの息使いや道中の悲喜こもごもがありありと浮かび上がるようで、しばし時の経つのを忘れてしまう。

01　欧州航路

島秀雄を乗せた日本郵船「筥崎丸」が、神戸港を出航したのは、1936年（昭和11）4月2日のことである。

「筥崎丸」は、1万413トン。乗客定員274名で、当時としてはまずまず大型の豪華客船であった。乗船名簿によれば、このとき筥崎丸に乗船した鉄道省在外研究員の一行は、7名を数える。

池田正二、今井潔、井上禎一、小澤輝、下山定則、島秀雄、比企元。

このうち、技師は井上、比企（ともに工務局）、島（工作局）、下山（運転局）。他の面々は事務系統に属する人々である。実は、この1936年洋行組には、別の船でヨーロッパに向かった小グループが存在した。加賀山之雄、三原種雄、村松幸円、山川寛という事務系統の4名である。

この2グループのあわせて11名は、年齢でいえば、いずれも35～36歳。大正14、15年入省のいわゆるキャリア組のエリートたちで、後に日本鉄道界の屋台骨となった男たちが綺羅星のごとく並んでいる。

たとえば、この11名の中から、戦後に国鉄総裁の椅子に座る男が2人も出ている。

下山定則。

加賀山之雄。

下山定則は、いわゆる「下山総裁怪死事件」の悲劇的主人公として、今日でもその名を広く知られている。

下山は総裁就任2週間後の昭和24年7月6日に、常磐線荒川鉄橋付近で轢死体となって発見される。このとき副総裁だった加賀山之雄は、いわば火中の栗を拾うかっこうで総裁職を引き継ぐのだが、その加賀山も翌々年の桜木町事故（昭和26年4月24日）で引責辞任に追い込まれる。この桜木町事故の後処理の際に、当時工作局長の職にあった島秀雄も、半ば引責辞任に近いかたちで国鉄を去ることになるのだが……。

そのことはともかくとして、将来を約束された鉄道省の少壮官吏たちが、家族親族や関係者一同の繰り出す五色のテープに送られて、出港した。

ちなみに、この洋行者の胸をしめつけるセンチメンタルな五色のテープは、正しくは〝フェアウェルバンド〟というが、当時でもすでに欧米ではすたれていたらしい。

4名が別グループで旅立つことになったことには、事情がある。

加賀山は、大の豪華船好きであった。「せっかくの洋行だから、船は全部豪華船で行こう……」と、心に誓ったらしい。

だが、当初乗船予定の筥崎丸は、加賀山の基準では豪華客船ではなかった。当時、日本郵船の欧州航路は、計10船を使って2週に1便のペースで運航されている。加賀山が狙いをつけたのは、次便すなわち4月12日横浜出港の「照國丸」であった。

照國丸は、日本郵船の欧州航路では最新鋭のディーゼル船で、1930年竣工。筥崎丸はそれより8年ほど古い。大きさではさほどの違いはないが、資料を見ると、1等船客の定員数が違う。照國丸は1等船客定員121名、2等68名、3等60名。筥崎丸はそれぞれ85名、55名、134名。照國丸のほうが、1等船室、食堂、ラウンジなどあらゆる面でたしかに豪華だったらしい。

加賀山は三原らを誘って照國丸に乗船しようとしたのだが、本省から横槍が入った。

年度内（昭和10年度）に出発してくれないと困るというのである。

やむなく三原ら3名は、3月29日横浜出港の筥崎丸に島たちと一緒に乗り込み、神戸で下船して、2週間後出航の照國丸を待った。

加賀山ひとり、断固節を曲げずに、照國丸で横浜港を出発した。

＊＊

省内のエリート官吏を遊学させよ。

西洋の先進性を日本に持ち帰れ。

このことは、日本の中央官庁に長く受け継がれてきた、明治以来のよき伝統である。鉄道省でも、ほぼ毎年のように10人程度の在外研究員をドイツ、イギリス、アメリカなどの鉄道先進国に送り出している。

明治の頃は視察滞在費にも恵まれず、現地で相当の貧乏生活を強いられることもあったようだが、この1936年組の頃になると、よほど恵まれていたらしい。

加賀山之雄は、

「金は我々の身分としては不相応にある」

と書いている。

加賀山は情宜に篤い親分肌の男で、よく遊び、金の使いっぷりもよく、些事にこだわらぬ太っ腹として省内で有名であったらしいが、その加賀山がパリやベルリンで豪遊しても使いきれないほど、一行の道中の財布は潤沢に膨れあがっていたものと思われる。

もし、この1936年組の一行にも、明治時代のように金と時間を節約しろという命令が下っていたとしたら、一行は横浜や神戸から出航せずに、下関から関釜連絡船に乗り、朝鮮鉄道、満鉄を乗り継いで、シベリア鉄道経由で入欧したはずである。そのほうがはるかに安く、しかも速い。

ちなみに、この年の夏に、ナチス政権下のドイツでベルリン・オリンピックが開催されるのだが、日本選手団および関係者の往路は、もっぱらシベリア鉄道経由であった。しかも、視察という点からいっても、大陸横断ルートのほうが、シベリア鉄道を筆頭に研究すべき素材に恵まれていたであろう。

もっとも、当時の鉄道省在外研究員たちは〝研究〟という仕事の面でも、きわめて恵まれていた。

むろん、海外視察に出る者には、あらかじめ研究テーマが与えられている。鉄道省の規定には、帰朝後に報告書を提出する義務も明記されていたらしいが、しかし実際にはその報告書はほとんど提出されず、たとえ提出されたとしても「誰も読まない」のが慣例であった。要するに、

「遊んでこい」

肩ひじ張らずに、世界を見てこい。いずれ、国と鉄道のために尽くすときがくる。そのときのための肥やしになればよい……ということであろう。このことも、明治以来のよき伝統といっていい。

「一定の規矩《きく》が設けられて、それを逸脱しないように訓練されている役人にとって、こんなに自由な期間はまたとない」

と、加賀山は書いている。

＊＊

島秀雄は、下山定則たちとともに3月29日に横浜港から乗船している。

当時は、東京駅から横浜埠頭まで専用の列車が運行されていて、家族や同僚たちも一緒に乗り込んで、にぎやかに見送った。

筥崎丸は、急がない。名古屋、大阪に寄港して、神戸には3月31日に入港した。さらに神戸に2晩停泊する。その間に、関西に郷里などのある人は、里帰りができた。

島秀雄も、名古屋で下船した。

おそらくは、父の安次郎の生家のある和歌山に立ち寄ったかと思われる。薬種問屋であった本家「島喜《しまき》」は、東京で分家した安次郎の鉄道一家に援助を惜しまなかった。当然ながら、秀雄も洋行の挨拶に出向いたであろう。

当時、洋行といえば、一大事である。

行く先々で、送別の宴が連日のように続いた。旧友や同僚、恩師、上司、部下、出入りの業者はもちろんだが、親戚縁者たちが集まって、盛大な宴を張ってくれる。2年近くも会えないわけだから、送られるほうも送るほうも、ひょっとすると今生の別れになりかねないという気分もあった。

事実、加賀山之雄の場合は、ベルリン滞在中に母逝くの知らせを受け、異国の空の下で号泣することになる。

ともあれ、島秀雄は神戸港で鉄道省の一行6名と合流し、はるか彼方のヨーロッパに向かって、あわただしく出発した。

島秀雄が船中で受け取った電報類がいまでも残っている。大半が祝電か仕事上の申し送り事項の類であるが、その中に、妻の豊子からの愛らしい来信がある。

「お忘れのカフスボタンお届けします」

カフスボタンの入った郵便小包は、ゆるゆると航海をはじめた筥崎丸を軽々と追い越して、無事、神戸港で亭主の手元に到着したらしい。

＊＊

当時、日本郵船の1等船客は、タキシード持参が義務付けられていた。欧米人船客の好む舞踏会に参加するためではない。

毎日、夕食の食卓に座るためである。

それでも、上海までは日本人客がほとんどでタキシード着用の必要もなかったが、上海出港の夜から、欧米人の姿が増えて船内の礼儀作法がとたんに洋風化した。

タキシードの下には白のシャツ、襟は立襟、ネクタイは黒の蝶形、胸と袖ボタンは黒セット……。毎晩、爪を切り、髪を整え、鏡の前で身だしなみを整えてから、ようやく夕食の席に座ることができた。

「マルセーユ（マルセイユ）近づく。礼装の比企、下山君」

マナーも細かい。

着席は椅子の左から。卓上に挿し花があれば着席と同時に左襟に挿す。給仕は酒類を右からサーブし、食べ物は左からサーブする。間違えて、隣席者のものに手を出してはならない。野菜スープの具はスプーンを使い、フォークで指すなど無礼千万……等々。不慣れな日本人は、とかくヘマをやらかして、そのつどいらぬ国際的侮辱を招いた。

ちなみに、1等船客は、毎日、食べ通しであったらしい。

朝8時の朝食。午後12時半の昼食。午後7時の夕食。この三度の食事のほかに、至れり尽くせりのサービスが供された。朝食前には、お茶かコーヒーとトーストが船室に運ばれる。午前11時と午後4時には、紅茶と冷たいスープ。夕食後の10時にはお茶とサンドイッチがルームサービスされる。

これだけ食べて、海ばかり眺めていれば、もちろん太る。その洋々たる大海原も、オレンジ色のでっかい夕陽も、たいていは3日で眺め飽きてしまうものらしい。

したがって、船中では、娯楽をかねた運動遊戯がさかんに催された。

彼らが熱中したものに、たとえばデッキゴルフがある。遊歩甲板にホールを9か所つくり、椅子やデッキで障害物を設け、ハンディをつけて回る。

そのほか、「ドローイングレース」という男女が組になって行う伝言ゲームめいた遊びや、「シガレット・ライティング・レース」といってペアの婦人のもとに走って煙草に火を点けてもらう競技……などが盛んに船上で行われていたと、当時のものの本などには書かれている。

神戸を出港してからの寄港地は、門司、上海、基隆、香港、シンガポール、ペナン、コロンボ、アデン、スエズ、ポートサイドの10港であった。マルセイユ入港予定は、5月8日。前年秋にエチオピア戦争が勃発し、イタリア軍がエチオピアに侵攻したために、ナポリには寄港していない。

アルバムを見る限り、この約40日の船旅は、まことに悠々としたものであったように思われる。それぞれの寄港地で半日ないし1~2泊しながら、一行は、周辺の古寺旧跡や観光名所などを経めぐり、あるいはラクダの背に揺られてピラミッド見物に興じつつ、のんびりと長い船旅の鬱気を散じている。

＊＊

旅は、まだ緒についたばかりである。

これからはじまる長い視察旅行の途上で、島秀雄のライカは、どんな獲物を狙うのであろうか。どのような鉄道車両に焦点をあわせるのだろうか……。

この筥崎丸による船旅は、マルセイユ上陸までおおむね穏やかな天候に恵まれたらしい。島愛用のズマール50ミリも、どこかしらまだ眠たげな様子にみえる。

右下に「Are you ready? one, two, three! Thank you」……写真を撮る際の掛け声だろうか。

02　欧州１９３６

下山や島らの一行7名は、マルセイユからフランスのＰＬＭ鉄道に乗って北上し、リヨン経由でパリに入った。当初の予定では、マルセイユからベルリンまで直行するはずであった。汽車でせいぜい2、3日の旅程である。欧州視察の拠点ベルリンに直行せよ……というのが本省の指令だったらしい。ベルリンの鉄道省伯林事務所は、ロンドンとともにヨーロッパ枢要の出先機関であった。

ところが、一行は、1週間かけて悠々とベルリン入りする。

「やっぱりパリを観てみようぜ」

と、誰かがいいだして、パリ見物となった。島秀雄はさっそくパリ在住の山口利彦という知人夫妻に連絡をつけて、案内を頼んでいる。

ルーブル、フォンテーヌブロー宮殿、エッフェル塔……などの観光名所をぐるりと回って、おそらくパリに数泊。この間に、鉄道関係の視察もちゃんとすませている。

ＰＬＭとＥＴＡＴ両鉄道の車庫の奥深くまで分け入って、ルノー、ミシュラン、ブガッティの最新式内燃動車の姿をパチリとライカに収めた。

そろそろ、まずいかも……というギリギリまでパリで遊び、夜行列車に飛び乗って、5月14日ベルリン入りした。

このことが5月の月末に旅行費用を精算するときに小さな問題になった。

「在留地ベルリンまでの直行旅費に限り支給する建前上都合が悪い」

と、本省の担当官が、いちおう、筋を通してくる。このときの鷲尾九州男という官房人事課課員からの書簡が残っている。味のいい文章なので、少々引用しておく。

「……私としては上陸するや否や稲妻式に在留地へ直行しなきゃいけないなんて、そんな非人間的な解釈はしたくないのですが、一体この間の旅費を出すという事そのものが例の巡歴手当割増及特別手当の減額に対する補給策としてデッチ上げたもので、無理と知りつつやっていることですから苦しいところがあるわけであります」

結局、この鷲尾が書類上の日程をデッチ上げて無難に処理をした。

建物がページに対してまっすぐになるように、写真を斜めに貼りこんでいる。
島の直角水平主義が見て取れる。

2週間遅れの豪華船「照國丸」でマルセイユに着いた加賀山之雄らの後続グループも、やっぱり2週間遅れでベルリン入りして、5月末には総勢10名が揃っている（山川寛は照國丸でロンドンに直行）。

＊＊

当時、ベルリンの外国人旅行者は、ナチス政府によって政策的に優遇されていた。外貨獲得のために、為替交換レートも特別に有利だった。ただし3か月滞在が続くと旅行者の資格を失うという規定があったので、滞在が2か月半くらいになると、それぞれどこか周辺へ視察旅行に出た。

島秀雄は、精力的にあちこちに視察旅行に出掛けている。

到着後しばらくは、じっくりとベルリンに腰を落ち着けていたが、6月末に下山とライン旅行に出てからは、ほとんど休む間もなく視察旅行を繰り返した。

6月末〜7月初旬に、ハイデルベルク、フランクフルト、ケルンなどライン川地域。ベルリン五輪を挟んで、8月後半に10日間の北欧旅行。9月上旬からハンガリー、オーストリア。10月から2か月かけてパリ、ロンドン。12月中旬にザンクト・ペルテン、プラハ、ドレスデン……。

むろん、各地の鉄道を視察することが目的であったが、アルバムには、古都の芳しい情景が数多く収められている。

第一次大戦は、おもに野山や田園地帯に掘られた塹壕で戦われた。銃砲の破壊力もさほどではなくて、都市部の歴史的な建造物の壊滅的な破壊には及んでいない。

島たちの訪れた1936年には、ヨーロッパの古都の街角は、歴史の香りを放ちつつ、なんとも馥郁たる風情でたたずんでいる。

第二次大戦では、飛行機による空襲が猛威を振るい、ドイツの古都の多くが壊滅的に破壊されてしまう。島のライカに収まったニュルンベルクやドレスデンなどの古都の風景は、原景をとどめずほぼ灰塵に帰した。

＊＊

ドイツで一行が目を見張ったのは、その高速道路網である。

正式名称、ライヒス・アウトバーンすなわちドイツ帝国高速自動車道路である。

Autobahn.

ドイツでは1920年代から高速自動車道の建設が計画され、1932年にはボン〜ケルン間に4車線の高速道路が完成。1933年からナチス政権下で、ライヒス・アウトバーンの名のもとに着工した。翌1934年にはヒトラーが総延長6900キロにおよぶアウトバーン・ネットワーク計画を発表、1942年に中断されるまでに3860キロが建設されている。1936年夏の時点では、まだ計画中の路線が多く、総延長も1000キロ足らずであったが、ベルリン〜ハノーバー、ベルリン〜シュテッティン間等はほぼ全通していた。

とにかく、広い。しかも、見はるかす限り一直線に伸びて地平線に消える……ということに、みなド肝を抜かれたらしい。

ナチス・ヒトラー政権の目的は、大工事による大恐慌後の失業対策と軍事輸送の整備にあったといわれるが、実際には、その一直線のアスファルト上に自動車はごくまばらであったらしく、加賀山は、一見しただけで「戦時滑走路用だ」と喝破した。これには、みな同感であったらしい。

島秀雄は、当然ながら、近い将来に必ず幹線鉄道のライバルとなるはずだと見通している。事実、アウトバーンの計画線のほぼすべてが鉄道の幹線と平行していた。

自動車は、必ず普及する。

近い将来に爆発的なモータリゼーションを迎えたときに、自動車と鉄道にどのような役割分担がありうるか。どのような鉄道が、生き残りうるのか。

大都市近郊の通勤電車か。それとも、中長距離の幹線特急か。

そのことこそ、島秀雄がこれから地球をぐるりと一回りする旅の途上で思いをめぐらし、できればある程度の結論を引き出しておきたい大テーマになっていく。

コラム

1927年、最初の世界旅行

島秀雄にとって、1936~37年の世界旅行は、二度目の洋行であった。

初めての洋行は、1927年（昭和2）の4月から10月まで。

当時、秀雄はまだ25歳で、鉄道省入省2年目。ようやく研修期間を終えて、工作局の新米設計課員として席に座ったばかりのときである。

このときは、「斯波使節団」という海外渡航使節の一員として船に乗った。

男爵・斯波忠三郎は、父・島安次郎の友人である。当時、斯波忠三郎は日本機械学会の要職にあって、スイスのジュネーブやアルゼンチンのブエノスアイレスで開催される一連の国際会議に参加するために長期外遊の途についた。使節団の随員として同行する島秀雄の公式的な役割は、翌年に日本で開催予定の万国工業会議への参加を各国に要請することであった。

むろん、それは半ば名目である。

「あなたも一度、世界を観てきてください……」

そのように安次郎が強くすすめ、斯波と語らって実現させた洋行であろう。

斯波使節団は4月に出発し、シベリア鉄道経由でポーランドからドイツ入りする。贅沢な旅であった。シベリア鉄道では客車1両をまるごと借り上げ、途中、各地で鉄道、造船、航空などの機械工業を視察しながら旅を続けている。

この頃、ドイツ経済は不景気のどん底にあえいでいる。第一次大戦に敗れてすでに10年目を迎えていたが、英仏米などの戦勝国から課せられたべらぼうな賠償金は鉛のように重たく、ボルジッヒとかヘンシェル、AEG、ジーメンスなどの名門鉄道会社も文字通り塗炭の苦しみの中にあった。だが、新しい技術を研究開発することについては投資を惜しまなかったらしい。むしろ、必死だった。島秀雄は、そのような名門鉄道各社の技術者たちのもとを安次郎の紹介状を手に訪ね歩いている。

この両世界大戦の戦間期に、とりわけ大型の機械工業技術が飛躍的に発展する。

さらに島は、ベルリンを起点にして、フランス、スイス、イタリア、チェコ、オーストリアを歴訪している。それぞれの首都において、各国機械工業界の要人を招いて持参したフィルムの上映会を開き、日本で開催予定の万国博覧会への参加をよびかけた。

そのフィルムとは、東京帝国大学航空研究所が開発した当時世界一のハイスピードカメラで弾丸が電球を撃ち抜く瞬間を撮影したもので、なかなか好評だったらしい。

ちょうどこの頃、1927年の5月21日に、〝翼よ、あれがパリの灯だ〟の名セリフを残したアメリカ人の飛行家チャールズ・リンドバーグの「スピリット・オブ・セントルイス号」が約33時間30分の大西洋横断飛行に成功して、パリ近郊のル・ブールジェ空港に着陸している。機体軽量化のために燃料計や無線機をはずして飛ぶという勇気あふれる快挙であった。リンドバーグは1902年2月生まれ。日本式にいえば、島秀雄と同学年である。

斯波使節団の一行は、8月にはロンドンに渡る。そこで南米に向かう斯波使節団と別れ、島秀雄は単身先回りして渡米し、斯波使節団の受け入れ準備に奔走して、翌10月に「春洋丸」という日本郵船のアメリカ航路の船で神戸港に帰っている。

この最初の世界旅行の際にも、島秀雄はカメラを持参した。カメラの機種はわからないが、およ100枚の写真がアルバム2冊に残されている。

ヨーロッパ・アルプスやグランドキャニオンなどの風景写真とともに、もちろん、鉄道車両をはじめとする船、自動車など交通機関の写真が多い。とくにドイツやスイスの山岳登攀用の電気機関車を多数撮影している。リンドバーグの快挙の影響もあってか、飛行機や飛行艇の写真も目立つ。

＊＊

この島秀雄の初洋行は、父・安次郎の初洋行のときと事情がよく似ている。

まず、おもな滞在地がともにドイツとアメリカであった。

さらに、何より、ともに私費であった。

1903年（明治36）の島安次郎の最初の洋行につい

ては次節「東海道新幹線のルーツ」でも触れるが、このとき安次郎は鉄道院の職を一時的に辞して、私費で海を渡っている。

秀雄も、この最初の洋行のとき、鉄道省を一時休職して斯波男爵の「私設秘書」という肩書で船に乗り込んでいる。

安くはなかったであろう。

「私も最初は私費で行きましたよ。紀州の本家が出してくださいました。お前も行きなさい。費用は工面します。大いに見聞を広めて、将来の鉄道のために役立ててください」

そのように安次郎から激励されたものと思われる。

秀雄がはじめて洋行したとき、島安次郎は58歳で、浪人の身であった。鉄道省は、その8年前に辞した。1919年に原敬内閣による広軌改築放棄の決定に抗議して、鉄道院技監の職を去っている。鉄道院技監の年俸は5000円であった。当時の高級官吏という人々にいまでは想像できぬほどの財力があったにせよ、しかしおのずと限度はある。

島家に財を積み上げたのは、満鉄（南満州鉄道）であろう。島安次郎は、鉄道院技監の椅子を蹴るようにして去ってまもなく、正確にいえば3週間後に、満鉄に請われて理事の椅子に座り、一期4年を勤め上げ、さらに理事退任間際には諸事情あってごく短期間ではあるが満鉄社長に就任している。

理事の退職金があれば、豪邸を建てて一生遊んで暮らせる……といわれたほど満鉄の羽振りがよかった時代である。長男・秀雄の世界旅行の費用は、おそらくここから捻出されたものかと思われる。

ちなみに、私は島家で満鉄株券の山を見たことがある。ご子息の島隆さんと島秀雄の旅行資料等を整理していたときに、大きな木箱からまるまる一箱分の満鉄株券が出てきた。むろん敗戦とともに紙屑と化して、骨董的な価値しかない。

＊＊

「親父さんは、長男に惜しげもなく投資する人でした」

そのように語ってくれたのは、秀雄の末弟の文雄さんである。

島安次郎は、五男二女にめぐまれた。妻の順は、しっかりものであった。富山県伏木の原田という名家に生まれ、一族には名門儒学者の家もあった。島秀雄が二度目の世界旅行に出ている間に体調を崩し、とかく病がちになっていた時期もあったが、もともと体は丈夫なほうで、よく夫を支え、よく子女を育てた良妻賢母の鑑のごとき女性だったらしい。

秀雄の4人の弟たちは、長じて、ことごとく技術者になった。うち3人は、鉄道以外の分野でそれぞれ大成している。

次男の茂雄は、早稲田に進んで電子工学を学び、ソニー創業者となる井深大と知り合い、生涯の親交を結んで、電子通信の分野でパイオニア的業績を残している。のちにＮＨＫ技術研究所所長。

四男の恒雄は、京都大学で醸造学を学び、農芸化学博士となる。独自のビール醸造法を完成させて、のち朝日麦酒株式会社副社長。

五男の文雄は、東大航空科を出て海軍空技廠で航空機を設計（十八試陸上偵察機「景雲など」）。戦後、初の国産旅客機「ＹＳ-11」の開発に加わり、「ＹＳ-11」の運行管理と技術サービスに献身する。のち日本航空機製造取締役。

三男の邦雄は、幼少より英才の誉れ高く、あるいは長兄以上か……と将来を嘱望される鉄道省技師であったが、東京大空襲の犠牲になった。

いずれも、ほぼ独力でそれぞれの道を切り拓いたといっていい。

だが、父の徹底した長男集中投資主義ゆえに、秀雄は弟たちから多少のやっかみを買っていた。年の離れた末弟の文雄が成長する頃は、すでに太平洋戦争の真っ最中で洋行どころの話ではなかったが、比較的歳の近い次弟以下の弟たちは、頭では仕方ないことと理解してはいても、なぜいつも長兄だけが……という不満がときに若い胸の内に渦巻くこともあったらしい。むろん、そのことは、彼らがそれぞれ独自の分野で飛躍するバネにもなったであろう。

１９３６〜３７年の二度目の世界旅行の際にも、安次郎の長男集中投資主義は貫かれて、十二分の援助を惜しまなかった。

島安次郎は、一家の長男と将来の日本の鉄道のために、惜しげもなく投資している。

コラム

島秀雄とベルリン・オリンピック

島秀雄たちがベルリンに滞在した１９３６年という年は、ナチス政権が樹立されてすでに3年が経っている。ヒトラー総統の独裁的支配体制がほぼ確立された時期といっていい。そのことを全世界に向けてアピールする絶好のイベントとして、つまりナチス体制の威信を発揚する場として、ヒトラーは異常なほどの情熱を注いで、8月開催のベルリン・オリンピックを活用している。

このとき、すでにユダヤ人迫害も始まっていた。さすがにオリンピック開催中のベルリン市内ではあからさまな排斥行為は自粛されていたが、それでも外国人たちの目の届きにくい場所では陰惨なユダヤ人いじめが進行している。ドイツの国民経済も窮乏の度合いを深めつつあった。ナチス政権によって、莫大な資金と人力、労働力がオリンピック開催に向けて惜しげもなく投入されていたが、その分、ドイツ経済は疲弊していたのである。

むろん、ヒトラー・ナチス政権にも裏と表がある。第二次大戦後に国際的にきびしく断罪された裏面の暗い闇の部分だけであれば、いかに第一次大戦の敗戦国ドイツの人々が国民感情として鬱屈していたとはいえ、さすがに諸手をあげてヒトラー政権に追従することはなかったのではないか。

ヒトラー・ナチス政権の明るさは、なによりその逞しい機械工業力が担っている。建築、交通、軍事、鉱工業、化学工業……。およそあらゆる分野で、ドイツの科学技術、とりわけ機械工業力は抜きん出ていたといっていい。1936年当時のナチス絶頂期に、その底知れぬ闇の部分に目を向けるには、その機械工業文明はあまりにも華々しく、眩しかったということではあるまいか。

そのもっとも象徴的なイベントが、この年の8月に開催されたベルリン・オリンピックであった。ナチス政権はオリンピックを「民族の祭典」と命名していたが、世界各国から集まった人々にとっては、「機械と技術の祭典」と名づけたほうがシックリときたかもしれない。

＊＊

オリンピック開催が近づくにしたがって、旅行者や各省庁・民間企業のヨーロッパ駐在員たちが続々とベルリン入りして、鉄道省の関係者だけでも前年出発組の在外研究員たちを含めて総勢数十名の大所帯となった。

当初、島秀雄はオリンピック見物にそれほど熱心ではなかったらしい。むしろ、冷淡であった。毎日のようにオリンピック関係の施設に飽かずに足を運び、食事の席でもオリンピックの話題でもちきりの仲間たちを、その切れ長の横目で冷たく眺めていた。

「オリンピックではなくて、鉄道を視察に来たんじゃないのか……」

と、下山定則にはもらしていた。

＊＊

どうやら島には、とっととヨーロッパの視察をすませて、一日でも早く南アフリカ連邦の鉄道を見に行きたい……という焦りに似た思いがあったらしい。

島は下山の尻を叩くようにして、盛んに鉄道視察の旅に出ている。6月末から、2人でライン川地方に小旅行。ハイデルベルク、ケルンを経て、ディーゼル特急「フリーゲンダー・ケルナー」で帰る。7月後半には、下山は10日間の北欧視察に出掛け、五輪開幕前日の7月31日には2人でリューベック・ビューヒェン鉄道に日帰りで乗りに行き、流線形蒸気機関車や客車のモダンな内装を撮っている。

8月1日、ベルリン・オリンピック開幕。さすがに、この日の開会式典には島秀雄も見物に出かけ、開会を宣言するヒトラー総統の米粒のような姿や、会場上空を悠々と泳ぐように浮かぶ飛行船「ヒンデンブルク号」の巨体をライカに収めている。大会初日、競技場に翻る日の丸を見上げるだけで、一同大いに盛り上がった。「日本の旗が高く高く揚って君が代を皆で大声で歌った。日本の選手はよく走ったけれど負けました」と、下山は家族に書き送っている。

このベルリン大会で、日本選手は大活躍を見せた。金メダルに輝いたのは、三段跳びの田島直人、マラソンの孫基禎、水泳の前畑秀子、葉室鐵夫、寺田登など。

アルバムから推測すると、島秀雄がスタンドで観戦したのは、陸上、水泳、飛び込み、バスケットボール。このうち、三段跳びの田島直人、マラソンの孫基禎、水泳200m平泳ぎの前畑秀子の金メダル獲得の瞬間を目撃している。

マラソンの孫基禎がトップで10万観衆の待ちかまえる競技場に帰ってきたときには、島秀雄もよほど感動したらしい。しかも、3位に食い込んだのも日の丸を胸につけた南昇龍だった。ヤーパン贔屓のベルリンっ子たちが島たちの座る日本人応援団の席に次々に訪れて、熱狂的に祝福する。島はフィルムを惜しまずに、トラックを走る彼らの姿や表彰式、国旗掲揚の様子などをライカに収めている。孫は、現在の北朝鮮新義州近郊の出身。南は、現韓国の全羅南道の出身。

このほかにも、陸上長距離で惜しくもメダルを逃した村社講平、棒高跳びで仲よく銀、銅メダルを分け合った西田修平と大江季雄、スウェーデン相手に大番狂わせの勝利をあげたサッカーなど、いわば〝狭軌サイズ〟の日本選手が大きな〝広軌クラス〟の欧米選手を相手に大活躍をして、島たちを大いに感激させていた。

＊＊

ベルリンの次は、東京オリンピックのはずであった。

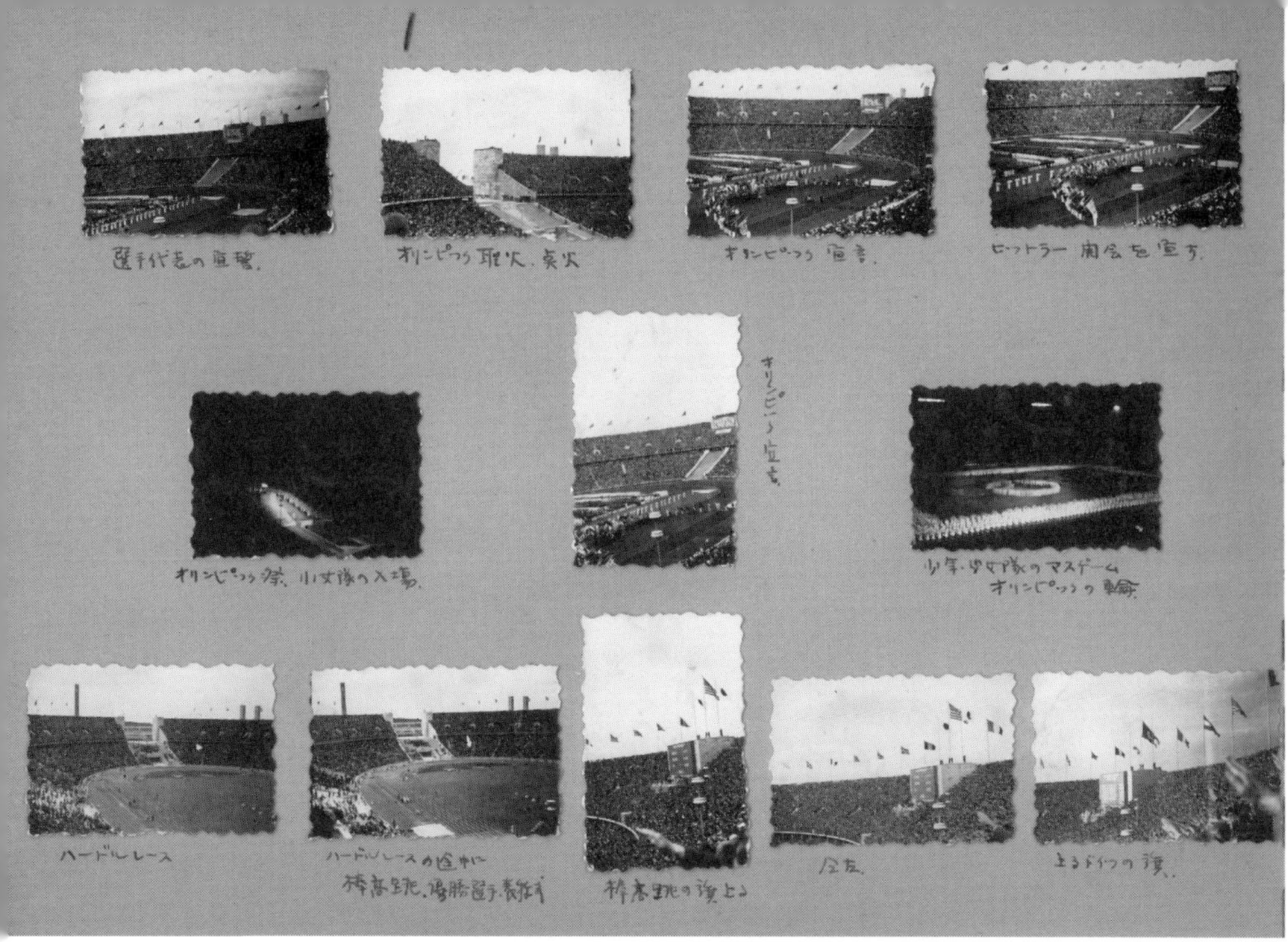

開会式や陸上競技の写真が収められたページ。ベルリン・オリンピックの記録はおよそ6ページにわたっている。

次回の第12回オリンピック東京大会が正式に決定されるのは、五輪開会式前日の7月31日に開かれた国際オリンピック委員会（IOC）総会においてである。立候補していたのは、東京とフィンランドのヘルシンキであった。

当時、ベルリンのドイツ人たちは、断然、東京贔屓であったらしい。

キャバレーに日本人客が入ると、さっそく「君が代」が吹奏される。タクシーに日の丸を掲げて走れば、かなり飛ばしても警官が見逃してくれた。日本人であれば、五輪選手でなくても、どこへ行っても「ヤーパナー、ヤーパナー」と歓迎された。

IOC総会での投票結果は、東京が36票、ヘルシンキ27票。

「次回開催都市は東京に決定」の報は、ベルリンっ子たちの日本贔屓をさらにエスカレートさせ、五輪関係者のみならずドイツ滞在中の日本人たちを喜ばせた。

島たち鉄道省関係者たちの職業的な関心事は、4年後の東京オリンピック開催までに自分たちがやらなければならないことは何か……ということであったはずである。何よりも、帝都東京の交通網はこのベルリンなみに整備されなければならない。果たして、4年間で、何

が、どこまでできるだろうか。この点に関しては、鉄道省仲間の間でも活発に議論された。結局のところ、

「ベルリンの真似はできないな。恥をかくだけだから東京五輪には、反対するしかない。返上すべし」

ということで全員一致した。

「和製ヒトラーが出てくれば別かもしれないけれど……」と、この席で誰かが発言したであろう。

何事も徹底する主義の加賀山之雄は、ベルリン五輪も徹底的に見ている。ベルリン在住の知人の伝手《つて》を頼ってチケットを入手し、できる限りたくさんの会場に足を運んで施設を見物し、競技を観戦し、日本人選手の活躍に誰よりも感激した。その加賀山の日記には、このように書かれている。

「純然たるスポーツ祭という以前に、ナチスの宣伝に利用されたことは否めない。財政窮乏もかえりみずに国策に向かって邁進する力は、ヒトラーの独裁政治に由来する……」

ヒトラーのベルリン五輪には、無理がある。ということが、彼らにもよく見えていたらしい。

東京大会の中止が決まったのは、島秀雄らが帰朝して約半年後の1938年7月15日である。日本政府みずからが東京大会組織委員会に「中止返上」を命じた。日中戦争が始まってまる1年が経ち、国内ではすでに国家総動員法が実施されている。「中止返上決定」の2週間後には、ソ満国境でソ連軍との軍事衝突(張鼓峰事件)も起こっていた。

とても、2年後に国際オリンピック大会を開けるような国際情勢にはなく、ましてや大々的な帝都改造を行なって、ベルリンに続く〝東洋の祭典〟を準備するような経済的余裕などどこにもなかった。にもかかわらず、この国は、やがて大東亜戦争を引き起こして、そして、大敗戦してしまうのである。

＊＊

島秀雄は一度だけ、ヒトラーを目の前で目撃している。オリンピック閉幕後の翌37年の2月に、「国際自動車博覧会」がベルリンで開催された。たまたま知人から外交官枠の招待券を入手して、会場に出掛けてみると、島の席はヒトラー総統の真ん前だった。

会場には、ぴかぴかの「ＫｄＦフォルクスワーゲン」が飾られ、壇上にはナチス首脳陣が居並び、ゲッベルス国民啓蒙・宣伝相の姿もある。ナチス親衛隊の面々が「ハーケンクロイツ」の旗を掲げつつ直立不動で整列し、ヒトラー総統が右手を振り上げる得意のポーズで大演説をぶった。大意は次のようであったらしい。

ヒトラー得意のポーズが島秀雄の筆で書き添えられている。

＊＊

「自動車は、金持ちによって独占的に所有されるものである限り、国民を金持ちと貧乏人に二分する便利な道具にすぎません。しかし、国家を真に支えているのは、いうまでもなく圧倒的多数の国民大衆です。みなさん、自動車は、断じて、国民大衆のものであるべきです。国民大衆のものにするためには、頑丈で、性能よく、しかも限りなく安価でなければなりません。われわれナチス政権は、かのフェルディナンド・ポルシェ博士の協力を得て、不可能を可能にしました……」

このとき発表された「ＫｄＦワーゲン」は、時速１００キロでアウトバーンを連続走行可能で、燃費はガソリン１Ｌあたり12・5キロ。しかも設定価格１０００マルク以下という破格の廉価であった。

「ＫｄＦ」は、ナチス・ドイツの党組織、「歓喜力行団」（Kraft durch Freude）の略称。まだ最終試作の段階ではあったが、すでにその姿形は後に世界の自動車ファンを魅了する「ビートル（かぶとむし）」の原型そのものといっていい。

島秀雄は、このヒトラー肝煎りの国民車のコンセプトに共感し、さっそく購入の申し込みをしてみたのだが、納車まで2年と聞かされて、諦めている。

＊＊

島秀雄が、ヒトラー・ナチス政権の裏面をどの程度知り、またどのように評価していたかということは、よくわからない。おそらく、愛憎相半ば……というところではなかったか。

独裁的支配の弊害は、至るところに露呈している。ドイツ滞在が長くなればなるほど、もはやそのことは明らかであった。しかし一方で、なによりヒトラーは機械力の偉大なるプロデューサーといってよかった。よき機械、新しい自動車、より速い鉄道こそ民族の生活を向上させるのだ……という力強い方針は、極東の島国からやってきた技術者たちを勇気づけてくれる、歓迎すべきメッセージだったものと思われる。

島秀雄は、息子たちへのドイツ土産として、ヒトラー・ユーゲントのユニフォーム一式を持ち帰っている。この一連の世界旅行アルバムの最後の片隅には、父・秀雄の帰国後に、その衣装を着て遊ぶ隆たち兄弟の姿が収められている。ヒトラー・ユーゲントの若者たちは、何よりもその礼儀正しさにおいて、鉄道省在外研究員たち全員に好印象を与えていたらしい。

当時の日本の技術者たちには、同盟国ドイツにシンパシーを抱く人々が多かった。ナチス・ヒトラー政権への共感というよりも、「機械ならドイツ」というヒトラー以前からのよき伝統への期待感といったほうが実情に近かったのかもしれない。

私はこの10年間に、戦前から鉄道技術者として活躍した国鉄OBの方々のお話を多数うかがってきたが、ことドイツの話になると、

「ヒトラーさえ出なければ……」

と、苦虫を噛みつぶしたようにつぶやく人が少なくなかった。

03　欧州　1937

海外の視察活動に、語学は不可欠である。

下山定則や加賀山之雄など1936年洋行組のほとんどは、ベルリン到着早々に語学学校に通った。むしろん2、3か月程度では、たかがしれている。

島秀雄は語学に堪能であった。

とくにドイツ語会話は得意で、機械工業関係のテクニカルタームまで不自由なく操ることができた。あるいは、下山たちが何かにつけて島秀雄と行動をともにしたことには、彼らの通訳がわりという実利的な理由もあったかもしれない。

島は、高校生のときから、父の安次郎の親友であったドイツ人を家庭教師役にしてドイツ語を磨いている。名を、ウィルヘルム・ラントグラーフという。名門クルップ社の東京支店代表であった。

このラントグラーフとは家族ぐるみの付き合いが長く続いたらしい。

「週に一度は遊びに行って夕食を一緒にしたあと、長い時間ドイツ語で工業関係を主にいろいろ教えてもらっていた」

シェーネベルク（島の文字ではシェーンブルン）の街並みもアルバムに残っている。

この夕食はラントグラーフ夫人の手づくりメニューで、〝ランドご飯〟という名で島家の人々に伝わっている。

ベルリンでの島の下宿先は、恩師ラントグラーフの知人宅であった。

住所はバーデンシュ街56。

当時、島が愛用した大判のベルリン地図で探してみると、Zoo（ツォー）駅の南、カイザー大通りとベルリナー街の交差点付近である。シェーネベルクとよばれるこの一帯は、日本料理店や商店、日本人会事務所などが集中していた。

別称「日本人村」。

当時、ベルリンっ子たちは、おおむね熱烈なヤパンカ贔屓であった。

日独の外交関係も、この年以降、ヒトラー政権下で加速度的に緊密化していく。11月に日独防共協定調印、翌１９３７年11月に日独伊三国防共協定、さらに１９４０年９月には同じく三国同盟が成立する。

この友邦の首都は、諸事便利で物価も安く、人々も親日的でとても暮らしやすく、したがって邦人の数も以後徐々に増えていくことになる。

島たち在外研究員の滞在費は、月に３０００マルクであった。

これを毎月何回かに分けて、横浜正金銀行の支店で受け取る。

ベルリンの物価は、島たちにとっては安かった。たとえば、この年に訪れた日本文学研究者の斎藤清衛は、日本料理店「東洋館」のメニューを克明に記録している。

ざるそば80ペニヒ、塩鮭・鰻の蒲焼き1マルク、天丼1マルク70ペニヒ、牛鍋・豚鍋・すき焼き2マルク、鳥鍋・寄せ鍋3マルク、熱燗1マルク50ペニヒ……。

当時の為替レートでは、1マルク＝1円40銭だったが、ヒトラーの外貨獲得政策で旅行者に限り1マルク＝90銭〜1円と優遇された。

日本国内で、ラーメン10銭、映画50銭、1か月の新聞代90銭の時代に、彼らは月に3000円以上も使えたわけである。

ちなみに、当時、ドイツはキャバレー最盛期を迎えている。が、ドイツ人家庭に下宿した秀雄は、「何分にも父の知人に取り巻かれていたので、生活もまじめそのもの」だったらしい。

＊＊

オリンピックが閉幕して、ベルリンの街に秋の暮色深まり、さらに冬の足音が忍び寄ってくる頃になると、島秀雄の顔にも憂愁と焦燥の気配が漂いはじめる。

ひとつには、鉄道視察が思いのほかはかどらないということがあった。

島は誰よりも熱心に各国の鉄道や工場を視察していたのだが、所詮、見るだけである。多くの場合、物見遊山の観光見物中心になってしまう。

歳月だけがいたずらに過ぎて、自分の考えはいっこうにまとまらない。

こんなことでいいのか……。

仲間たちはゴルフやショッピング、はたま夜遊びに興じて気分を散じていたが、島秀雄は次第に鬱屈した。息苦しさから、

「早く南アフリカに行きたい……！」

と、思うようになっていたらしい。

そんな島秀雄のやや苦しげな様子を、安次郎の書簡からうかがい知ることができる。

一節を紹介しておく。

「時々は静かに人生問題を考究してみることも是非必要です。しかし、徳川家康式態度をもって漸次理想境に進んでゆくことで満足しなければなりません。海外旅行の機会にこれもあれも皆調査してみようと思っ

ても不可能です。判断は帰朝後でも結構です。小生でも今頃外遊当時の回顧に依って感得することがあります……」

また、別便には、こんな一節もある。

「過食過労することなく、十分睡眠をとり、また調査見学は緩々《ゆるゆる》これを為し慢《みだり》にあせらざること肝要に候。参考書や器具類は後顧なく買い求めらるべし。もし三井や大倉にて立て替えてもらえば御報次第当方にて支払い精算いたすべく候」

この冬に、秀雄と東京の島家との間で、ごくささやかな議論の応酬があったらしい。

豊子のアメリカ渡米話である。

秀雄は、豊子をアメリカに呼び寄せたかった。豊子のほうも、できれば行ってみたい気がしていたらしい。だが、これには父の安次郎が「熟慮に熟慮を重ね」て、結局、反対した。

母の順は、このとき体調を崩していた。孫たちもまだ小さい。さらに、費用は自弁するにせよ公職の在外研究員に数か月も妻が同伴するのはいかがなものかという懸念を安次郎は払拭できなかったらしい。

このアルバムのベルリン編の片隅に、私には妙に気になる1枚の写真がある。

下宿近くに公園があって、池の水面を、水鳥が2羽滑る……。

「さむさが身にしみる」

と、秀雄は書き記している。

「ベルリン。下宿の近くのスタットパークの池。さむさが身にしみる。」

コラム

東海道新幹線のルーツ

「ドイツという国でネ、すごいスピードの電車が走ったんだョ」

という話を、秀雄少年がはじめて父・安次郎から聞いたのは、おそらく1904年（明治37）の初夏のことだったように思う。このとき、安次郎はまるまる1年におよぶ欧米鉄道視察の旅から帰朝したばかりであった。秀雄は、まだ数えで4歳。

「……父さんは、この目で見てきたんだぞ。猛烈なスピードだった。時速210キロだよ。まだ試験運転だけどネ。車両もずいぶんと大きい。線路も広い。広軌線といってね、日本の線路より1尺以上も幅が広いのサ」

父はこの土産話を、折々に何度も繰り返し語ったらしい。もの静かな、いかにも思慮深そうな顔立ちの少年は、忘れなかった。

思えば、父のこの一言が、東海道新幹線のルーツでした……と、島秀雄自身、後年になって語っている。

事実、このときから60年後の1964年の10月に技師長・島秀雄指揮下の国鉄技術陣によって東海道新幹線が完成し、開業当初こそ路盤不安定のために減速運転を余儀なくされたものの、時速210キロ走行を基本とする世界初の超特急列車として運行されることになる。

島安次郎が欧米視察から帰った年の冬に、日露戦争が勃発している。

安次郎の欧米視察の目的は、いうまでもなく、ドイツやイギリス、フランス、アメリカといった鉄道先進国の鉄道技術を広く見聞し、日本への導入の可能性を吟味し、必要と思われものを購入し、持ち帰ることだったが、さらにもうひとつ目的があった。来たるべき日露戦における鉄道輸送のありかたを調査研究することである。日露開戦の報に接し、島安次郎は予定を繰り上げて急ぎ帰国の船に飛び乗っている。

この夏、日本国中がこの祖国防衛戦争に沸き立っていた。当時の新聞を眺めてみると、まもなく開始されるはずの決戦すなわち旅順攻撃のためのあれこれの準備に朝野ともども忙殺され、それこそ蜂の巣をつつくような騒ぎであった様子がよくわかる。だが、そんなことは、まだ幼い息子に話しはしない。

「……時速210キロというのはネ、ものすごいもんだ。ゴーゴーバリバリ……。すさまじい轟音をたててサ、車体も砕けよとばかりの振動といっしょに、まるで空を飛ぶように走っていったんだ。速かったゾ」

などと……。

安次郎が何度も秀雄に語ったのは、前年の１９０３年10月にドイツのベルリン近郊で行なわれた最高速走行試験のことであろう。ドイツは、すでにヨーロッパ有数の鉄道先進国になっていて、この頃、鉄道技術の刷新とりわけ速度の向上にすこぶる熱心であった。

鉄道の将来は、スピードで決まる。

速く走ることができなければ、鉄道は衰退する。

そのことを、ドイツの鉄道人たちはよく心得ていたらしい。

このときは、ジーメンスとＡＥＧというドイツ屈指の機械工業会社が共同出資して高速走行のための研究会社を設立し、両社で1車両ずつ試験車両をつくって、ドイツ国鉄の線路を使って高速試験走行が行なわれた。

資料をひもといてみると、その記念すべき試験車両は、一見して、何の変哲もない。よくある昔ながらの箱型の電気機関車で、足回りは6輪台車が2セット、車輪が1両に計12輪。とくに目を引くものといえば、集電装置ぐらいである。三相交流式といって、線路脇の電信柱に架線が縦に3組に並び、車両の屋根からもパンタグラフ状の集電装置が３つ張り出している。走行抵抗をまるで無視したかのようないかにも無骨なデザインで、高速で走れば、その振動と騒音がいかにすさまじく周囲を震わせたかが、素人目にも十分想像できる。

ただし、記録は達成した。

１９０３年10月23日、ＡＥＧ製の車両で、時速２０７キロ。

１９０３年10月27日、ジーメンス製の車両で、時速２１０キロ達成。

2両とも超高速の壁を突破した。

島安次郎は、感動したであろう。

人間の乗る交通機関としては、むろん当時の世界最高速である。

飛行機は……。

まだ、この世に登場していない。キティフォークというアメリカ東海岸の片田舎で、ライト兄弟が手製の試作機「フライヤー号」で空中に浮き上がったのは、この時速２１０キロという鉄道最高速が樹立されてからほぼ2か月後の１９０３年の12月17日のことである。地上3メートル、水平飛行30メートル、滞空時間12秒……これが記念すべき初飛行の記録であった。ざっと計算してみると、時速にして10キロ程度。

自動車も、まだ、ほんのよちよち歩きだったといっていい。後の自動車王ヘンリー・フォードが、アメリカ・

ミシガン州のランシングという町に小さな工場を設立するのは、同じくこの年の6月15日である。大衆車革命をもたらす「T型フォード」がデビューするのは、5年後の1908年まで待たねばならない。

つまり、鉄道こそ、押しも押されもせぬ陸上交通の王者だった。しかも、時速210キロというのは、黎明期の飛行機や自動車が想像も及ばぬほどの速さだったのである。

むろん実用化には、はるかに遠かった。時速210キロで走ったのは、それぞれ1回だけ。1回だけで、線路も、架線も、ズタズタ、グニャグニャであった。営業運転を想定すれば、気の遠くなるほどコストもかかる。時速200キロで走る超特急列車などまるで夢物語そのものであったといっていい。事実、このドイツ人たちの偉業は、当時の人々を心底驚嘆させたにもかかわらず、鉄道人の間でさえ次第に忘れ去られてしまうのである。

しかし、ともかくも、走ってみせた。

時速210キロで走ることが技術的に可能であることを、事実として証明した。しかも、その姿を、極東の島国からやってきたひとりの実直な鉄道技師に、目撃させた。このことの意味は、鉄道の発達史を後から振り返る筆者にとっては、とても興味深い。島安次郎も、将来、必ず、この夢の超特急が実用化されるときがくるにちがいないと確信したであろうし、オレの代では無理でもひょっとすると息子たちの時代になれば……と思ったのではないか。

それにしても、東海道新幹線デビューのとき、なぜ時速210キロ走行だったのだろう。

ということを、この原稿を書きながら、ふと思ってしまった。夢の超特急すなわち東海道新幹線の運行速度を決めたのは、国鉄技師長の島秀雄である。島秀雄は、あるいは、父の目撃してきた60年前のドイツ鉄道人の残した快記録に敬意を表しつつ、その名誉ある速度を継承しようとしたように思えてならない。

＊＊

島安次郎は、三度、洋行している。

明治期に二回。大正になって一回。ドイツで時速210キロを目撃したのが最初の洋行で、1903年（明治36）5月28日から1904年（明治37）6月6日である。このとき安次郎、33歳。

二度目は、1910年（明治43）5月14日～12年（明治45）6月3日で、39歳。ともにおもな視察先は欧州である。

三度目の洋行先はアメリカで、1917年（大正6）

9月19日～1918年（大正7）11月5日。47歳。

いうまでもなく、洋行の主目的は、いずれも鉄道先進国たる欧米の最新事情をつぶさに見て、技術の行く末を見通し、将来の鉄道を構想し、日本に応用することであった。

最初の洋行は、私費であった。

明治維新以来、「日本近代」なるものがひたすら欧米文明を模倣することによって形成されていたことはよく知られている。むろん、鉄道においてもまったく同様であった。まず、鉄道をまるごと一式輸入し、「お雇い外国人」と呼ばれた専門家たちを破格の高給で招いて運営に当たらせた。同時に、日本の若い俊英たちを欧米に視察留学させ、技術や運営、経営のノウハウを学ばせて、持ち帰らせたのである。鉄道は、技術的にも経営的にも、つねに欧米が一歩も二歩も先んじていたから、鉄道省の法学士や工学士を官費で欧米に視察留学させることは、明治、大正、昭和前期を通じて連綿と続いている。

だが、安次郎の最初の洋行の場合、「来たるべき日露戦における鉄道輸送についての研究」という国家の存亡にかかわる使命を帯びていたにもかかわらず、官費は出ていない。

「逓信技師たる島安次郎氏は、今度、其職を辞し、私費を以て欧米を漫遊」と当時の『鉄道時報』にも報じられている。

実は、島安次郎が逓信省管轄の鉄道設計課の技師になったのは、この洋行に出発するわずか1年前である。

明治日本の鉄道は、民鉄主導で発達した。資金のない政府は、鉄道事業を民鉄に委ねていて、いわゆる国有鉄道としては逓信省内の下部組織として鉄道局があったにすぎない。島安次郎も、鉄道技師としてのキャリアを民鉄の関西鉄道で積み上げ、日露戦争を目前にしてにわかに浮上した民鉄大統合国有化の流れにいわば乗せられるかっこうで、国有鉄道官吏すなわち逓信技師の官職についている。官貴洋行がかなわなかったことには、官職歴が短すぎるという事情もあったかもしれない。ともかく、にわか逓信技師の島安次郎は、逓信技師を辞して、「日本鐵道株式会社嘱託」という身分で、船に乗った。

この「漫遊」費用は、紀州の生家から出た。

＊＊

島家について、触れておく。

紀州の島家は、「島屋」という屋号で古くからの薬屋を営んでいた。そして、江戸末期の安政年間に屋号を「島喜」と改め、薬問屋として手広く商いをはじめる。

当主は「島喜兵衛」。徳川御三家のひとつである紀州松平家お膝元の城下町を舞台にした、いわば幕末のベンチャー企業である。

この初代・島喜兵衛には、三男一女があった。当然ながら、長男には家業を継がせて、二代目喜兵衛を名乗らせる。さらに、幼少の頃から秀才の誉れ高かった次男には、医学を学ばせる。長男を薬屋、次男を医者にすれば島喜はますます安泰……というのが初代喜兵衛の描いた夢だったらしい。だが、明治18年に上京した次男の安次郎は、第一中学（後の一高）在学中にあっさりと工科志望に転じてしまう。夢は、「鉄道技師」。東京帝大および帝大大学院で機械工学を修め、研究テーマは一貫して「鉄道機関車」であった。成績は常にトップクラスで、大学院卒業後、関西鉄道に技師として入社する。

「西洋に追いつけ！　追いつけなければ、国が滅びる……！」

このヒリヒリと痛むような精神の渇きは、やむにやまれぬ国民的情念となって、明治人の心の中で燃え続けた。我こそは……と意気込む明治の秀才にとっては、機械工業こそ文明そのものであり、鉄道こそ機械文明の花形であり、先頭で力行奮闘する機関車こそそのもっとも象徴的な存在といってよかった。国家百年の大計に資するという点でも、これ以上わかりやすい目標もなかったにちがいない。

家業を捨てて鉄道工学の道を選んでしまった次男に、島喜の人々は、なお寛容であったらしい。それどころか、大いに応援した。おそらく紀州島家の人々にとっても、明治前期の多くの日本人と同様、鉄道というものに医科のはるかに及ばぬ魅力があったものと思われる。ともかく、紀州島喜の人々は、医を捨てた次男の欧米漫遊費を自弁した。まるまる1年間の欧米漫遊費用といえば、なみたいていの額ではおさまらない。おそらく家作等を思い切って処分したに相違なく、島家の人々の間では「あれにはそうとう苦労した」と代々伝えられていると聞く。

こうして、島安次郎は紀州の本家を頼って私費で洋行し、時速210キロの広軌超特急の最初の萌芽を目撃して、長男の秀雄に語り伝えた。歴史を後から振り返ってみれば、酒肴を調えて祝杯をあげたくなるような、記念すべき出来事といっていい。

ここで、安次郎と秀雄による洋行を時系列にしたがって並べてみる。

1903～04年、欧州、アメリカ。安次郎、33歳。私費。

1910〜12年、欧州。安次郎、39歳。公費。
1917〜18年、アメリカ。安次郎、47歳。公費。
1927年、欧州、アメリカ。秀雄、25歳。私費。
1936〜37年、世界一周。秀雄、35歳。公費（＋私費）。

ほぼ40年の間に、5回。ざっと10年に一度の割合で、島父子が欧米の先進鉄道技術を視察に出かけていたことが、よくわかる。

単なる偶然だろうか。

それとも、日本の鉄道を父子二代かけて世界一にしてみせる……という安次郎の執念のたまものだろうか。

島秀雄は後年、「父から鉄道をやれとは一度も言われなかった」と、折あるたびに語っている。

むろん、そうであったに違いない。だがそれは、父に強くすすめられるまでもなく秀雄がみずから鉄道技師の道を選んだということであって、安次郎が二代がかりで世界一の鉄道をつくろうと夢見ていたこととは、矛盾しない。

ともかく、島父子は、欧米の鉄道先進技術を定期的にウォッチングした。この間、すなわち安次郎がはじめて洋行した20世紀の初頭から秀雄が二度目の欧米視察の旅に出るまでの40年ほどの間に、世界の鉄道技術は猛烈といっていいほどのテンポで長足の進歩を遂げた。父子が洋行を重ねるたびに、時速210キロの夢の超特急は、徐々に現実味を帯びていったのである。

＊＊

島秀雄がマルセイユから陸路を辿ってベルリンに到着したのは、1936年5月13日のことである。その3日前……。

つまり、1936年5月11日に、ドイツ国鉄は蒸気機関車による世界最高速を更新している。そのナチス・ドイツ自慢の最新鋭機関車を、「05形」という。完成は前年の1935年。ボルジッヒ社製。この1935年に、ドイツは「鉄道開通100周年」を迎えている。その3年前の1932年に、ヒトラーの率いるナチス・ドイツは、主たる鉄道メーカーの幹部を招集して檄を飛ばした。

「世界最速の蒸気機関車をつくれ」

当時、蒸気機関車の最高速記録をもっていたのは、イギリスである。

イギリスは、鉄道発祥の国である。第1号蒸気機関車の「ロコモーション1号」がストックリン-ダーリントン間を走ったのは1825年9月で、公共鉄道の営業開始という点ではドイツより10年早い。その鉄道王国の面子とプライドにかけて、ヨーロッパのどの国よりも、蒸気機関車の最高速記録にこだわっていた。

イギリスは、ドイツの鉄道100周年にあわせるようにして、まるでヒトラーを挑発するかのように、蒸気機関車の世界最高速記録に挑戦する。1935年の9月に「シルバー・ジュビリー号」という新鋭機（A4形）で公開試験走行を行なって、時速181キロという当時の世界最高速を打ち立てる。

ドイツ・ボルジッヒ社の「05形」は当初、2両製造された。動輪4軸。しかも動輪径2300ミリという大型高速機で、その流線形ボディは見るからに〝最速機〟という気分を象徴していた。このフルカウルのボディは、飛行船で有名なツェッペリン社の風洞を使って設計されたもので、見るからにドイツらしい。イギリスの「A4形」とは好対照で、いかにも無骨。デザイン的な装飾をいっさい省みずに、ただひたすら空気抵抗を最小限にするという合理性だけを追求しているように見える。要するに、前後を長〜くしたヘルメットのような……といえば、ご想像いただけるだろうか。

この「05形」は、実際、速かった。

ドイツ国鉄は、少しでも速く「05形」を走らせようと技術と資金を集中的に投下した。

列車の速度向上については、機関車の性能もさることながら、実は、過半といっていいほど重要な役割を線路が担っている。曲線や勾配の状況、路盤やレールの質など、要するに列車を速く走らせるインフラが整っていなければ、どんなに優れた機関車でもスピードは出せない。ドイツ国鉄は、このときベルリン－ハンブルク間の軌道に高速走行用の改良工事を施している。

おそらく、ベルリン五輪開催という大イベントがなければ、ここまではやらなかったのではないか。世界中の先進諸国から集まってくる人々に、ドイツ、とりわけアーリア人種の優越性を事実として誇示する点で、これ以上の舞台はなかったであろう。

1936年5月11日、島秀雄がベルリン入りする2日前に、準備万端を整えて、ベルリン－ハンブルク間の下り勾配を「05形」は突っ走った。

アングロサクソンのイギリスに負けるな。アーリア人の優越性を証明せよ……。

という厳命がヒトラー総統から下されていたに相違なく、運輸大臣ドロップ・ミュラーみずからが後続の客車に陣取って指揮をとったと伝えられる。

時速200・4キロ。

蒸気機関車による初の超高速の壁突破であった。ヒトラー総統も、さぞやにんまりとほくそ笑んだであろう。

だが、このナチス肝煎りの好記録も、当時の鉄道の最高速度（時速230キロ）には届かなかった。33年前に島安次郎が目撃した、同じくドイツ人による試作電車が達成した時速210キロという記録にも及ばない。

この「05形」の高速走行試験は、半ば隠密裡に行なわれている。鳴り物入りで前宣伝をすれば、失敗したときに、ミソがつく。あくまでも表向きは「ブレーキ・テスト」という発表で、高速走行からの停止距離を試験するついでに、世界最高速の書きかえを狙ったものと思われる。だから、島秀雄はもちろんのことベルリン駐在の鉄道省関係者も、この高速走行試験について、何も知らされていなかったらしい。知っていれば、島らはパリ見物などせずに旅程を急いでベルリン入りしたであろう。最新鋭蒸気機関車で時速200キロ突破……。そのことを、島秀雄は、鉄道省伯林事務所に着いてから伝え聞いた。

「へぇー」

と、一言だけ、つぶやいたように思う。

ここで、少しだけ脱線する。単に線路の上を走る車両を「鉄道」と定義すれば、1931年の6月、つまり島秀雄渡欧の5年前に、時速230キロという最高速度が記録されている。

名前は「シーネン・ツェッペリン号」。

当時、空では飛行船が黄金時代を迎えていた。なかでも、ドイツの「ツェッペリン号」の活躍はめざましく、悠々と大空に浮かぶ体軀堂々としたその姿はドイツ国民の誇りでもあった。その鉄道版が「シーネン・ツェッペリン号」である。「シーネン」はドイツ語で「レール」の意味。この鉄路の上をぶっ飛ぶ「ツェッペリン号」は、実際、ものすごく速かった。超軽量のアルミボディに600馬力のガソリンエンジンを搭載し、最後尾の大型の4枚羽プロペラが嵐のように猛然と回転する。まるで嵐そのものであったらしい。

6月21日にベルリン－ハンブルク間の直線区間で、かるがると最高時速230キロで走ってみせたのだが、ホームや線路脇に人が立っていられないほどの旋風を巻き起こし、付近のあれやこれやを宙に吹き飛ばした。羽をつければ、空を飛んだであろう。しかも、単機1両でしか走れず、おそろしくコスト・パフォーマンスも悪い。要するに、鉄道ではなくて、いわば地上に押さえつけられた飛行機であった。

ちなみに飛行機は、ライト兄弟の初飛行以来、驚異的な進歩を遂げている。速度に関していえば、最初の10年間ですでに時速200キロの壁を突破した。すなわち1914年の段階で、時速203・9キロ、高度

6120メートル、航続距離1021キロまで延ばした。これらすべての記録はフランスが独占している。ただし、速度に関しては、その後伸び悩み、時速300キロの壁を破るのは、1930年代に登場するアメリカ・ダグラス社の「DC－3」まで待たなければならない。

1936年。島秀雄が滞欧したこの年、ヨーロッパの鉄道は、まだ蒸気機関車の黄金時代にある。

このアルバムを眺めてみても、ロンドン、パリ、ベルリン、ブダペスト、ウィーン、ストックホルムなどの中心駅では、濛々とあがる白煙が絶えなかった。主たる幹線列車は、ことごとく蒸気機関車が牽引していたといってよく、各国の名だたるSL技師たちが、腕によりをかけて、続々と高性能機を登場させていた。

ドイツ国鉄の「05形」が蒸気機関車の最高速記録を塗り替えたことは、イギリスの鉄道人たちのプライドをひどく傷つけたらしい。国産の名機「A4形」の改良が躍起になって進められ、たびたび試験走行が行なわれて、失敗を繰り返しながらも、結局のところ、「マラード号」という名のA4形が時速202・7キロというSLの世界最高速を達成し、かろうじて鉄道発祥の国の面子を保つことに成功する。島秀雄らがヨーロッパを去ってほぼ1年後の1938年7月3日のことであった。

だが……。技術の側面から見れば、蒸気機関車の黄金時代は過ぎ去りつつあるということを、多少目端の利く鉄道人であれば誰でも知っていた。

もちろん、島秀雄も、承知している。

島秀雄は、蒸気機関車のプロである。鉄道省工作局設計陣の若きエースであった。「C55」「C57」を代表とする国鉄幹線旅客機、貨客両用の名機「D51」など当時の新鋭国産機をことごとく手掛けてきた自信もあったであろう。軌道条件の劣る狭軌で、しかも低予算で、それでも何とかそこそこ高性能の蒸気機関車をつくってきた島秀雄としては、「標準軌で軌道条件にさえ恵まれていれば、単に試験走行だけであれば時速200キロぐらい走れて当然……」という気分も、当然あったであろう。

そもそも蒸気機関車は、構造的に、最高速度に限度がある。この点については後述の「宿命のライバル、南ア連邦鉄道」で詳しく触れるが、要するに、動輪を大きくしなければスピードを出せない。動輪を大きくすれば、重心が高くなる。重心を低くおさえるためにボイラーを小さくすれば、馬力が出ない。つまり、レールの幅の広い標準軌であっても蒸気機関車「05形」の2300ミリ動輪は大き過ぎたのである。事実、「05形」は、実用的な機関車としてはさして働くことのできないままお蔵入りすることになる。製造車両数もたったの3両。そのうちの1両は先頭に運転台をもってくるという斬新なデザインで、まったくの試作実験車両でしかなかった。

蒸気機関車の限界は、島秀雄には明々白々であった。むしろ、島のライカのレンズが狙っているのは、次の時代を先取りする可能性のある新しい鉄道技あるいはその萌芽である。

たとえば、「ディーゼル動車」。

ドイツ人のルドルフ・ディーゼルが、軽油による圧縮点火式の内燃機関すなわちディーゼル・エンジンの運転に成功したのは、このときから40年ほど前の1894年のことである。だが、この熱効率にすぐれた内燃機関は「重くて、遅い」という欠点をもっていて、当初はもっぱら工場用発電機や船舶の推進力として実用化される。しかし、おもにドイツにおいて地道な改良が重ねられて、1920年代に入ると次第に「軽くて、速いディーゼル・エンジン」の開発に目鼻がつきはじめ、徐々に自動車と鉄道への応用が始まる。ちなみに日本の幹線にはじめて走ったディーゼル機関車は、1929〜30年にドイツから第一次大戦の実物賠償として移入された小型の「DC10形」「DC11形」であった。

ディーゼル動車は、ディーゼル機関車とはちょっと違う。簡単にいえばふつうの客車に動力としてディーゼル・エンジンが付けられたもので、戦後日本の呼称にならえば、「気動車」のことである。軌道の上を走る細長いディーゼル・バス……といってもいい。このディーゼル動車は、日本でも民鉄の長岡鉄道が1932年（昭和7）に導入しているが、日本の場合はディーゼル機関車と同様に技術的にも未成熟で、速度も遅く、非力で、幹線での本格的運用にはまだほど遠かった。

ところがヨーロッパでは、1930年代になって、本格的なガソリン動車（ガソリンエンジンで駆動する車両）やディーゼル動車が次々と登場する。

たとえば、フランスの「ブガッティ・プレジデンシャル形」。あの自動車レーシング界で有名なブガッティ社がつくった名車である。

フランス国鉄は、〝ディーゼル興隆〟という時代の趨勢をいちはやく読み取って、広く民間の車両会社に呼びかけてコンクールを実施している。このコンクールに、ルノーやミシュラン、ブガッティなどの自動車メーカーが続々と参加し、それぞれ個性あふれる車両をつくっている。このうち「ブガッティ・プレジデンシャル形」が、

1934年10月、時速196キロを記録し、この時点でイギリスのもつ蒸気機関車の最高速記録を軽く凌いでしまう。島秀雄の渡欧する1年半前のことである。

むろん、ドイツだって、黙ってはいない。フランスの「ブガッティ・プレジデンシャル形」がデビューした頃、ベルリン〜ハンブルク間に画期的なディーゼル特急が走りはじめる。

「フリーゲンダー・ハンブルガー」

ドイツ語で、「空飛ぶハンブルクっ子」。1932年に完成した2両編成のディーゼル列車で、ベルリン–ハンブルク間270キロを2時間17分、平均時速124・6キロで結んだ。さらに、五輪開幕前年の1935年には大幅に馬力アップした「ライプツィヒ・シリーズ」という改良機シリーズが登場する。3両編成。スラリとした流線形ボディに、全車コンパートメント式の座席が137席。運転速度は時速170キロまで上がり、「05形」とともにベルリン五輪を華々しく飾りたてる花形列車となった。

1930年代は、華麗なる「流線形」の時代でもあった。

この「フリーゲンダー・ハンブルガー」のキャッチフレーズも「流線形」で、いかにも速そうな、細身のボディが強調されていた。ディーゼル・エンジンもまだまだ非力だったので、高速で走るには車体の軽量化が必須であり、その点からいっても、できるだけ細身であるほうが望ましい。したがって座席も狭く、やや窮屈で、しかもエンジンの「ゴーゴー、ガーガー」という音もうるさかった。要するに、鉄道車両としては未成熟ではあったものの、そのスタイリッシュな斬新さがベルリン五輪のお祭り気分にもマッチしていたらしく、人気も上々で、満席予約待ちの状態が続いていた。

島は、ドイツ滞在中に機会を見つけては、たびたびこの名物特急に乗っている。流線形ディーゼル動車ということ以外の点でも考えさせられることが多かったものと思われるが、そのことには、後段で再び触れる。

ここで、ふと気づいたことがある。

このアルバムには、「フリーゲンダー・ハンブルガー」の姿がない。

そう思って、ページをめくり返してみると、「05形」も「A4形」もない。

路面電車、内燃動車、バス、自動車などの類の写真は数多く収められているのだが、当時、一世を風靡したはずの名車両は、意外に少ない。「A4形」「05形」「フリーゲンダー・ハンブルガー」などの資料は大量に持ち帰ってはいる。だが、島のライカのシャッターは、これらの名車両の前を音もなく素通りしている。

なぜだろうか。

あるいは、当時、最新鋭の車両に無造作にカメラを向けることがまだまだ憚られたという事情もあったのかもしれない。たしかに、駅で写真を撮ることが許されなかったところもある。だが、島秀雄は単なる通りすがりの旅行者ではない。専門家である。当然、案内する当局者もいたはずであろう。撮れなかったはずがない。

このことは、「1936〜37年 世界旅行」アルバムの謎といっていい。

＊＊

さて、1937年の春、4月半ばの美しい季節に、島秀雄は長々と滞在したヨーロッパ大陸に別れを告げる。4月12日、ハンブルク港から「ウィントフック号」に乗船して、ハンブルクからイギリスのサザンプトン、スペイン領カナリア諸島のラス・パルマスを経てアフリカ大陸沿いに北大西洋を南下し、長駆南アフリカに向かった。

ハンブルクを出港後、「ウィントフック号」はオランダのロッテルダムを経由する。ロッテルダムは、ライン川支流を数十キロ遡った、河岸の港湾都市である。

島秀雄は、このライン川支流を遡行する船上から、河岸の風景をぼんやりと眺めていた。河岸には、ロッテルダムに向かう近郊電車が走っていて、ときおり上り下りの電車が船腹を通り過ぎていく。2両か、せいぜい3両編成のチッポケな電車で、船上からは、まるで模型のように見えたであろう。

そのとき……。

島秀雄の脳裡に、東海道新幹線のおぼろげなイメージがゆらゆらと閃いた……と、本人が晩年に語っている。

「いまから思い返してみると、あれが、東海道新幹線の漠然としたイメージを考えはじめた最初かもしれません」

いよいよヨーロッパ大陸を去るにあたって、島秀雄は自分なりに将来の鉄道についての考えを整理しようとしていたに違いない。そのことは、実は、ヨーロッパ滞在中もずっと考え続けてきたことなのだが、いまひとつ明確なビジョンがまとまらずに、若い島秀雄を焦燥させていたのである。

ヨーロッパの鉄道先進国から学ぶべきことは、何なのだろうか。自動車や航空機と共存する時代に、将来のあるべき鉄道の姿はどのようなものなのか。超高速特急はどのような形で実現されうるのだろうか。将来の東海道超特急の姿はいかにあるべきなのだろう……。

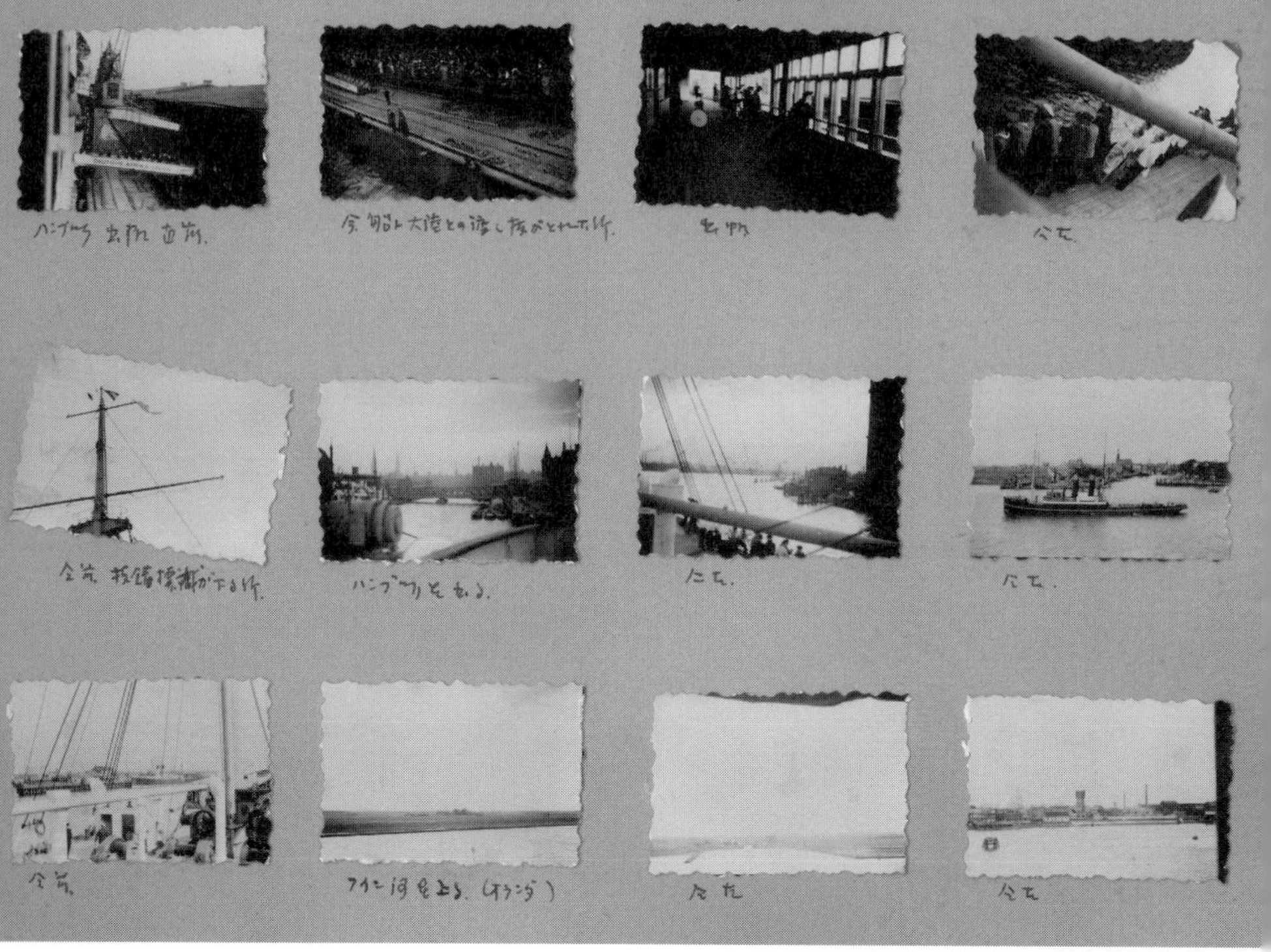

「ハンブルグ出航直前」（左上）から、船内の様子、船上から見えるライン川の風景まで。

「ウィントフック号」のデッキで、東洋から来た若き鉄道技師がぼんやりともの思いにふけるこのシーンにおいては、彼の眼の前をコトコトとオランダの近郊電車が行き交っていたことにとても大きな意味がある。

＊＊

東海道新幹線は、従来の特急の速度をさらに向上させただけではないオリジナリティをもっている。技術的にはほとんど前例のない、ユニークな超特急として登場したといっていい。

開発の指揮をとった島秀雄の言葉によれば、これを、「ムカデ式」という。ムカデは、「百足」と書く。初代東海道新幹線の「0系」は、16両編成のほとんどの車両の床下に、駆動装置としてモーターをもっていた。各車両がそれぞれ「小さな足」をもっていて、みんなで力をあわせて、ムカデのように走る超特急だったのである。鉄道技術用語ではこれを「動力分散式」という。駆動力が複数に分散されているからである。さらに正確にいうと、島の考えたムカデ式を「オールM方式」という。「M」はすなわちモーターのことで、「オールM方式」はすべての車両がモーターをもっている動力分散式列車のことである。

このムカデ式すなわち「オールM方式」には、多々メリットがある。
①万一、1本の足にトラブルが起きても、他の足で走り続けることができる。
②大重量の牽引機関車が不要で、車体を軽くできる。
③したがって建設費も安い。線路、橋梁などの構造物を低コストでつくることができる。
④加減速性能にすぐれ、キビキビ運転できる。
⑤機関車の付け替えが不要で、迅速な折り返し運転ができる。
⑥そのため、高速長距離特急においても次々と列車を頻発させる稠密ダイヤが組める。
⑦効率的な電力回生が可能である。
⑧連結両数を増やして大単位編成にすれば、上記のメリットを損なうことなく大量輸送が可能になる。
東海道新幹線は、このムカデ式を採用したことによって、大成功した。

なによりも、東京‐大阪間約500キロを結ぶ超特急であったにもかかわらず、まるで通勤電車なみに列車が頻発する稠密ダイヤが可能になった。しかも、まるごと一式新線を建設したにもかかわらず、格段に安くあがった。

「大単位、高速、頻発、安価」


このムカデ式は、技術的にも経済的にもよいことずくめであった。にもかかわらず、鉄道先進国の欧米では、まるで見向きもされなかったのである。

なぜか。

列車は、機関車が引くものだ……というゆるぎない固定観念が、欧米の鉄道人の頭の中を支配していたからである。当時も今も、蒸気式であれ、ディーゼル式であれ電気式であれ、見るからに立派でいかにも重厚そうな機関車が先頭に立って、後続の客車群を牽引する。これを専門用語で「動力集中式」あるいは「機関車列車方式」という。

「ムカデ式」に倣えば、何式……と言えばいいのだろうか。

むろん、欧米の鉄道先進国にも、ムカデ式の鉄道は存在した。

まず、都市近郊を走る「電車」。

いわゆる電車の原型は、路面電車であった。車両の床下の台車にモーターが付いていて、単独でバスのように自走できる。この自走する車両を複数連結していけば、ムカデになるであろう。だが、当時の電車は、とってもやかましかった。モーターが「ウィーン、ウィンウィン」とうなり声をあげ、「ガタガタ、ブルブル」と振動する。

「あんなうるさくて乗り心地の悪い座席に、とても長時間は乗っていられない」と、とにかく評判が悪かった。

機関車牽引方式の最大の利点は、客車の乗り心地がよかったことである。客車は、英語で「coach」。原義は4頭立ての大型馬車のことで、古来、室内装飾と乗り心地のよさを最大の価値として発達した。

さらに、ヨーロッパにおける鉄道誕生と発達の歴史が、鉄道の主役は機関車である……という岩のような固定観念をつくりあげてしまう。

なにより、鉄道は、馬車から発達したからである。まず16世紀に、ドイツの鉱山で「鉄道馬車」というものが出現する。鉱石を運び出す荷馬車の効率を上げるために、まず鉄の軌道が敷かれ、これをもっぱら馬が引いた。この鉄道馬車が、やがてロンドンやパリの市街を走るようになり、19世紀に入って、より優秀な馬として、スチーブンソンの蒸気機関が登場する。

黎明期においては、鉄道は馬とともに発達してきたのである。このことが、乗り心地のよい豪華な客車を力持ちの馬、すなわち機関車が牽引すべきであるという岩のように堅牢な固定観念をつくりあげた。ちなみに、車両や船舶の駆動力や推進力を計る単位を馬力という。英語で、「horse power」。J・ワットが蒸気機関を発明した際に、その力を馬と比較して表したことに由来する。ちなみに、1馬力は、1秒間に75キロ程度のものを1m運ぶ力に相当する。つまるところ、欧米の鉄道先進国の人々は、この馬力に由来する機関車主義を金科玉条のごとく大事にした。島秀雄の表現を借りれば、「彼らの頭には、〈coach〉は駿馬が引くべきだ……という馬車以来の先入観が宿痾《しゅくあ》のごとくこびりついている」ということになる。

むろん、欧米の尻にひっつくようにして鉄道を発達させてきた当時の日本においても、事情はまったく同様であった。東海道線をはじめとする中長距離幹線の列車は、すべて蒸気機関車が牽引していて、それこそ日本の鉄道人の間でも、機関車の付いていない電車などまっとうな鉄道として認められなかったといっていい。

さて、ムカデ式で走るには、優秀な「小さな足」が必要である。

足の有力候補は、当時から電気式モーターか、ガソリン内燃機関であった。まさかムカデの足に、いちいち蒸気の煙突を付けるわけにはいかない。だが、この時代すなわち1930年代半ばにおいては、電気式モーターもガソリンを使う内燃機関もいまだ試行錯誤の真っ最中で、まだまだよちよち歩きといってよかった。電化区間に至っては、まだほとんどなかったといっていい。ロンドンやパリ、ブリュッセル、ロッテルダム、ウィーンやベルリンなどの欧米の主要都市と同様に、東京や大阪など大都市の一部区間で、路面電車の延長としてせいぜい2、3両、長くても5、6両編成の都市近郊型の電車がトコトコと走り出していたにすぎない。これを日本人は、「ゲタ電」と称した。ゲタ代わりに使える近所への便利な移動手段ではあったが、ゲタで歩くようにうるさく、履き心地が悪かったからである。

当時の世界の鉄道界は、ムカデ式を走らせようにも、まだ満足な「足」をもっていなかった。

「フリーゲンダー・ハンブルガー」は、変則的なムカデだった。

デビュー当初は2両編成で、足の数は3組。前後に1組ずつと、連結部分に1組で、台車が連結器の役割を兼ねている。これを「連接式」という。後に3両編成も登場したが、同様にして足の数は4組。これらの台車が、すべて自前の動力をもっていた。動力は、2種類。ディーゼル機関の力をそのまま動力に使う「機械式」と、ディーゼル機関で発電機を回してモーターで駆動させる「電気式」。

つまり「フリーゲンダー・ハンブルガー」は、小型ながら、後に島秀雄が東海道新幹線において完成させるオールM方式ムカデ特急の、最初の萌芽だったのである。

島秀雄は、自分の頭の中の引き出しに、この「空飛ぶハンブルクっ子ムカデ君《フリーゲンダー・ハンブルガー》」の印象を大事にしまいこんだ。だが、ドイツの鉄道人たちは、そのほかの多くの国々の鉄道関係者たちと同様に、このせっかくのムカデ列車の萌芽を、そこそこのスピードでは走るけれどやっぱり狭くて小さくて乗り心地の悪い列車として、鉄道史の収蔵庫の奥に閉じ込めてしまう。

事実、「フリーゲンダー・ハンブルガー」よりも速くて広くて静かで快適な機関車列車が、蒸気式であれディーゼル式であれ電気式であれ、当時もその後も続々と登場する。

＊＊

この当時、断然、機関車列車が主流であったヨーロッパ大陸において、異彩を放っていた国がふたつある。イタリアとオランダ。

イタリアは、アペニン山脈を背骨とする山岳国家という地形上の特色もあって、早くから水力発電を発達させていた。ムッソリーニ政権も、ボローニャ―フィレンツェ―ローマ―ナポリ間の幹線の電化に積極的で、派手な新特急計画をたてて国際的に宣伝していたから、島たちもよく知っていたはずである。

「ETR200」という、3両連接の小さな、やせっぽちのムカデ特急で、最高時速175キロ、平均時速は130キロ。そうとうに速い。だが、定員は「フリーゲンダー・ハンブルガー」よりもさらに少なかった。残念ながら商業運転がはじまるのは1937年4月のことで、タッチの差で島秀雄は実走行を見ていない。

この「ETR200」は、電車列車であったという点で「フリーゲンダー・ハンブルガー」よりもムカデ新幹線に近かった。が、このすばしっこい小ムカデ君も、ムッソリーニ独裁政権の国威発揚の道具としてはそこそこ注目されていたにもかかわらず、編成数も少なく、暗い戦争の時代の中でさしたる活躍もできずに消えてしまう。

ちなみに、戦後、電車先進国のイタリアは「ETR300 セッテベロ」という後継機を生み出す。さらにムカデ化の進んだ名特急で、島秀雄も国鉄技師長就任の前年の1954年に視察・試乗して、大いに感ずるところがあったらしい。

さて、もうひとつの国は、オランダである。

この「ネーデルランド」すなわち「低地」という名をもつ国は、国土のざっと4分の1の標高が海面より低い。オランダ人たちは、古来、堤防を築いて海を囲い込み、干拓して広大な地面をつくり続けてきた。当時も、なお造成中だった。かの有名な延々30キロに及ぶ「大堤防」を大工事の末に完成させたのは、島らが滞欧した年のわずか5年前にすぎない。つまり、オランダの国土の大部分は、「ポルダー」とよばれる干拓地だった。

したがって、地盤がゆるい。

アムステルダムからロッテルダムに向けて最初の鉄道施設工事が行なわれたのは、19世紀の前半である。よほどの難工事だったらしい。土と砂利を突き固めただけでは、ずぶずぶと沈んでしまう。樹木の太い枝を何重にも敷き重ねて、そこに土や砂利を詰め込み、入念に突き固めて、ようやく機関車の重さに耐えうる路盤を完成させた。

だが、根本的に、路盤がゆるいことには変わりない。しかも第一次大戦後に、蒸気機関車は大型化している。大型でなければ速度もパワーも出せない時代になって、オランダの線路は悲鳴をあげる。できればなるべく負担のかからない車両を走らせたい……というオランダ鉄道人たちの切なる願いが、電車の発達につながった。

小さくて軽いモーターを各車両に分散させて走らせれば、車軸1本あたりにかかる重さ（軸重）は軽くて済む。路盤にも、負荷がかからない。

というわけで、島の訪れた1937年には、アムステルダムやロッテルダムなどの都市近郊線に小さなムカデが走っていたのである。車両数は、ほとんどが2～4両。むろん、「ゲタ電」であることには変わりなかったが、ともかくも、都市近郊ではチビのムカデ君が主役だったのである。そのまだちっちゃなムカデたちの、健気に走る姿を眺めながら、

「……今は、あの河岸をトコトコと走っているだけだけれど、いずれ、長大連結の高性能の電車列車特急が各国の幹線を走るようになるんじゃないだろうか……」

と、このとき島秀雄は、将来の東海道線を走るはずの「ムカデ式超特急」の姿をおぼろげながら頭に描いたというのである。

＊＊

島安次郎が、ムカデ式超特急のアイデアを持っていたのかどうかは、わからない。ドイツで目撃した時速210キロの試験走行が単機ながら電車であったことを考えると、あるいは父子の間で早くから話題になっていたかとも思える。少なくとも、島秀雄がこの世界旅行から帰朝した後には、将来の超特急の姿として語りあっていたと考えていいだろう。

ムカデ式すなわち「オールM方式」は、いたって単純である。天才的な閃きが生み出した発明でもないし、複雑な思考と技術の集積でもない。合理性を素直に推し進めていけば、徹底的に考え抜くことさえできれば、誰でも辿り着くことのできる普遍性をもっている。

しかも、お手本は目の前に転がっていた。近郊電車や路面電車は世界中の主要都市で走っていたのである。「フリーゲンダー・ハンブルガー」のやり方を推し進めていけば、あるいはオランダ式の電車を徐々に進化させていけば、いずれムカデ式超特急に辿り着くはずなのである。

しかし、誰もやらなかった。

島秀雄の独創といっていい。

04　南アフリカ連邦

「南アフリカ連邦を視察せよ」

という鉄道省からの訓電が届いたのは、島秀雄のベルリン滞在中である。

島秀雄は、かねてより南ア視察の希望を本省へ提出していた。何より、うわさにきく狭軌鉄道王国の実力を自分の目で確かめたかったからである。

本省側が指示してきた視察目的は、「南アへの鉄道車両等の輸出の可能性を探れ」であった。実は前の年に、鉄道省ではじめての蒸気機関車の輸出をタイ向けに行ない、どうやら評判もよく、まずまずの成功を収めた。「C56」という使い勝手のいい中型機で、主任設計者は島秀雄。

これに気をよくした本省が、次の輸出相手国として同じ狭軌の南アはどうか……と考えたわけであろう。

さらに訓電は続く。

「できれば南米経由で北米に入れ」

南アまで行くのであれば、そのまま南米経由でアメリカ入りしてもたいして遠回りではなかろう。ついでに、南米諸国にも輸出話をもちかけてみてくれないか……というわけである。

＊

南ア視察のメンバーは、3名。島秀雄と下山定則、これにロンドンを拠点に視察活動中の土木技師井上禎一が同行することになった。

当時、南アは大英帝国傘下にあったから、渡航の手配等いっさいを井上禎一がアレンジした。南ア側は、当初難色を示していたが、井上の粘り強い交渉によって「政府として、あらゆる労を惜しまず歓迎したい」と返電を受け取るところまでこぎつけた。

ところが、いざケープタウンに到着してみると、なかなか鉄道視察がはじまらない。来る日も来る日も喜望峰や植物園などの観光見物に引きずり回される。ずいぶんとやきもきさせられている間に、アメリカからショッキングなニュースが飛び込んできた。

「ヒンデンブルク号の爆発炎上」

島らがベルリン五輪開会式で見上げたその雄姿が、5月6日、ニュージャージー州レイクハースト海軍飛行場で着陸に失敗し、多数の犠牲者を出した。もちろん、歴史を後から振り返ってみれば……の話にはなるが、「ヒトラー第三帝国」の暗澹たる行く末を暗示していたといえなくはない。

1937年5月2日、ケープタウン着。島を撮影したのは下山定則か。

島たち一行は、ようやく、ケープタウンを出発して、寝台特急「ユニオンリミテッド」に揺られて、ヨハネスバーグまで約26時間の汽車旅を楽しんでいる。

「ユニオン・リミテッド」は、1923年のデビュー当初から、世界一贅沢な特急として知られていた。全車1等のみの豪華編成で、室内は豪華客船クラス。この3年後の1939年には「ブルートレイン」と改称されて、以後、豪華寝台列車の代名詞として世界中の鉄道ファンの憧れを誘い続けた名特急である。日本でも「あさかぜ」を筆頭とする一群の寝台特急を「ブルートレイン」と称したが、その元祖はこの南アにある。

＊＊

南アの鉄道は、比較的早くから発展した。が、当初、軌間すなわち線路の幅は、まちまちであったらしい。

内陸のキンバリーでダイヤモンドの富鉱が発見されたのは1867年で、ちょうど、日本では明治維新の年にあたる。鉱山開発を機に、軌間が次第に、狭軌(3フィート6インチ)に統一されていく。

南アの場合、軌間を狭軌に統一した最大の要因は、コストよりも、その地理的条件にあった。南ア連邦は、文字通りアフリカ大陸の最南端にあって、東、南、西面が海に囲まれている。その海に向かう三面が、ことごとく〝山〟といっていい。南アの国土のほとんどは、1500〜2000メートル級の山列あるいは急峻な浸食断崖によって囲まれた高原台地なのである。ダイヤモンドは、この高原地帯で発見された。この値千金の原石も、港から先進諸国に搬出できなければ、ただの石にすぎない。富鉱と港を最短距離で結ぼうとすれば、急峻な斜面を攀じ登らざるをえず、曲線の九十九折りとなり、したがって小回りのきく狭軌にならざるをえなかった。

しかし、矮小な狭軌にはしなかった。なにしろ、本国イギリスは鉄道発祥の国である。南アの政治経済を牛耳っていたのも、もちろん鉄道技術者たちもイギリス人である。本国に負けぬ理想郷を建設しようという意気込みにも燃えていて、むしろ、

「本国なにするものぞ」

という旺盛なジョンブル魂に満ちあふれていた。しかも、豊かな鉱物資源によって、鉄道建設の資金にも恵まれていた。さらに、地質条件にも恵まれていた。南アの乾燥した大地は、堅い。つるはしをビンビンと跳ね返すほど堅固で、路盤としては磐石である。丈夫なレールさえ固定すれば、大型の重量機関車を余裕で支えることができたのである。

こうして、狭軌でありながら世界最高の鉄道を目指す……という一風変わった技術的風土とでもいうべきものができあがり、事実、西欧の標準軌規格の機関車に大きさと重量において迫り、質において凌駕する名機が続々と生み出されていくことになる。

アルバムの中で、とくに目をひくのは、新鋭蒸気機関車の「16E」であるが、その詳しい話はコラム「宿命のライバル、南ア連邦」に譲る。そのほかでは、関節型といわれる大型の蒸気機関車群がある。さらに電化も進んでいて、後々の新幹線とのつながりでいえば、すでに電力回生も行なわれていた。同じ狭軌鉄道の国でありながら、少なくとも技術に関する限り、南アのほうに〝一日の長〟があったというべきだろう。島秀雄は、どうしても、その生の姿を見たかったらしい。

コラム

親友、下山定則

島秀雄の世界旅行アルバムにもっとも多く登場する人物について触れておきたい。

下山定則は、島秀雄と同期入省の鉄道官吏で、大学時

代からの親友でもある。後に悲劇の国鉄総裁となった人物であるから、ご存じの方も多いかもしれない。

下山と島は、この1年9か月におよぶ「1936～37年 世界旅行」のほとんどの旅程をともにしている。長期滞在となった欧州と北米ではさすがに別行動も多かったが、日本→欧州→アフリカ→南米→北米→日本……と大陸間を移動する船旅はすべて同船していて、アルバムのあちこちで下山ならではの剽軽な笑顔をふりまいている。

＊＊

ごく簡単に履歴を辿っておこう。

下山定則は、1901年（明治34）7月、神戸生まれ。島秀雄は同年の5月、大阪生まれ。下山は幼少の頃から近所でも評判の〝鉄〟であったらしい。母の背に負われていた頃から大の汽車好きで、とにかく「汽車を見せろ」とダダをこねた。

厳父の下山英五郎は司法畑の顕官で、したがって転勤が多く、定則少年は小学校だけで神戸、京都、千葉、甲府、静岡と5回も転校している。鉄道が唯一の遠距離交通手段であった時代に、幼少ながら2年と隔てずに一家で東へ西への汽車旅を繰り返したことが、下山定則の血中の〝鉄分〟を増やしたのであろう。

定則少年は、転校する先々の学校で、たちまち〝汽車博士〟として人気者になった。転校早々にその街の主要駅の時刻表をそらんじてみせるという特技で、地元育ちの悪ガキどもからいちはやく尊敬を勝ち取ったらしい。小学校高学年の頃には、時刻表ばかりか列車番号まで丸暗記して周囲の大人たちを驚かせ、「下山の記憶術」と評判になった。三重中学を卒業して三高に入学した頃には、北端の稚内駅から南端の鹿児島駅までの駅名をことごとくそらんじて〝鉄〟系サークルの友人たちを驚かせ、「鉄道」という名誉あるニックネームを頂戴している。

「鉄道」はまた、「胃痛持ち」でもあったらしい。頑丈な体格ながら学齢以前から胃弱で、たちの悪い胃痛に終生、苦しめられることになる。この世界旅行の最中にも胃薬の重曹を肌身離さずに持ち歩き、酒も飲まず、果物にも手を出さなかった。

島秀雄との初対面は、下山の三高時代である。三高に通う阿部正夫という島の従兄を通して知り合ったが、仲よく付き合うのはともに東京帝大の機械工学科に進んでからである。

出席簿上、「SHIMA」の次が「SHIMOYAMA」で、席も卒業まで隣同士だった。

＊＊

ともに鉄道省入りしてからのことは、ここでは省く。島はすんなりと工作局入りし、下山はわずか定員3名という難関を突破して運転畑に進む。ともに将来の鉄道を背負うエリートとしてそこそこ無難に出世街道を歩み、この1936〜37年の海外視察旅行にも仲よく同行することになる。

＊＊

当初、下山のつもりでは、ヨーロッパにできるだけ長く腰を落ち着けて、アメリカ経由でさっさと帰国するはずだったらしい。筋金入りの「鉄道」にとっては、ヨーロッパこそ、古きよき伝統とデラックスなモダンさを兼ね備えた鉄道王国であり、いわゆる〝鉄スポット〟の宝庫でもある。乗ってみたい列車や見てみたい駅舎、鉄道構造物や記念碑、資料館など数えあげればキリがなかった。じっくりと視察を重ねようと思えば、1年でも足りなかったであろう。だから、

「南アフリカ連邦まで、一緒に行ってみないか?」

と、島に誘われたとき、言下に断ったものと思われる。ヨーロッパ文明国ならいざしらず、胃痛を抱えてアフリカまで行く自信はないよ、と言ったにちがいない。だが、島は諦めない。

「狭軌先進国の南アフリカの実力をこの眼で確かめておこうよ」

と、熱心に口説き、最後は島の熱意に引きずられるかっこうで、下山は渋々承知した。島は、さらにロンドンにいた工務局の土木技師・井上禎一を仲間に誘い込んで本国の鉄道省を口説き、当初はなかなか首を縦に振ってもらえなかったのだが、これも最後には裁可を得ることに成功した。

下山と井上は、南アの鉄道を視察した後、さっさとヨーロッパに戻りたかったらしい。島秀雄だけが、ケープタウンからさらに南米ブラジルに向けて世界一周の旅を続けるはずだった。だが、3週間の南ア滞在の間に、再び島が熱心に誘った。

「ここまで来たのだから、南米と北米も見てみないか」

島がどのような言葉で下山を説得したのかはわからないが、島の回想によれば「無理にすすめて」、ともかく下山と井上を、これまた渋々、同意させている。

どうやら島は、胃痛もちの下山を最初からアメリカまで引きずっていく作戦だったように思われる。島秀雄は、10年前に一度アメリカを見ている。アメリカをしっかり見なければ、世界を視察したことにならない。この機

会に、下山にもぜひ新興大国アメリカを見せておきたい。そう考えていたらしい。

幸いなことに、南米航路の途上、下山の胃痛は鳴りを潜めたままであった。天候にも恵まれて、おおむね上機嫌であったらしく、「今度はぜひ妻を連れてきたい」と連発し、下山式記憶術やコインを使った得意の手品を披露しては、外国人船客たちの喝采をさらった。

下山は、無類の愛妻家としても有名だった。酒はほとんど飲まない。だが、酒席の座持ちはとても上手で、芸者の人気を独り占めにするくらい、モテる。けれども、そこまで。誰がどうけしかけてみても、それ以上は進まない。島秀雄と同様に、長い外遊の間も、浮いた話は皆無であった。下山の人物を形容するキーワードには「鉄道、胃痛、記憶術」のほかに、「愛妻家」も加えねばなるまい。

この世界旅行の道中に、下山はせっせと妻に手紙を書いている。島によれば「ほとんど毎日」のように書いたらしい。その島秀雄も、実は、負けず劣らずの愛妻家で、旅行中もせっせと手紙を書き、妻の豊子からも折り返しせっせと返事が届いている。島はこの世界旅行中に届いた妻からの手紙を後年まで大事に保管していた。その数は、ざっと百数十通。仮に130通としても、およそ5日に1通。下山は、それをはるかに上回るペースで妻に書き送っていたらしい。

＊＊

この世界旅行から帰ってから12年後の夏に、突然、下山定則は死ぬ。

世に、「下山総裁怪死事件」として知られる史上稀有というべき怪事件に巻き込まれて、戦後史最暗部の奈落の底に消えてゆくのである。

下山定則は、この世界旅行の後、省内で「ラッキーボーイ」と呼ばれるほどトントン拍子に出世した。帰国後、鉄道省に身を置きながら企画院、技術院などの要職も歴任する。そして戦後まもなく名古屋鉄道局長となり、東京鉄道局長を経て、官吏としての出世街道終着駅というべき運輸次官の席に就いて、さらに1949年（昭和24）の6月に48歳の若さで国鉄総裁の地位にのぼりつめた。

この頃、国鉄は荒れ狂う嵐のただ中にある。半官半民の公共企業体「日本国有鉄道」が誕生したばかりで、初代総裁に課せられた絶対の使命は、「9万5000人の人員整理」であった。世は、いまだ占領下にある。日本経済は瀕死の状態にあり、続々と外地から復員する人々を受け容れる余裕はまるでない。各地で労働運動が激化の一途を辿り、ほとんど〝革命前夜〟を思わせる状況下で、10万人の馘を切る。初代国鉄総裁といえば雲の上の栄職といっていいはずだが、実際のところ、これほどの貧乏籤《くじ》もなかった。当初政府首脳たちが望んでいた民間人の登用はとうてい実現するはずもなく、結局のところ、国鉄部内から指名するしかない。最初は加賀山之雄に白羽の矢がたったが、「戦時中のベルリン駐在期間が長い」という理由でGHQから難色を示され、下山定則にお鉢が回った。加賀山は副総裁。こうして、1936~37年の欧米視察組で正・副最高幹部の陣容を整えて、未曾有の大量馘首に臨んだ。

「GHQサイドは下山さんをアメリカ通として歓迎していました。戦前にアメリカ視察の体験がおありだったことも好印象のひとつになっていたと思います」

と、当時、鉄道関係の対米交渉を担当した兼松學は証言している。下山定則が戦前にアメリカに出掛けたのは、この1936~37年の世界旅行中以外にない。同様に、加賀山之雄のドイツ体験も、1936~37年のベルリン視察滞在以外にない。GHQが下山をアメリカ通として買い、加賀山を親ナチス・ドイツ系の人間として忌避した理由は、この世界旅行中のほんの数か月の旅程の差でしかなかった。ともかく、

「四囲の状勢から考え、わたしは犠牲になります」

という覚悟の言葉を残して、下山は一大貧乏籤を引いた。

島秀雄は、このとき、下山の懇請で工作局長兼務ながら理事の末席に連なっている。もとより技術屋にとって組織とか政治とか経営とかは縁遠いものなのだが、あえて引き受けた。陰ながら下山を応援しようと決心したものと思われる。

下山の引いた貧乏籤は、電光石火のごとき早業で、恐ろしい結末を招き寄せた。

昭和24年7月6日。下山は、常磐線の北千住–綾瀬間の東武線ガード下付近の線路上で、轢断死体で発見される。総裁就任から、わずか36日目のことである。

上野発松戸行きの最終電車の運転手が線路上に赤い異物を発見し、綾瀬駅で報告。駅員が現場にかけつけたところ、人肉らしき肉片が散乱していて、持ち物から下山国鉄総裁と判明。鑑定の結果は、「死後轢断」。直前に通過したデゴイチ（D51）牽引の貨物列車が死体を轢断したものと推定された。下山総裁の足取りは、前日の午前9時頃、運転手を待たせたまま日本橋三越本店に入ったのを最後に、杳《よう》として知れなかった。

GHQ占領下の公式捜査は、わずか数か月で打ち切ら

れてしまう。最終捜査報告書となった『下山事件捜査最終報告』は、自殺を強く匂わせているが、島秀雄や加賀山之雄をはじめ、下山を知る国鉄関係者は一様に自殺説を一笑に付している。……だが、60年の歳月が経過した今日に至るまで、ＧＨＱ関与説、国際機関陰謀説などの諸説がまことしやかに語られはするものの、真相はいまだに〝黒い霧〟の奥深くにあって、無気味に沈黙を守っている。

下山が総裁に就任してから、島秀雄は毎朝のように一緒に出勤していた。下山の自宅は品川区洗足池。島は高輪。

「明日の朝、迎えに行くよ」

と、決まって前夜に下山が誘う。「国鉄の幹部は電車で出勤しなくちゃ……」と島がたしなめても、「総裁車を使ってあげないと、運転手さんがかわいそうだから」と下山が言う。毎日のように誘われるので、2日に1回は総裁専用車に同乗して丸の内の国鉄本社に出勤した。下山が失踪した7月5日の朝は、同乗していない。前夜に「よそに寄るので、明日は行けない」と下山から連絡が入っていた。

「下山君は疲れていた。しかし、疲れていたのは彼だけでなく、当時の国鉄幹部の誰もがそうであった」

と、『捜査最終報告』の中で島秀雄は言葉少なに語っている。

事件後、国鉄の関係者やジャーナリズムの注目は、当然ながら島秀雄に集まった。前日まで一緒に通勤していた親友の島秀雄なら、事件解決の糸口を知っているに違いない……と推測されたからである。

だが、島秀雄は、この件に関しての取材を以後一切断って、口を閉ざした。家族の中でさえ、この一件が話題になることをひどく嫌った。次男の隆さんによれば、最晩年に至るまで、父の前で下山事件を話題にすることはタブーであった。

コラム

宿命のライバル、南ア連邦鉄道

島秀雄のライカは、南アフリカの砂漠の風に吹かれながら、猛禽類のように「獲物」を狙いはじめる。

蒸気機関車である。

ヨーロッパでは、ほとんどといっていいほど蒸気機関車を撮らなかった島秀雄は、ここ南アでは、それこそＳＬマニアといっていいほど執拗にレンズを向け、シャッターを切っている。なかでも、島のアルバムに、これでもかこれでもか……と登場するその代表的な獲物が、「16Ｅ」であった。

１９３５年デビューの高速旅客機で、最高時速１１３キロ。「鉄道王国南アフリカここにあり」と全世界に向けてアピールする広告塔のごとき最新鋭機であった。

なぜ、島は「16Ｅ」に執拗にレンズを向けたのか。

一言でいえば、ニッポン蒸気機関車の最大のライバルだったからである。明治以来、日本の鉄道人たちが「負けてたまるか」と対抗心を燃やし続けていたのは、伝統と技術を誇るドイツやイギリスではなく、それぞれ独特の個性的な味を出していたフランスでもイタリアでもオランダでもなく、ましてやもっぱら重厚長大を誇るアメリカ合衆国ではまるでなく、地球の裏側といっていいほど遠く離れた、アフリカ大陸の最南端の国であった。

「狭軌」だったからである。

南アの鉄道は、日本と同様に、軌間すなわち線路の幅が狭い。欧米の鉄道先進国で主流であった広軌（正しくは標準軌）１４３５ミリ（４フィート８・５インチ）に対して、１０６７ミリ（３フィート６インチ）。40センチ近く狭かった。

狭軌鉄道には、それなりの利点もあった。なにより、建設コストが低く抑えられる。橋やトンネル、駅舎などの構造物も、もちろん車両そのものも、鉄道用地も、すべて一回りも二回りも小さ目ですむ。その分、安くあがった。

もうひとつの利点は、小回りがきくことである。とくに山岳地帯を縫うように登り下りする場合、狭軌のほうがコース取りの点で断然有利だった。しかし、「大単位・高速輸送」という点では、すなわち人や貨物を大量かつ高速で運ぶという鉄道に求められる基本的役割という点では、決定的に不利であった。

狭軌と広軌の鉄道車両を比べてみても、速度、牽引力などの性能では、大人と子どもほどの差があったといっていい。狭軌の国の鉄道人は、おしなべて、広軌の国の鉄道人に対する根深いコンプレックスを拭いきれずに、しょせん狭軌鉄道では勝負にならないと諦めていたわけである。

「南アも我々と同様に見込み違いの十字架を背負いながら一生懸命の努力をしている」

と、島秀雄は書いている。

狭軌鉄道は〝植民地軌道〟とも揶揄されていた。欧米列強国の支配下にあった多くの植民地は、ローコストゆえに狭軌鉄道を選ばざるを得なかったからである。その点では、明治時代の日本も同様であった。明治維新によってかろうじて独立国の体面を保つことに成功はしたものの、不平等条約に縛られていたという点では半植民地状態にあったといってよく、事実、鉄道敷設にあたって十分に準備を整える余裕もないまま、イギリス人顧問にすすめられるままに狭軌を選んでしまう。山の多い列島を縫うように走らねばならないという事情もあったにせよ、おおむねローコストゆえに狭軌鉄道を選んだのだといっていい。

日本では、狭軌のことを「ケープ軌間」と通称した。ケープタウンの「ケープ」である。鉄道の歴史では、南アのほうに一日の長がある。南アは、いわば狭軌一家の兄貴分であったといっていい。長男が南アで、日本はさしずめ次男坊であろうか。

＊

さて、「16E」。

この南ア自慢の名機は、当時世界で指折りの名列車「ユニオン・リミテッド」の牽引機としてつくられた。軸は「パシフィック形」。先輪‐動輪‐従輪が「4‐6‐2」形式で、機関車重量100トン。全長22・3メートル。最大軸重20トン。ボイラー14・8kgf／㎠。ドイツのヘンシェル社製。

日本の鉄道人たちを何よりも驚かせたのは、その動輪の巨大さである。

動輪径1830ミリ。蒸気機関車の場合、動輪の大きさがスピードを決定する。

ごく大雑把に説明しておく。

蒸気機関のパワーの源泉は、蒸気の圧力である。高圧蒸気をシリンダーに出し入れすることでピストンの往復運動をつくり、これをメイン・ロッドで回転運動に変える。速度を上げるにはこのピストン運動を速めればいいわけだが、構造上、毎分300往復程度が限度で、つまり、動輪の回転数にも上限がある。とすると、速度を上げるには、動輪を大きくするしかない。こうして、20世紀前半に展開された蒸気機関車のスピード競争は、つまるところ動輪径の拡大競争となっていた。

もちろん、大きな動輪を高速で回転させるには、それなりのパワーすなわち高圧蒸気が必要になる。したがって、動輪径の大型化にともなって、当然ながらボイラーの大型化・高圧化も必須になる。

「16E」がデビューするまで、長らく狭軌鉄道で最大の動輪径を誇っていたのは日本だった。当時、東海道本線で「燕」「富士」などの急行を牽引した主力機の「C55」は、1750ミリ。この動輪径で、東海道本線で平均時速70キロを叩き出していた。

「16E」の動輪径1830ミリは、狭軌では群を抜いていた。

南ア側の報道では、「16E」は試験走行で軽く時速130キロを突破し、「ユニオン・リミテッド」の営業運転では時速110キロ走行を目ざす……と伝えられていたから、日本の鉄道人たちは慌てた。

「ぜひ、南アの〈16E〉の実力のほどをとくとご視察いただきたく……」

「16E」。1935年製造。設計は南ア国鉄の技師ワトソン。運行最高時速113キロ。

と、鉄道省工作局の北畠顕正はベルリン滞在中の島秀雄に書き送っている。北畠は島秀雄の腹心の部下で、島よりも5歳年下。蒸気機関車からガソリン動車、電車までの設計を補佐していて、島の留守番役でもあった。

島秀雄は、ベルリン滞在中に「16E」の設計図面や走行性能のデータをヘンシェル社から入手していて、そのおおよその性能については承知していた。

北畠への島の返信は手元にないので、評価はよくわか

「16E」のRC弁装置。

らない。が、実際にその目で見て、やはり感銘を受けたらしい。アルバムを見る限り、島はいかにもうれしそうな表情を浮かべながら「16E」とともにファインダーに収まっている。

「私にも蒸気機関車で極限を狙いたいという気持ちがあった」

と、島秀雄は後年に書き残している。

「16E」は、狭軌の極限に挑戦していた。不遜にも広軌（標準機）の大型蒸気機関車に挑戦状を叩きつけていたといってもいい。事実、その大きさと重量は、蒸気機関車の世界最高速記録をもつイギリスの広軌SL「A4形」に匹敵する。スピードとパワーの点でも、ヨーロッパの平均的な広軌SLを凌駕していた。

狭軌という条件の中で極限の高性能を引き出そうとすれば、設計上の無理に無理を重ねて、どこかに活路を見いだすしかない。

たとえば、「16E」の場合、全部で3軸ある動輪のうち、中央の動輪にはフランジがなかった。フランジというのは車輪の内側にある張り出しのことで、このフランジがあるために車輪は脱線しない。この大切なフランジを1軸だけ切り飛ばして、数十ミリほど詰めている。限られた寸法内にできるだけ大きな動輪を収めるためであり、また狭軌の利点でもある登攀区間の急曲線をスムーズに曲がるためであった。

ふーむ。

と、島秀雄もうなったであろう。

この年、すなわち1937年に、東海道本線急行の牽引機として「C57」がデビューしている。後に〝貴婦人〟と賞された名機関車で、「C55」ともども主任設計者は島秀雄である。動輪径は1750ミリ。「16E」に比べて、動輪径で80ミリ、長さで2メートル短く、重さで40トンも軽かった。

同じ狭軌でも、南アと日本では路盤の条件が違う。南アは硬く、日本は軟らかい。許容軸重でいえば南アは20トンで、日本は14〜15トン。機関車の総重量が「16E」の5分の3程度になってしまうことも、まあ、やむをえない……とあきらめるしかなかっただろう。

しかし、だからといって、できることがないわけではない。許容軸重14〜15トンの狭軌で極限を攻めると、どんな機関車ができるのだろうか……。

そのことを、島秀雄はアフリカ大陸の南端で、しばしば夢想したはずである。

＊＊

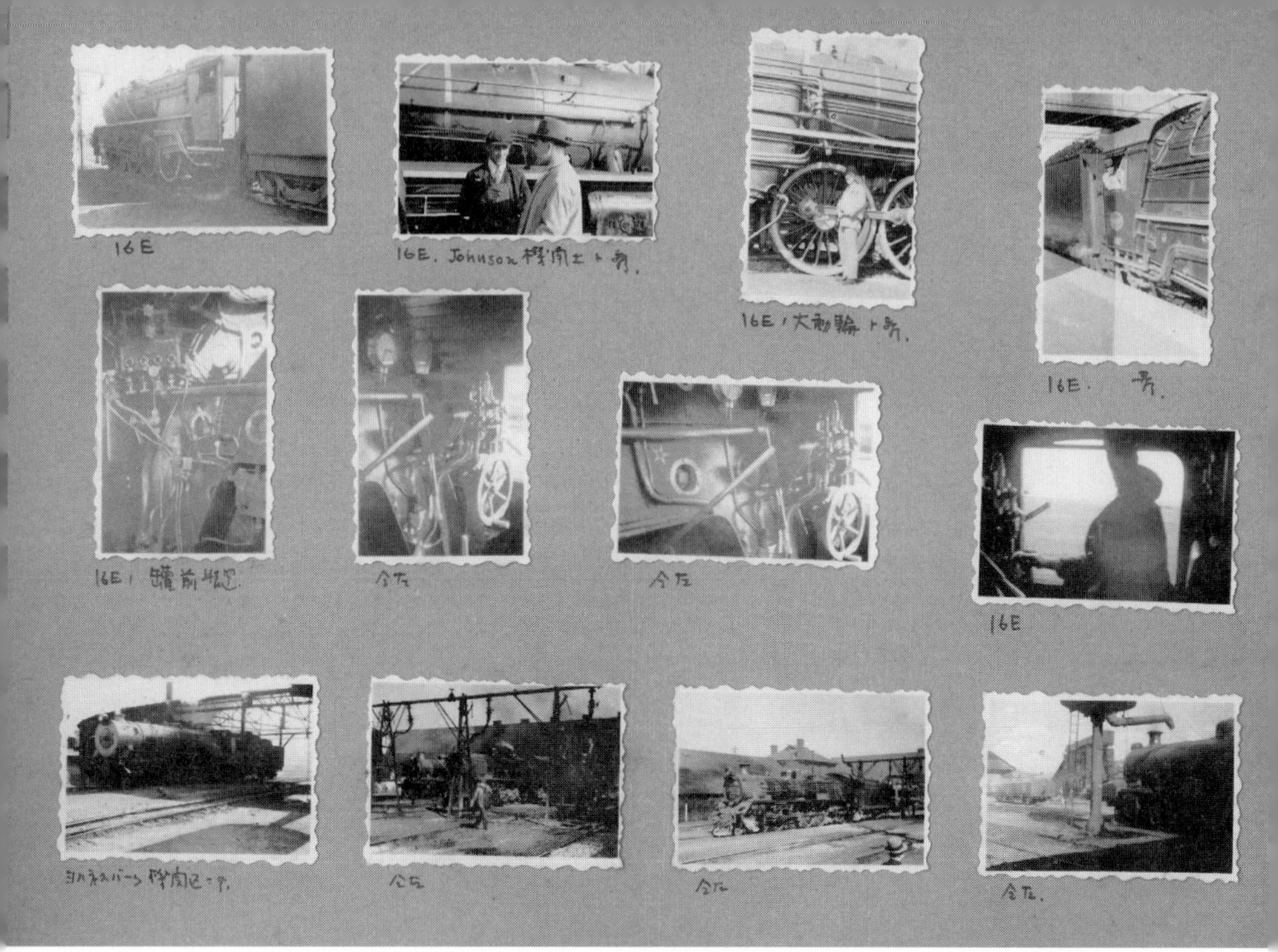

16Eの写真は20枚近くにも及ぶ。島の関心の高さがうかがえる。

皮肉なことに、「16E」は歴史に残る名機であったにもかかわらず、その後、必ずしも順風満帆の活躍をしたわけではない。名特急「ユニオン・リミテッド」を牽引できたのは、わずか数年にすぎなかった。デビュー３年後の１９３８年、島らが訪れた年の翌年には、すでに息があがってしまう。

「ユニオン・リミテッド」は、世界でもっとも豪華な列車……でなければならなかった。

この頃、すなわち１９３０年代には、アメリカで空調付きの豪華特急が走りはじめている。

アジアでは、満鉄特急「あじあ号」が１９３４年のデビュー時から空調付きであった。当然ながら「ユニオン・リミテッド」も空調付きでなければならない。さっそく客車の近代化が進められて全車両が鋼製車となり、さらに空調も付けられて、その結果、列車重量が大きく増えて、「16E」の顎が上がってしまう。ゆるやかな山登りでも牽引力不足を露呈して、結局のところ使いものにならない。他の線区に回されて、蒸気機関車としては不遇な生涯を送ることになる。

ちなみに、後継機は「15E」。スピードよりも牽引力を重視して、動輪径はいっきに１５２４ミリに縮小され、その代わり動輪を１軸増やして４軸とした。この「15

E」は、「ユニオン・リミテッド」の重くなった空調付き鋼製車十数両を余裕で牽引して、それでも時速60マイル（96キロ）走行を維持した。島は、このできたてホヤホヤの「15E」の姿もライカに収めている。

「16E」の衝撃は、現地の南アよりも、むしろ極東の狭軌鉄道国の日本で長く尾を引いた。島秀雄らが帰国すると、さっそく〝打倒「16E」プロジェクト〟とでもいうべき、一連の動きがスタートする。

真っ先に鉄道省工作局で、次期主力機「C59」の動輪径を「16E以上」にすることが検討された。むろん、島秀雄がリーダーである。動輪径は1850ミリ。「16E」を20ミリ上回る。ところが試算してみると、軌道強化費など多額の投資を必要とするにもかかわらず、従来の1750ミリに比べて速度が6％しか上がらない。「燕」の時速68キロ走行が時速72キロ程度に上がるにすぎない。まさか狭軌最大動輪という面子だけのために巨費は投じられないので、結局のところ、諦めることになる。

さらに、汽車製造会社の「KC54」という幻の機関車のことにも触れておきたい。

汽車製造会社は、維新の元勲・井上馨を初代社長に迎えて1896年（明治29）に創設された、文字通りもっぱら蒸気機関車を製作する会社であった。この老舗の蒸気機関車屋さんの通産製造番号が、昭和15年頃に2000番を迎える。そこで、2000番を記念して、社として誇るべき蒸気機関車を1両製造し、鉄道省に献納することになった。

社長は、島安次郎である。もちろん、歴史に残る1両を献納しなければならない。

動輪径、1850ミリ。

「16E」を超えよう……という島安次郎社長の声が聞こえてきそうである。

結局、この「KC54」計画も、流れた。軸重17トンの重い蒸気機関車を走らせるためには、軌道整備のためにさらに巨額の投資が必要だったからである。

汽車製造会社の記念すべき2000号機関車は、「C591」すなわち「C59」の1号車となった。動輪径は1750ミリに戻され、北畠顕正を主任設計者にして1941年（昭和16）に完成する。名機であった。鉄道関係者の中には、この「C59」をもって日本蒸気機関車史上の最高傑作という人も、少なくない。

＊＊

最後に、「C62」いわゆる「シロクニ」について触れておきたい。

シロクニは、ニッポン蒸気機関車の棹尾《とうび》を飾る名機として名高い。戦後の復興期から高度経済成長の時代にかけて東海道、山陽、東北、常磐などの各幹線で活躍し、「つばめ」「はと」「あさかぜ」「はつかり」などの日本の名特急を軒並み牽引して、最後は函館本線での山越えを重連でこなし、１９７８年（昭和48）にラストランを終えた。

デビューは、終戦後まだ間もない１９４８年（昭和23）の暮れである。主任設計者は衣笠敦雄。島秀雄は動力車課長として、衣笠を指導した。島秀雄は、明らかに「16Ｅ」を意識している。

極限まで攻めよう……。

これが島と衣笠の合言葉であったように思われる。まず、できる限り、大きくした。日本の狭軌の車両限界ぎりぎりまで大型化をはかり、動輪こそ従来の１７５０ミリ３軸にとどまったが、従台車の車軸を１軸増やして重量を分担させ、終戦直後という悪条件ながら、攻めに攻めて設計して、史上最強の蒸気機関車をつくりあげている。

05 南米

島秀雄、下山定則、井上禎一の一行が、ブラジルのリオデジャネイロ港に着いたのは、１９３７年の５月28日であった。

１通の電報が彼らを待ち受けていた。内容は、以下の通り。

「揚子江で中国決死隊の爆弾によって日本船数隻が沈められ、日中間は緊迫している。当分の重工業製品の輸出は禁止される。商売の話はせずに、将来に備えた事情調査にとどめよ」

当時の新聞をめくってみたが、該当する事件の記事はどうも見当たらない。この頃、日本の新聞紙上を派手ににぎわせていたものに「神風凱旋」の記事がある。

４月早々、朝日新聞社は陸軍試作偵察機を改装した「神風号」を飛ばし、東京～ロンドン94時間18分（実質飛行時間51時間19分）という新記録を打ち立てた。さらに帰路、ローマ、アテネ、ダマスカス……ハノイ、香港、台北などに〝親善の爆音〟を響かせつつ凱旋し、５月21日、羽田に帰着している。

５月27日付けの紙面には、仏人飛行士ドレ機がパリ

〜東京間飛行に挑戦し、ゴールを目前にして高知県海岸に不時着し、転覆大破したという記事もある。この頃、はるか極東の故郷でも、本格的な航空機時代到来を告げる悲喜こもごもの出来事に沸いていたのである。

島たち一行も南米では空の旅が多くなった。

まず、ブラジル北東部のバイアには、当時流行していた飛行艇で往復した。リオデジャネイロ〜バイアは、ざっと東京〜鹿児島程度の距離だが、南米ではおおむね長距離鉄道が未発達で、空を飛んで移動するほかなかった。

さらに、アルゼンチンからアンデス山脈を越えてチリに抜けるときも、空を飛んだ。悪天候の中、ダグラスDC−2機に揺られてようやくの思いで越えるのだが、その話の前に、ごく簡単に鉄道について触れておく。

＊＊

南米の鉄道は、歴史が古い。イギリスを筆頭とするヨーロッパ系の資本が投下され、早くから発達した。島らが訪れた1937年には、都市部を中心に近郊電車や地下鉄も充実していた。しかし、ここでは紙幅もないので、きわめてめずらしいメカニズムをもつ勾配線にのみ触れておく。

ブラジルの大西洋岸は、おおむね、そこそこの高さの丘陵が海に迫っていて、したがって鉄道線には急勾配のものが多い。その意味では、南アフリカによく似ている。

港湾都市サントスと内陸部のサンパウロを結ぶサントス・ジュンジアイ線にも、高低差900メートル、勾配100／1000という猛烈な急坂があった。19世紀に、この10メートル進んで1メートル登るという〝非常識な〟登攀鉄道を敷設したのは、イギリス人である。むろん、そのままでは登れない。ケーブルを使用した。

急坂を4区間に分け、線路の真ん中にケーブルを張り付け、エンジンで引っ張って巻き上げる。小型SLがその坂道に入ると、フルパワーで力行しつつ、その流れているケーブルを鷲づかみ、そのまま離さずに攀じ登る。

島は、何枚ものフィルムをこのサントス・ジュンジアイ線に使っている。

誰がなんといっても、登ってみせる！

その古き鉄道人たちの不退転のパワーに、敬意を表したものと思われる。

このサントス・ジュンジアイ線は、日系移民の通り

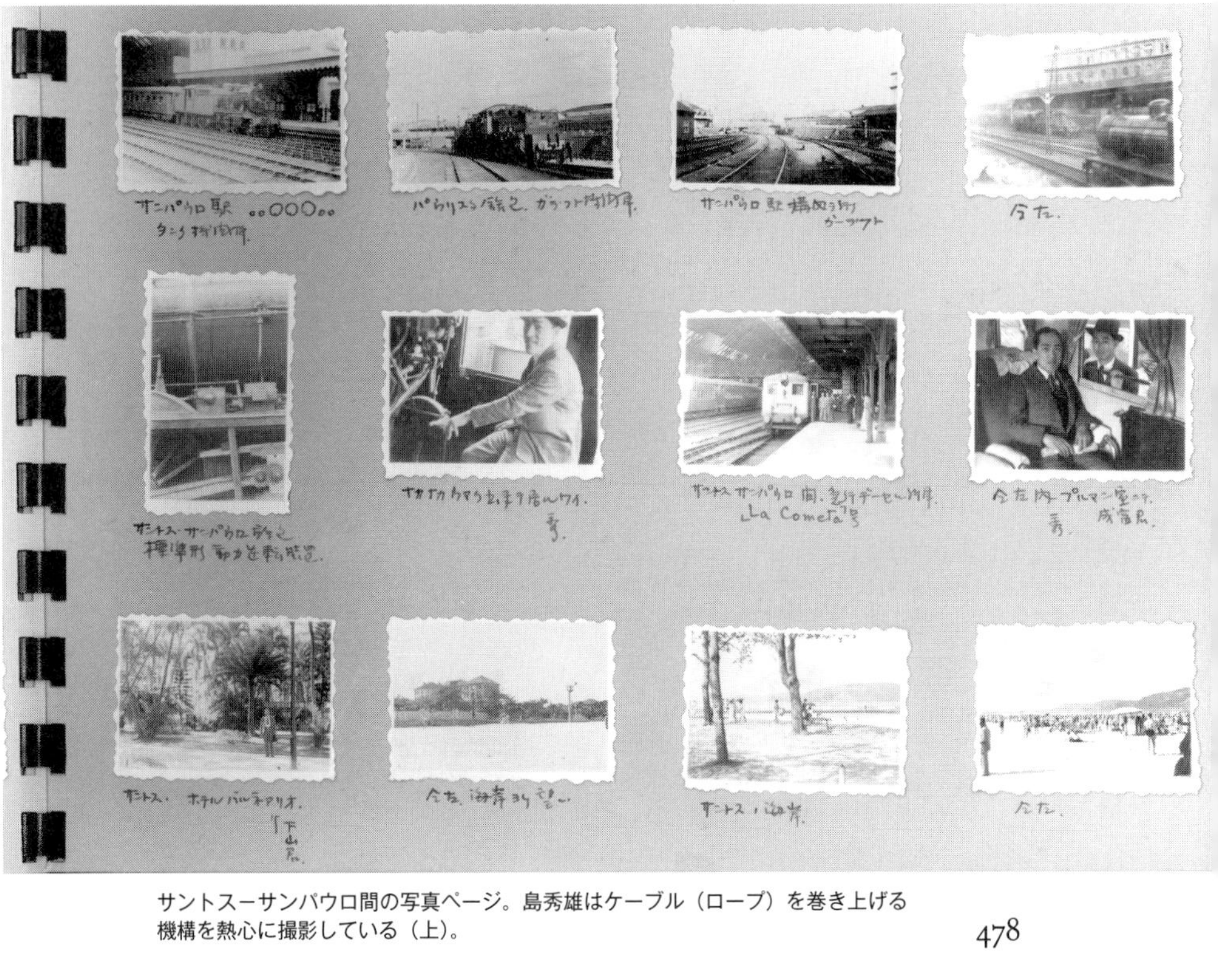

サントスーサンパウロ間の写真ページ。島秀雄はケーブル（ロープ）を巻き上げる機構を熱心に撮影している（上）。

道でもあった。日本からの移民船はサントス港に着き、この自分たちの前途を暗示するがごとき1000の大勾配線をケーブルに縋って攀じ登り、サンパウロの街から各地に散っていった。

日系移民は、1908年に始まってから1973年まで続き、島秀雄らが訪れた1937年にも、万単位の日本人がブラジル入りしている。

＊＊

さて、一行はブラジルからアルゼンチンを経由してチリに向かった。

当初、アルゼンチンの首都ブエノスアイレスから鉄道で山越えしてチリのサンチアゴまで抜けるつもりだったが、メンドサという山裾の街で足止めを食った。大吹雪に見舞われて、汽車が動かない。

やむなくパンアメリカン・グレイス航空に交渉してみたが、飛行機も飛べない。3日待たされてようやく飛んだのだが、荒天の中、大揺れに揺れた。アコンカグアをはじめとする6000メートル級の高山が連なるアンデスの稜線に腹を擦りつけるようにして、ギリギリの高度で山越えした。

下山定則は、肝を冷やした。下山は意外にこわがりだったらしく、バイア州で州統領専用の展望車に乗ったときも、途中で線路のバラスト（ジャリ石）がなくなり、最後は枕木もまばら……という悪路に揺られて生きた心地もしなかったらしい。島秀雄は、こういうことは案外平気らしく、笑顔で写真に収まっている。

ブエノスアイレスからメンドサへの道中、7月7日に、はるか極東の地で日中両軍が衝突している。北京郊外の蘆溝橋で日中両正規軍による銃撃戦が行われ、近衛政府の不拡大方針にもかかわらず、戦闘が華北一帯に拡大し、次第に日中全面戦争の様相を帯びはじめることになる。

……が、アルバムを眺めている限りでは、一行は、地球の反対側のいわば裏街道の旅を、のんびりと楽しんでいるように見える。

DC－2型機でアンデス越え。荒天で、下山定則によれば「死ぬほど揺れた」。

06　アメリカ

島秀雄らの一行3名がアメリカに滞在した期間は、ほぼ4か月である。

この世界旅行の全旅程は21か月におよぶ。おおまかに数えてみると、ヨーロッパが11か月、南アフリカが3週間、南米が2か月足らず、アメリカが4か月、残りの3か月は船の中であった。

当時、鉄道省の在外研究員には、「二国に滞在すること」という決まりがあった。二国とは、アメリカと欧州有力国の一国という意味で、要するに、欧米の両方を見てこい、ということである。最初にアメリカに行くか欧州に行くかは自由であったが、この頃は先に欧州に向かう者がほとんどだった。

アメリカは物価が高かった。とりわけ、ニューヨークは高い。ベルリンにいれば連夜の大盤振る舞いもできたが、ニューヨークではおいそれと飲みにも行けない……というほどの差があった。洋行生活をなるべくゴージャスに楽しもうと思えば、ドイツにできるだけ長く滞留して、アメリカ視察を最短で終わらせるのが得策だったのである。

島秀雄と同期洋行組の中では、加賀山之雄が存分に長期欧州滞在を楽しんでいる。

加賀山は「金は我々の身分としては不相応にある」と回想しているが、逗留が長くなれば次第に懐は寒くなる。万事豪放磊落な加賀山はぎりぎりまでベルリンにとどまり、使い切れぬほどのお金をちゃんと使い切ってから、やっと重い腰をあげた。

ただし、豪華船主義は貫いている。加賀山は最後に大枚をはたいて、断固、8万トンの豪華客船「クィーン・メアリー」に乗船し、1937年の10月末に素寒貧状態でニューヨーク入りして、さらっと米大陸を横切って、さっさと帰国の船に飛び乗った。ヨーロッパに17か月、アメリカ1か月、船に2か月……というのが加賀山のおおよその旅程である。

島秀雄は、渡米後も、そこそこ潤沢な滞在費に恵まれていたらしい。

その証拠に、ニューヨーク到着早々にフォードを1台買って、アメリカ視察の足としている。1937年型のフォードは破格の大衆車として知られるが、それにしても諸事物価高のアメリカである。むろん、鉄道省の視察費では足りない。お金の出所は、東京の島家だったはずである。

島秀雄はこのマイカーのフォードを足にして、精力的に東海岸メガロポリスの視察を行った。爆発的なアメリカン・モータリゼーションの底力を身をもって知るには、これ以上の視察法はない。

＊＊

アメリカの鉄道黄金期は、1920年代前半といわれる。歴史的にいえば、島たちの訪れた1937年には鉄道はすでに斜陽期に入っている。事実、1929年の世界恐慌を境にして、乗客数の落ち込みは歴然としていた。しかし、だからといってアメリカの鉄道人たちが手をこまねいて、斜陽に身を任せていたわけではまるでない。むしろ、逆である。

彼らは、猛然たるファイトを燃やして、飛行機と自動車という新しい脅威に敢然と立ち向かっていった。いうまでもなく、新参のライバルを迎え撃つためにもっとも大事なことは、スピードである。

1930年代にアメリカのおもな列車は、軒なみ高速化する。なかでも特筆すべきは、「ディーゼル特急の出現」であった。1930年代の半ば以降、全米各地にディーゼル特急が雨後の筍のごとく続々とデビューする。しかも、そのことごとくが、「流線形」であった。高速で、スタイリッシュ……。この2つのチャームポイントが、新しモノ好きのアメリカ人たちをたちまち熱狂させている。

この流線形特急ブームは、中部のカンザスシティに端を発している。合衆国のほぼド真ん中に位置する大都市で、四通八達を遂げたアメリカ鉄道網の一大中継点であった。このカンザスシティ駅に1934年2月、全米初の流線形ディーゼルが出現する。

「M10000形」

ユニオン・パシフィック鉄道がデビューさせた3両編成の電気式ディーゼル列車で、車体はアルミ合金製。続いてわずか5週間後の同年4月に、同じくカンザスシティ駅ホームに、バーリントン鉄道という中規模鉄道会社の名列車が姿を現す。

「ゼファー9900形」

ゼファーはギリシア語で「西風」の意味。同じく3両編成の電気式ディーゼル特急で、こちらはステンレス製であった。

この2つの流線形特急は、まだ走らないうちから、超売れっ子列車になった。お披露目のために展示走行しながら各都市を巡回し、引く手あまたでなかなか帰れず、ともに営業運転に入ったのは半年以上後になってから。たいへんな人気ぶりである。

この間、両列車ともテスト走行を繰り返し、それぞれ素晴らしい記録をつくっている。一例をあげれば、この年の10月に「M10000形」がロサンゼルス～シカゴ～ニューヨークの大陸横断に挑戦し、従来のSL特急で84時間かかるところを一挙に57時間55分まで短縮した。

＊＊

この2つの特急の大成功を見て、全米の各鉄道会社が色めきたった。流線形ディーゼル特急に無関心であった鉄道会社はほとんど皆無であったといっていい。ちなみに、アメリカには、いわゆる国鉄というものがない。すべて民間会社の運営である。1937年当時で、ごく小規模のものを除いても全米にざっと170あまりの鉄道会社が存在した。

アメリカの鉄道のもうひとつの特徴に、「平行線」というものがある。

A都市とB都市を結ぶ鉄道が複数存在する。α線でも、β線でも行ける。場合によってはγ線もδ線……もある。料金や速度、発着時刻、車窓からの眺め、車両の好みなどによって、客側が選ぶ。全米の主要都市間を結ぶ幹線には、ほとんどといっていいほどこの平行線が敷かれていて、複数のライバル会社が互いにスピードとサービスを競いつつ、熾烈な集客競争を繰り広げていた。

この平行線において、流線形の新型特急が続々とデビューする。島らの一行はロサンゼルスからニューヨークに向かって大陸横断の鉄道旅行に出かけているが、道中に平行線がごまんとある。

もっともポピュラーなのは、ロサンゼルスからデンバー、シカゴを経てニューヨーク入りするルートである。ここには1937年の夏の時点で、それこそ出来立てホヤホヤの流線形特急がウヨウヨ走っていた。

たとえば、ロス↓デンバー↓シカゴ間には、1936年5月デビューの「スーパー・チーフ」（サンタフェ鉄道）や「シティ・オブ・ロサンゼルス」（ユニオン・パシフィック鉄道）。さらにデンバー↓シカゴ間には「デンバー・ゼファー」が走っている。シカゴ↓ニューヨーク間には、永遠のライバルといわれた「20世紀号」（ニューヨーク・セントラル鉄道）と「ブロードウェイ」（ペンシルベニア鉄道）……。

島たちは、どの特急を乗り継いでニューヨーク入りしたのだろうか。おそらく、ルートと列車を決めたのは〝鉄〟の下山だろう。ロサンゼルス↓シカゴをサンタフェ鉄道、シカゴ↓ニューヨークがニューヨーク・セントラル鉄道というルートから考えてみると、「スーパー・チーフ」→「20世紀号」……あたりが匂う。

＊＊

東部の諸都市を歴訪した後、島秀雄はニューヨークで購入した最新型フォード「デラックス・2ドア・ツーリング・セダン」でサンフランシスコまでの大陸横断自動車旅行を敢行した。同行者は、後に仙台鉄道局長を務めた石田敬次郎である。石田は土木エンジニアで、島とは一高、東京帝大工学部の同期生。鉄道省入省も同期である。

メキシコ国境に向かう途中。手前の車が「デラックス・フォードア・ツーリング・セダン」（1937年製）。

旅のルートは正確にはわからないが、残された写真とパンフレット類から以下のようだったと推定される。ニューヨーク→バージニア州→アトランタ→ニューオーリンズ→バトンルージュ→ダラス→エルパソ→フェニックス→ロサンゼルス→サンフランシスコ。

ちなみに、写真家・名取洋之助も、この1937年夏にニューヨーク→ロサンゼルスを自動車で横断、50日間の撮影取材旅行を行なっている。

大陸横断ドライブの相棒、石田敬次郎。

コラム

アメリカ体験

ドイツで見聞したことと同じことが、アメリカでは桁違いの規模と速度で進んでいる。

というのが、ヨーロッパから渡米した鉄道省在外研究員たちの印象だったはずである。少なくも交通に関しては、まさにアメリカはドイツで進んでいることのさらにホットな拡大版といってよかった。

たとえば、ディーゼル特急について考えてみる。

流線形のディーゼル特急「M10000形」は、世界初の流線形ディーゼル特急「フリーゲンダー・ハンブルガー」に遅れることわずか10か月ほどでカンザスシティ駅にデビューする。しかも、流線形ディーゼル特急たちがたちまち全米の鉄道各線に導入されていくその爆発力たるや、とうていドイツの比ではなかった。

モータリゼイションに関しても同様である。ドイツの「〝国民車〟フォルクスワーゲン」は、大々的に発表されてはいたものの、実販売に至っていなかった。だが、アメリカでは大衆車の販売が破竹の勢いで加速されていく。ドイツのアウトバーンには自動車の姿がまばらだったが、アメリカの都市部のハイウェイ網には、「フォード」「シボレー」「GM」など大衆車がビュンビュン突っ走っていた。

しかも驚嘆すべきことに、アメリカではほとんどの事業が民間ベースで進められていて、連邦政府の関与はごくわずかな範囲にとどまっていた。ドイツではほとんどあらゆることがナチス・ヒトラー政権の肝煎りで進められていたのと好対照といっていい。「フリーゲンダー・ハンブルガー」も高速蒸気機関車「05形」も「フォルクスワーゲン」も、ヒトラー政権の強力な指導なくして実現していたかどうか、あやしい。

＊＊

島秀雄がすべての旅程を終えてサンフランシスコの港を後にしたのは、1937年の12月初頭である。日本海軍の真珠湾奇襲攻撃によって日米戦争の火蓋が切って落とされるのは、その4年後のことであり、さらに4年後の夏にこの国は大敗戦を迎える。

この対米戦争の時代を、島秀雄はどのように過ごしたのだろうか。

いいかえれば、やがて東海道新幹線をつくりあげる鉄道技術者が対米戦争という難局を乗り越えるうえで、自身のアメリカ体験はどのような意味をもっていたのか……。アルバム写真をパラパラとめくっていると、ついあれこれと考えはじめてしまう。

島秀雄は、昭和19年の9月に『最近の鐵道』という技術書を岩波書店から出版している。日米戦争の真っ只中であった。最終局面を迎えていたといっていいのかもしれない。すでに日本海軍はマリアナ沖海戦で敗退し、東条内閣は総辞職している。テニアン島、グアム島の日本軍守備隊は玉砕。翌10月にはアメリカ軍機動部隊による沖縄空襲もはじまった。国内のあちこちでは金切り声で〝鬼畜米英〟が叫ばれ、技術の分野でも〝敵性語〟の使用が咎めだてられて、アクセルを「加速板」、ブレーキを「制動板」などと言いかえていた時代である。

『最近の鐵道』は、文字通り、世界各国の最近の鉄道技術を概観した技術書であった。

その「はしがき」には、戦争によって情報が途絶えているから、この本でいう「最近」というのは大戦勃発前までのことだと断り書きされている。読み進めていくと、1936〜37年の世界の鉄道事情を軸にして、それ以降の情報を適宜付け加えて構成されていることがわかる。事実上、1936〜37年の世界視察旅行を総括した技術報告書といっていい。

もっと早く出しておきたかったに相違ないが、戦時輸送の仕事に忙殺されて果たせず、戦局が押し詰まってきてから、ようやく多少の時間的余裕ができたのではないだろうか。

この本の中で島秀雄は、ドイツとアメリカの両国を中心に欧米鉄道先進国の実力のほどを、速度、馬力などの具体的な数値をあげながら比較考察している。

蒸気機関車に関しては、最高速こそドイツ「05形」や、イギリス「A4形」に一歩譲っているものの、実際の営業運転速度ではアメリカのほうが一歩も二歩も先んじている。とりわけアメリカのSLは、その大きさ、馬力、牽引力という点では桁違いといっていい。貨物機に至っては、まるで大人と子供の差があった。国土の広さもさることながら、貨物輸送量が厖大であったことは容易に想像できる。

電気機関車では、ドイツとアメリは、ほぼ互角。都市近郊電車については、各国ともほぼ似たようなもので、高速電車ではイタリアに一日の長がある。内燃動車に関してはドイツとフランスが先行し、その後を追いかけるようにアメリカで流線形ディーゼル特急が百花繚乱のごとく花開き、普及という点ではアメリカが欧州各国にはっきりと水をあけている。

この本の執筆や編集作業には、日米戦時下という制約もあったはずだが、素直に読み進めていくと、アメリカという国の技術力の高さ、その背景に見え隠れする生産力の強大さが目につく。独伊贔屓かつ英米蔑視という気配は、微塵もない。技術者としては当然のことながら、きわめてフェアという印象を受ける。

＊＊

技術者・島秀雄を語るうえで不可欠な要素は、その「世界性」である。大きく二つの側面から考えてみよう。

ひとつには、その眼で実際に世界を見聞したということ。二度にわたる長期視察の旅が、眼を大きく世界と将来に見開かせたことはいうまでもない。当時、それぞれの国々がそれぞれの地理的、文化的、経済的、歴史的諸条件の中で、独自に工夫しながら、より速く、より効率的な輸送手段としての鉄道の可能性を模索していた。それらの趨勢を世界的な広がりにおいて熟知していたからこそ「ムカデ式電車特急」という未来の鉄道の姿を見通すこともできたのであろう。

もちろん、その世界性は島家父子による二代がかりの財産であったといっていい。父子あわせて五度におよぶ世界視察旅行によって、多数の海外鉄道関係者とのコネクションがつくられた。鉄道界の要人のみならず、ドイツのボルジッヒやジーメンスやクルップ、フランスのブガッティ、イタリアのフィアット、アメリカのＧＥやフォード、ウェスティングハウスやボールドウィンなどの世界的な機械工業メーカーの技術者たちを含め、その豊かな人脈には綺羅星のごときものがあった。その意味では、明治後半から昭和にかけて、世界最先端の技術情報が高輪の島家に集積されていたといっても過言ではあるまい。

さらに島秀雄を特徴づけるもうひとつの世界性は、一言でいえば、技術に国境はない……という信念である。島秀雄ならではの技術哲学といったほうがいいかもしれない。

技術には、イデオロギーもナショナリズムもない。ましてや、個人的な利益や名誉に帰せられるべきものでもない。巨大化した20世紀の機械技術においては、ものごとが個人の天才的発明によって解決されることは、どんどん少なくなっている。天才の発明を待つよりも、世界中の技術者が少しずつ既存の技術に改良を加えていくことのほうに、はるかに意味がある。さらに技術というものは、軽々と国境と時代を超えていく普遍性をもっている。だから、われわれ技術者は、イデオロギーや経済的な利害や国家体制の違いなどの壁を超えて、力をあわせて、人類の知見に新しい一歩を付け加えようではないか……。

技術というものは本質的にパブリックであるべきだ……というこの島秀雄の考えは、いうまでもなく1936～37年の世界旅行において培われたものであろう。とくに、ドイツとアメリカの両国をほとんど同時に、自分の眼で、直接間近に見知ったことがとても大きい。島秀雄がドイツ贔屓一辺倒の鉄道技術者であれば、島特有の世界性は育たなかったかもしれない。

のちに、国鉄技師長となって東海道新幹線建設を指揮するようになってからも、島はことあるごとに技術の世界性を強調した。さらに東海道新幹線が成功すると、その技術を世界に向けて積極的に公開した。海外から申し出があれば、包み隠さずにノウハウを提供した。それぞれの国で新しい技術を付け加えながら、未来へ向けてみんなで高速鉄道を進化させていけばいい……という考えを徹底させた。

こうして、フランスのTGVやドイツのICEなどのいわゆる海外版のSHINKANSENが続々と走り出すのである。

＊＊

さて、では東海道新幹線すなわち島秀雄流の「ムカデ式特急」にとって、1937年のアメリカ体験はどのような意味をもったか……。そのことを少し考えておきたい。ヨーロッパを去るに際して、ロッテルダムの河岸を見つめながら漠然と脳裡に描いたムカデ特急のイメージは、アメリカにおいて、どのように展開したのだろうか。

ここで、もう一度、『最近の鐵道』に戻る。

その短い「はしがき」には、戦時下の昭和19年という時点から見た、過去十数年間の総括と来たるべき鉄道の将来像が端的にまとめられている。まず最初に、大戦下の各国の鉄道は〝輸送力本位〟に大きく転換してしまっているが、開戦直前までの世界の鉄道は、それとは少し違った道を歩んでいたはずだと指摘して、次のように書く。

「……近年における鉄道の情勢は自動車輸送と内河あるいは沿岸航運の影響のもとに〝速度本位〟の輸送形態を自己の進路と定め鋭意邁進の最中であったのである。もっとも本動向の現れはじめた初期のように、一途に速度のみを追い、ごく小容量の高速軽列車を頻発運転することによって長距離自動車と正面から争おうとしたのとは異なって、最近は次第に同じく高速であっても可及的大量の一括輸送をめざすことによって自動車と使命を分かたんとする傾向にあり、大出力の動力車の設計製作、軽量堅牢な車体の設計製作に努力の多くが向けられていた状態であった」

一途に速度のみを追い求め、ごく小容量の高速軽列車を頻発運転する……というのは、たとえばドイツの「フリーゲンダー・ハンブルガー」やアメリカの「パイオニア・ゼファー」などのことを指している。たしかに高速では走るが、おおむね2~4両の短編成で、輸送量という点では実に心もとなかった。頻発運転とはいっても、せいぜい1日5本程度にすぎない。高速であっても「可及的大量の一括輸送を目ざす」列車というのは、その後にアメリカに続々と誕生する長編成のディーゼル特急をその代表と考えていい。1937年デビューの「スーパー・チーフ」は9両、「シティ・オブ・ロサンゼルス」や「シティ・オブ・サンフランシスコ」は14両編成に延びている。

要するに、自動車と飛行機というライバルの出現を前にして、先進諸国の鉄道はあれやこれやと百花繚乱の様相を呈していたのだが、突如大戦争の時代が訪れて〝輸送力本位〟という単一価値に収斂してしまったというのである。事実、たとえばアメリカの流線形列車として一世を風靡したステンレス・スティール製の「パイオニア・ゼファー」やアルミ合金製の「M10000形」の車両たちは、戦争中に解体され貴金属材料として供出されてしまう。

「……しかし、一応の車両充足の後は、長期戦下においてもまた戦後の国家経営においても各国家圏の広域化によって鉄道は再び戦前にも増して本書に示すが如き大単位高速化に向かって進歩の拍車がかけられるものと考える。我が国としても現実には東京下関間新幹線といい、案としては東京昭南鉄道あるいは中央亜細亜横断亜欧連絡鉄道といい、広き共栄圏を強力に把握し、各友邦間を確実に連絡する方法として将来必ずこれらの構想が取り上げられるべきであり、大単位高速列車がその当然の条件となるべきである。たとえば亜欧の枢軸両国を旬日をもって連絡すべき要求が必ずや来るものと車両設計者としては期待し覚悟すべきものと考えている」(『最近の鐵道』)

この最後の一節は、さすがに時局に配慮した文章と思われるが、戦争前ならいざ知らずこの時点ではすでに東京-下関間新幹線の建設工事は中断している。アメリカ軍の物量にものをいわせた圧倒的な圧力が本土に迫りつつある中で、案としての東京昭南鉄道あるいは中央亜細亜横断亜欧連絡鉄道や、はたまたドイツ、イタリアと日本を結ぶ亜欧枢軸特急というものにどれだけ現実味があったかは推して知るべしであろう。

むしろ、そのような時代状況を引き算して考えてみると、島秀雄の考えていた鉄道発展に関する大局観というものがよく見えてくる。

要するに、島秀雄は、鉄道発展のおおまかな流れを次のように考えている。

①自動車に対抗するため、まず「速度優先」の車両開発

②「小単位・高速」軽列車の頻発運転

③「大単位・高速」化への模索

④大戦勃発により「輸送力本位」へ大転換

はしがき

大戰と鐵道車輛. 東に大東亞戰爭,西に第2次世界大戰と世を擧げて大戰爭になつてからは各國共その輸送形態は,恐らく凡て'輸送量本位'のものに大轉換してしまつてゐる事と思はれる. 然しそれ等の情報は今の所殆んど手に入らないので本書はその直前迄の狀勢を述べるに止まつて居る. すなはち近年に於ける鐵道の情勢は自動車輸送と內河或は沿岸航運の影響の許に'速度本位'の輸送形態を自己の進路と定め鋭意邁進の最中であつたのである. 尤も本動向の現はれ初めた初期の様に,一途に速度のみを追ひ,極く少容量の高速輕列車を頻發運轉する事によつて長距離自動車と正面から爭はうとしたのとは異つて,最近は次第に同じく高速であつても可及的大量の一括輸送をめざす事によつて自動車と使命を頒たんとする傾向にあり,大出力の動力車の設計製作,輕量堅牢な車體の設計製作に努力の多くが向けられて居た狀態であつた.

戰時下の情勢に於ては,恐らく各國共國家活動の熾烈化による輸送增と同時に嘗ての競爭相手或は輸送分擔者であつた自動車或は內河,沿岸航路からの莫大な輸送轉嫁を受けて,その異常の要求數量を捌く爲に只管努力を傾けて居る事と思はれる. 僅かに得られた情報によつても各國共その爲に車輛の增備が根本の手段として熱心に取り上げられて居る. そしてその方法としては申す迄も無く一應戰前と飜轉して要求の單純簡素化と之に應ずる設計の實質化をはかり,大量生產方式の採用による設計,工法の改良と併せて增產の效果を期待して居る樣である. 又特に國際的融通の拒否によつて使用可能資材の配分に非常に大きな變化を生じた事についてその對策の緊急なる研究實施に苦心して居る模様である.

然し,一應の車輛充足の後は,長期戰下に於ても亦戰後の國家經營に於ても各國家圏の廣域化によつて鐵道は再び戰前にも增して本書に示す如き大單位高速化に向つて進步の拍車がかけられるものと考へる. 我國としても現實には東京下關間新幹線と云ひ,案としては東京昭南鐵道或は中央亞細亞横斷亞歐連絡鐵道と云ひ,廣き共榮圈を强力に把握し,各友邦間を確實に太く連絡する方式として將來必ず之等の構想が取り上げられるべきであり,大單位高速列車がその當然の條件となるべきである. 例へば亞歐の樞軸兩國を旬日を以て連絡すべき要求が必ずや來るものと車輛設計者としては期待し覺悟すべきものと考へて居る.

本篇はその題を'最近の鐵道'としてあるが,その範圍を動力車に止めてある. 客貨車についてもその輕量構造,特に應力外皮構造の問題,臺車の問題等根本的な新問題も山積し,空氣調和裝置,列車電燈裝置等の附屬施設にも新しい事例は多いが他日に割愛した.

本篇を草するに當つては鐵道官矢山康夫,衣笠敎雄兩君の大きな助力に依つた事を記して謝意を表する.

『最近の鐵道』より「はしがき」。

⑤再び「大単位・高速」化へ軌道修正

この「大単位・高速」という点では、すでに述べたように、大戦勃発以前の段階ではアメリカがもっとも進んでいた。ディーゼル特急についていえば、1937年時点では最長で14両編成だったが、さらに1939年頃には16両とか18両の長編成の特急列車が続々と登場している。つまり、モータリゼイションの大波に洗われつつも、アメリカの鉄道は頑張っていたのである。戦争さえ始まらなければ、ひょっとすると……とさえ思えてくるほど、元気がよい。

だが、そのアメリカの元気溌剌たる特急群も、残念ながら「ムカデ」には進化しなかった。むしろ、反対の方向に向かっている。

アメリカの流線形ディーゼル特急は、小編成のうちはムカデの可能性を秘めていたといっていい。当時の主流は電気式ディーゼル車両とよばれるもので、ディーゼル・エンジンの力で発電機を回し、モーターで車輪を駆動していた。いまでいうハイブリッド自動車のような仕組みである。初期の流線形ディーゼル特急では、2〜3両編成を支える複数の台車にそれぞれ駆動用のモーターが付けられていた。

だが、大編成化に向かうにつれて、だんだん先頭の車

両が機関車化していってしまう。見た目には後続する流線形車両とまったく同様にデザインされてはいたが、先頭車両だけに高出力のモーターが積み込まれて、事実上、ディーゼル機関車になっていく。この機関車化の傾向は急速に進み、ディーゼル特急がデビューしてわずか5年後の1939年には、汎用性の高い大型高出力のディーゼル機関車（「EMC103」、5400馬力）が登場する。以後、列車の種類を問わず、力持ちが先頭に立ってグイグイと牽引する機関車方式があっという間に主流になってしまうのである。

そのことは、電化区間でも同様であった。ニューヨーク－ワシントンDC間が電化されたのは、島秀雄たちが訪れる2年ほどの前のことであるが（1935年2月）。このもっともビジネス客の多い〝北東回廊〟の幹線特急を牽引したのも、「GG1」という流線形電気機関車であった。

「GG1」は、電気機関車史上有数の名機である。デザインは、レイモンド・ローウェイ。ローウェイはフランス系移民の工業デザイナーで、アメリカの鉄道車両を流線形に変えたカリスマ的デザイナーといっていい。定格出力4620馬力（1時間定格出力9500馬力）。当時のディーゼル動車の3倍以上のパワーをもつ怪物で、事実、アメリカでは〝モンスター〟というニックネームで1980年代まで長い現役生活を送る。この「GG1」牽引の特急「コングレショナル」は、ニューヨーク－ワシントン間362キロを3時間35分で走り、従来の特急所要時間を55分も短縮している。「大単位、高速」という点では、電気機関車「GG1」とディーゼル機関車「EMC103」は牽引機関車として高い合格点を与えられるであろう。事実、以降、それぞれ電化区間、非電化区間の標準機関車として量産されていくことになる。

ただし、繰り返すが、ムカデではない。おそろしく長い尾をもつトカゲである。

島秀雄のムカデ特急には「大単位・高速」のほかに、さらにもうひとつ「頻発」という重要な要素が加わっている。

⑥「大単位、高速」＋「頻発」

ハイウェイ自動車文化に対抗するには、いつでも出発できて、いつでも帰ってこられるという利便性を、鉄道も備えなくてはならない。「GG1」や「EMC103」がいかにパワフルであるにせよ、機関車牽引の列車には、頻発運転に関するかぎり、おのずと限界があった。当時の時刻表を見ると、ニューヨーク－ワシントンDC間の特急は、ほぼ1時間間隔である。この程度であれば、無理をしてムカデにする必要はなかったのであろう。

結局のところ、第二次大戦を境に、アメリカの鉄道はいっきに斜陽化してしまう。

戦時中に確立された〝輸送量本位〟というシステムを後生大事に抱え込んだまま、ほどなく、もっぱら貨物輸送専門の交通手段に姿を変えてしまうのである。

むろん、だだっ広い国土という地勢学的な事情も大きい。長距離旅客輸送では、とても飛行機にはかなわない。放射状に広がる広大な後背地を抱える都市であれば、自動車に勝てない。アメリカの鉄道が民間主導で運営されていたという事情もあった。頻発ムカデ新特急を本格的に導入しようと思えば、車両だけで数十を超える編成を用意しなければならない。路盤や軌道の強化も必要になる。本当は、できれば1セット新しく専用線を建設したい……のだが、次第に経営が悪化していく民間の鉄道会社に、いまさら巨大プロジェクトに投資する余裕はなかったのであろう。

「SHINKANSEN」の成立条件は、百万都市が200〜500キロ程度の間隔で連なっていることといわれる。アメリカには、至る所に可能性があったといっていい。たとえば、ボストン－ニューヨーク－ワシントン間は、ほぼ東京－大阪間に匹敵する。サンフランシスコ－ロサンゼルス間も、大雑把にいえば東京－大阪間程度と考えていい。それらの大都市間に時速200キロの高速ムカデ特急を走らせて2〜3時間で結んだら、どうなるか。それも、東京の通勤電車のように10〜15分間隔程度で結んでみたら、どうだろうか。

十分に自動車に対抗できるのではないか……というようなことを、愛車フォードのステアリングを握って北東回廊を上下しながら、島秀雄は夢想していたはずである。だが、残念ながら1本も実現しなかった。

＊＊

日米開戦のとき、島秀雄は浜松工場長の職にあった。浜松工場は、神戸の鷹取工場とともに東海道本線・山陽本線という日本の脊柱というべき幹線を支える主力工場である。車両の整備や修繕、改造はもちろんのこと、島秀雄みずから主任設計者を務めた名機「D51」をはじめ主力機関車の新造も手掛けていた。

12月8日の真珠湾奇襲のニュースを聞いて、

「とんでもないことになってしまった……」

と、島秀雄は思った。

あのアメリカに勝てるわけがない……。

当然であろう。島秀雄は、アメリカという国の底力をよくよく承知していた。およそ戦争に関係する生産力に関しては、すべて桁違いといっていい。近代戦争が技術と物量の戦いである以上、対米戦が長期になればなるほど、日本にはまるで勝算はない……。

島秀雄は浜松工場長を半年務めてから、1942年（昭和17）に動力車課長として本省に呼び戻され、以後、終戦まで、戦時輸送のやりくりに忙殺される。

どの国でも、戦争になると鉄道輸送量が飛躍的に伸びる。まず、軍事輸送対応が増える。さらに敵が近づいてくると、ますます増える。近海の海上輸送が敵攻撃にさらされるようになると、その分がいっきに陸上の鉄道輸送に転嫁される。

島動力車課長の責務は、蒸気機関車、電気機関車、内燃動車、電車……など、とにかく動くものは何でも動員して〝輸送量本位〟の運行を確保することである。もはや重要なのは速度ではなくて、圧倒的に量であった。

この頃、いわゆる「戦時設計」の車両群が続々と登場する。たとえば、「D52」という貨物機などは可能な限り鋼材のかわりに木材を代用してつくられた。ボイラーの鋼材も薄くて、いかにも危なっかしかったが、「5年持てばいい。5年以内に勝ってやる。勝ってから存分にいいものをつくれ」というのが軍の要請だった。「63形」という電車はほとんどが木製で、耐久性、剛性など二の次であった。アメリカの豊かな物量を思えば、貧乏武士の竹光程度であったが、それでも何とかやりくりしながら懸命に戦時輸送を支えることに忙殺された。

＊＊

いよいよ戦局が悪化してくると、本土にもアメリカ軍機がわがもの顔で飛来し、鉄道の損害も日に日に深刻になっていく。島秀雄自身、東海道線を移動中に敵機グラマンの大群に襲われたこともあった。列車が急制動をかけ、停止しきらぬうちに客車から転がり落ちるようにして退避し、さいわい命に別状はなかったものの、客車は蜂の巣状態にされて、先頭の戦時型デゴイチ（D51）がオシャカになった。

1945年（昭和20）3月11日の東京大空襲で丸の内の鉄道省本庁周辺が焼かれると、リスクを分散して損害を最小限にとどめるために、本庁も小所帯ごとに分散することになった。島秀雄が課長を務める資材局動力車課の設計陣は、明治以来の大事な設計図面類とともに、中野の宝仙寺女学校の校舎に移る。女学生たちが疎開して誰もいなくなった校舎に「島班」の小所帯がつくられる。

ところが引っ越して間もないうちに、今度は東京西部が大空襲に遭い（5月24日）、付近は一夜にして焦土と化してしまう。宝仙寺女学校のコンクリート校舎はかろうじて延焼をまぬがれ、焼け野原の中にポツンと墓石のごとく残り、島班の若者たちは校庭で野菜づくりなどしながら、それでも設計の仕事に励むのである。

いったい何を設計する？

もちろん、竹光のごとき戦時設計の仕事に追われていた。だが、このとき島課長が若い設計スタッフに与えたテーマは、戦争とはまるで無関係のことである。

「高速電車列車のための台車、パンタグラフの基礎的設計」

高速電車列車……つまり島秀雄が夢見ていたムカデ式特急など、いまだ影も形もない。ましてや戦時下に開発できるはずもなかった。

島秀雄の眼は、将来を見据えている。いずれ戦争は終わる。負けるだろう。

だが戦争が終われば、必ずや復興の時代がくる。復興の次には、成長の時代がくるであろう。いつになるかはわからないけれど、いずれムカデ式特急が走る日がくるはずだ。

なに、日本で走れなければ、アメリカでもいいじゃないか。イギリスでもドイツでも中国でも、どこか条件の整った国で走り出せばいい。そのときに役立つ基礎的研究をいまからやっておこう。台車はいちばん大事だぜ……。

「上司に知れると叱られるので、こっそりとやっていたが、あんなに夢にあふれた時期を、私は知らない」

と、のちに島秀雄は回顧している。

＊＊

宝仙寺女学校の校舎は、当時のままの姿でいまも残っている。私は、二、三度、彼らが臨時設計室として使っていた部屋に通してもらったことがあるが、そのつど、胸が熱くなるのを禁じえなかった。

3階の窓を開けると、見渡す限り、豊かな住宅地が広がっている。

当時は、四囲は一望の焼け野原だったはずである。空には空襲警報が鳴り響き、B29やP35やグラマンなどのアメリカ軍機の群れが我が物顔で飛び回り、気まぐれのように爆弾と銃弾の雨を降り注がせていた。

国は、亡ぶかもしれない。

だが、彼らは、夢見ていたのである。

世界を知っていたこと。とりわけ、アメリカという国を間近で見知っていたことが、この男の思考をひと回りもふた回りも大きくしたのだと思わざるをえない。

コラム

アメリカ大陸横断ドライブ

島秀雄は、実は、大の自動車好きである。

より正確にいえば、大の運転好きであった。

この世界旅行アルバムをめくってみると、あちこちの都市を走るクルマやバスに無関心ではいられなかったことがよくわかる。写真の枚数でいえば、鉄道車両より多いかもしれない。もちろん自分でもハンドルを握った。ドイツとアメリカはもちろん、南アフリカ連邦や南米視察中にも、わざわざ各国の運転免許を取得して精力的に自動車を乗り回している。

しかも、単に自動車好きだったというだけではなくて、島秀雄は技術屋としても自動車のプロだったといっていい。

この頃、鉄道省の工作局には「自動車部」が存在していた。といっても、鉄道省ブランドの乗用車を製造していたわけではない。扱っていたのは、鉄道省が運行していた「省営バス」だけである。自動車部の中心的な業務は、内燃車両の設計、製造、改良であった。軌道上を走るガソリンカーやディーゼルカーなどの内燃車両は、内燃機関を動力とすることから、大きく「自動車」に分類されていた。

島秀雄がはじめて自動車の運転免許を取得したのは、1930年（昭和5）である。

この年に、商工省が「国産標準自動車」という官民共同のプロジェクトを立ち上げている。当時、国産自動車の実力は、質、量ともにきわめて脆弱で、欧米の海外メーカーにまるで太刀打ちできなかった。そこで、民間の国産自動車会社3社（石川島自動車製作所、ダット自動車製造、東京瓦斯電気工業）を糾合し、そこに鉄道省工作局の若手設計陣を加えて、ドイツ、アメリカ、イギリス、イタリア、フランスなどの舶来製に対抗できる国産自動車をつくろうとしたのである。鉄道省工作局から、29歳の島秀雄が幹事として出向し、新人の工作局員2名（田中太郎、北畠顕正）が部下として同行した。

車種は、トラックとバス。エンジンは、4390cc一種。5年後に年産5000台目標。

あれやこれやの試行錯誤の末に、1932年（昭和7）初頭には、鉄道省の大井工場で骨組みができあがり、東京–箱根間でテスト走行をすることになった。

テストドライバーは、島秀雄。

できたてほやほやの、むきだしのシャーシの上に、「石油箱のようなものを結び付け、その中に座布団を敷いて」（『私の履歴書』）腰をかけ、未舗装の国道1号を駆けくだり、箱根の山道をオーバーヒートに苦しみながらなんとか登り切った。

さらに、この年の3月には大々的なテストランを行なっている。仮ボディ付きの試作車両数台でキャラバンを組み、当初は東京-箱根間の予定が、調子がいいので名古屋まで足を延ばし、狭くて曲がり切れない街角では家なみのデッパリをノコギリで切り飛ばしながら進み、中山道経由の山道を帰る途中、信州の上田でついに1台の駆動系が音を上げて、リタイアする。島秀雄も、若い頃はそうとうにやんちゃだったらしい。

この「国産標準自動車」のトラックとバスは、自動車会社3社によって昭和9年までに750台が生産されて、「いすゞ」と命名された。やがて、商工省の指導で3社が合同合併して自動車製造会社「いすゞ」が誕生する。

＊＊

島秀雄は、ニューヨーク到着早々に、「フォード」を1台買っている。

「フォードア・デラックス・ツーリングセダン」5人乗り。60馬力。660ドル。1937年型。色はブロンズレッド。

アメリカ車は、鉄道車両と同様に、1930年代半ばになっていっきに流線形化する。フォードも1935年前後から、いわゆる箱形から丸みを帯びたティアドロップ形へ移行し、流線形化とともに値段もぐっと下がって、大衆化された。

要するに、島秀雄の買った「フォード」も、ドイツの「フォルクスワーゲン」同様に、安価で性能のよい大衆車で、戦後の日本車でいえば、いわば「カローラ」であろう。島秀雄は、この「フォード」をアメリカ視察の足がわりとして使っている。

島は、ドイツで「フォルクスワーゲン」を買うつもりだった。

ドイツ滞在中の1937年2月に「フォルクスワーゲン」の新車発表会に出掛けて、ヒトラー総統の真ん前に座って大演説を聴いたことには、すでに触れた。この「KdFフォルクスワーゲン」、日本語に訳せば「歓喜力行国民車」の値段は、990マルクである。

ヒトラーの提唱する「国民車」の意味は、自動車は金持ちのためではなく、国民大衆のものであるべきだ……であったから、なにより労働者大衆に手の届く値段でなければならない。ヒトラーが考え出した購入方法は、次の通りである。まず、「KdFワーゲン」を欲しい人は「ナチス労働戦線」の組合員になる。そうすると、給料から毎週5マルクずつ天引きされて、証書が発行される。その証書がスタンプ・ブックに990マルク分たまると、「KdFワーゲン」の実車が届けられる……。毎週5マルクずつで990マルクためるには、ざっと3年半は待たねばならない。実際問題として、まだ大量生産のための工場もなかったから、そのぐらいの時間的な余裕がなければとても生産が追いつかないという事情もあった。

島秀雄は、さっそくこの「KdFワーゲン」を買おうとした。が、どんなに早くても納品まで2年はかかると聞いて、諦める。ただ買って日本に送るだけなら、2年後でもかまわなかったかもしれない。おそらく島は、この「フォルクスワーゲン」をヨーロッパ滞在中の足に使おうとしたのであり、さらにこれを船積みして、南アフリカ、南北アメリカ大陸視察にも使おうと考えていたのであろう。

＊＊

島秀雄は、アメリカ視察を終えて、いよいよ帰国というときになって、雄大なロング・ドライブの計画を立てる。

「フォード」でアメリカ大陸を横断して、サンフランシスコから乗船しよう。そして、いちおう、下山定則を誘ってみた。

「自動車で大陸横断ドライブしてみないか」

だが、これまで世界旅行のほぼ全日程をともにしてきた下山は、遠慮した。下山は、筋金入りの〝鉄〟である。自動車旅行など、眼中になかったのではあるまいか。アメリカ大陸横断も、当然、然るべき名特急に揺られるほうを選んだであろう。

このとき島秀雄の相棒となった人物を、石田敬次郎という。

島秀雄と一高、東大工学部の同期生で、ともに鉄道省に入る。土木エンジニアである。このとき、別組の海外視察メンバーとしてアメリカに滞在していた。大阪府出身で、のち仙台鉄道局長。

島と石田は、1937年の10月中旬にニューヨークを出発した。

アルバムの写真からルートを割り出してみると、ざっと次のようになる。

ニューヨークからワシントンを通って、一路南下する。アトランタ、モンゴメリーを経てメキシコ湾岸のニューオーリンズへ出る。バトンルージュでミシシッピ川を渡り、ダラスから高原・山岳地帯を西に向けて走り、メキシコ国境の町エルパソに至る。さらに山道を西に向かい、フェニックス、ロサンゼルスを経て、サンフランシスコに到着する。地図帳を広げて、ざっくりと計ってみると、ニューヨークから約6500キロ。アメリカ合衆国のほぼ東辺と南辺を走破する大ドライブ旅行であった。

アルバムを眺めているかぎり、快適なドライブ旅行であったように思われる。モーテル泊を重ねながら、名所見物をしたり、蒸気機関車と駆けっこをしてみたり……。

横転したフォード。この後、修理して、日本へ持ち帰っている。

ところが、事故が起きてしまう。

しかも、ゴール間近であった。ロサンゼルスの手前、約700キロの地点で、フォードが横転する。エルパソ-フェニックス間にあるクーリッジダムで記念撮影をしてまもなく、山岳路のカーブで、豪快に転んでしまった。島のアルバムには、山道で横転して横倒しになったフォードの無様な姿が写し出されていて、

「ツヒニ！」

と、キャプションが書き込まれている。2人のフォードは、それまでもかなりのスピードで走り続けていたらしい。どうやらダラス-エルパソ間で大雪に見舞われ、当初のスケジュールをオーバーしていたらしい。すでに、よほどの距離を走っていたし、さすがに来る日も来る日もドライブでは、もううんざり……という気分もあったかもしれない。

石田敬次郎は、ゴルフ好きであった。西海岸の富都ロサンゼルスが目前に迫ってくると、石田が「もっと飛ばそうよ」といって、ハンドルを握る島秀雄をせかしたらしい。早くロスのグリーンでゴルフをやりたいよ……と。

写真を見ると、現場は岩の切り立ったカーブである。おそらくオーバー・スピードで進入し、カーブを曲がり切れず、急ハンドルを切って、スピン。「フォード」は

ゴロン、ゴロンと横転しながら、かろうじて道路上に止まった。助手席の石田はこのとき口を切り、島秀雄は眉間に傷を負った。ともに転倒のとき、ミラー等の車内装備品にぶつかって切ったらしく、この傷痕は終生、島秀雄の清楚な顔立ちの中心に凄味を放ちつつ残ることになる。

むろん、ひとつ間違えば、命にかかわる大惨事であった。そうなっていれば、後に世界の鉄道を斜陽から救うことになる東海道新幹線はできていたかどうか……あやしい。

ともかく、側面のガリガリに傷ついた新車の「フォード」を転がしながら、なんとかロスに辿り着き、さらにゆるゆると転がしながらやっとの思いでサンフランシスコに到着した。「フォード」はさっそく本格的な修理に出され、島秀雄は保険屋との交渉に四苦八苦する。短期間ながら、アメリカン・カー・ライフの愉悦と辛酸の表裏両面を、たっぷりと味わうことになった。

＊＊

ぴかぴかに修理された「フォード」は、日本まで一緒に帰ってきた。

しばらくは高輪の島家のガレージに納まり、少なからぬ車好きたちが見物に訪れ、島秀雄をはじめ免許をもっている人々が運転して、休日ドライブなどに使われた。

ただし、日本では、車体の色が鮮やかすぎた。すでに日中戦争は始まっている。何事も自粛ムードの中で、なんとも目立ちすぎたらしい。島秀雄の選んだ色は、日本では「金赤」と訳されるブロンズレッドである。そんな派手な色の車は、当時は皇室関係車だけだったから、次男・隆さんの記憶によれば、交差点で停車するたびに、警察官が最敬礼した。

「フォード」は、弟の邦雄へのお土産だったのかもしれない。

三弟の邦雄は、親戚の家へ養子に出て、牧田姓を名乗っていた。牧田邦雄は、父・安次郎、長兄・秀雄と同様に東京帝大機械工学科を出て鉄道省入りし、この頃は大井工場で蒸気機関車の製造や修繕、工作機械の設計などを担当していた。牧田邦雄は、秀雄も一目置くほど筋のいい技術者だったらしく、父の安次郎も、内心「あるいは兄以上か」とその将来を楽しみにしていたらしい。

その邦雄も、大の自動車好きであった。ドイツ滞在中の兄・秀雄へ次のように書き送った手紙が残っている。

「自動車も今年のフォードは良いですね。一寸欲しくなります。オペルは如何です?」

おそらく邦雄も、東京で金赤の「フォード」のハンドルを握ったであろう。

その牧田邦雄は、1945年（昭和20）3月10日の東京大空襲で焼死した。

秀雄が神戸の鷹取工場へ赴任してからも、フォードはしばらく島家のガレージに納まっていた。

しかし、次第に戦時色が濃くなっていく中で、短波ラジオだけがはずされて、応接間に移される。

以前、秀雄の四弟の原田恒雄氏にお話をうかがったときに、この短波ラジオの話が出た。氏によれば、終戦の日まで、島家の人々は、この短波ラジオでアメリカの放送を聴いていた。老父の安次郎も聴いていて、日米戦争やヨーロッパ戦線の戦局の推移についておおむね正確な情報を得ていたらしい。

このフォードの短波ラジオには、さらに後日談がある。

終戦後のある日、占領軍の中佐とおぼしき人物が土足で高輪の島家に踏み込んできた。米軍将校のための仮邸宅として、島邸を接収しようとしたのである。だが、からくも接収をまぬがれた。広さは十分だったのだが、ほとんどが和室で洋間の少なかったことが幸いしたらしい。帰り際にその中佐が応接間にあった短波ラジオに目をつけて、そのまま持ち帰ってしまった。息子の隆氏は、子供心にその軍人の横柄な態度が許せなかったことを覚えている。

翌日、その中佐が再び現れて、立派な卓上ラジオを残して去った。

あの短波ラジオは自分の車に付けさせてもらう。かわりに高性能の卓上ラジオをもってきたから使ってほしい……と。そのエマーソン社製の短波ラジオは、以後、島家の応接間に長らく置かれて、家族に愛用された。隆氏は、長じてジャズの愛好家となる。

＊＊

最晩年まで、島秀雄は自動車が大好きだった。

老いてハンドルさばきが怪しくなってからも、孫たちが運転免許を取るたびに、必ず助手席に座って、島式運転の基本を伝授した。

ある日、島秀雄は隆氏を誘って、最後のドライブに出掛けている。

隆氏が愛車の「トヨタ・マークⅡ」を運転して、お台場近くのとある埠頭まで行き、周囲にクルマの少ない広大なエリアで運転を秀雄に交代した。

「前方ヨーシ、左右ヨーシ……」

と、鉄道式に指さし呼称して安全を確認してから、秀雄は、しばしハンドリングを愉しんだ。

07　帰国

島秀雄が長かった海外生活に別れを告げて、ぱんぱんに膨らんだ重い旅行鞄を下げ、完成直後のゴールデンゲートブリッジを望むサンフランシスコ港の埠頭に立ったのは、1937年の12月2日のことであった。

船は、「秩父丸」という。

日本郵船の誇る、当時、日本最大の豪華客船である。1万7500トン、乗客定員838名。1930年に竣工し、北米航路に就航。アール・デコ風の一等食堂やラウンジ、広々とした遊歩甲板……など、これまで秀雄が乗ってきたどの船よりも豪華だった。

サンフランシスコで出航を待つ間に、下山定則と井上禎一が合流した。

下山と井上は、ニューヨーク、ワシントンから鉄路西下し、サンフランシスコに到着している。

下山のことだから、往路に乗れなかった名物特急を乗り継いだものと思われる。おそらくは「ブロードウェイ」「ハイアワサ」「シティ・オブ・ポートランド」などにも乗車したのではないだろうか。

島や下山が「秩父丸」に乗り込んでみると、思いがけない顔に会った。

加賀山之雄である。

ヨーロッパで金を使い果たしてきた加賀山は、ニューヨーク、ワシントンの鉄道をちょこっと視察して、最短距離で〝オーバーランド〟してロサンゼルスに辿り着いた。

当初、加賀山の乗る船は、サンフランシスコから出航する予定だったらしい。おそらくは、リーズナブルな中型船だったものと思われる。だが、ロサンゼルスに着いたときは、もう本当に素寒貧であった。サンフランシスコまで「デイライト・エクスプレス」という流線形蒸気機関車特急が走っていたが、その汽車賃もなかった。

しかし、ロサンゼルス港に折よく日本郵船の「秩父丸」が停泊中であることを知ると、さっそくかけあいに出かけていって、なんとかねじ込んで乗車してしまった。

「秩父丸」は豪華客船である。さすがに欧州から渡米するときに乗った「クィーン・メアリー」には及ばないものの、一目見て、気に入ったのだろう。

結局のところ、加賀山之雄は、最後まで豪華客船主義を貫いた。

見事である。

加賀山之雄の妻は、十河信二の長女・由子である。十河信二は、新幹線の生みの親といっていい。戦後、国鉄総裁時代に島秀雄を技師長として迎え、ともに東海道新幹線建設に邁進した人物であった。

そのことはともかくとして、由子は、「秩父丸」に乗船中の亭主からこんな電報を受け取っている。

「横浜港にボーナスを持ってきてくれ」

じつは、加賀山の留守宅では、妻の由子をハワイまで迎えに出すという話が持ち上がっていた。父の十河信二も、かつて鉄道省在外研究員として、アメリカに1年半滞在したことがある（1917〜1918年）。十河は、娘の渡航話に諸手をあげて賛成したらしいが、結局、流れた。

島家にも、似たような話があった。妻の豊子と2人の息子がハワイ観光がてら迎えに行き、ハワイから家族全員で帰ってくるという計画である。

豊子のアメリカ行きを止めた父の安次郎も、ハワイまでならば……と了承したが、これも結局、流れた。

愛妻家の下山定則にも似たような話があったのかもしれない。

ともかく、いずれも実現はしなかった。


すでに、極東情勢は日に日に緊迫の度を加えていた。島家や加賀山家の団欒の席にも、戦争の暗い足音がひたひたと迫りはじめていたからである。

＊＊

島秀雄たちが南米アルゼンチンに滞在しているときに、盧溝橋事件が勃発する。近衛文麿首相の不拡大方針にもかかわらず、事態は拡大の一途を辿った。1か月後の8月半ばには、もはや日中全面戦争の様相を呈しつつあった。

「秩父丸」のサンフランシスコ出港の前日（12月1日）、日本政府は軍に正式に南京攻略を命令している。以降、「秩父丸」が日本に近づけば近づくほど、続々と日本軍戦勝のニュースが届き、そのたびに船内の日本人たちが沸くことになる。

「秩父丸」が、ホノルルの港を出たのは、12月7日である。

待ちに待った母国到着まであと数日に迫った同月12日には、南京付近の揚子江で日本海軍機が米艦パネー号を撃沈し、陸軍が英艦レディバード号を砲撃した。翌13日には日本陸軍の総攻撃によって、南京が陥落している。

このときに日本陸軍は、いわゆる南京虐殺事件を起こしている。日本国内には固く秘匿されたが、アメリカの新聞はこの事件を報じ（12月15日〈シカゴ・デイリーニューズ〉、18日〈ニューヨーク・タイムズ〉）、以後長らく日本は国際的非難を浴びることになる。

＊＊

12月17日、「秩父丸」、横浜入港。

島秀雄たちが1年数か月ぶりに母国の地を踏んだとき、人々の暮らしは、すでに軍事色に色濃く染まりはじめていた。帝都東京に限らず、全国の主要都市が、連夜のように南京陥落を祝す提灯行列に沸いていた。

島秀雄一行が極東の島国を出て、世界を一周している間に、20世紀の歴史はその陰鬱で大股な歩みを情け容赦なく進めていたのである。

島秀雄は、自明のこととはいえ、さしずめ浦島太郎のごとき感慨を味わったのではないかと思われる。

エピローグ

この1936〜37年の世界旅行は、島安次郎と島秀雄という父子が後発の狭軌鉄道国・日本において世界一の〝夢の超特急〟をつくるまでの長い旅の途上にすぎない。

その後、超高速の鉄道をつくろう……という島父子の夢は、歴史の気まぐれな荒波に翻弄されながらどのような運命を辿ることになったのか。この世界旅行の途上で島秀雄の脳裡に閃いた「ムカデ式超特急」というアイデアが、長い年月をかけて、どのような経緯で実現するに至ったのか。そのことを、この場を借りて簡単に振り返っておきたい。

＊＊

島秀雄が1年9か月におよぶ世界視察旅行から帰朝したのは、1937年（昭和12）12月17日である。すでに、極東情勢は緊迫の度を増していた。

年が明けて間もなく、島秀雄は神戸の鷹取工場へ機関車係長として転出する（1月21日付け）。鷹取工場は、京阪神地区最大の鉄道工場であった。島秀雄がこの鷹取工場で行なった仕事は、おもに2つある。ひとつは、蒸気機関車「９６００形」の改軌。もうひとつが「デゴイチ（Ｄ51）」の新造である。ともに戦争の時代ならではの業務であった。

日中戦争が拡大し、長期化してくると、当然、大陸での輸送力が逼迫する。鉄道省は軍から輸送力増強を強く要請される。ところが、大陸鉄道は広軌であって、狭軌規格の日本製車両は走れない。やむをえず日本の蒸気機関車を改軌して大陸で使うことになった。車輪と車輪の幅をグイッと40センチほど広げて標準軌用に改造するのである。

このとき改軌用に選ばれたのは「９６００形」という蒸気機関車であった。工作課長時代の島安次郎がリーダーシップをとって設計した大正生まれの国産貨物機で、全７７３両のうちの２５１両を改軌して大陸へ送った。この改軌設計を鷹取工場長の島秀雄が担当する。島安次郎は、広軌派である。日本の鉄道が広軌に改築されることを熱望し、あらん限りの努力を積み重ねてきた技術者であった。「９６００形」の車軸は、あらかじめ改軌しやすい設計になっていた。

「デゴイチ」新造の目的は、改軌して大陸に送ってしまう「９６００形」の穴埋めだった。従来、蒸気機関車の新造は、日立製作所、川崎車輌、汽車製造会社、日本車輌製造などの車両メーカーが担当していたが、戦時ゆえ、鉄道省の鉄道工場でもつくることにした。島秀雄が主任設計者を務めた「デゴイチ」は、現場の評判がすこぶるよかった。性能もそこそこよくて、何より整備性に優れていたからである。要するに、とても使いやすい機関車だった。この自分が設計した〝名機〟を、さらに改造を加えて磨きをかける……。技術者として心はずむ、愉しい仕事だったであろう。

＊＊

島秀雄が神戸の鷹取工場に転出している間に、島父子と広軌新幹線を語るうえで欠かすことのできない出来事が、突如、中央の鉄道省周辺に巻き起こる。世に「弾丸列車計画」として知られる広軌超特急計画である。

狭軌の日本に広軌超特急を走らせる……。

このことは「狭軌という十字架」を背負いつつ、それでも懸命に努力を積み重ねてきた明治以来の鉄道人にとって、まさしく見果てぬ夢といってよかった。後藤新平、仙石貢、島安次郎をはじめ数多くの鉄道人が心血を注ぎ、たびたび実現まであと一歩のところまでこぎつけはするものの、政争の具に供されて計画はことごとく水泡に帰していた。

ところが、その計画を実現する絶好のチャンスが、突然、まさしく天から降ってきたかのように、島父子の頭上に舞い降りる。

戦争のおかげであった。

1939年（昭和14）の7月に鉄道大臣・前田米蔵によって「鉄道幹線調査会」が招集され、主要な鉄道関係者と陸海軍を含む各省の次官クラスが集まって、日本の幹線すなわち東海道・山陽線の現状および将来への対策が論じられた。元鉄道省技監、元満鉄社長の島安次郎もここに加わる。

日中戦争勃発以来、大陸と結ぶ主要幹線の輸送量が飛躍的に増えて、このままでは近い将来に必ずパンクする。部分的にはすでに限度を越えていた。軍事的にも経済的にも、主要幹線の東海道・山陽線を増強せざるをえない。さて、ではどう増強するか。その具体案を検討するための下部機関として「特別委員会」が設けられ、島安次郎が委員長に就任する。

いよいよわが夢、現実のものとなるか……。

安次郎は、欣喜雀躍する思いであったであろう。この特別委員会には、久保田敬一、大蔵公望、秀雄の義父である中村謙一など広軌派の大物が名を連ねていた。委員の人選には、委員長たる島安次郎の意向が強く反映されたものと思われる。議論を素直に前へ進めていきさえすれば、結論はおのずと広軌新幹線建設に落ちつくであろう。

委員会も超特急のハイペースで開かれ、「広軌新幹線建設」という結論に至り、翌年11月には鉄道幹線調査会において正式に決定される。

ここで、弾丸列車用の牽引機関車設計のために島秀雄が鷹取工場から工作局車両課に呼び戻されるのである。弾丸機関車の設計を任せられる人材を省内に探すとしたら、公平にいって、島秀雄しかいない。「デゴイチ」を筆頭に「C55」「C57」など国産蒸気機関車の設計を担当し、すでに経験豊富であること。さらに海外視察において世界の最先端を見聞してきていること。「車両の神様」たる島安次郎を父にもち、車両メーカー等関係各方面の協力を仰ぐ点で申し分ない〝血統〟であること。30代後半の働きざかりであること……。まさしく、適任中の適任というほかない。

島秀雄は、翌1940年（昭和15）2月には大臣官房幹線調査課兼務となり、「建設規程調査小幹事会」という現場会議に出席しながら、広軌弾丸機関車の基本設計に入る。

とはいっても、車両に関してごく基本的な設計コンセプトだけをつくっておけばよかった。弾丸列車計画は、当初、10年計画である。東京–下関間に新たに広軌新線を建設するのだから、そうそう簡単にできあがりはしない。さらに帝国議会の審議中に5年延長されて、結局、１９５４年（昭和29）の開業予定となる。

鉄道技術は、日進月歩で進歩を遂げている。15年も経てば、それこそ蒸気機関車など時代遅れになってしまう……そのことを島秀雄は誰よりもよく知っていた。

島秀雄は、まず狭軌の在来線の車両で技術を試すことを考える。狭軌で改良を加え、技術を熟成させていけば、おのずと広軌弾丸列車ができあがるであろう。

＊＊

安次郎の弾丸列車すなわち広軌超特急建設への執念には、もはや鬼気迫るものがあったのではないかと思われる。

前述したように、島安次郎は、日本の狭軌鉄道を広軌につくりかえることに文字通り心血を注いだ男である。少なくとも、技術者では安次郎の右に出るものはいない。だが、ことごとく失敗した。ことごとく政治の渦に巻き込まれて、水の泡と消える。しかし今度は、国内の政争などという次元の話ではなくて、戦争というより大きな時代の力がチャンスを恵んでくれたのである。

「特別委員会」が設けられ、島安次郎が委員長の席に就いて間もなく、すなわち１９３９年（昭和14）９月１日には、ヒトラー率いるナチス・ドイツ軍がポーランドに侵攻し、第二次大戦が勃発している。

この大戦中に島安次郎が何を考えていたのかは、よくわからない。

むろん、同盟国たるドイツの機械工業力には期待していたものと思われる。そもそも島安次郎はドイツ仕込みの技術者であった。独協中学に学んで、若い頃からドイツ語に親しみカントやゲーテを原文で読破し、鉄道技師としてたびたびドイツに学び、技術を持ち帰り、英米主導であった鉄道機関車作りをドイツ流に変えたのは、島安次郎その人である。さらに、戦争こそ技術と機械工業力を爆発的に進歩させることも、日露戦争や第一次大戦を通して島安次郎は熟知していた。

ともかくも、軍部の後押しのもとに弾丸列車計画はスタートし、島安次郎がイニシアティブをとって、広軌新幹線建設に向けて走りはじめた。長期難工事の予想される隧道から工事が開始されるのである。

この弾丸列車のもっとも手近なお手本は、満鉄にあった。大連―新京（連京線）を結ぶ特急「あじあ」である。

＊＊

島秀雄は、さっそく、満洲に足を延ばしている。

平均時速83キロ。直線区間で時速100キロ運転されている「あじあ」の牽引機関車を、自分の目で確かめるためである。島の満洲出張は、二度に及んだ。最初は1939年（昭和14）の4月19日から半月ほど。二度目は翌昭和15年の2月に1か月ほどである。

世界旅行中の写真を収めた伊東屋製のアルバムは、全部で7冊残っている。うち5冊がまるごと1936～37年の世界旅行の写真集であり、6冊目がおもに家族のアルバムで、最後の1冊に中国出張の写真が収められている。ただし、鉄道の写真は1枚もない。

島秀雄が満鉄に訪ねた人物を、吉野信太郎という。特急「あじあ」の牽引機「パシナ形」の主任設計者である。旅順工科大学出身で、当時、満鉄総局工作課課長。島秀雄より5歳年上の44歳。満鉄でのニックネームは、「キング・オブ・ロコモ」つまり、「機関車の神様」である。

吉野信太郎は、島安次郎の満鉄理事時代の教え子であった。島安次郎の薫陶のもとに、満鉄の主力蒸気機関車の設計を軒なみ手掛けたといっていい。それは、日本における島秀雄の役割とよく似ている。

吉野信太郎は、島父子と同様に若くして海外視察を経験して、世界を知っていた。吉野は20代後半の頃に、鉄道全盛期のアメリカに長期留学（2年半）して、当時、世界屈指の蒸気機関車製造会社アメリカン・ロコモーティブ社で実地研修を積み、大型で高出力の蒸気機関車製造のノウハウを持ち帰った。

その「キング・オブ・ロコモ」の名を世界に轟かせた代表作が、「パシフィック7形」。すなわち「パシナ号」である。

「パシフィック形」は、軸配置（先輪―動輪―従輪）が「4―6―2」形式の機関車である。「パシナ」は「パシフィック形の7号機」の意味である。興味深いことに、満鉄は創業の頃からアメリカの影響が大きく、車両も当初はアメリカから輸入したものが多い。機関車の呼び名も、日本の敗戦で改体されるまで、アメリカ式であった。

「パシナ号」は1934年（昭和9）デビュー。動輪径2000ミリは蒸気機関車世界最高速記録を打ち立てたイギリスの「A4形」（2032ミリ）に匹敵する。パシナは、最初の3両が満鉄の大連の沙河工場でつくられ、以降、神戸の川崎車輌で9両製造されている。

　吉野信太郎と島秀雄は、兄弟のように親密だったらしい。

　このとき吉野は、島秀雄のために連京線を使ってパシナの高速走行試験をアレンジする。この試験走行で機関士を務めた山岸昇二に話を聞いたことがある。山岸によれば、このとき速度計は時速１３０キロで振り切った。

「パシナで時速１３０キロなら、弾丸機関車なら余裕で２００キロはいける」という手応えを島秀雄は感じたらしい。

　島秀雄は、弾丸列車用の機関車として、車庫の入れ換え用機関車を含めて全部で8機種を提案している。うち高速旅客機は2機種。まだごくおおまかなラフデザインであったが、蒸気機関車「HD53」と電気機関車「HEH50」と形式名が書かれている。

　その頃、吉野信太郎は、「パシナ」の後継機を模索していた。おそらく、時代が大戦争に突入することなく、もうしばらく順調に推移していれば、島秀雄の弾丸蒸気機関車と吉野の満鉄「パシナ」の後継機はかなり似たものになったはずである。

　この弾丸機関車が、島秀雄の頭の中でどのようにイメージされていたのか。ごくラフな図面しか残されていないので、よくわからない。ただし、戦後もかなり経ってから、国鉄の設計課員であった黒岩保美（のち鉄道画家となる）によって美しいイラストが描かれている。黒岩が宇宙会開発事業団理事長の職にあった島秀雄に詳しく取材しながら描いたもので、島秀雄も気に入っていたらしく、そのカラー写真が最後の書斎の引き出しの中に大事にしまわれていた。

＊＊

むろん……。

と、歴史を後から振り返る者は、書かざるをえない。

むろん、弾丸列車計画は頓挫した。それでも、広軌新幹線建設のルートが引かれ、用地買収にも手がつけられて、東京‐大阪間に関しては全線の2割ほどの用地が確保された。日本坂トンネルは広軌サイズで全通し、難工事が予想された丹那トンネルも工事が緒についている。

　明治以来延々と続けられてきた机上の議論を脱して、ともかく、まがりなりにも実際に広軌建築の工事開始まで持ち込めたという点は、失意に沈みがちであった晩年の島安次郎にとっても、わずかな慰めになったのかもしれない。

島秀雄は工作局に戻り、以降敗戦まで戦時設計の仕事に忙殺される。材料も予算も人員も払底し、車両も線路も敵機に破壊されていくという悪条件の中で、増大する軍事輸送の需要に応え、懸命に生きる人々の足を確保するために尽くす。

島秀雄のすばらしいところは、この悪条件の中で、世界旅行途上に閃いた「ムカデ式超特急」へのささやかな一歩を踏み出したことである。疎開先の中野・宝仙寺女学校で若い設計メンバーたちと電車特急のための基礎研究をはじめたことは、コラム「アメリカ体験」で触れた通りである。

島安次郎は、終戦の翌年2月に死ぬ。焦土に病臥しながら、失意の胸のうちにわずかに鉄道復興への希望の灯をともしつつ、逝った。

島秀雄の仕事のやりかたは、戦中も戦後もまるで変わらなかった。悪条件の中で、できることをコツコツと準備する。ムカデ式超特急に向かって……。

島秀雄が敗戦後、真っ先に始めたものに、「高速台車振動研究会」がある。

国鉄技術者だけでなく、旧陸海軍、私鉄、民間車両会社等から技術者を糾合し、将来のムカデ特急のための理論的準備をしておこうという遠大な構想で、要するに、宝仙寺プロジェクトをさらに本格的に拡大したものと考えていい。

この研究会には、末弟の島文雄氏も参加していた。長兄の秀雄が世界旅行から帰ったとき、島文雄は府立高等学校3年生だった。長身。体軀頑丈のバスケットボール選手である。このスポーツ万能の弟のために兄が持ち帰った洋行土産は、ドイツ製の製図道具一式であった。

文雄氏に、見せていただいたことがある。

「まだ持っていますよ……。宝物ですから」

と、書斎の奥からみるからに立派な、古色蒼然たるケースを持ち出してくれた。E・O・リヒター社製。中には、十数種を数える製図道具が、整然と並んでいた。文雄氏は、この製図道具を一度も使ったことがない。何よりの宝物として机の奥に大事にしまい込んで、ときどき取り出しては、眺めた。

文雄青年は、この製図道具一式を眺めつつ、大空を志す。

「やっぱり、親父さんや兄たちと同じことはやりたくなかったんですな」

と、文雄氏は笑う。やんちゃなスポーツ万能の青年にとっては、兄たちに言われるまでもなく、技術者の道を歩むとすれば、自動車でも船でもなく、まして鉄道でもなくて、断然、飛行機だったであろう。文雄さんは、東京帝大工学部航空学科を出て、海軍空技廠で若き戦闘機設計者として活躍する。

そして敗戦後、行き場を失った軍の航空技術者たちが大量に鉄道に流れることになり、文雄氏も兄・秀雄にひっぱられるかっこうで「高速台車振動研究会」に参加し、電車用の発動機の設計に携わることになるのである。

この「高速台車振動研究会」での研究成果が、やがて、湘南電車として実を結ぶ。

1950年（昭和25）3月デビュー。175両（計画時は300両）をいっきに新造し、最大16両編成で走り、128キロを2時間半で結んだ。東京－沼津間ラッシュ時には15分間隔運転。「大単位、高速、頻発、安価」という4つの要素が島秀雄流のムカデ式超特急の条件であるとすれば、

「大単位、やや高速、まずまずの頻発、かなり安価」と、いっていい。立派なムカデ快速であった。

こうして、世界旅行中に島秀雄の脳裡にぼんやりと姿をあらわしたムカデ君は、戦中、戦後の最悪に近い条件の中を生き延びて、しかし戦後、思いのほか早く、東海道線上にニュッ……とばかり顔をのぞかせたのである。

ロッテルダムでの閃き→アメリカで検討→中野宝仙寺での研究→高速台車振動研究会→湘南電車開業……。大戦争の時代を挟んで、それでも最初の閃きから、13年。見事というほかない。

ただし、ムカデ式超特急への道は、ここでプツリと一度断絶する。

この頃、国鉄は未曾有の大激震の最中にあった。初代国鉄総裁に就任した下山定則は非業の死を遂げ、後を継いだ加賀山之雄も桜木町事故で引責辞任し、島秀雄は、湘南電車デビューの翌年に国鉄を去ってしまうのである。

島が国鉄を去って、案の定、国鉄設計陣の頭からムカデ特急が姿を消してしまう。東海道線を走る次期特急の開発コンセプトは、いとも簡単に機関車列車方式に戻ってしまうのである。

しかし、ここにカミナリ親父の十河信二が登場する。十河信二は、元満鉄理事。若い頃、鉄道大臣・後藤新平に鍛えられ、島安次郎のアメリカ視察に鞄持ちとして付き従ったこともあり、筋金入りの広軌派であっ

た。十河信二は、1955年（昭和30）に国鉄総裁に就任すると、安次郎の御曹司を半ば強引に呼び戻しにかかった。

「オレと親父さんの弔い合戦をやろうじゃないか……」

などと盛んに口説き、とにかく、十河の熱意に負けて、島秀雄は技師長として国鉄に復帰する。同年12月のことであった。

この瞬間から、再びムカデ式超特急への道が開けて、ビュンと加速される。

湘南電車→「モハ90」→ビジネス特急「こだま」→東海道新幹線「0系」……という具合に昭和30年代に怒濤のごとく突っ走っていくわけだが、この国鉄総裁・十河信二と技師長・島秀雄の悪戦苦闘の物語は、他に詳しく書いているのでここでは省略する（『新幹線を走らせた男 国鉄総裁 十河信二物語』）。

＊＊

島文雄氏は、戦後まもなく公職追放令によって国鉄を追われ、民間の鉄道関連会社で発動機の設計を続けながら、やがて国産初の旅客機「YS－11」の設計スタッフとして、大空の世界へ戻った。以後、島文雄氏の実人生はすべて「YS－11」に捧げられたといっていい。日本航空機製造という専門の会社に身を置いて、製造、整備はもちろんのこと、運行管理から営業開拓まで……「YS－11」が空を飛び続けるための一切を引き受けて、奮闘する。

この「YS－11」は、東海道新幹線の開業した1964年（昭和39）に、運輸省の許可が下りて、大空へ飛び立った。島五兄弟の長兄と末弟による名機が、仲よく、手をとるように、空と地上でスタートを切ったわけである。以降、ともども経済成長の大黒柱として大車輪の活躍を続けたことは、読者諸兄もよくご存じのことと思われる。

そして21世紀を迎えて、それぞれ四十数年におよぶ長い現役生活を終える。

「YS－11」は、2006年7月に国内の旅客機としてラスト・フライトを終えた。「0系」新幹線は、2008年の秋にJR西日本の軌道でラスト・ランを迎えた。

「残念ながら、やっぱり兄貴の新幹線に負けましたな」

東海道新幹線は、その後、山陽、東北・上越、長野、九州と路線を拡大して、車両も「0系」から「100系」「200系」「300系」「500系」「700系」

と進化しているが、「YS‐11」は後継機を生み出せていない。

それだけで、もう頭が上がりませんな……。

そういって文雄氏は、朗らかに笑うのである。

「何といっても、戦争前に、二度、世界を見てきたことが大きいですな。将来を見通す眼力という点では、やはり桁が違っていたんだと思います」

＊＊

島父子と広軌超特急の話は、三代にわたる。

島秀雄が世界旅行から帰ったとき、次男の島隆は6歳の少年だった。アルバムには、ドイツ土産のヒトラー・ユーゲントばりのユニフォームを着込んで遊んでいる姿や、「フォード」搭載のラジオ受信機を目をまん丸にしていじりまわしている写真が収められている。

島隆は、長じて国鉄に入った。すでに長兄が地理学の方面に進んでいたから、次男の隆氏が祖父と父の仕事を継ぐかっこうになった。兄弟は、男3人に女1人。

「誰かが鉄道に入って、親父さんを喜ばせてやりたいと思っていたんですよ」

と、以前に隆さんにうかがったことがある。

島隆が国鉄に入ったとき、父の姿は、すでになかった。1951年（昭和26）の桜木町事故の際に国鉄を去り、車両会社の住友金属に移っていたからである。父を喜ばせてやろうと思っていた隆も、まさか父が国鉄に戻って職場をともにすることになるなど、夢にも考えていなかったらしい。

ところが、入って半年も経つか経たないうちに父が技師長として国鉄に復帰して、やがて、東海道新幹線の車両開発という大仕事が始まる。設計陣が真っ先にとりかかるべき仕事は、台車の試作設計であった。隆さんは、20代半ばの若さで新幹線設計陣の最初のスタッフ4名に抜擢され、「1号試験台車」とよばれるテスト装置を使う苦心惨憺の試行錯誤にはじまって、以後、0系車両開発のほぼ全貌を目の当たりにすることになるのである。

さらに、島隆さんは、もうひとつ、新幹線をつくる。

東海道新幹線開業の16年後に、今度は東北新幹線の車両「200系」の設計開発リーダーとして〝雪国新幹線〟を完成させる。まさに、三代目。国鉄新幹線設計部隊の若きエースといってよかった。

だが、この頃、国鉄はまたしても疲弊していた。分割民営化に向かって音を立てて崩れつつあった国鉄解体期に、島隆は縁あって世界銀行へ移る。おもに開発途上国の鉄道建設を助ける仕事に携わり、世界数十か国をめぐり歩いて、現役生活を終えた。その引退したはずの島隆を、三たび、新幹線建設の現場に連れ戻したのは、海の向こうの新幹線であった。

台湾新幹線の建設である。

ある日、高輪の島家に、突然、台湾から国際電話が入った。

「島隆さん、ぜひとも私たちの新幹線建設を助けてください」

声の主は、当時、台湾高速鐵路股份有限公司社長の劉國治氏であった。

台湾の要人たちは、当然ながら日本の新幹線建設に学ぶべきであると考えたのである。誰か適当な人を助言者として近くに置くべきではないか……。もちろん、島隆ほどの適任者はそうそう見つけられるはずもなかった。こうして島隆氏は、台湾高速鐵路股份有限公司の顧問（技術アドバイザー）として海を渡る。2002年の春のことである。

台湾新幹線建設には、台湾ならではの難しいお国事情も絡んでいた。

台湾は、国連に加盟していない。中国の代表権は、北京の中華人民共和国が持っている。台湾は、大戦に明け暮れた20世紀極東アジア史の産んだ、鬼っ子的存在であったといっていい。

できるだけ主要国と等距離の関係でお付き合いしたい。

これが台湾の安全保障の大前提であり、台湾におけるすべての国際プロジェクトを律する大原則であった。このことが台湾新幹線の建設の経緯を複雑にする。

当時、いわゆる「SHINKANSEN」、つまり日本の新幹線のような超高速旅客列車を自力で走らせている国は、フランスとドイツであった。台湾高鐵は、事あるごとに、フランスともドイツとも日本とも仲よく平等に付き合いたい……という大原則にいちいち立ち帰ることになる。

だが、現実問題としては、なかなかそううまくはいかない。お金も絡んでいる。技術的な問題もある。

A区間はドイツ、B区間はフランス、C区間は日本というわけにはいかないのが、「SHINKANSEN」なのである。新幹線方式の安全管理は、路盤、線路、車両、信号、変電所、駅舎、司令室すべてを一括コントロールすることで成立している。せめて、フランス式なのかドイツ式なのか日本式なのかという方針を決めないことには前に進めない。

紆余曲折の末に、一度はフランス式に落着した。ところが、台湾大地震が発生し、さらにドイツのICEが大事故を起こすに至って、日本が逆転受注することになる。やはり地震大国日本の安全な新幹線にすべきではないか……という結論になったのだが、またまた紆余曲折があり、結局、みんなで仲よく……という話に戻った。ごく大雑把にいってしまえば、車両と信号は日本式、運転方式はフランス式、分岐器はドイツ製……というような具合になったのである。

しかし、これでは、ことごとに摩擦が絶えない。日本のJR各社との関係も、必ずしも良好であったとはいいがたい。JR各社が土壇場で手を引いてしまったために、急遽フランス人の運転手を採用して開業にこぎつけるという一幕もあった。

アドバイザーとしての島隆氏の立場は、困難をきわめたものと思われる。

私は、島隆氏が台湾から里帰りするたびに、決まって駿河台の山の上ホテルでお目にかかった。当初、お元気だった氏も、次第に足腰などに故障を抱え、ときには少しお疲れの様子か……と思われることもあって心配した。心身ともに、よほどのストレスを抱えていらしたことは疑いない。

「……こんなことでは、とても責任がもてません」

そういって、日本に帰ってくるチャンスは無数にあったはずである。

だが、島隆氏は、帰らなかった。たったひとり台北のオフィスに残り、黙々と仕事を続けた。寄せ集めであれ何であれ、新幹線である以上、途中で放り出すわけにはいかない。必ず成功させる義務がある……と、強く心に決しておられたのであろう。

台湾に新幹線を建設しようという構想は、古くからあった。それがいよいよ現実味を帯びてくるのは、1990年代に入ってからである。むろん老・島秀雄は、そのことを伝え聞いて知っていた。

「いい話じゃないか。ぜひ成功してほしいな」

そのように隆氏にも語っていた。

……台湾か。「笠崎丸」で寄港した基隆《キールン》が懐かしいよ……とも、思っていたのではないか。

日本以外の国に、少しでも多くの「SHINKANSEN」が走ること。隆氏は、父がそのことを最後まで夢みていたことをよく承知していた。難しい局面を迎えているとはいえ、ここで投げ出してしまっては草葉の陰で親父さんが泣く……。その思いが、隆氏を踏みとどまらせたのであろう。

2007年の1月に、台湾新幹線は板橋–高雄間で開業する。3月には台北–高雄間が全通している。

島隆氏は、開業後も帰国されずに、1年間運転を見守り続けた。建設することもさることながら、実際に走らせ続けることには、車両の点検・保守や運行管理、乗務員の訓練など、また別の問題が山積している。新幹線はつくればそれですむものではない。確かで緻密な運用こそ鉄道輸送の根本だからである。

その島隆さんも、2008年の4月になって、ようやく腰をあげられた。開業1年を見届けて、「やっとお役御免ですかな」というご心境かと思われる。

6月、筆者は、久しぶりに高輪の島家を訪ねた。ご尊父・島秀雄の世界旅行の本を出版するにあたって、隆さんの業績についても触れておきたいんです……と、了解を求めてみた。が、

「いえいえ、私のことはいいんですよ……」

と、丁重に辞退された。

私は、一瞬、島秀雄の声が重なって聞こえたように思えて、内心狼狽した。

おそらく、その遠慮深さは、父の島秀雄や祖父の島安次郎に通じるものであって、一流の技術者特有の格調の高い精神に由来するものと思われる。

この間の台湾滞在6年というものが、決して余人の力の及ばない、忍耐強い偉業であったことを、私は自分なりによく理解しているつもりである。

世界一の鉄道をつくる……。

そのことに実人生をささげた父子三代を貫く力といわずして何というべきかを、私は知らない。

世界旅行アルバム、最後の１枚。弾丸列車計画準備のために、広軌サイズの車両限界を実寸サイズで確かめている。中央が島秀雄。

あとがき

はじめて島秀雄の名前を知ったのは、二十五年ほど前のことだった。

一九九七年の秋に、創刊間もない月刊誌『ラピタ』（小学館）の黒笹慈幾編集長に声をかけていただいた。

神保町の割烹「花屋」でひとしきり美味をつついてから、黒笹さんがこうおっしゃった。

「新幹線の開発物語を連載してみない？　技術のことを中心に」

「えっ、技術……ですか？　書けますかねぇ。テツでもないし、理工系でもないですし……」

「そういう人に書いてほしいんですよ。理工系のライターだと難しくなっちゃうし、テツは自分の興味関心で突き進んじゃうから、読者がついていけない」

「でも……。新幹線にとくに興味持ったことないですし。いい思い出もないし」

「どんな思い出？」

「学生時代、車内販売のバイトやったんですよ。博多開業まもない頃。たった一日でやめました」

……その頃、高いバイト代に魅かれて新幹線の車内販売員になった。初日から、ひかり博多往復。制服を着て、首から売り籠をぶらさげて、０系新幹線の車内通路を売り歩く。でも、客商売などできない超カタブツの自我病青年だったので、全然、売れない。

「……安倍川餅、いかがっスカ」

などと小声でブッキラボウに棒読みするだけで、誰も見向きもしない。同じくバイトの女子学生が、ときどきこっちを見る。まるで見てはいけないものを見るような眼で……。16両編成を往復して、どうせ売れっこないし……と落ち込みながらグリーン車を通り抜けようとしたとき、

「ひとつ、くださいナ」

と、声をかけてくれた女性がいた。

研ナオコさん。『あばよ』が大ヒットした頃で、マネージャーさんと二人で乗っていらした。きっと、オレをかわいそうに思ってくれたんだろうな……と、すぐにわかった。

でも、売れたのは、その一個だけ。オレってホント駄目なヤツ……って心底絶望して、東京駅に帰って即事務所に行って頭を下げる。バイト料要りませんから、辞めさせてください、と……。

「……もう二十年以上前のことですけれど、新幹線に乗るたびに、あのときの研ナオコさんの笑顔を思い出します」

「いい話じゃない。今度の連載も、人間中心に書いていきましょうよ」

「はあ。中心人物を特定できるなら。自動車でいえば本田宗一郎さんのような。どなたか、いらっしゃいますかね?」

「きっと、いるはずですよね。では、その人物を探してみるところから、スタートしましょう。技術と人間のドラマを書いてください」

関係資料をあさってみると、「技師長・島秀雄」の名前が目につく。どうやら、この人物が「夢の超特急プロジェクト」の中心部にいたことは間違いないらしいのだが、はたして管理者としてなのか、実際にモノづくりの現場で活躍していたのか……判然としない。ご本人も「わたしはまとめ役に過ぎません」と、随所で発言している。

本当のところは、どうだったのか?

当時を知る国鉄関係者に取材してみることにした。あれこれ資料を漁ってみると、初代0系車両の設計主任を務めた石澤鷹彦という国鉄OBに辿りついた。さっそく石澤さんにうかがってみると、

「その通りです。島秀雄さん抜きには、出来あがっていない。まちがいありません」

と、お答えいただいた。

当時、島秀雄氏は病床に伏しておられた。直接、お目にかかることはできなかったので、ご子息の島隆さんにお話をうかがってみた。隆氏も、0系車両の中核というべき台車設計を担当されている。隆さんは、ごくごく控えめながら、「そうお考えいただいて結構だと思います」とおっしゃって、祖父・島安次郎についてもお話してくださった。

夢の超特急＝東海道新幹線誕生の背景には、島家親子三代の物語が含まれている。明治初期から昭和にかけての雄大な歴史が息づいている。

「面白そうじゃないですか。始めましょう!」

と黒笹編集長がおしゃって、連載がスタートした。

島秀雄氏の訃報をお知らせいただいたのは、連載3回目を書いているときだった。芝の増上

寺で長蛇のお見送りの列に連なった。島秀雄氏には、ついにお目にかかることはできなかった。

この「ラピタ」誌連載の『未来行きの超特急・島秀雄物語』は20回続けさせていただき、1999年に『新幹線をつくった男　島秀雄物語』（小学館）として刊行された。本書の主柱になっている。

＊

島秀雄と東海道新幹線について調べ始めてみると、もう一人の書き落とせない人物に出会った。

十河信二。

七十二歳で国鉄総裁に就任し、東海道新幹線建設を企画提案し、政治家たちを動かして国会を通し、世銀借款を成立させて、計画実現のために孤軍奮闘した男である。この男なしに、断じて東海道新幹線は実現していない。筆者は、十河信二の名前も知らなかった。だが、調べるほどに、十河信二という男の魅力、面白さに魅かれた。島秀雄についての連載終了後に、同じく「ラピタ誌」で十河信二について連載を続けさせていただいた。

十河信二国鉄総裁を主人公に据えて書き進めていくと、島秀雄の思いがけない側面に気づかされた。一人の人間としての面白さ……と言ってもいい。

島技師長は、周辺の人々から「冷徹な合理主義者」と評されていた。感情では動かない。技術の合理においてしか、判断を下さない。言葉使いは「ばか」がつくほど丁寧で、決して怒らない。いつも、にこやかに微笑む。およそ感情の起伏というものを表に出さない紳士……。島技師長を知る何人もの関係者たちが、そのように語っている。

もちろん、そうでなければ一流の技術者は、つとまらない。技術は、合理でしか動かせない。作れない。語れない。合理に徹することこそ、夢の超特急を実現させるうえでも、もっとも重要な大原則だったはずである。とりわけ、国鉄という大組織で官僚と政治家と世論にモミクチャにされながら仕事をしていく以上、冷徹な合理主義者に徹しなければ、とうてい大仕事をまっとうできなかったであろう。

だが……。

島秀雄は、国鉄技師長の職にあった二期七年間を通して、十河信二という男に、次第に傾倒していくのである。とりわけ二期目の三年間は、感動をもって敬服するようになる。惚れる、という表現を使ってもいいかもしれない。以後、終生、「尊敬する人物は、父・島安次郎と十河信二さんです」と語り続けるのである。

このあたりのディテールについては、『新幹線を走らせた男　十河信二物語』に詳しい。要所を本書の第Ⅱ部に転載した。

＊

この増補改訂版を締めくくるにあたって、島秀雄というスーパーエンジニアの仕事と人生を理解するうえで、いま筆者が重要と思う「キーワード」を、二つご紹介する。

「一隅を照らす」

「ある決意」

島秀雄は、その晩年に、あるテレビ番組の取材で、次のような質問を受けている。

「島さんの大切になさっている一言、座右の銘を教えてください」

島秀雄は、一呼吸してから、こう答える。

「一隅を照らす……ですかね」

この「一隅を照らす」は、天台宗開祖・最澄の言葉で、「一隅を照らす者は国宝なり」と続く。このとてつもなく広い世の中で、人々は、それぞれ、ごくごくちっぽけな片隅で生きている。しかし、その片隅を照らす人々がいるからこそ、世の中全体が明るくなる。一隅を照らす人々こそ、国の宝であろう。

この一言は、島秀雄ならではの技術哲学に相通じるものがある。

個々の技術を磨け。合理性を追い求めて、目の前の技術を研鑽せよ。それらの技術が、やがて地球規模でコラボレーションして、新しい技術文明を作る。技術は、進歩し続ける。「最新型」は、つねに、「理想」に向かう一課程に過ぎない。将来に改良発展の余地を残せ。もはや個人の名誉を求める時代は終わっている。企業や国家の枠組みを超えて、人類の知見に貢献せよ。一隅を照らす技術こそ、人類の宝なり。

東海道新幹線は、まさしく、「一隅を照らす技術」のコラボレーションであった。島流技術哲学の結晶と言っていい。

この「一隅を照らす」は、愛媛県新居浜市中萩の「十河信二生誕の地」の碑にも刻まれている。十河信二の生家跡は、いま保育園（新居浜市上部保育園）になっていて、その園庭に立つ「十河信二生誕の地」の碑に大きく刻まれている。この碑文が刻まれた経緯については、筆者は調べ切れていない。

おそらく、十河信二自身が平素からこの言葉を大切にしていたのであろう。そして、なにかの機会に、十河信二から聞いて、島秀雄も得心したのではないか。

あるいは……。島秀雄が若いころから大切にしていた言葉だったのだろうか。

十河信二も島秀雄も、最後まで「自分たちが新幹線を作ったのだ」と主張しなかった。一隅を照らす。

夢の超特急の生みの親たち……というべき両雄が、常日頃、自らに言い聞かせてきた言葉だったのであろう。

＊

もうひとつは、「ある決意」。

この言葉については、雑誌『新幹線ＥＸ』の連載「鴨宮物語」の最終回で触れてみた。結びを引用する。


【国鉄技師長として「夢の超特急」造りを統括した島秀雄は、東海道新幹線の開業直後に、鉄道工学系の専門誌に次のような一文を寄せている。

「新幹線はちょうど五年半の歳月をかけて完成した。過去の構想であった弾丸列車計画は完成までに十五か年の工期が予定されていた。しかも、当時のものとは技術的に問題にならないほど水準の高いものである。この短時日でこれができたということは、戦後における技術の進歩によることはもちろんであるが、それにもまして人間というものは、ある決意のもとに事を進めていけば大体何事でもやれるものだという教訓を、この鉄道からわれわれは教えられたような気がする」

ここ数年来、筆者はこの一文を平静に、声に出して、読むことができない。「それにもまして人間というものは……」のフレーズで、息がつまる。

鴨宮物語の取材を進めるほどに、新幹線開発の歴史について調べれば調べるほどに、この一言が胸に突き刺さる。

この「ある決意」とは、なにより十河信二老総裁の「絶対に造る！」という揺るぎない〝虚仮の一念〟であったことはいうまでもない。

新幹線計画は、当初、国鉄内外で笑いもの扱いであった。「できっこない老総裁の夢物語」だった。島秀雄自身も、当初は「できないだろう……」と考えていたように思える。

当然であろう。広軌新幹線計画は、史上、何度も浮上し、すべて挫折している。かならず政争の餌食にされて、葬り去られている。なにより、国鉄総裁が任期四年を満了した前例など、ない。もちろん十河総裁も短命視されていた。新幹線は計画決定に最短で二～三年、建設に最短で二～四年はかかる。できるはずもない。

技師長の任期は、三年である。原則、重任しない。島技師長は最長三年の任期中に在来の狭軌線車両の近代化に全力投球し、「ビジネス特急こだま」をデビューさせるのである。

ところが、十河総裁がまさかの続投となって、技師長もまさかの重任。新幹線計画も国会審議をまさかの突破。「まさか」の連続で、夢の超特急建設が怒涛の勢いで進められる。技師長二期目の三年間は、島秀雄は十河信二の「ある決意」を、身を挺して、全力で実践するのである。

さらに、この「ある決意」は、新幹線建設にかかわった数多くの人々にも共有される。用地買収、建設工事、軌道工事、電気工事、車両設計、試験走行……。十河総裁の〝虚仮の一念〟にこたえるべく、官民を越えて〝新幹線関東軍〟となり、不可能を可能に変えていくのである。

もちろん、鴨宮モデル線区で活躍した多くの人々にも「ある決意」が共有されていたことは、いうまでもない。

一例だけあげる。モデル線区の施設主任・立松俊彦氏は、こう語っている。

「すべてのことが〝非常識〟でした。予算も時間も人員も経験も……。常識的には、出来ない計画です。この非常識を突破するには、非常識で立ち向かうしかなかったんです」

失敗を怖れ、保身に汲々とする組織の人々だけでは、とうてい新幹線は実現していない。「ある決意」を胸に、不可能を可能に変えていった数えきれない人々がいたことを、わたしたちは忘れてはならない。

それにしても、なぜ、島秀雄の言う「ある決意」に数多くの人々が応えて、〝出来っこない夢の超特急〟を完成させることが出来たのだろう？

筆者は、思う。その精神のパワーは、敗戦→復興→経済成長……という時代のバネにも支えられていたのではないだろうか。

本連載の最終ランナーとして登場いただいた前川典生さんは、鴨宮モデル線区の電気主任である。

その前川典生さんは、17歳で終戦を迎えている。そして、新しい時代をみずから切り拓くために戦争中から「電気」を志し、猛勉強する。鉄道という現場仕事を選んで、東海道新幹線、東北上越新幹線開業に向けて邁進する。そして、世界の鉄道の近代化に惜しみなく力を尽くす。筆者は、前川典生さんのお仕事を振り返るとき、三人の兄たちを戦争で喪っていることを、忘れることができない。

以前、作家の新井満さんと雑談をしていて、新幹線の話になったとき、

「東海道新幹線は、青春の証明ですね、戦後ニッポンを作り上げた人々の……」

と、おっしゃった。

その通りなのかもしれない。

夢の超特急シンカンセンは、めざましい進化を遂げながら、地球の上を走り続けている。まさしく、走る世界遺産であろう。世界中の数え切れない人々の「決意」と「努力」によって走り続けているし、これからも走り続ける。

はたして、これから、どんな時代を走り抜けていくことになるのか。注目したい。】

（『新幹線EX71号』、イカロス出版、二〇二四年五月刊）

「一隅を照らす」たくさんの人々が、「ある決意」を胸に大奮闘したからこそ、この世に夢の超特急が走り出したのである。そのことを、心に銘記しておきたい。

最後に、本書収録の原稿取材にご協力いただいた次の方々にあらためて御礼申しあげます。

有賀宗吉、池田久美子、石澤應彦、井上龍太郎、太田一忠、大塚滋、小野田滋、加賀山由子、角

本良平、片山仁義、兼松學、鎌田太郎、唐津一、北畠顕正、桐村博文、久保田博、黒岩久子、黒田泰弘、工藤政男、近藤恭三、斎藤雅男、佐高尚、柴藤羊二、関根清、島隆、島多代、鈴木光雄、島文雄、十河和平、十河新作、瀧山養、田中理雄、中西英彰、中村信雄、西尾源太郎、仁杉巖、原田恒雄、細川泉一郎、星晃、松井信夫、松宮惣一、松平精、三坂健康、三木忠直、宮里光憲、村上康子、縄田国武、山之内秀一郎、吉沢眞。（敬称略、五十音順）

この二十余年の間に、多くの方々が鬼籍に入られました。あらためてご冥福を祈念するとともに、ここに増補改訂新版を上梓できたことをご報告申し上げます。

本稿に使わせていただいた写真・資料は、島家（島隆氏、宇都翔平氏）、十河家（十河和平氏、十河光平氏）よりいただいたものが中心です。さらに、広田尚敬氏、星晃氏撮影による鉄道写真も使わせていただきました。この場を借りまして、あらためて御礼申し上げます。

お力添えいただいた編集者は、廣田晋、今井田光代、白石正明、伊東健太郎、山本陽一、樋口健一、高橋星羽です。

ありがとうございました。

二〇二四年四月吉日

第Ⅰ部『新幹線をつくった男　島秀雄物語』の参考文献

【参考文献】

『D51から新幹線まで技術者のみた国鉄』（島秀雄著、日本経済新聞社、昭和52年）
『超高速に挑む－新幹線開発に賭けた男たち』（碇義朗著、文藝春秋、平成5年）
『亜細亜新幹線－幻の東京発北京行き超特急』（前間孝則著、講談社、平成10年）
『島秀雄遺稿集－20世紀鉄道史の証言』（島秀雄遺稿集編集委員会編、日本鉄道技術協会著、日本鉄道技術協会、平成12年）
『日本鉄道物語』（橋本克彦著、講談社、平成元年）
『有法子』（十河信二著、交通協力会、昭和34年）
『十河信二』（有賀宗吉著、十河信二傳刊行会、昭和63年）
『下山総裁の追憶』（下山定則氏記念事業会、昭和26年）
『終戦前後の一証言－ある鉄道人の回想』（兼松學著、交通協力会、昭和61年）
『日本の宇宙開発の歩み』（ニューズレター社／日本宇宙開発研究所、昭和51年）
『日本ロケット物語－狼煙から宇宙観光まで』（大澤弘之監修、三田出版会、平成8年）
『宇宙開発秘話』（齋藤成文著、三田出版会、平成7年）
『産業の昭和社会史 11 自動車』（大島卓／山岡茂樹著、日本経済評論社、昭和62年）
『鉄道技術発達史』（日本国有鉄道編、クレス出版、平成2年）
『広軌鉄道論集』大正期鉄道史資料第14巻（野田正穂／原田勝正ほか編、日本経済評論社、平成4年）
『日本国有鉄道蒸気機関車設計図面集』（日本国有鉄道車両設計事務所監修、国鉄SL図面編集委員会編、原書房、昭和51年）
『東海道新幹線電車技術発達史』総論／各論（日本国有鉄道車両設計事務所監修、昭和42年）
『高速鉄道の研究』（日本国有鉄道、鉄道技術研究所編、研友社、昭和42年）
『写真とイラストでみる新幹線－その20年の軌跡』（新幹線総局総務部広報室著、昭和59年）
『国鉄』（青木槐三著、新潮社、昭和39年）
『東海道新幹線』（角本良平著、中央公論社、昭和39年）
『新幹線－奇跡と展望－政策・経済性から検証』交通選書（角本良平著、交通新聞社、平成7年）
『東海道新幹線－高速と安全の科学』（加藤一郎監修、ダイヤモンド社、昭和39年）
『東海道新幹線　その足どりとリニアへの展望』（須田寛著、大正出版、平成元年）
『新幹線がなかったら』（山之内秀一郎著、東京新聞出版局、平成10年）
『回想の旅客車－特ロ・ハネ・こだまの時代』（星晃著、交友社、昭和60年）
『驀進鉄道とともに50年から』（斎藤雅男著、鉄道ジャーナル社、平成11年）
『国鉄電車発達史』1～4（電気車研究会編、鉄道図書刊行会、昭和32、33年）
『南満洲鉄道 「あじあ」と客・貨車のすべて』（市原善積／小熊米雄／永田龍三郎／安養寺脩編著、誠文堂新光社、昭和46年）
『レール300－世界の高速列車大競走』（M・ヒューズ著、菅建彦訳、山海堂、平成3年）
『世界の高速鉄道』（佐藤芳彦著、グランプリ出版、平成10年）
『鉄道車両ハンドブック』（久保田博著、グランプリ出版、平成9年）
『蒸気機関車のすべて』（久保田博著、グランプリ出版、平成11年）
『鉄道車両・台車のメカ－鉄道ファンのためのメカBOOK』（手塚一之著、大河出版、昭和59年）
『蒸気機関車の興亡』齋藤晃、NTT出版、平成8年）
『学研の図鑑－機関車・電車』（萩原政男監修、学習研究社、昭和48年）
『図説世界の鉄道』（O・S・ノック監修、日本語版・高田隆雄監修、平凡社、昭和55年）
『鉄道図鑑―JR・国鉄編』（イカロス出版、平成10年）
『日本国鉄電車特集集成』第一～三分冊（鉄道ピクトリアル編集部編、鉄道図書刊行会、昭和55年）
『鉄道模型趣味別冊陸蒸気からひかりまで』（片野正巳／赤井哲朗著、機芸出版、昭和62年）
『私鉄電車プロファイル』（片野正巳／赤井哲朗著、機芸出版、昭和46年）
＊このほか『鉄道ピクトリアル』『鉄道ファン』『鉄道ジャーナル』誌上の論稿も多数参照した。

【写真・資料提供】

毎日新聞社／朝日新聞社／交通博物館／宇宙開発事業団／小田急電鉄／住友金属工業／日立製作所笠戸工場／日本車輛／川崎重工／島隆／星晃／十河和平／三木忠直／大塚滋／三井田純一／村上康子／池田久美子／多羅尾光一郎／広田尚敬／浦原利穂／横田正大／阿部ちひろ／梅田英喜

高橋団吉

1955年生まれ。千葉県出身。株式会社デコ代表取締役。著書に『カマキリのエクスタシー』（小学館、1996年）『新幹線をつくった男　島秀雄物語』（小学館、2000年、第26回交通図書賞）、『島秀雄の世界旅行 1936 - 1937』（技術評論社、2009年、第35回交通図書賞）、『新幹線を走らせた男　国鉄総裁十河信二物語』（デコ、2015年）など。

新編　新幹線をつくった男

伝説の技術者・島秀雄の物語

2024年6月20日　初版発行

著者　高橋団吉
発行人　山手章弘
発行所　イカロス出版
〒101-0051 東京都千代田区神田神保町 1-105
contact@ikaros.jp 内容に関するお問合せ
sales@ikaros.co.jp 乱丁・落丁、書店・取次様からのお問合せ

印刷・製本所　日経印刷

Printed in japan　ISBN978-4-8022-1404-9

「伝説の技術者・島秀雄の物語」参考資料

1 東海道新幹線プロジェクト図（第14章「システム工学」）

「東海道新幹線プロジェクト図」。島が書斎に遺した書類の中に挟まれていたもの。世論の動向、国会事情から、車両設計・製作、用地買収、工事日程、メーカーへの対応……まで、昭和31～39年という最も「熱い」時代の新幹線建設プロジェクトの全貌が克明に書き込まれている。開業後に技師長室周辺でつくられたものか。島秀雄は、技師長＝総合プロデューサーとして、この火急にして過密なプロジェクトを統括した。

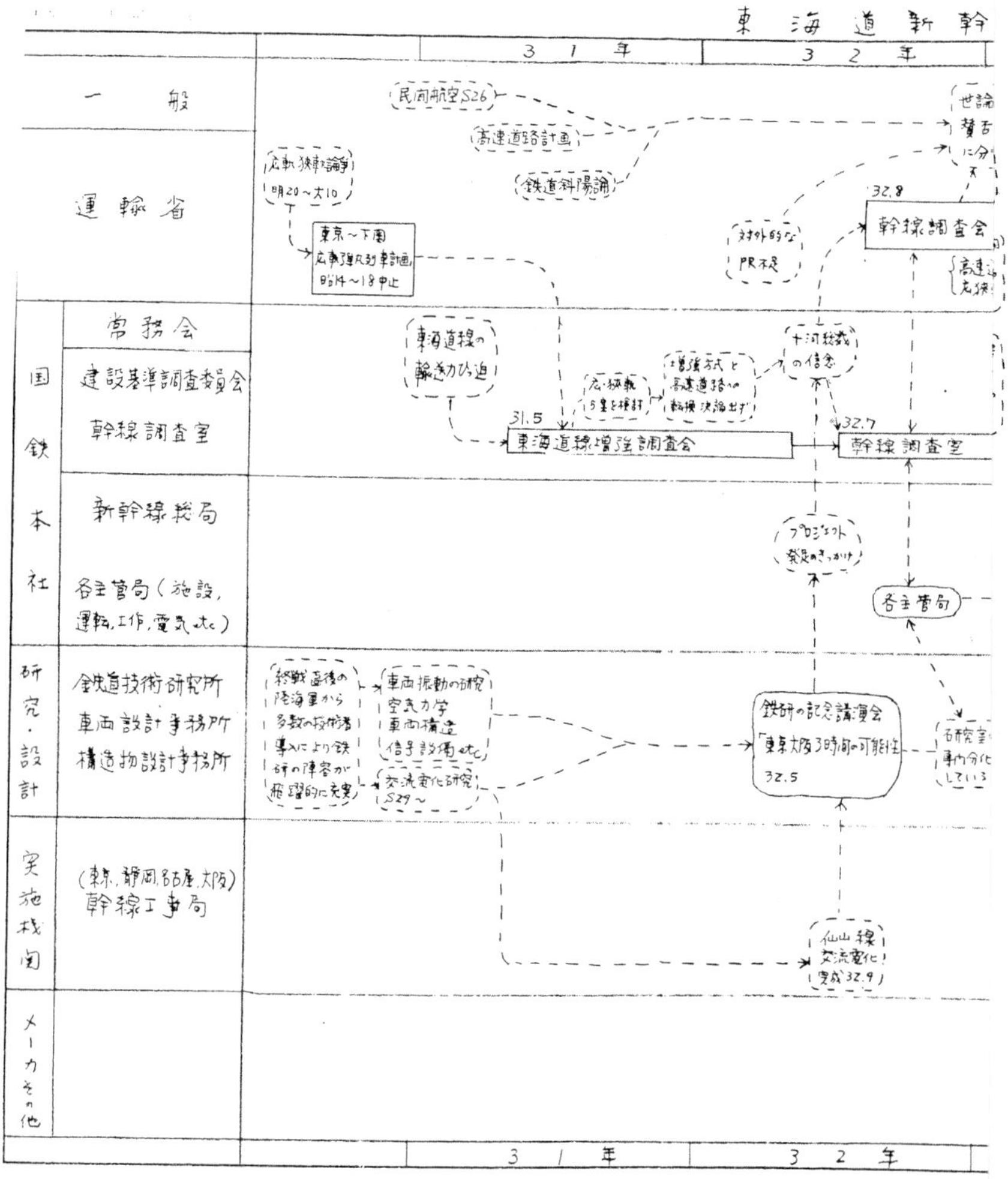

2 島秀雄の２度にわたる世界旅行（第３章「外遊で学んだ〈将来の鉄道〉」、第Ⅱ部『島秀雄の世界旅行』より）

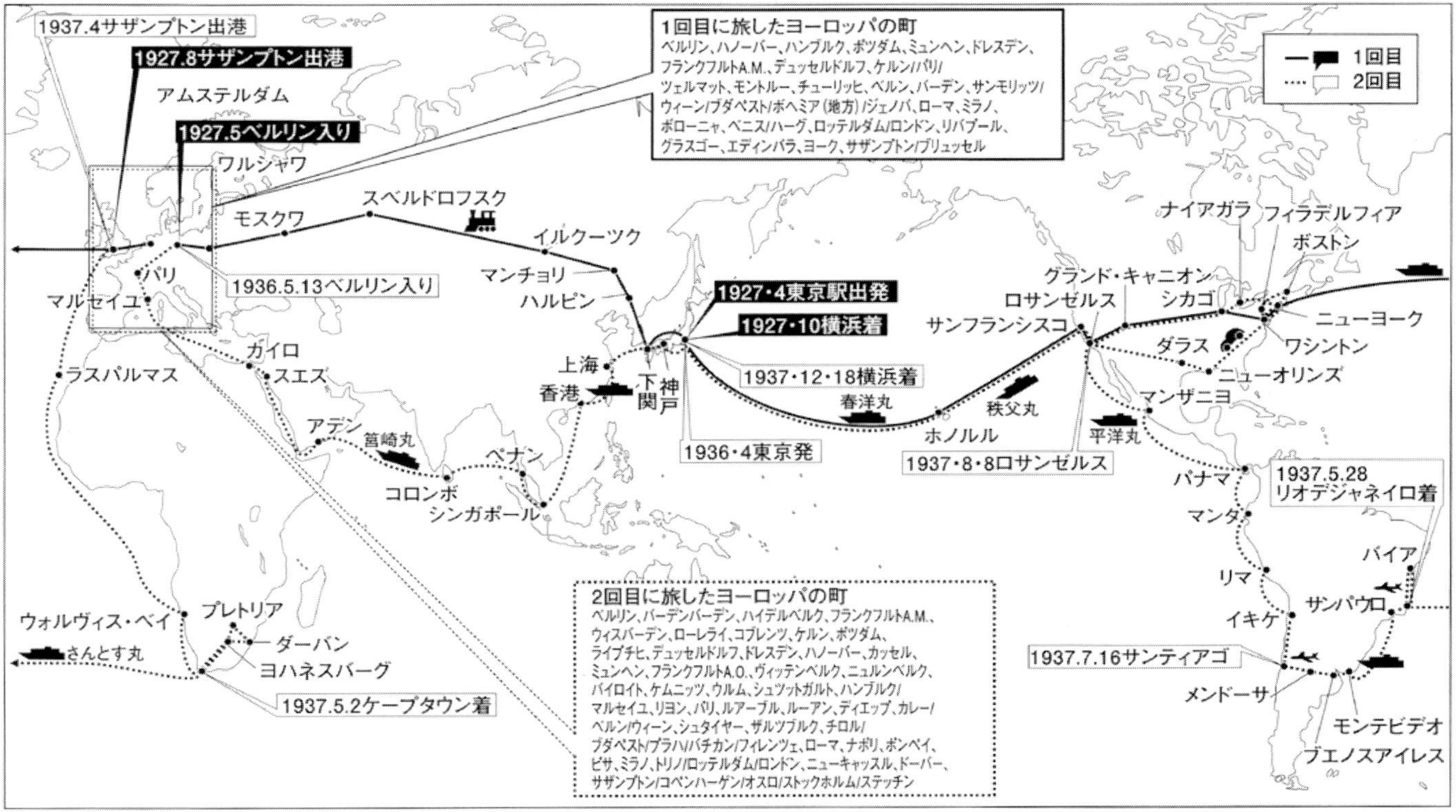

１回目の世界旅行（実線）は、1974 年４月に出発、シベリア鉄道でモスクワ・ポーランド経由でベルリン到着。以後、欧州各国を歴訪して、イギリスからアメリカへ渡り、同年 10 月に帰朝（7か月）。第２回世界旅行（点線）は、1936 年３月に出発。南洋航路を経由してマルセイユ入り。欧州各地を探訪の後、イギリスから海路、南ア、南米、北米を経て、翌年 12 月に帰国した（１年９か月）。